Wolfgang Martynkewicz

Das Zeitalter der Erschöpfung

aufbau

Wolfgang Martynkewicz

Das Zeitalter der Erschöpfung

Die Überforderung des Menschen durch die Moderne

aufbau

Mit 24 Abbildungen

FSC
www.fsc.org
MIX
Papier aus verantwortungsvollen Quellen
FSC® C083411

ISBN 978-3-351-03547-1

Aufbau ist eine Marke der Aufbau Verlag GmbH & Co. KG

1. Auflage 2013

Einbandgestaltung hißmann, heilmann, Hamburg
Satz und Reproduktion LVD GmbH, Berlin
Druck und Binden CPI – Clausen & Bosse, Leck
Printed in Germany

www.aufbau-verlag.de

Inhalt

Die große Gesundheit

Die Optimierung des Menschen

Eine neue Philosophie des Leibes

Zivilisation als Spannung

Anhang

Die unheimliche Erschöpfung
oder
Das Seelenleben des modernen Menschen

Vorwort

> Nicht das Erschlaffen der Menschheit im Wohlleben ist zu fürchten, sondern die wüste Erweiterung des in Allnatur vermummten Gesellschaftlichen, Kollektivität als blinde Wut des Machens.
>
> Theodor W. Adorno, *Minima Moralia*

Erschöpfung hat Konjunktur. Wer ist nicht alles erschöpft – und was ist nicht alles von Erschöpfung bedroht: die menschliche Leistungsfähigkeit, das Ich in der digitalen Datenflut, die Ressourcen und Energien, der Fußballtrainer Ralf Rangnick, das männliche Selbstbild, die christlichen Religionen, die Zeugungskraft und die Sexualität im Allgemeinen, die Lehrer, Professoren und Manager, die Zweierbeziehung und die Geschlechterdifferenz, der Kreidefelsen auf Rügen und – natürlich – die Politik, das neoliberale Wirtschaftsmodell und – last but not least – die europäische Idee. Die Rede von der Erschöpfung ist ubiquitär geworden und generiert immer neue Varianten. Man spricht vom »erschöpften Selbst«, vom »überforderten Menschen«, von der »Müdigkeitsgesellschaft«, vom »Burnout der Kultur«, von der »ausgebrannten Republik«.[1]

Das in den achtziger Jahren des vergangenen Jahrhunderts in Mode gekommene Schlagwort von der Posthistoire, vom Ende der Geschichte und vom Ende der Moderne[2], hat eine neue Evidenz der Bedrohung gefunden: Angesichts einer beschleunigten Welt, die immer mehr an Kraft und Energien fordert, scheint nichts sinnfälliger zu sein als die Behauptung, die Erschöpfung habe Züge einer kollektiven Pathologie angenommen. Der »Stressreport Deutschland 2012« kommt zu dem Ergebnis, dass sich die arbeitsbedingte psychische Belastung »auf hohem Niveau«[3] befindet. Stressauslösende Faktoren nehmen unvermindert zu (Multitasking, Termin- und Leistungsdruck, Störung und Unterbrechung bei der Arbeit) und führen zu zahlreichen psychischen Störungen und anderen Erkrankungen.[4]

Wer »Erschöpfung« sagt, erhält sogleich ein Echo, es bedarf keiner weiteren Erklärung, jeder weiß offenbar sofort, was gemeint ist, jeder kann eigene Erfahrungen und Erlebnisse einbringen. Die Betroffenheit ist allgemein, denn erschöpft ist irgendwie jeder oder doch zumindest ermüdet und in der Krise. Nach Schätzungen von Experten fühlen sich über neun Millionen Deutsche erschöpft, überfordert, ausgebrannt.

Doch gibt es nicht auch eine positive Seite der Erschöpfung? Man denke an die Lust, an den Orgasmus. Der Analytiker Wilhelm Reich sprach von der aufbauenden Erschöpfung, die allerdings an die »orgastische Potenz« gebunden sei, die nur »beim genuß- und leistungsfähigen Menschen«[5] anzutreffen ist – eine Spezies, die in der Moderne jedoch kaum vorkommt. In der Regel haben wir es mit neurotischen Menschen zu tun, die, wie Reich eingestehen muss, die Erschöpfung als »Unbefriedigtsein«, als »schwere Müdigkeit«[6] erfahren. Auch in der Sexualität ist also das Glück der Erschöpfung zumeist nicht zu finden – jedenfalls nicht für den, der mit neurotischen Konflikten belastet ist. Und wer ist das nicht?

Nach den positiven Seiten von Müdigkeit und Erschöpfung hat jüngst auch Byung-Chul Han gesucht. Die »Erschöpfungsmüdigkeit«, so meint er, »macht unfähig, *etwas* zu tun«.[7] In Anlehnung an Handkes »Versuch über die Müdigkeit« plädiert er für eine Müdigkeit, »die zum *Nicht-Tun* inspiriert«[8] und die der Leistungs- und Aktivgesellschaft entgegengesetzt ist. Dass »tiefe Müdigkeit« einen anderen Blick ermöglicht und die »Klammer der Identität«[9] lockert, ist eine Überlegung, der man in Experimenten schon früh nachgegangen ist. So wurde gezeigt, dass es dem Ruhebedürftigen trotz großer Anstrengung nicht gelingt, die »Wach-Vernunft« aufrechtzuerhalten.[10] Müdigkeit setzt die Energien herab und schränkt das Denken ein – der Mensch wird gleichgültiger gegenüber der Realität. Han schreibt: »Die Dinge flimmern, schimmern und zittern an ihren Rändern. Sie werden unbestimmter, durchlässiger und verlieren etwas von ihrer Entschlossenheit.«[11] Dass sich im Zustand der Schläfrigkeit solche Empfindungen einstellen – niemand wird es bezweifeln. Müdigkeit hat eine Aura, aber die Erschöpfung? Sie ist eine fundamentale Kränkung der Leistungsgesellschaft und ihres energie- und kraftstrotzenden Selbstanspruchs, denn sie ist – jenseits aller Gesundbeterei – Schwäche, Lähmung, Passivität, auch Unruhe, Übererregung, Übermüdung.

Die Medizin hat in den letzten Jahren den Versuch unternommen, das Burn-out-Syndrom vom chronischen Erschöpfungssyndrom abzugrenzen.[12] Es handelt sich demnach um eine Erschöpfung, die durch Stress ausgelöst und als Befindlichkeitsstörung eingestuft wird. Im Unterschied dazu resultiert der Zustand der chronischen Erschöpfung nicht aus einer Überlastung, er kann daher auch durch Ruhe und Entspannung nicht wesentlich beeinflusst werden. Anhand eines Diagnoseschlüssels hat man das Krankheitsbild und seine Leitsymptome beschrieben und klassifiziert.

Das Burn-out besitzt heute einen gewissen Adel, es ist ein zurechenbares Leiden, das aus einer Anstrengung resultiert, die in der Arbeits- und Aktivgesellschaft mit Anerkennung verbunden ist. Der Ausgebrannte hat mit hohem Einsatz gespielt, er hat alle seine Kräfte und Energien aufgeboten und sich nicht geschont. Anders ist es mit dem chronisch Erschöpften, der – folgt man der medizinischen Klassifikation – gerade nicht an einer Überlastung leidet. Er ist der beunruhigende Fall einer Erschöpfung, die offenbar nicht der Logik von Verausgabung und Überschreitung folgt und nur mehr einen schwer definierbaren gesellschaftlichen Empfindungskomplex darstellt.

Der gegenwärtige kulturwissenschaftliche und sozialpsychologische Diskurs hat den Begriff weitgehend entgrenzt. Man spricht von einer Zeitkrankheit, einer Pathologie der Kultur. Der Erschöpfte ist von den beiden zentralen Ressourcen der digitalen Welt abgeschnitten: Aktivität und Aufmerksamkeit. In Anlehnung an Freuds Begriff von der »Flucht in die Krankheit« könnte man diesbezüglich auch von einer regelrechten Flucht in die Erschöpfung sprechen. Wobei in der momentan geführten Debatte der interessante, von Freud betonte Aspekt des »Krankheitsgewinns«, also der Befriedigung im Symptom, eher unterbelichtet bleibt.[13]

Erschöpfung wird als Abwehr gedeutet – Abwehr einer überkomplexen Welt, die das Ich gefährdet. Angesichts des technologischen und sozialen Wandels rückt das Bild vom überforderten Menschen in den Mittelpunkt: Dieser ist mit Ansprüchen konfrontiert, die er nicht mehr bewältigen kann, er ist einer Flut von Reizen ausgesetzt und immer weniger in der Lage, diese Informationsmengen adäquat zu verarbeiten – ein Mensch also, der von Natur aus über keine hinreichende eigene Komplexität verfügt und der Außenwelt mehr oder weniger hilflos gegenübersteht: ein Mensch, der nach Halt sucht, nach Integrität und Konstanz.

Das ist freilich keine ganz neue Zustandsbeschreibung: Das Phänomen Erschöpfung – das wird in der gegenwärtigen Diskussion oft unterschlagen – hat eine lange Geschichte. Es ist – das wird dieses Buch zeigen – ein Wiedergänger, der die Moderne begleitet, der zeitweise im Verborgenen geblieben ist und – wie wir jetzt sehen – plötzlich wieder hervortritt und das Ich mit dem Untergang bedroht.[14]

Nichts hat die Moderne so herausgefordert, so fasziniert und gleichzeitig auch so beunruhigt wie das Gefühl, an einer Grenze zu stehen, sich am Ende einer Entwicklung zu befinden, an einem Punkt, an dem es so wie bisher nicht weitergehen kann. Die Moderne will über sich selbst hinaus, sie akzeptiert keine Grenze und keine Vollendung und produziert systematisch Gefühle der Überforderung und der »Erschöpfungsunruhe«[15]. Das Individuum wird in eine Position der permanenten Herausforderung gedrängt, wenn es sich erhalten will, muss es sich anpassen.

Bei aller Freude über die neue Freiheit, die mit dem Aufbruch für den Einzelnen sichtbar und spürbar wurde, war die Moderne ein ungeliebtes Projekt. Selbst die tragende Schicht, das Bildungsbürgertum, empfand sie ziemlich schnell als Zumutung und wandte sich ab. Man denke nur an die künstlerischen Avantgarden, die Unverständnis, Angst und Abwehr erregten. Die Moderne erschien als Verunsicherung, als etwas Fremdes, gegen das man sich mit allen Kräften wappnen und schützen musste. So sah man es bereits um 1900.

Der Soziologe Georg Simmel hat vor nunmehr hundertzehn Jahren in seinem berühmten Aufsatz über »Die Großstädte und das Geistesleben« den Seelenzustand des modernen Menschen beschrieben und die typischen Konflikte auf den Punkt gebracht: »Die tiefsten Probleme des modernen Lebens quellen aus dem Anspruch des Individuums, die Selbständigkeit und Eigenart seines Daseins gegen die Übermächte der Gesellschaft, des geschichtlich Ererbten, der äußerlichen Kultur und Technik des Lebens zu bewahren.«[16] Die Komplexität der modernen Welt ist Bedrohung und Überforderung, das Subjekt muss, um nicht »nivelliert und verbraucht« zu werden, »Widerstand«[17] ausbilden.

Das Seelenleben des modernen Großstädters, so Simmel, sei durch eine »Steigerung des Nervenlebens« bestimmt, die »aus dem raschen und unterbrochenen Wechsel äußerer und innerer Eindrücke hervorgeht«.[18] Durch diese »rasche Zusammendrängung wechselnder Bilder«[19] und die Plötzlichkeit von Impressionen absorbiert das großstädtische Leben die gesamte Aufmerksamkeit. Simmels These besagt, dass die Differenzen zwischen den Eindrücken intellektuell zwar erfasst, aber nicht mehr in der Tiefe der Persönlichkeit gespiegelt und verarbeitet werden. Um auf die Überkomplexität des modernen Lebens, die »Vergewaltigungen der Großstadt«[20] zu reagieren, benötigt das Subjekt einen Schutz: Statt mit Gemüt und Gefühlen reagiere der Großstädter mit Reserviertheit und Verstand – und dem verstandesmäßigen Menschen sei das »eigentlich Individuelle gleichgültig«[21]. Diese Gleichgültigkeit kommt in einer zentralen Charaktereigenschaft zum Ausdruck, der Blasiertheit: »Das Wesen der Blasiertheit ist die Abstumpfung gegen die Unterschiede der Dinge, nicht in dem Sinne, daß sie nicht wahrgenommen würden, wie von den Stumpfsinnigen, sondern so, daß die Bedeutung und der Wert der Unterschiede der Dinge und damit der Dinge selbst als nichtig empfunden wird.«[22] Wir bemerken die Differenzen, aber lassen sie nicht mehr an uns heran, sie bleiben an der Oberfläche. Blasiertheit ist die »letzte Möglichkeit, sich mit Inhalten und Form des Großstadtlebens abzufinden«[23] – sie reduziert die Eindrücke, wehrt durch Passivität ab und verhindert affektive Vereinnahmung und wirkliche Teilhabe. Sobald der Mensch seine Reserviertheit aufgibt und Gefühle zeigt, wird es anstrengend. Wenn alle »äußeren Berührungen« zu »inneren Reaktionen« führten, würde der moderne Mensch »innerlich völlig atomisieren und in eine ganz unausdenkbare Verfassung geraten«.[24]

Simmel ging in seiner Analyse noch von einem »Schutzorgan« aus, das der entfesselten Moderne den Weg in die »Tiefen der Persönlichkeit«[25] versperrt und so die Stabilität des bürgerlichen Subjekts in einer Welt voller Reize ermöglicht. Daran vermochte in der zweiten Hälfte des 20. Jahrhunderts niemand mehr so recht zu glauben. Theodor W. Adorno sieht denn auch die letzten Bastionen fallen und spricht von der »totalen Erfassung des Menschen«.[26] Das Individuum bleibe keineswegs hinter der technologischen Entwicklung zurück: »Es wächst die organische Zusammensetzung des Menschen an. Das, wodurch die Subjekte in sich selber als Produktionsmittel und nicht als lebende Zwecke bestimmt sind, steigt wie der Anteil der Maschinen gegenüber dem variablen Kapital. Die geläufige Rede von der ›Mechanisierung‹ des Menschen ist trügend, weil sie diesen als ein Statisches denkt, das durch ›Beeinflussung‹ von außen, Anpassung an ihm äußerliche Produktionsbedingungen gewissen Deformationen unterliege. Aber es gibt kein Substrat solcher ›Deformationen‹, kein ontisch Innerliches, auf welches gesellschaftliche Mechanismen von außen bloß einwirkten.«[27] Der Mensch wird mehr und mehr zur Maschine, und das Mechanisierte passt sich ein, selbst die Flucht in die Krankheit[28] sei dem modernen Menschen versperrt: »Daß das Individuum mit Haut und Haaren liquidiert werde, ist noch zu optimistisch gedacht«[29], so Adorno.

Wird aber nicht gerade an der Erschöpfung sichtbar, dass der Prozess der Subsumierung und Vereinnahmung doch auf Grenzen stößt? Ist die Erschöpfung nicht Beweis dafür, dass eine »Selbsterhaltung ganz ohne Selbst« nicht funktioniert?

Der Aufschrei der Erschöpften ist jedenfalls unüberhörbar: Vereinnahmt von Twitter und Facebook, ferngesteuert von Google, verliert das Subjekt seine Balance und gerät aus der Fassung. Frank Schirrmacher spricht von der »Ich-Erschöpfung«[30] und einer sich schleichend durchsetzenden Deformation durch die taktgebende Technologie. Sascha Lobo schreibt vom »digital verstärkten Kapitalismus«, der alle ermüdet.[31] Thomas Strässle rät angesichts des Zeitgeistphänomens Burn-out und einer steigenden Reizüberflutung zu mehr Gelassenheit und empfiehlt »eine andere Haltung« zur Welt.[32] Nach der Diagnose von Hartmut Rosa stehen wir nicht nur »am Rande der Erschöpfung«, sondern sogar am »Rande des Sinnvollen«. Der Soziologe entwickelt angesichts eines totalen »Beschleunigungsregimes« die Vision von »Entschleunigungsoasen«. Er selbst treibt »Entschleunigungspraktiken« wie Morgengymnastik und Abendmeditation.[33]

Hatte nicht schon Nietzsche am erschöpften Europäer gezweifelt und uns den Chinesen als Vorbild empfohlen? – »Der Kultur-Zärtling ist eine Mißgeburt im Vergleich zum Araber und Korsen; der Chinese ist ein wohlgeratener Typus, nämlich dauerfähiger, als der Europäer.«[34]

In diesem Buch sollen nicht noch einmal die allseits bekannten Krisenphänomene der »vernetzten Epoche« zitiert werden, es soll vielmehr der Zusammenhang hergestellt werden zwischen der um 1900 einsetzenden Mobilmachung des Menschen und der schon sehr früh diagnostizierten Erschöpfung. Beides gehört zusammen.

In dieser Zeit entstanden die Träume von einem vitalen Menschen, der mit stimulierenden Mitteln seine Kräfte ins Unermessliche steigern kann, der nicht ermüdet, der seine Jugend erhält und gegen Krankheiten immun ist. Dieser Übermensch sollte, wie es Marinetti im »Futuristischen Manifest« erklärte, von den Wurzeln abgetrennt werden, sich mit Eisen vermischen und von Elektrizität nähren: »Bereiten wir«, tönte der Schlachtruf, »die bevorstehende und unvermeidliche Verschmelzung des Menschen mit dem Motor vor.«[35] Marinetti gilt seither als Prophet eines neuen Menschen. Erst heute, so meint man, seien seine ästhetischen Visionen in der Realität angekommen. Doch die utopisch anmutende Synthese von Mensch und Maschine, die mechanische Individualität, war schon damals nicht so weit von der Wirklichkeit entfernt. Was Paul Virilio in den neunziger Jahren als »Eroberung des Körpers« und als Prothesen-Existenz beschrieb, begann um 1900 und erlebte im Ersten Weltkrieg mit der Verkoppelung von Kriegsmaschinen und Soldatenkörpern einen ersten Höhepunkt.

Es geht in diesem Buch um die vielfach verdrängten Pathologien, die uns heute wieder begegnen. Bekanntlich hat Freud die »Wiederholung des Gleichartigen [...] als Quelle des unheimlichen Gefühls«[36] bezeichnet. Nicht das Fremde erschreckt uns, sondern das Vertraute und Bekannte, das wir im Verborgenen halten wollen und das plötzlich hervortritt: »Das Heimliche wird dann zum Unheimlichen.«[37] Die Erschöpfung ist ein solches Schreckbild, sie ist gewissermaßen ein Doppelgänger der Moderne. Ursprünglich – darauf macht Freud in seiner Untersuchung über das »Unheimliche« aufmerksam – sei der Doppelgänger »eine Versicherung gegen den Untergang des Ichs«[38] gewesen. Der Mensch habe positive Energien aus dem anderen

Ich gezogen, seinen Narzissmus gestärkt. Doch war dies nur in einer Phase der Fall, in der der Mensch noch nicht mit seinem Ich zerfallen war, nach der Überwindung dieser Phase »ändert sich das Vorzeichen des Doppelgängers, aus einer Versicherung des Fortlebens wird er zum unheimlichen Vorboten des Todes«[39].

Können wir das nicht auch von der Erschöpfung sagen? War sie nicht zunächst die Bestätigung eines Ichs, das seine Kräfte in einer großen Anstrengung erschöpfte – einer Anstrengung, in der es sich mit der Verausgabung identifizierte? Das »Vorzeichen« von Erschöpfung wandelt sich da, wo menschliche Tätigkeit den Charakter exzessiver Arbeit annimmt. Um noch einmal – nicht das letzte Mal in diesem Buch – Nietzsche zu zitieren: Die Erschöpfung ist immer »dort am größten [...], wo am unsinnigsten gearbeitet«[40] wird.

Als unheimlich wurde die Erschöpfung um 1900 aber auch empfunden, weil selbst die Repräsentanten der Willenskultur von ihr heimgesucht wurden: Ob Bismarck, der »eiserne Kanzler«, ob Nietzsche, der Apologet der Kraft, ob Cosima Wagner, die asketische Herrin des Hügels, oder Max Weber, der kraftstrotzende Gelehrte und Verteidiger der protestantischen Ethik – sie alle kämpften mit nervösen Symptomen und Erschöpfungszuständen. Hinter der Maske des »faustischen Menschen« (Oswald Spengler) zeigte sich eine vielfach gebrochene, tief verunsicherte Kultur.

In Zeiten der Kraftlosigkeit und Krankheit wächst bekanntlich die Sehnsucht nach Heil und Erlösung, nach Rettern, Seelenführern, Propheten, Trainern und Ernährungsberatern. Auch für sie schlägt um 1900 die große Stunde. Ob sie nun Liebig, Baltzer, Lahmann, Bircher-Benner, Kellogg, Steinach oder Schweninger heißen, sie alle wollten den Menschen umbauen und in ein neues Reich führen. Sie propagierten die Ideen einer umfassenden Lebensreform, die ihr Heil in Ganzheiten suchte und mit Absolutheitsansprüchen auftrat, in denen sich die Faszination des Zeitalters für das Totalitäre spiegelte. Die Lebensreform wollte die

Rhythmen und verborgenen Kräfte der menschlichen Natur aufspüren, um sie für eine kulturelle Erneuerung zu nutzen. In einer Epoche, die sich am Ende wähnte, signalisierte sie den Aufbruch.

Der Begriff »Fin de Siècle« brachte ein prekäres Zeitgefühl zum Ausdruck, das vor allem die gebildeten Schichten beherrschte und hier wiederum insbesondere die literarisch-künstlerischen Kreise. Man fühlte sich angekränkelt von der Zeit, von Willensschwäche, von Dekadenz- und Niedergangsdiagnostik und sehnte sich nach Erfrischung und neuer Kraft. Erschöpfung wurde zur ästhetischen Empfindung, über die man sich definierte und von der man sich zugleich abzustoßen versuchte. Anders als man es vielleicht heute vermutet, nahmen die Literaten und Künstler nicht in erster Linie eine geistige, sondern eine körperliche Erschöpfung an sich wahr. Auch den vermeintlichen Niedergang der Kultur sah man als einen physischen Verfall und blickte nicht zuletzt mit Sorge auf die eigene körperliche Fitness.

Für die Ästheten um 1900 stand nicht die Seele, sondern der Körper im Mittelpunkt, der schöne, trainierte und vor allem gesunde Körper. Thomas Mann sprach 1909 in seinen Notizen zu »Geist und Kunst« von der »Gesundheits- und Durchsonnungstendenz«,[41] die sich in der gesamten Literatur zeigen würde. Soeben hatte er Gerhart Hauptmanns Reisetagebuch »Griechischer Frühling« gelesen, das ein Griechentum beschwört, das im Ursprünglichen und Naturhaften wurzelt. Hier waren noch die alten Götter lebendig, hier war unverfälschte Tiefe und Reinheit, Kraft und Schönheit zu finden. Von dem mystifizierenden Blick auf das Hellenentum irritiert, notierte Thomas Mann: »Jemand sollte zählen, wie oft im Griechischen Frühling ›gesund‹ vorkommt.«[42]

So treffend die sarkastische Bemerkung war, so sehr war Thomas Mann doch auch selbst ein Anhänger der von ihm persiflierten »Gesundheits- und Durchsonnungstendenz«. Um sich körperlich fit zu halten, ging er in das Sanatorium Lebendige Kraft von Max Bircher-Benner, stärkte sich mit Rohkost und Bewegungstherapien, er fuhr nach Dresden in das berühmte Lahmann'-

sche Sanatorium und in die Kuranstalt von Christoph von Hartungen in Riva am Gardasee. Er war kein Einzelfall. Die Sorge um die Gesundheit und die Angst vor der Erschöpfung hatte die Literaten fest im Griff: Heinrich Mann, Rilke, Kafka, Hesse, Meyrink – sie alle wollten sich durch Askese befreien. Sie sollen hier als Seismographen herangezogen werden, deren Aufzeichnungen einen Empfindungskomplex sichtbar werden lassen, der normalerweise sprachlos macht. Welche Rolle Körper und Gesundheit für den Dichter spielen, hat Gottfried Benn klargestellt, der bekanntlich in diesen Dingen Fachmann war. Und er hat dazu Goethe zitiert, der von seiner italienischen Reise schreibt: »Ich lebe sehr diät und halte mich ruhig, damit die Gegenstände keine erhöhte Seele finden, sondern die Seele erhöhn.« – »Welche«, so Benn, »eigentümliche Nähe von Ernährung und Erlebnis! [...] Aus all dem klingt doch wohl mehr als ein Ahnen, daß der Körper der letzte Zwang und die Tiefe der Notwendigkeit ist, der Monolog der Schöpfung und, wenn er in bestimmter Weise entartet, manchmal die Prämisse des Genies.«[43]

Dieses Buch will keine Wege aus der Erschöpfung aufzeigen, sondern in thematisch abgegrenzten Diskursen den Weg einer Kultur der Erschöpfung nachzeichnen. Dies scheint auch deshalb geboten, weil die heutigen Analysen der Komplexität des Themas häufig nicht gerecht werden. So ist etwa die Behauptung nicht zu halten, es hätte sich früher in erster Linie um eine körperliche Erschöpfung gehandelt, bei welcher der »Motor Mensch« (Anson Rabinbach) im Mittelpunkt gestanden hätte, während der Mensch im Zeitalter der digitalen Revolution mit einer geistigen, einer »Ich-Erschöpfung« konfrontiert sei, die das Gehirn angreife.[44] Erschöpfung – das zeigen die folgenden Fallstudien – hat immer mit den »nervösen Apparaten« (Karl Jaspers) zu tun. So hat der große italienische Ermüdungsforscher Angelo Mosso in zahlreichen Untersuchungen die Erschöpfung auf die Nerven und das Zentralorgan des Menschen bezogen. Er kam bereits um 1900 zu dem Schluss, dass, verkürzt gesagt, Erschöpfung und Arbeit nicht im direkten Zusammenhang stehen: Bevor die muskuläre Ermattung spürbar ist, ermüdet das Gehirn. Im Fin de Siècle zeigte sich die Erschöpfung als ein geistiges, ein nervöses Phänomen, das macht diese Epoche als Reflexionsfolie für unsere Gegenwart so interessant, denn – wer wird es leugnen – Erschöpfung in der digitalen Welt spielt sich vor allem im Kopf ab und hat mit der repetitiven Arbeit, der Alternativlosigkeit des Lebens, dem Ende der Utopien und der Theoriemüdigkeit zu tun.

In einer Situation, in der die Rede vom Burn-out zum Jargon geworden ist, der »signalhaft«[45] auf unspezifische Empfindungen hindeutet und in der der Begriff in immer neuen Varianten erscheint, ist es Zeit, sich wieder den Inhalten zuzuwenden.

Am Limit

»Arbeiten muß ich lernen«

Man muß arbeiten, wenn nicht aus Geschmack, so mindestens aus Verzweiflung, da, Alles wohl erwogen, arbeiten weniger langweilig ist als sich amüsiren.

Friedrich Nietzsche, *Nachgelassene Fragmente, 1887–1889*

»Fehlt mir die Kraft? Ist mein Wille krank? Ist es der Traum in mir, der alles Handeln hemmt? Tage gehen hin und manchmal höre ich das Leben gehen. Und noch ist nichts geschehn, noch ist nichts Wirkliches um mich«,[1] schreibt Rilke an Lou Andreas-Salomé im August 1903. Der junge Dichter übermittelt der Freundin in dieser Zeit ausführliche Bulletins über sein gesundheitliches Befinden. Nicht von Krankheiten berichtet er, sondern von schwer einzuordnenden Befindlichkeiten: »Ich habe immerfort so viel Schmerzen und lebe in lauter Ungemach. Was mir wehe thut hat vielleicht dieselbe Ursache wie die Angst. Hinter beidem sind wohl Unregelmäßigkeiten im Blutumlauf, die entweder ungewöhnliche Geisteszustände erzeugen oder die und jene Stelle des Körpers schmerzhaft betonen. Jetzt quälte es wieder im Kopfe, war tagelang heftigster Zahnschmerz, wurde Augenweh und setzte schließlich als Rachenkatarrh mit trübem Fiebergefühl [...] ein.«[2] Um sich zu kräftigen, rückt Rilke den Symptomen mit einer ganzen Reihe von therapeutischen Maßnahmen zu Leibe: Luftbäder stehen auf dem Programm, barfuß gehen im kühlen Gras, Dampfbäder – er kauft sich zu diesem Zweck einen Apparat, der sogar auf Reisen mitgeht (das Ehepaar Rilke transportiert das Gerät bis nach Rom) –, und natürlich ernährt er sich vegetarisch, er versagt sich den Genuss von Alkohol, trinkt duftende Tees und allenfalls einmal einen selbstbereiteten Kaffee. Doch der nervöse Leib lässt sich nicht beruhigen.

Rettung verspricht in dieser ausweglosen Situation nur die ruhige, tägliche Arbeit, die etwas »Sicherheit und Halt«[3] gewährt. Sie ist das Mittel einer Selbsterziehung, die ihn »wirklichwerden« lässt, ein »Wirklicher unter Wirklichem«.[4]

Sobald Rilke jedoch zu arbeiten beginnt, fühlt er sich energielos, müde und voller »Bangigkeit«[5]. Bereits 1902, als er Rodin trifft und sich ihm wenig später als Privatsekretär andient, will er nur eins: von ihm arbeiten lernen.[6] Er möchte sich dem Meister anschließen, um seine verbrauchten Energien aufzuladen und seine Mattigkeit zu überwinden. In Rodin sieht er – fälschlicherweise – den Menschen, der rastlos tätig und deshalb »tief« geworden ist.[7] Tatsächlich war Rodins künstlerische Produktivität weniger auf Arbeit als vielmehr auf Arbeitsteilung und geschicktes Management gegründet[8] – Realitäten, die Rilke geflissentlich übersah, um das Bild des einsamen, stets schöpferischen Künstlers zeichnen zu können. Diesem Vorbild wollte er mit mönchischen Tugenden nacheifern. Rilke vertraute sich eines Tages dem Meister an, gestand seine »bangen Abgründe« und Idiosynkrasien – und erntete offenbar nur Unverständnis. Zur Ermunterung bekam er die Maxime mit auf dem Weg: »Man muß immer arbeiten – immer.«[9] Lou Andreas-Salomé schreibt er daraufhin: »Und dann habe ich still und strenge versucht, immer in Arbeit zu sein, und meine Bestürzung ist groß, wenn ich fühle, daß es mir nicht gelungen ist.«[10] Rilke schiebt es auf Paris, die »große Stadt«, die »wider« ihn ist, ihn zerstreut, aus dem Rhythmus bringt und krank macht: »drei Influenza-Anfälle mit endlosen Fiebernächten und großer Bangigkeit; und meine Kraft und mein Muth war klein geworden, und ich fuhr mit dem letzten Rest fort«.[11]

Für Rilke ist die Arbeit »sakral konnotiert«,[12] er leitet aus ihr seine Mission als Künstler ab. Will man dieser Rettungsphantasie gerecht werden, muss man sie vor dem zeitgeschichtlichen Hintergrund betrachten. Das 19. Jahrhundert hatte den Leistungskörper entdeckt. Die Muskeln, ihre Energie und Kraft, waren das bevorzugte Erkenntnisinteresse der Humanwissenschaften. Was Ende des 18. Jahrhunderts als Projekt der Aufklärung begonnen hatte, entwickelte sich im 19. Jahrhundert über die psycho-physischen Forschungen von Ernst Heinrich Weber und Gustav Theodor Fechner zur modernen Arbeitswissenschaft. Das tätige, an sich arbeitende Individuum galt nun als Ideal. Der Leipziger Arzt Daniel Gottlob Moritz Schreber – Vater des durch Freuds Studie über die »Denkwürdigkeiten eines Nervenkranken« berühmt gewordenen Senatspräsidenten Daniel Paul Schreber – schreibt in seiner »Aerztlichen Zimmer-Gymnastik« von 1855: Der Mensch »ist bestimmt zur Thätigkeit [...], zum vollen Gebrauche seiner geistigen und körperlichen Kräfte. Sein ganzes Wesen ist darauf berechnet. Der geistig Träge und der körperlich Faule schmachten vergeblich nach dem Vollgenusse geistiger und leiblicher Freude. Die süsse Würze des Lebens ist nur ein Lohn des Thätigseins. Der Mangel desselben erzeugt Stumpfheit der Organe, Störung ihrer Verrichtungen, Krankheit, vorzeitigen Tod.«[13] Der Mensch hat sein Schicksal selbst in der Hand, lässt er in seinen Anstrengungen nach, ist Verfall und Degeneration die Folge. »Wie alle Kräfte«, so Schreber, »durch angemessenen Gebrauch sich steigern und auf einem gewissen Höhepunkt erhalten, so verkümmern und verschwinden sie im entgegengesetzten Falle bei Mangel der Uebung vor der Zeit gänzlich.«[14] Carl Wilhelm Ideler, Psychiater an der Berliner Charité, stellt in seiner 1846 erschienenen »Allgemeinen Diätetik für Gebildete« den Grundsatz auf, dass »nur das andauernd gespannte Leben« sich zu einer »vielfachen Summe seiner Energie«[15] steigert. Er empfiehlt dem geistig Arbeitenden, »sich täglich eine etwas größere Aufgabe« vorzunehmen, um so »zuletzt das Maximum von Denkkraft« zu erreichen.[16] Zu vermeiden sind »Absätze, Sprünge im Denken«, welche die »Schwungkraft« rauben und die Energie zersplittern. Sollen die individuellen Anlagen entwickelt werden, sind »etwa 8–10 Stunden« ununterbrochene Arbeit notwendig, dabei soll die »vollkräftige Tageszeit von den frühen Vormittagsstunden bis tief in den Nachmittag« hinein genutzt werden. Diese »diätetische Grundregel« verlangt, dass die Hauptmahlzeit erst am späten Nachmittag eingenommen wird, da ansonsten »der Genuß desselben um die Mittagszeit eine schädliche Unterbrechung zuwege bringt«.[17] Für John Brown, der mit seinem »System der Heilkunde« großen Zuspruch beim gelehrten Publikum fand, hängt alles Leben an Reiz und Erregbarkeit. Reize ermuntern uns zur Tätigkeit.[18] Ein Mangel an Erregbarkeit lässt den Menschen altern, stumpft die Lebenssinne ab, macht ihn gebrechlich und entzieht dem Körper Energie.

Das 19. Jahrhundert propagierte die Vita activa. Mehr und mehr rückte dabei ein neuer Aspekt in den Vordergrund: die Berufsarbeit. Zum Ende des Jahrhunderts setzte eine regelrechte Heiligung der Arbeit ein, der Begriff wurde universalisiert und zum Humanum schlechthin erhoben. Ferdinand Lassalle feierte ihn als übergreifendes »Prinzip des Zeitalters«, die »Idee der Arbeit« solle zur Herrschaft kommen und zum gemeinsamen Band der Gesellschaft werden: »Arbeiter sind wir alle, insofern wir nur eben den Willen haben, uns in irgend einer Weise der menschlichen Gesellschaft nützlich zu machen.«[19] Es ging um eine »neue Haltung«, ein neues »Gepräge« der menschlichen Existenz. Lassalle spricht von Würde, Sittlichkeit, Selbstbewusstsein und Stärke. Alle Welt redete nun einer Selbstbegründung durch Arbeit das Wort, selbst der Kaiser stimmte in das Lob ein, und natürlich stand der deutsche Mensch in besonderer Weise diesem Ideal nah.

Jeder wollte und musste sich jetzt durch Berufsarbeit definieren. Auch Künstler und Literaten gerieten unter Zugzwang, sie wollten wie Rilke »Arbeiter werden« und blickten fasziniert auf die Möglichkeit eines regelmäßigen Pensums. Rilke erkannte darin ein mönchisches Ritual, von dem er sich körperliche und geistige Kraft, vor allem aber Halt versprach. An van Gogh bewunderte er die Fähigkeit des »Immer-Arbeiten-Könnens«, die diesen vor dem Wahnsinn bewahrt habe. »Van Gogh konnte vielleicht die Fassung verlieren, aber die Arbeit war noch hinter der Fassung, aus ihr konnte er nicht mehr herausfallen.«[20]

Die Hoffnung, auf diese Weise die unsichere geistige Existenz zu stabilisieren und das eigene Ich zu stärken, teilten viele Intellektuelle Anfang des 20. Jahrhunderts. Ludwig Wittgenstein, der im August 1914 als Freiwilliger in den Krieg zog, eröffnet sein »Geheimes Tagebuch« mit der bangen Frage: »Werde ich jetzt arbeiten können??«[21] Der Ausbruch des Ersten Weltkriegs hatte an der Auffassung der Arbeit als Heilsversprechen wenig geändert. Nahezu täglich hält Wittgenstein fest, ob und wann er zum Schreiben und Lesen gekommen ist. Wie Rilke folgt auch er einem zugleich asketischen und heiligen Programm, das gegen die eigene Triebnatur ankämpft und sich zum besseren Menschen machen kann: »Arbeite nur fort, damit du gut wirst«,[22] lautet eine Notiz. Wittgenstein berichtet auch von der Ohnmacht des »Fleisches«,[23] der Schwäche und Untätigkeit. Natürlich spielt der Krieg in diesem Fall eine besondere Rolle, seiner fragmentierenden Wirkung sollte etwas entgegengesetzt werden. Zeitlebens blieb Wittgenstein diesem Arbeitsethos verpflichtet. Zahlreiche Anekdoten bezeugen seine Anstrengung, ein möglichst einfaches Leben zu führen. Immer suchte der exzentrische Philosoph nach Orten, die abseits lagen und ein eremitisches Dasein ermöglichten. Unter äußert kargen Bedingungen lebte er in Norwegen, in einem kleinen Ort nördlich von Bergen, ebenso frugal und einsam wohnte er später in dem Dorf Trattenbach im niederösterreichischen Otterthal, danach in Hütteldorf, nahe Wien.[24]

Das war bei Rilke nicht anders, auch er liebte die Einsamkeit und flüchtete in ferne Domizile, freilich bevorzugte er ein etwas exquisiteres Ambiente. So entstanden die »Duineser Elegien« auf Schloss Duino an der Adria, wo er als Gast der Fürstin Marie von Thurn und Taxis residierte; zuletzt lebte er in dem Schlösschen Muzot im Kanton Wallis, das der Mäzen Werner Reinhart für ihn erwarb.

Die Reize des Lebens – das gilt für Rilke wie für Wittgenstein – stellten eine Gefährdung des eigenen Arbeitsethos dar, sie mussten abgewehrt oder doch zumindest reduziert werden. Doch beide hatten damit ihre Schwierigkeiten, wobei Wittgenstein rigoroser und – insgesamt – auch erfolgreicher im Kampf gegen die widerständige Natur war.

Rilke bekundete in vielen Briefen seine Absicht, endlich Kontinuität in sein Leben zu bringen, und entwarf in Stunden der Einkehr Arbeitsprojekte. An Lou Andreas-Salomé schickte er eine lange Liste mit »Lernabsichten«[25]: Naturwissenschaftliche Vorlesungen wollte er hören, das Wörterbuch der Gebrüder Grimm lesen, aus dem Russischen und Französischen übersetzen, Dänisch lernen usw. – ein Selbsterziehungsprogramm, dessen einzelne Punkte stets mit dem Refrain »Ich will …« beginnen.

Allen guten Vorsätzen zum Trotz stellte sich stets ein, was Rilke sein »Erschöpftsein, Vertrocknetsein« nennt – »eine Unfähigkeit, die […] vom körperlichen ausging«, verringerte ihn zu einem »Mindestmaaße von Dasein«.[26] Die Rede ist von Apathie und Ermattung: »Ich könnte über vieles klagen und klage vor allem über diese unbegreifliche Müdigkeit; der Schlaf ist immer das nächste, und er nimmt mich, wie ein ihm Gehöriges, mitten am Tage. Und alles was quälte, quält weiter […].«[27] Zuweilen glaubte er, den Grund für die rasche Ermüdbarkeit und die Schmerzempfindungen, die er zusammenfassend als »Symptome«[28] seines Lebens bezeichnet, endlich gefunden zu haben: »Heute morgen ist mir in einer großen Helligkeit dieses klar geworden: ich lebe seit Jahren mit schlechtem Gewissen und mit seichter Kraft […]. Soll mein Leben besser werden, so muß ich vor Allem an diese beiden Dinge denken: Kraft und Gewissen.«[29]

Es war ein Circulus vitiosus, den Rilke in immer neuen Anläufen zu durchbrechen versuchte. Im Frühjahr 1901 begab sich der frisch Verheiratete mit seiner Frau in das Sanatorium von Heinrich Lahmann. In der damals berühmten Naturheilanstalt im Kurort Weißer Hirsch bei Dresden ließ er seinen Körper vitalisieren. Der behandelnde Arzt stellte sogleich fest, dass der Patient organisch »vollkommen« gesund, aber körperlich »stark ge-

Abb. 1: Dr. Lahmanns Sanatorium, Ansicht der 1888 eröffneten Naturheilanstalt in Dresden, Weißer Hirsch

schwächt und angegriffen und von geringer Widerstandskraft«[30] sei. Eine »ernste Kur« sei nötig. Die Therapie begann noch vor 7 Uhr morgens mit kalten und warmen Wechselgüssen auf den Rücken. »Dann Frühstück (Obst, Cacao (Dr. Lahmanns Nährsalz Cacao) Butter Brot, dann Leib, Unterleibs Rücken und Kreuzmassage und Gymnastik, um 10 Uhr eine Orange und zwei Schnitten Dr. Lahmanns Schrotbrot mit Butter, hernach entweder ein leichtes Vollbad 31° oder ein Sonnenbad oder ein heißes Fuß oder Handbad von 7 Minuten Dauer, vor Tisch 10 Minuten Luftbad, dann Essen: vorzügliche milde Kost, meist Gemüse [...]. Hernach liege ich 2 Stunden, in Decken eingepackt im Freien, in der Sonne in einem Liegestuhl [...]. Dann kriege ich Kakao mit Nährsalzbiscuits [...]. Nach 8 geht man meist zu Bett und schläft natürlich bei offenem Fenster.«[31] Zur Kräftigung der Muskulatur standen Holzsägen und Waldlauf auf dem Programm. Rilke trug nun auch die von Heinrich Lahmann entwickelte Unterwäsche aus Baumwolle – biologisch produziert, ohne künstliche Farbstoffe. Und natürlich durfte auch die Tochter nichts anderes tragen. An seine Mutter schreibt Rilke: »Leinenwäsche ist für unser kleines Kind nicht verwendbar: die ganze Ausstattung ist aus Lahmannzeug und es soll sich gleich von vornherein daran gewöhnen, nichts anderes zu tragen.«[32] In zahlreichen Briefen aus Dresden lobte er die kräftigende Wirkung der Kur, er fühle sich ruhiger und widerstandsfähiger. Doch bereits Ende Mai 1901, als er sich in Prag aufhielt, gestand er der Mutter, die Stadt gehe ihm »auf die Nerven«[33]. Die alten Symptome waren wieder da, er fühlte sich unruhig und ermattet.

Müdigkeit und Erschöpfung waren Anfang des 20. Jahrhunderts weit verbreitet und gerade auch unter Literaten ein Thema. Viele fühlten sich von der Zeit angekränkelt, von der Dekadenz und dem »süßen Gift« der Zivilisation. Thomas Mann nahm an sich eine allgemeine »Ermüdung« und »reduzierte Vitalität«[34] wahr. 1901 kurte er zusammen mit seinem Bruder Heinrich in Mitterbach bei Christoph von Hartungen, später suchte er das von dem Arzt geleitete mondäne Sanatorium in Riva am Gardasee auf. Auch in der Heilanstalt Lahmann war er Gast. Gleichwohl nahmen seine neurasthenischen Beschwerden und seine Mattigkeit weiter zu. Im Sommer 1909 unterwarf er sich einer ungleich strengeren Kur im Züricher Sanatorium Bircher-Benner. Hier durfte er nur Rohkost essen, musste täglich einige Stunden im Garten arbeiten und Luftbäder nehmen, zur Vitalisierung wurde er mit Kalt- und Warmwasseranwendungen behandelt. Er sah sich als »Gras fressender Nebukadnezar« und sprach von einem »hygienischem Zuchthaus«[35], fühlte sich aber nach der Vitalisierungskur gekräftigt und voller Energien.

Sein Kollege Franz Kafka klagte in seinem Tagebuch: »So wenig Körperkraft! Sogar diese paar Worte sind unter der Beeinflussung der Schwäche geschrieben.«[36] Von »Verfall« und der »körperlichen Unmöglichkeit zu schreiben«[37] ist immer wieder die Rede. In zahlreichen Notaten berichtet er von »Müdigkeit« und »Mattigkeit«[38], gleichwohl ist an Ruhe nicht zu denken: »Nur

Träume kein Schlaf.«[39] Zur körperlichen Ertüchtigung begab sich Kafka in die von Adolf Just geleitete Naturheilanstalt Jungborn, auch bei Christoph von Hartungen in Riva am Gardasee unterzog er sich einer Kur.

Die Sorge um die eigene Fitness ging in den kultivierten Schichten um. Man konstatierte angesichts beschleunigter Lebensverhältnisse und zunehmender Reize ein wachsendes Gefühl der Ermüdung und Energielosigkeit. Doch nicht allein die feinsinnigen Literaten klagten um 1900 über Schwäche und Kraftlosigkeit. Der Nervenarzt Paul Julius Möbius beobachtete schon 1894, dass mehr und mehr »normale«, auf den ersten Blick völlig gesunde Menschen seine Praxis aufsuchten: Kellner, Dienstboten, Pferdebahnschaffner.[40] Sie fühlten sich überfordert und seien oft zu kontinuierlicher Tätigkeit nicht mehr in der Lage, weil ihre Lebensführung in Unordnung geraten sei.[41] Der Arzt müsse »wie ein guter Verwalter«[42] in das Leben dieser Patienten eingreifen und sie zur »Thätigkeit« anleiten[43]. Für den an Schwäche und Müdigkeit leidenden Menschen sei »die rechte Arbeit das Hauptheilmittel«.[44]

Was Möbius in seinem Aufsatz zu Krankheitsbild und Therapie schreibt, erinnert an die Problematik von Rilke, Wittgenstein, Thomas Mann und Kafka. Ermüdung und Erschöpfung wurden als Symptome der Neurasthenie zugeordnet, die zur Modekrankheit avancierte. Im Fin de Siècle war das Krankheitsbild jedoch so unscharf geworden, dass man alles und jedes darunter verstand. Gleichzeitig hatte sich aber der Befund eher verschärft. Er ließ sich nicht länger auf bestimmte Individuen und Schichten begrenzen, sondern weitete sich zur Pathologie der modernen Kultur aus.[45]

Emil Kraepelin sprach von einer »grossen Ermüdbarkeit«,[46] die sich in allen Bereichen des kulturellen Lebens zeige, es sei »die Krankheit unserer Zeit«[47]. So einig man sich in der allgemeinen Diagnose war, so vielfältig waren die Ansichten über die Ursachen. Die »Krankheitskeime« wurden nicht mehr nur in der beschleunigten Moderne verortet, man bohrte tiefer und glaubte an eine »Vergiftung« der biologischen Wurzeln. Die Begriffe »Degeneration« und »Entartung« nahmen im medizinischen Diskurs einen immer größeren Stellenwert ein.[48]

Gleichwohl blieb das Phänomen der nervösen Ermüdung komplex und rätselhaft. Überlastung und, wie man heute sagen würde, Stress entkräften den Menschen und setzen seine Leistungsfähigkeit herab. Bei der nervösen Müdigkeit allerdings spielen diese Faktoren keine große Rolle. Sie ist immer da und kann auch durch Schlaf nicht beseitigt werden, die Menschen kommen nicht zur Ruhe, sie fühlen sich überreizt und kraftlos. Viele glaubten damals wie Rilke an eine Krankheit des Willens, die durch asketische Übungen geheilt werden könne. Das Fin de Siècle sah sich zwischen zwei Polen: Schwäche und Reizbarkeit.

Eine rätselhafte Schwäche

Seit den Arbeiten von G. Beard ist eine neue Krankheit aus Amerika importiert worden, die sich epidemieartig verbreitet zu haben scheint. Der Name Neurasthenie ist in Aller Munde, sie ist die Modekrankheit geworden.

Paul Dubois, *Die Psychoneurosen und ihre psychische Behandlung*, 1905

Die Zeitschrift »Science« berichtete vor einiger Zeit, Forscher hätten den Auslöser für das Syndrom der chronischen Erschöpfung gefunden. Bei einem großen Teil der Patienten, die am Chronic fatigue syndrome (CFS) litten, sei ein bestimmter Virus nachweisbar, das Xenotropic murine leukemia virus-related virus (XMRV).[1] Der Erreger blockiere das Immunsystem und führe auf bisher ungeklärte Weise den Erschöpfungszustand herbei. Diese rätselhafte Schwäche, die weder durch Überanstrengung hervorgerufen noch durch Ruhe und Erholung behoben werden könne, sei auf eine Vergiftung des Körpers zurückzuführen, auf einen Erreger, der die Menschen leistungsunfähig mache.

Wie immer bei Krankheiten, die vermehrt oder massenhaft auftreten, taucht irgendwann die These von der viralen Infektion auf. Es ist der Versuch, für etwas, das sich der rationalen Erklärung entzieht, Gründe zu finden. Auch bei Krebserkrankungen vermutete man in der Vergangenheit immer mal wieder einen viralen Zusammenhang. In jüngster Zeit gibt es die These, dass Alzheimer durch eine virale Infektion entsteht, die entweder im Körper selbst angelegt ist oder sogar durch äußere Ansteckung übertragen werden kann. Im Fall des Erschöpfungssyndroms wurden schon wenig später die Ergebnisse der Untersuchung in Zweifel gezogen, denn bei zahlreichen Patienten konnte der Erreger nicht nachgewiesen werden.

Die Ätiologie der chronischen Erschöpfung bleibt so rätselhaft wie ihr epidemisches Auftreten. Das Syndrom entzieht sich der Erklärung und ist im Moment auch nicht heilbar. Aus medizinischer Sicht ist das alles höchst unbefriedigend. Ganz anders sieht es aus, wenn man sich dem Phänomen aus einer kulturwissenschaftlichen Perspektive nähert, denn dann steht nicht so sehr die Krankheit als solche im Mittelpunkt, sondern ihr Bild, also alles, was sich mit ihr an Deutungen und Phantasien, an Ängsten, Zwängen und Dämonisierungen verbindet.

Susan Sontag hat von der »Krankheit als Metapher« gesprochen und von den Mystifikationen, die ein unheilbares und in seinen Ursachen unverstandenes Leiden schafft und produziert.[2] Die chronische Erschöpfung bietet, so gesehen, die beste Voraussetzung zu ihrer Metaphorisierung, denn sie ist in der Tat »mysteriös«[3]. Man spricht von einem Syndrom, das aus verschiedenen Symptomen besteht, die – einzeln und für sich genommen – relativ harmlos sind oder gar zum normalen Leben gehören. Die Entwicklung der klinischen Definition für das Chronic fatigue syndrome (CFS) soll hier nicht im Einzelnen rekapituliert werden, vielmehr soll jene Zeit in den Blick geraten, in der Erschöpfung erstmals als pathologisches Phänomen zum Thema wurde.

Gehen wir zurück zum Anfang: Als modernes Leiden entsteht der Symptomkomplex Erschöpfung in der zweiten Hälfte des 19. Jahrhunderts.[4] In dieser Zeit wird er der Neurasthenie zugeordnet. Der amerikanische Neurologe George Miller Beard beschrieb 1869 erstmals die verschiedenen Symptome als einheitliches Krankheitsbild. Er sah in der Neurasthenie eine funktionelle Störung des Nervensystems, bei der keine organischen Ursachen vorlägen.[5]

Die Neurasthenie wurde auch als »reizbare Schwäche« bezeichnet. Gesteigerte Sensibilität und Erregbarkeit paarten sich mit großer Ermüdbarkeit und Erschöpfung. Als Ursache nahm man einen herabgesetzten Kräftevorrat an, durch den Reize der Außenwelt oder des eigenen Körpers hemmend oder blockierend auf die Tätigkeit einwirken konnten. Als Folge stellte sich Ermattung ein.

Der Kräftehaushalt des Menschen oder, wie man damals auch sagte, seine Nervensubstanz galt als gefährdetes, von der Zivilisation angegriffenes Energiepotential. Wie lange – so fragte man sich – konnte der Mensch den Belastungen noch standhalten? Besaß er genug Widerstandskraft? Die modernen Verhältnisse, so der Psychiater Griesinger, setzten die Kräfte des Menschen herab und lösten einen »halbrauschartigen Zustand von Gehirnreizung« aus, »der sehr weit vom natürlichen und normalen Verhalten entfernt«[6] war. Griesinger hatte auch den Neurastheniker im Blick, der im Zustand der Übererregung selbst geringen Reizen schutzlos ausgeliefert war.

Zurück zu Beard, der – das muss man sich ins Gedächtnis rufen – in einem Jahrhundert, das von Energie und Kraft fasziniert war, die Schwäche und Kraftlosigkeit als pathologisches Phänomen erkannte. Seine grundlegende Schrift über die »Nervenschwäche (Neurasthenia)« richtete sich an den praktischen Arzt. Beard vergleicht den Menschen mit einer Batterie, die sich langsam erschöpft und nur noch über wenige Energiereserven verfügt.[7] In der modernen Gesellschaft, so seine Annahme, stiegen der Energiebedarf und die äußeren Reize stetig an, immer mehr Nervenkraft müsse aufgewandt werden, um das Nervengewebe zu ernähren. So entstehe sukzessiv eine Verarmung, ein Mangel an Nervenkraft,[8] der, bei anhaltender Reduktion, zur totalen Erschöpfung führe. Im Unterschied zum chronischen Erschöpfungssyndrom sei die durch Energieverlust entstandene Erschöpfung in gewissen Grenzen therapierbar: »Sowohl Ruhe als Arbeit sind bedeutende Kurmittel gegen das Nervenleiden.«[9] Sie könnten das Nervengewebe kräftigen und der Verarmung der Ressourcen entgegenwirken. Allerdings musste es sich um eine regelrechte Ruhekur handeln, auch die Arbeit durfte nicht den Charakter einer modernen Berufstätigkeit annehmen – therapeutisch wirkte sie nur, wenn »Abwechselung«[10] gegeben war. Im

Einzelnen könnten auf diese Weise große Erfolge in der Behandlung erzielt werden.

Gleichwohl ist Beards Prognose eher düster. Er sieht in der Neurasthenie eine Art Epidemie, ein modernes Leiden, das sich zunächst vor allem in Amerika ausbreiten werde, dem industriell und technisch fortgeschrittensten Land. In der 1881 veröffentlichten Abhandlung »American Nervousness« führt er fünf soziale Faktoren auf, die »unweigerlich Nervosität und nervöse Krankheiten« mit sich bringen: »Dampfenergie, regelmäßig erscheinende Zeitungen, die Telegraphen, die Naturwissenschaften und die mentale Aktivität der Frauen.«[11]

Beard machte den Versuch, die Neurasthenie mit der modernen Zivilisation zu verknüpfen, mit den neuen sozialen Phänomenen, die den Menschen ein anderes Regime aufzwangen. Die menschliche Natur war den gesellschaftlichen Veränderungen nicht gewachsen und stieß – zumindest temporär – an ihre konstitutionellen Grenzen. Mit soziologischem Blick beschreibt Beard das soziale Umfeld, in dem sich der Symptomkomplex Neurasthenie ausbildete. Ein wesentliches Moment der modernen Lebensbedingungen war die exakte Zeitmessung: »Die Perfektionierung der Uhren und die Erfindung der Taschenuhren hat etwas mit der modernen Nervosität zu tun, weil sie uns zwingt pünktlich zu sein und die Gewohnheit hervorbringt, die genaue Zeit wissen zu wollen, um nicht zu spät zum Zug oder zu einer Verabredung zu kommen. Vor der allgemeinen Nutzung dieser exakten Zeitmesser, gab es einen viel größeren Spielraum für alle Verabredungen [...] – von Kutschen wurde früher nicht erwartet, dass sie pünktlich losfuhren, wie es Züge und Dampfschiffe tun – die Leute schätzten die Zeit nach ihren Möglichkeiten, nach der Sonne, und brauchten in der Regel nicht zu fürchten, einen ganz bestimmten Moment zu verpassen und machten vergleichsweise selten die Erfahrung, dass eine Verspätung von wenigen Minuten die Hoffnung eines Lebens zunichte machen kann. Wenn der Termin für eine Verabredung oder den Zug naht, kann ein nervöser Mensch seine Uhr nicht herausziehen ohne seinen Puls zu erhöhen, und wenn wir diese Auswirkung auf den Puls messen und beziffern könnten, so würden sie die Wechselbeziehung zu einem Verlust im Nervensystem belegen. Die Pünktlichkeit raubt uns mehr Nervenkraft als Saumseeligkeit. Wir stehen unter ständigem Druck – meistens unbewusst – oft sowohl im Schlaf, wie im Wachen, zu einem bestimmten Zeitpunkt irgendwo hin zu kommen oder irgend etwas tun zu müssen.«[12]

Die Neurasthenie erscheint als Problem des kultivierten Menschen, auch sind weniger Männer als Frauen betroffen. Zu den Merkmalen der »nervösen Konstitution« zählt er eine »zarte körperliche Verfassung«: »feines, weiches Haar, empfindliche Haut, fein gemeißelte Gesichtszüge, schwache Knochen, konische Gliedmaßen und einen [...] schwächlichen Muskelaufbau.«[13] Zu diesen physiognomischen Eigenschaften kommen ein »überdurchschnittlicher Intellekt und eine starke und aktive Emotionalität«. Die Krankheit werde, so prophezeite Beard, mit dem »Vorrücken von Kultur und Verfeinerung und der damit einhergehenden Dominanz der geistigen über die körperliche Arbeit, weiter fortschreiten«.[14] Je höher sich die Zivilisation entwickelt, desto weniger sind die Nervenzellen in der Lage, die beschleunigte Wirklichkeit zu verarbeiten und der Reizüberflutung Widerstand entgegenzusetzen.

Auch wenn Beards allgemein gehaltene Ätiologie von vielen Zeitgenossen eher kritisch aufgenommen wurde, die These von der gesundheitsschädlichen Zivilisation war populär – auch und gerade unter Medizinern. Die Moderne hatte die Lebensformen individualisiert und für das aufstrebende Bürgertum die Freiheitsspielräume erweitert: Die neuen Verkehrsmittel, die großen Städte, das bisher nicht gekannte Warenangebot, die Zeitungen und das veränderte Bildungs- und Ausbildungswesen schufen eine neue Welt jenseits der Traditionen, die von weiten Teilen der Bevölkerung mit einer Mischung aus Faszination und Unbehagen betrachtet wurde.

In seiner Untersuchung über »Die Nervenschwäche« berichtet Beard ausführlich über die Schwierigkeit, für die von ihm beobachteten Symptome Anerkennung von Seiten der Mediziner zu finden. Viele Kollegen sahen in der »reizbaren Schwäche« nur eine vorübergehende und weitgehend normale Befindlichkeitsstörung, aber keine ernsthafte Krankheit, die sich mit exakten Begriffen beschreiben und definieren ließ. Beard selbst schreibt, dass sich die Symptome schwer fixieren ließen, sie seien vielseitig, wechselvoll und in stetiger Vermehrung begriffen.[15] Eines der Hauptprobleme bestehe darin, dass sie »grösstentheils subjectiven Charakters« seien, »nur dem Leidenden fühlbar, den Sinnen des wissenschaftlichen Beobachters nicht zugänglich«.[16] In den meisten Fällen könnten »selbst geschärfte und bewaffnete Sinne [...] wenig oder nichts entdecken«[17]. Der Arzt sei bei der Diagnose »ganz auf die Angaben des Patienten, auf dessen Intelligenz und Objectivität angewiesen«[18]. Im Mittelpunkt stünden die Empfindungen des Kranken. Allein mit »Aug und Ohr«[19] könne der Arzt wenig ausrichten.

Beard verweist darauf, dass es eine Realität hinter der wahrnehmbaren Wirklichkeit gibt, die auch in der naturwissenschaftlichen Forschung von größter Bedeutung war: »Licht, Wärme, Elektricität, Magnetismus, Schwere«[20] seien der sinnlichen Wahrnehmung nur bedingt zugänglich und würden als wirkende Phänomene dennoch existieren. Die Sichtbarkeit allein dürfe daher auch für die medizinische Wissenschaft nicht das einzige Kriterium sein.

Die Neurasthenie entstand in einem Raum, der den Blicken entzogen war und den der Arzt nur mit Wissen und Einfühlung erforschen konnte. Selbst da, wo sich die Krankheit in Zeichen kundgab, ließ sich ihre Existenz nicht zweifelsfrei diagnostizieren. Die »Neurasthenie«, so Beard, »erscheint bisweilen unter dem täuschenden Bilde«[21] einer anderen Krankheit, sie ist dann von »einer gewöhnlichen Erkältung«[22] nicht zu unterscheiden. Zu ihrem Wesen gehöre die Fähigkeit der Verstellung und Maskierung, ihre Symptome seien vielfältig: Konzentrationsschwäche, eine schwache Stimme, reizbare Verstimmung, Schwindel, Ausweichen des Blicks, aufsteigende Hitze, Rastlosigkeit, Erröten, Schlaflosigkeit, Mangel an Durst, Verlangen nach narkotischen Mitteln, Anomalien der Sekretionen, trockene Haut, schwitzende Hände und Füße, Speichelfluss, Empfindlichkeit der Wirbelsäule und des ganzen Körpers, Schwere in den Gliedern und Lenden, Schmerz in den Füßen, zittriger und ungleicher Puls, Idiosynkrasien gegenüber verschiedenen Nahrungsmitteln, Kitzligkeit, umherziehende Schmerzen, lokales Jucken, Frostschauer, Lähmungsempfindungen, Gefühle tiefer Erschöpfung – auch übermäßiges Gähnen und jugendliches Aussehen beobachtete Beard bei seinen Patienten. Eine »exacte logische Ordnung der Symptome«[23] war ebenso wenig möglich wie die Zuordnung zu bestimmten Organen oder Körperteilen: »Die Neurasthenie verschont kein Organ und keine Function des Körpers; vom Scheitel bis zur Zehe ist keine Fiber vor ihren Anfällen sicher. Wenn in dem einen Stadium der Krankheit gewisse Körperregionen frei bleiben, so können sie um so heftiger in dem anderen Stadium afficirt werden.«[24] Es ist ein »pathologisches Leben«[25], das Beard beschreibt, das von der Normalität Besitz ergreift und sie nach Belieben beherrscht. Nicht von ungefähr werden die pathologischen Prozesse mit dem Begriff »afficiren« beschrieben: Die Gelenke und Finger werden durch die Krankheit »afficirt«, der Rücken und das Rückenmark können »afficirt« werden, ebenso die Nerven des Armes und das Herz, selbst das Gehirn kann »afficirt« werden. Und dann bleiben die Störungen oft »ohne erkennbaren Grund [...], zuweilen, selbst ohne jede Behandlung«, weg, oder sie »wandern von einem Organ zum anderen, vom Kopf zum Magen oder Rücken; von der Stirn zum Hinterkopf; an einem Tag sind die Augen afficirt, am anderen Tag sind sie frei, und der Kopf oder die Wirbelsäule oder der Magen ist Gegenstand der Klage und so fort.«[26]

Das von Beard beschriebene Krankheitsbild war für die medizinische Praxis entworfen, es ging aber weit über den diagnostischen und therapeutischen Rahmen hinaus. In dem Konzept spiegeln sich die Ängste der Moderne: Das 19. Jahrhundert stand – ich habe schon darauf hingewiesen – im Zeichen von Arbeit, Kraft und Energie. Die großen Entdeckungen der Physik beförderten zwei gegenläufige Einsichten: einerseits die optimistische Annahme von sich entfaltenden und unbegrenzt zur Verfügung stehenden Naturkräften, wie sie Helmholtz in seinem Gesetz von der Krafterhaltung formulierte; andererseits wurde man in der Thermodynamik darauf aufmerksam, dass bei der Umwandlung und Übertragung von Energie ein Verlust eintritt, so dass die Kräfte eben nicht unbegrenzt sind und es Verfall und Erschöpfung gibt.[27]

Drei Aspekte sind in Beards Konzept zu unterscheiden: erstens die Annahme einer sich prinzipiell erschöpfenden Energie, die zu einer Unterversorgung des Nervengewebes führt, zweitens das Wechselspiel der Kräfte im Körper, aus dem Ungleichgewichte entstehen (»das Erscheinen von Schmerzen im Kopfe [...], sobald der Schmerz im Magen aufhört«[28]), und drittens die nervöse Erschöpfung, die weder aus einer Anstrengung noch aus einem objektiven Schwinden von Körperkräften zu erklären ist. Beard zufolge handelt es sich dabei um »Anfälle von einem Gefühl absoluter Erschöpfung, als ob der Körper nicht mehr die Kraft habe zusammenzuhalten [...]. Es ist dies nicht directer Schmerz – aber in vielen Fällen schlimmer wie Schmerz.«[29] Anders als beim chronischen Erschöpfungssyndrom stellt sich der Zustand anfallartig ein und verschwindet nach einiger Zeit wieder. Doch kann sich der von Beard beschriebene Nervenschwache nie sicher sein, dass er wirklich über seine Kräfte verfügt. Er ist ständig von der Möglichkeit des Versagens beherrscht: »Seine Kräfte verlassen ihn so plötzlich, als wäre er vom Blitz getroffen.«[30]

Vitale Ängste wurden wach, dass der menschliche Geist und Körper den vielfältigen Anforderungen nicht mehr gewachsen war, dass scheinbar fremde Kräfte und Einflüsse, die sich jeder rationalen Erklärung entzogen, das Leben beherrschten. Schon Marx hatte bekanntlich von einer Realität gesprochen, die sich »hinter dem Rücken« der Akteure vollzieht und die Menschen zu »Charaktermasken« degradiert. Die Metamorphose der Ware und der Formwandel des Kapitals generierte eine gespenstische Wirklichkeit, in der das Allerkonkreteste und Allereinfachste einen mystischen Charakter annahm. Marx spricht von einer »phantasmagorischen Form«, in der die Produkte als »mit eignem Leben begabte [...] selbständige Gestalten« erscheinen.[31] Ähnlich verhält es sich mit der Wirklichkeit der Körper, sie scheint unmittelbar gegeben, eine substantielle Realität. Doch Beard zeigt, dass wir den Körper nicht »haben«. Er entzieht sich dem Willen und der direkten Verfügung. Unter den Bedingungen der Moderne wird er zum »Kreuzungspunkt«[32] von Erregungen, zum Ausdrucksfeld von fremdbestimmten Energien, die auf das Individuum einwirken.

August Strindberg hat 1897 diese ungreifbare Macht in seinem autobiographischen Roman »Inferno« als ein Fluidum beschrieben, das die Menschen voneinander distanziert und gleichzeitig in Unruhe versetzt: »Steig allein in einen vollbesetzten Eisenbahnwagen. Keiner kennt den andern, alle sitzen still da. Alle empfinden je nach dem Grad ihrer Empfindlichkeit ein grosses Unbehagen. Da geht eine mannigfaltige Kreuzung verschiedener Bestrahlungen vor sich, die allgemeine Beklemmung erzeugt. Es ist nicht warm, aber man glaubt zu ersticken.«[33] Für Strindberg ist das moderne Ich zum Objekt von Spannungs- und Erregungszuständen geworden, die es nicht mehr kontrollieren kann. Es ist kraftlos und kann von einer »unsichtbaren Hand«[34] durchs Leben geführt werden. Ganz ähnlich beschreibt der bereits zitierte Wilhelm Griesinger das Ich im Zustand der »reizbaren Schwäche«: »fast jede Vorstellung erregt [...] ein Gefühl; Freude und Trauer wechseln ungemein leicht und Gemüthsbewegungen werden zum Bedürfniss; die abnehmende Empfänglichkeit fordert dann oft neue, starke Reize (Lust am Schauerlichen, Pikant-

Schrecklichen) und das Ich kommt fast nur in Perioden von Erschöpfung und Erschlaffung zur Ruhe.«[35] Strindberg sah das Ich im »Flechtwerk der Nerven«[36] gefangen, energielos und müde, ein Spielball von Reizen in einer ungreifbar gewordenen Wirklichkeit.

Das Menetekel der Ermüdung

Ein wenig Ermüdung, ein wenig Gift, ein wenig Uebermass an Erregung, und der Mensch sieht und hört Dinge, an die er nicht glauben will, das Gefühl hebt sich, die Welt gleitet aus ihrer mittleren Lage in einen Abgrund oder steigt beweglich, einmalig, visionär und nicht mehr begreiflich an!

Robert Musil, *Nachlass Mappe VIII/7*

Übererregung und Ermüdung waren um 1900 nicht nur im medizinischen Diskurs, sondern auch in der Literatur ein Thema. Alfred Kubins Roman »Die andere Seite« schildert ein phantastisches Traumreich, in das nur Menschen aufgenommen werden, die eine »nervöse Anlage«[1] besitzen, die »fixe Ideen«, Hysterie oder die »feinere Neurasthenie«[2] ausgebildet haben. Es ist eine Gesellschaft Abnormer, die ihr Leben nur mit aufputschenden Mitteln bewältigen können: »Äther und Opium lösten bisweilen den Alkohol ab, öffentlich machte man sich Injektionen, um die erschlafften Nerven durch sie aufzupeitschen oder zu beruhigen.«[3] Das Traumreich treibt unweigerlich einer Katastrophe entgegen, die dann in Form einer ansteckenden Krankheit kommt: einer »unwiderstehlichen Schlafsucht«[4]. Die Seuche breitet sich unaufhaltsam aus, jeder ist betroffen: »Kein Mensch konnte der Epidemie widerstehen. Wer sich eben noch seiner Frische rühmte, hatte, ehe er sich's versah, den Keim der Krankheit schon irgendwo aufgefaßt.«[5] Um nicht auf der Straße vom Schlaf überrascht zu werden, bleiben viele Menschen zu Hause. Ohne jede Vorwarnung setzt die Müdigkeit ein: »Ein starkes Mattigkeitsgefühl war meist das erste Anzeichen, dann überfiel den Patienten ein Gähnkrampf, er glaubte Sand in den Augen zu haben, die Augendeckel wurden schwer, alles Denken verschwamm, und müde ließ er sich nieder, wo er gerade stand.«[6] Die Ermüdung kommt über die Menschen, ohne dass sie Schmerz oder Unwohlsein verspüren, sie verlieren ihre Balance und haben plötzlich keine Macht mehr über Körper und Geist.[7] Überall liegen die Schlafenden herum. Einige Tage hält dieses Delirium an, als die Menschen erwachen, befinden sie sich in einem Alptraum: Sie haben ihre Vorherrschaft verloren und sehen sich nun »in eine Art Tierparadies«[8] versetzt. Die Ermüdung erscheint als Menetekel der Moderne. Am Ende steht in dem von Kubin geschilderten Traumreich die Apokalypse, vor der es kein Entrinnen gibt.

In einer Gesellschaft, die Wachheit zum Ideal erhob, musste Kraftlosigkeit zum angstbesetzten Thema werden. In dem bereits erwähnten Lehrbuch von Wilhelm Griesinger über die »Pathologie und Therapie der psychischen Krankheiten« heißt es, dass sich bei geistiger Ermüdung »die äusseren Eindrücke, da sie gar nicht oder nur schwach appercipiert werden, unvollkommen oder überhaupt nicht« einprägen.[9] An die Stelle realer Wahrnehmungen treten Vorstellungen und Phantasien, aber auch geistige Störungen, Halluzinationen und Wahnvorstellungen.[10]

Karl Jaspers hat in seiner »Allgemeinen Psychopathologie« diese Form der Irrealisierung beschrieben: »Innere Gedankenflucht: gleichgültige Gedanken jagen ungeordnet durch den Kopf. Oder umgekehrt, man kann nicht loskommen von einzelnen Gedanken, Vorstellungen und Bildern (zumal affektbetonten Erinnerungsbildern). Die Phänomene werden so lebhaft, daß sie sich den sinnlichen nähern; Vorstellungen werden wie Pseudohalluzinationen, das Denken wie Sprechen; spontane Sinneserregungen kommen hinzu. Oft hört man ›Glockenläuten‹ oder ähnliche Sinnestäuschungen. Das willkürliche Gedächtnis versagt; die Koordination der Gedanken und willkürliche Bewegungen läßt nach, es besteht gesteigert motorische Erregbarkeit, Zittern. Manchmal wird alles beherrscht von einer gewissen unmotiviert gehobenen Stimmung.«[11]

Im Zustand der Müdigkeit sieht man die Welt anders als mit wachen Augen, dafür sind die Abenteuer des scharfsinnigen Ritters Don Quixote das beste Beispiel. Durch zu wenig Schlaf und zu viel Lektüre verlor der Ritter bekanntlich die Beziehung zur Wirklichkeit, sein Gehirn trocknete aus, heißt es am Anfang der Geschichte, er vermochte nicht mehr zwischen Phantasie und Realität zu unterscheiden.

Der Freud-Schüler Herbert Silberer hat Anfang des 20. Jahrhunderts die Mechanismen in den Blick genommen, die an der »Schwelle« zwischen Wachen und Schlafen angesiedelt sind, und von einem Übergang eines »psychischen Zustands zu einem andern«[12] gesprochen. In einer Reihe von Selbstversuchen hat er die Ermüdung als exterritoriale Sphäre beschrieben, in der die Gesetze des Wachbewusstseins keine Gültigkeit mehr haben.[13] Silberer wollte erfahren, wie sich Gedanken in Bilder umsetzen und welche Rolle dabei das Ich spielt, das weder ganz wach ist noch schläft und träumt. So kämpfte er im Zustand der Schlaftrunkenheit gegen die Ermüdung an, er versuchte sich durch »aktives Denken«[14] wach zu halten und beobachtete dabei, wie das Denken in Bilder übergeht, in welcher Beziehung Gedanken und Bilder stehen und welche Rolle dabei somatische Phänomene spielen. In den Experimenten wurde deutlich, dass die »Wach-Vernunft« im Zustand der Schlaftrunkenheit, trotz großer Anstrengungen des Ichs, nicht aufrechterhalten werden kann: »Das ermüdete Bewußtsein verfügt nicht mehr über die nötige Energie, um das normale Denken zu bestreiten.«[15]

Die psychischen Kräfte des Ermüdeten bzw. Übermüdeten sind herabgesetzt, gelähmt.[16] Emil Kraepelin hat darum – wie viele seiner damaligen Kollegen – die Ermüdung als »Vergiftung«[17] bezeichnet und auf deren narkotisierende Wirkung hingewiesen.[18] Für eine gewisse Zeit könne das Müdigkeitsgefühl unterdrückt werden, doch gestalte sich dabei das »Verhältnis zwischen Verbrauch und Ersatz«[19] der Kräfte so ungünstig, dass immer mehr Substanz verlorengeht und schließlich Erschöpfung eintritt. Bei »dauernder Ueberanstrengung« verliert der Mensch schließlich auch im Wachzustand die Fähigkeit, »klar und scharf zu denken«, es gelingt ihm nicht mehr, »längere Zeit hindurch bei demselben

Gegenstand zu verweilen [...], er wird unaufmerksam, zerstreut, vergesslich [...]. Seine *Ermüdbarkeit* steigert sich; nach immer kürzerer Arbeitszeit stellt sich eine rasch stärker anwachsende *Erschwerung der geistigen Thätigkeit*, ein Gefühl der Ermattung ein.«[20]

Nun war Mattheit, wie Kraepelin betont, »an sich noch keine Gefahr«[21], doch in der Gesellschaft zeigte sich »ein Uebermaass von Ermüdung«, das in »Erschöpfung« abzugleiten drohte[22]. Um 1900 wurde das Gefahrenpotential erkannt und in zahlreichen Untersuchungen zum Thema. Die moderne Physiologie und experimentelle Psychologie stellte zunächst die »gesunde« Ermüdung in den Mittelpunkt. Sie fragte nach den Grenzen der Leistungsfähigkeit: Wann treten Ermüdung und Erschöpfung ein? Welche individuellen Unterschiede gibt es? Wie wirken sich Übung, psychische Stimmungen oder bestimmte Nahrungs- und Genussmittel (Alkohol, Koffein) aus? Wie kann man den Punkt, an dem Ermüdung eintritt, beeinflussen und hinausschieben? Und was ist überhaupt Ermüdung? Wie lässt sie sich messen? Lässt sie sich objektivieren?

Das waren die Fragen, die Ende des 19. Jahrhunderts im Mittelpunkt vieler Veröffentlichungen standen. Einer der großen Pioniere auf diesem Gebiet, der den Diskurs maßgeblich prägte, war der Turiner Physiologe Angelo Mosso. 1891 erschien seine berühmte Studie »La Fatica« (Die Ermüdung), die bereits ein Jahr später in deutscher Übersetzung vorlag.

Mosso suchte nach einem allgemeinen Gesetz der Ermüdung und analysierte das Phänomen mittels eines Ergographen, mit dem er die cerebrale und muskuläre Aktivität maß. Er glaubte den Vorgang der Ermüdung mit diesem Apparat genau erfassen zu können. In seiner Studie heißt es: »Wir sehen thatsächlich vom Ergographen eines der eigenartigsten, charakteristischen Merkmale unseres individuellen Lebens aufgeschrieben, die Art nämlich, wie wir müde werden.«[23] Es sei ein Mysterium, dass einige Menschen »sich plötzlich ermüdet fühlen und erschlaffen, während andere mit großer Ausdauer ihre Kräfte verbrauchen und nach und nach zur völligen Erschöpfung gelangen«.[24]

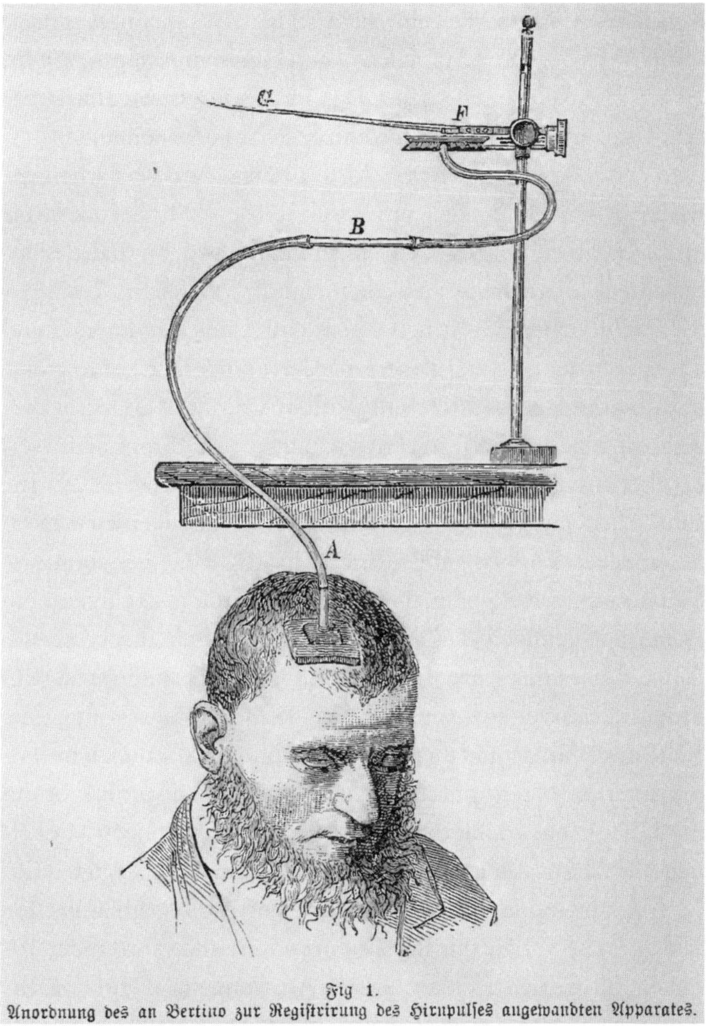

Abb. 2: Guttaperchascheibe zur Messung des Hirnpulses (aus: Angelo Mosso: »Die Ermüdung«)

Dem Rätsel der Ermüdung war Mosso seit langem auf der Spur. Die graphische Methode zur Aufzeichnung der Muskelerschlaffung hatte er 1873 am Physiologischen Institut von Carl Ludwig in Leipzig kennengelernt.[25] Seine Inspirationsquelle war Hugo Kroneckers Untersuchung »Ueber die Ermüdung und Erholung der quergestreiften Muskeln« aus dem Jahr 1871. Kronecker hatte seine Versuche an Kaninchen- und Hundemuskeln sowie an Froschschenkeln durchgeführt. Der Turiner Physiologie blieb diesem Denken verhaftet, auch wenn er den experimentellen Rahmen erweiterte. So lauert bei Mosso hinter dem Menschen gewissermaßen der Frosch – wenn man Reiz und Muskel oder Reiz und Nerv als entscheidende Determinanten ansieht, sind die Unterschiede letztlich unerheblich.

In zahlreichen Versuchen wurde der Abfall der Energie und das Sinken der Leistung gemessen. Alle veränderlichen Ereignisse und Bedingungen sollten einkalkuliert werden: »Um an jedem Tage dieselben Kurven zu erzielen, muß unser Körper in denselben Lebensverhältnissen erhalten werden. Lebensweise, Nachtruhe, Aufregungen, geistige Anstrengung üben einen augenscheinlichen Einfluss auf die Ermüdungs-Kurve aus. Schon eine Verdauungsstörung oder schlechte Nachtruhe, oder irgend ein Uebermaß genügen, daß die Kurve nicht allein in ihrer Arbeitsdauer, d.h. in der Anzahl ihrer Kontraktionen, sondern auch in ihrem Charakter sich verändert.«[26] Selbst die Jahreszeiten, die Kälte des Winters und die Hitze des Sommers, konnten eine modifizierende Wirkung ausüben. Ein weiterer wichtiger Faktor war die Übung, ein trainierter Mensch benötigte weniger Muskel- und Nervenkraft, er ermüdete also später. Gleichwohl zeigten sich in all diesen individuellen Ermüdungskurven Regelmäßigkeiten und typische Verlaufsmuster. Daran änderte auch die Art der Tätigkeit, ob geistige oder körperliche Anstrengung, nichts. Die Ermüdung gehorchte ganz eigenen Gesetzen und stellte sich unabhängig von den Bedingungen und der geleisteten Arbeit ein. In Mossos Experimenten wurde sie als negative Energie sichtbar, die der menschlichen Tatkraft Einhalt gebot. In dieser Hinsicht wirkte sie auch als Schutzmechanismus, da sie den Körper vor dem Schaden hütete, den »eine geringe Sensibilität dem Organismus zufügen würde«[27]. Und das hatte auch gesellschaftliche Relevanz – Ermüdung und Erschöpfung setzten einem ungehemmten Fortschritt Grenzen: »Die moderne Gesellschaft hastet mit immer größerer Eile vorwärts, und sucht mit immer mehr dem Zweck entsprechenden Werkzeugen die Muskel- und Geistesarbeit zu vervielfältigen und fruchtbarer zu machen. Die erstaunliche Ausdehnung der Industriezweige, die Schnelligkeit der Maschinen überwältigen uns, und die Hast wird uns immer weiter vorwärts treiben, sie wird bis aufs äußerste anwachsen, bis wir endlich dahin kommen, wo das Gesetz der Erschöpfung der Gier nach Gewinn eine unübersteigliche Schranke entgegensetzen wird.«[28]

Aber wo war der Punkt, an dem dieser Entwicklung Einhalt geboten wurde? Wann war die »äußerste Ermüdung«[29] erreicht? Wenn doch – wie die Studie zeigte – die Schwelle der Ermüdung und Erschöpfung verschiebbar war. Mosso konnte darauf ebenso wenig eine Antwort geben wie auf die Frage, was Ermüdung als objektive Größe ist. Er konnte sie nur als Phänomen beschreiben, das als Widerstand wirkte und die menschlichen und gesellschaftlichen Energien hemmte.

Seine Suche nach einem allgemeinen Gesetz wurde von den deutschen Forschern ebenso skeptisch beurteilt wie die Unterscheidung zwischen muskulärer und nervlicher Ermüdung.[30] Für Kraepelin gab es nur eine allgemeine Ermüdung und individuelle Grade der Ermüdbarkeit, die er zu den »Grundeigenschaften der Persönlichkeit«[31] zählte. Die messbaren Qualitäten des Menschen rückten in den Vordergrund, die Fähigkeit zur Übung wurde zum entscheidenden Gradmesser, um eine Person zu beurteilen. Durch sie konnte die Leistung gesteigert und die Mattheit entscheidend herabgesetzt werden. Übung wurde zum Springpunkt, um die Ermüdung zu beherrschen. Zwei Aspekte galt es nach Kraepelin zu unterscheiden: die »erworbene Uebung«, das heißt die instrumentellen Fähigkeiten ohne dauerhaften Bestand, und, entscheidender, die »Uebungsfestigkeit«, die eine »bleibende Spur« im Gedächtnis hinterließ.[32] Die Stärke einer Person bemaß sich darum vor allem an Disziplin und Durchhaltevermögen. Natürlich dachte Kraepelin dabei insbesondere an Arbeitsleistungen und -kurven, aber der von ihm konzipierte »übende« Mensch ging darin nicht auf. Seine »Grundqualitäten« setzten sich vom antiquierten Begriff des Charakters ab. Peter Sloterdijk hat diesen übenden Menschen – eine Formel, die im späten 19. Jahrhundert Konjunktur hatte – als Gegenentwurf zum »Menschen als Arbeitswesen« ins Feld geführt. Man müsse alles, was über die selbsterzeugenden Kräfte durch Arbeit gesagt worden ist, »suspendieren, um es in der Sprache des Übens bzw. des selbstformenden und selbststeigernden Verhaltens zu übersetzen«.[33] Die Schwierigkeit einer solchen Suspendierung zeigt sich bei Kraepelin, der die »Sprache des Übens« und Arbeitens zusammenführt. Ihm geht es um die vitale Persönlichkeit, die sich in Handlungen und Tätigkeiten ausdrückt und formt. Übung hatte um 1900 nicht mehr – wie in der asketischen Praxis – das Ziel der Selbstüberwindung, sondern der Opitimierung. Der Begriff rückte ins Zentrum einer Gesellschaft, die an die stetige Verbesserung der menschlichen »Kräfteökonomie« (Max Weber) glaubte. Durch Übung, so sah es Kraepelin am Beispiel der Ermüdbarkeit, konnte der Mensch seine natürlichen Grenzen überwinden. Darin lag eine durchaus ethische Dimension.[34]

Doch auch der Übung sind Grenzen gesetzt. Es gibt ein Limit, an dem sie in Überreizung umschlägt und die vitalen Leistungen blockiert. Der Mensch zeigt dann, wie Kraepelin festgestellt hat, »grosse Ermüdbarkeit«[35]. Dieser Begriff wurde im medizinischen Diskurs bald zur Formel, um die zeittypische Pathologie einer ganzen Kultur zu beschreiben. Möbius sprach von einer »gesteigerten Ermüdbarkeit«,[36] die den eigentlichen Kern der Zeitkrankheit bildete. Ihr ordnete man alle Ausdrucksformen der Neurasthenie zu: Empfindlichkeit, Erregbarkeit, abnorme Sensibilität. Immer mehr Menschen fühlten sich überfordert, schon bei geringer Belastung zeigten sie auffallende Symptome einer Ermattung. Sie »fühlen sich dauernd oder anfallsweise ohne irgend genügenden Anlass matt, abgespannt, arbeitsunfähig, finden aber andererseits keine Ruhe, weil sich ihnen Abends, beim Schlafengehen, die den Schlaf vorbereitende Müdigkeit nicht einstellen will.«[37] Das Paradox dieser nervösen Zeitkrankheit beschrieb Kraepelin in einem Satz: »Müdigkeit ohne Ermüdung und Ermüdung ohne Müdigkeit.«[38]

Ruhebedürfnis und Ruhelosigkeit sind in der modernen Leistungsgesellschaft zwei Seiten einer Medaille. Grundlegend sei, wie man annahm, eine »grosse Ermüdbarkeit«, die jedoch durch eine »gesteigerte nervöse Erregbarkeit bis zu einem gewissen Grad verdeckt«[39] würde. In einer derartig überreizten Erregungskultur werden Anzeichen einer Ermüdung erst mit großer Verzögerung wahrgenommen oder gar nicht bewusst.[40] Trotz »thatsächlich vorhandener Ermüdung«[41] arbeitet der aktivierte und erregte Mensch mit immer höherem Kräfteverbrauch[42] weiter – im Extremfall bis zur Erschöpfung und Schädigung seiner Gesundheit. Die Warnsignale werden überhört oder dringen nicht zum Bewusstsein vor. »Im gewöhnlichen Leben«, so Kraepelin, »unterrichten uns diese Gefühle mit unfehlbarer Sicherheit über die jeweiligen Bedürfnisse unseres Körpers, und sie fordern gebieterisch diejenigen Handlungen, welche der Sachlage angepasst sind.«[43] In der modernen Gesellschaft war diese Sicherheit immer weniger vorhanden. Der natürliche Schutzmechanismus versagte in vielen Fällen, der Mensch arbeitete bis zum Exzess.

Der reizsame Mensch

> Es waren einst glückliche Zeiten, wo kein Mensch wußte, daß er Nerven habe. Man wurde von ihnen aufs beste bedient, ohne ihre Gegenwart zu ahnden, ohne sichs möglich zu denken, daß sie auch untreu werden könnten. [...] Jetzt will alle Welt Nerven haben; und zwar piquirt man sich, schwache, reitzbare, delicate Nerven zu haben; denn so will es der Ton. Ein nerviger Mensch hieß sonst ein ein tiefer, kraftvoller Adamssohn; jetzt heißt es ein Wesen, das jeden Eindruck tausendfach fühlt, das von dem Getrampel einer Mücke in Ohmacht fällt und von dem Geruch einer Rose Convulsionen bekommt.
>
> Christoph Martin Hufeland,
> *Einige Ideen über die neuesten Modearzneyen und Charlatanerien (1797)*

> Alles aber stöhnt über Müdigkeit und Überbürdung; alles lebt nur in suspenso, ewig überhetzt, beschäftigt und nicht bei sich selber. Und überall kommt die Schönheit, kommt die Würde zu kurz.
>
> Theodor Lessing, *Der Lärm. Eine Kampfschrift gegen die Geräusche unseres Lebens (1908)*

»Aus Mangel an Ruhe«, meinte Nietzsche, »läuft unsere Zivilisation in eine neue Barbarei aus. Zu keiner Zeit haben die Tätigen, das heißt die Ruhelosen, mehr gegolten.«[1] Wenn die Menschheit nicht in einem Aktivitätswahn enden solle, müsse man »das beschauliche Element«[2] verstärken. Der Philosoph formulierte damit das kulturelle Unbehagen einer Epoche. Nervöse Hast und Anspannung waren weitverbreitete Empfindungen im späten 19. Jahrhundert.

Richard Krafft-Ebing rief in den 1880er Jahren das »nervöse Zeitalter«[3] aus – im Nervösen glaubte er eine Art Epidemie zu erkennen, die sich in großer Geschwindigkeit ausbreitete und keineswegs nur das Problem privilegierter Schichten war. Eine ganze Gesellschaft lebte in einer sich »geradezu pandemisch« ausbreitenden »Furcht und Aengstlichkeit«[4]. Die modernen Menschen fürchteten sich »vor Seuchen, politischen Umwälzungen, Börsenkrachs, Kriegen, vor dem Socialismus u.a. schrecklichen Dingen«[5]. Vor lauter Sorge kämen sie gar nicht mehr »zum ruhigen Genuss ihres Daseins«. Ähnliche »Geistesepidemien« hätte es nur im Mittelalter gegeben. Die wachsende Furcht führe zu einem »erregten und überreizten Nervensystem«[6], das große Mengen an Energie verbrauche, so dass der Mensch immer kraftloser werde. Krafft-Ebing beschreibt einen Teufelskreis: »Furcht ist Schwäche. Die nervöse Schwäche der modernen Generation ist die Ursache ihrer Furchtsamkeit. Wo solche Furcht ganze Bevölkerungsschichten einer Zeit ergreift, ist man berechtigt, von einem *nervösen Zeitalter* zu sprechen.«[7]

Die »Constitution der Massen«[8] habe sich kontinuierlich verschlechtert: »Ueber das glänzende Culturbild, das sich ideell entwerfen und erwarten liesse, legt sich ein trüber Schatten. Bleich, verdrossen, aufgeregt, unstet erscheinen die Menschen der modernen Civilisation«.[9] Und so wie Nietzsche prophezeit auch Krafft-Ebing das baldige Ende der Zivilisation, wenn nicht eine grundlegende Veränderung eintritt: »Für Jeden, der die sozialen und biologischen Verhältnisse unsres gegenwärtigen Culturlebens studirt, muss die traurige Aussicht sich ergeben, dass die moderne Gesellschaft einem moralischen und physischen Ruin zusteure, falls nicht günstige Interferenzbedingungen eintreten, Zustände, die die Culturentwicklung in ruhigere Bahnen lenken, Geist und Körper zur Ruhe und Sammlung gelangen lassen, edlere und sittlichere Ziel des Daseins eröffnen.«[10]

Die Mediziner traten nun als Zeitdiagnostiker hervor, die den Geistes- und Kulturwissenschaftlern den Rang abliefen. Die von Krafft-Ebing geprägte Formel vom »nervösen Zeitalter« fand großen Anklang, zunächst vor allem bei Kollegen wie Wilhelm Erb, der von der »wachsenden Nervosität« der Zeit sprach.[11] Erb führte sie auf eine allgemeine Beschleunigung der Lebensverhältnisse zurück, die sich im Alltagsleben, insbesondere aber im Beruf zeige: »Ueberanstrengung, Ueberarbeitung und Ueberbürdung«[12] lautete seine Diagnose. Anfangs seien es vorwiegend die Gebildeten gewesen, die sich erschöpft und überlastet gefühlt hätten. In jüngster Zeit aber ergreife dieses Gefühl zunehmend auch andere Bevölkerungsschichten. In der Tat zeigten um 1900 immer mehr Untersuchungen, dass die Symptome auch im Arbeiterstand auftraten. Die Ursache sah man vor allem in der Fabrikarbeit. Vom Lärm und den Maschinen, meinten manche Mediziner, gingen psychogene Wirkungen aus.[13] Erb nennt als weitere Betroffene Kinder und Jugendliche. Das Bestreben nach höherer Bildung überfordere die Heranwachsenden. Durch die gesteigerten Anforderungen und eine Ausweitung des Lernstoffes sei der Druck in den Schulen in bisher unbekannter Weise gestiegen, viele Schüler, aber auch viele Lehrer fühlten sich übermäßig belastet und – wie man damals sagte – »überbürdet«. Auf breiter Front wurde die sogenannte »Überbürdungsfrage« diskutiert. Zahlreiche Untersuchungen thematisierten die »ungünstige Einwirkung der Schule auf das Nervensystem«[14] – das Ergebnis fiel erschreckend aus. Erb spricht von »psychischen und somatischen Schädlichkeiten«[15], die eine ganze Generation gesundheitlich gefährdeten. Angesichts dieser Sachlage fragte auch er nach der Zukunft der Kultur: »Treiben wir einer immer grösseren und weiter verbreiteten Nervosität entgegen und wird sie uns und alle heutigen Culturvölker zum endlichen Verfall führen? Gibt es noch unberührte Völkerfamilien, welche mit frischem Gehirn und leistungsfähigem Nervensystem dereinst unsere Stelle einnehmen werden? Das sind grosse und wichtige Fragen für die Existenz der Nationen; denn dieselbe hängt zweifellos in erster Linie von einem gesunden, starken und leistungsfähigen Nervensystem der einzelnen Volksgenossen ab.«[16] Noch gab es allerdings Hoffnung: Denn das Volk besitze »gesundes Blut und unberührte Nervenkraft«, so dass zumindest eine Regeneration der »culturtragenden Volksschichten« möglich sei.[17] Auch dürfe man die Anpassungsfähigkeit des Nervensystems nicht unterschätzen, auf Dauer könne der Mensch die Leistung vielleicht weiter steigern oder sich an gewisse »Schädlichkeiten« gewöhnen.[18] Letztlich aber sei eine vollständige Veränderung der Lebensweise notwendig. Alle schädigenden Reize, von der Genusssucht bis zum Lärm, müssten reguliert und eingeschränkt werden.

Es bedürfe prophylaktischer Maßnahmen zur Erziehung der Jugend und einer breit angelegten »Hygiene«[19]. Das Nervöse war eine »Geissel«[20] des modernen Lebens, die den Menschen von außen und innen bedrohte, in ständiger Unruhe hielt, so dass er nicht länger Herr seiner Verhältnisse war.

Im modernen Sinn ist der Begriff »nervös« seit den 1830er Jahren im Deutschen nachweisbar.[21] Um krankhafte Zustände zu beschreiben, sprach man zuvor von Reizbarkeit, von schwachen oder überspannten Nerven, von Hypochondrie. Die pathologischen Konnotationen des Wortes »nervös« setzten sich erst ganz allmählich durch. Lange Zeit war das aus dem lat. *nervosus* abgeleitete Wort positiv besetzt, nervenreich und nervig stand für kraftvoll, eindringlich, energisch – ein Bedeutungsgehalt, der sich auch in der französischen Form *nerveux* (nervig, sehnig) findet.[22]

Von dieser ursprünglich positiven Bedeutung blieb im 19. Jahrhundert nicht viel übrig. »Nervös« stand jetzt für krankhafte Unruhe. Als Auslöser hatte man die neuen, starken Reize ausgemacht: Moderne Verkehrsmittel wie die Eisenbahn ließen Raum und Zeit zusammenschrumpfen und veränderten die Verhaltens- und Wahrnehmungsweisen[23]. Vor allem die Großstadt, die schon immer als Hort bedrohlicher Reize galt, stand im »nervösen Zeitalter« für die Gefahren der Überreizung, für »chockförmige« Erfahrungen, die den Menschen aus dem Gleichgewicht brachten und »Kollisionen«[24] auslösten.

Der Arzt und Kulturkritiker Max Nordau charakterisierte den modernen Menschen 1893 in seiner berühmten Studie über die »Entartung« als eine Art Maschine, die permanent Informationen verarbeiten muss und kurz vor dem Kollaps steht: »Jede Zeile, die wir lesen oder schreiben, jedes Menschengesicht, das wir sehen, jedes Gespräch, das wir führen, jedes Bild, das wir bei einem Blick aus dem Wagenfenster des dahinfliegenden Schnellzuges aufnehmen, versetzt unsere Sinnesnerven und unsere Hirnzentren in Thätigkeit. Ja selbst die gar nicht bewußt wahrgenommenen kleinen Erschütterungen auf der Eisenbahnfahrt, die beständigen Geräusche und wechselnden Anblicke der Großstadt-Straßen, unsere Spannung auf die Fortsetzung der Mittheilungen über begonnene Ereignisse, die beständige Erwartung der Zeitung, des Briefträgers, der Besucher bereitet unserm Gehirn Arbeit.«[25] Der Mensch befindet sich in einem Zustand dauernder Reizüberflutung und Erregung, er ist, um es mit einem heutigen Begriff zu sagen, hyperaktiv. Und diese zwanghafte Aktivität und Überdrehtheit haben seine Energien herabgesetzt, er ist geschwächt, zerstreut und unfähig zur Aufmerksamkeit:[26] »Das Bewußtsein erlangt ein verzerrtes und verschwommenes Bild der Außenwelt«[27] – mit schwerwiegenden Folgen. Der Reiz beherrscht den gesamten Organismus nach Belieben. Je nach »Stärkegrade des Reizes«[28] werden die Zellen affiziert und in Erregung versetzt. Das Ich ist schließlich entmachtet, es findet keinen festen Halt und taumelt durch die Welt. Der überreizte Mensch lebt, so Nordau, in einem halbwachen Zustand, er kommt nie ganz zu Bewusstsein und nimmt seine Umgebung schwankend und fließend »wie Nebelmassen im Morgenwind«[29] wahr.

Den medizinischen und kulturkritischen Warnungen zum Trotz erschien das Ruhelose weiten Teilen des Bürgertums geradezu als verlockend, ja, es prägte das Selbstbewusstsein und die Geisteshaltung einer sozialen Klasse, die auf Veränderung setzte und sich entschieden von den erstarrten Strukturen der Tradition abwandte. Für sie waren Reiz und Erregung Triebfedern eines gesellschaftlichen Aufbruchs, Eigenschaften, die man mit Vitalität, Lebenskraft und Unternehmungsgeist assoziierte.

Werner Sombart hat diese Mentalität in seiner Studie »Der moderne Kapitalismus« als entscheidendes Movens der Entwicklung beschrieben. Er spricht nicht wie die kulturpessimistischen Mediziner vom Leiden, von der Überanstrengung und Überbürdung, sondern von dem »wachsenden *Bedürfnis* einer immer zahlreicheren Menschengruppe nach beschleunigter Lebensführung, will sagen: nach einer stärkeren Konzentrierung der Eindrücke sowohl, als der Gefühls- und Willensäußerungen, somit nach

Abb. 3: Rougina Zatkova, »Marinettis Sonne«, 1920

einer vermehrten Ausgabe von Energie in einem bestimmten Zeitraum.«[30] Darin sieht er die »Grundstimmung der Epoche«[31], aus der das moderne Wirtschaftsleben herauswächst. Zunächst würden sich kleinere »Centren gesteigerter Lebensintensität« bilden, von ihnen ginge dann »der Anstoß aus, der immer weitere Kreise aus ihrer beschaulichen Ruhe aufstört. Schließlich wird das gesamte Kulturleben von dem Fieber ergriffen, es beginnt das Hasten und Drängen auf allen Gebieten, das nun recht eigentlich die Signatur der Zeit geworden ist.«[32] Wie Krafft-Ebing sieht Sombart die Ruhelosigkeit – allerdings unter positiven Vorzeichen – als eine soziale Epidemie, ein »Fieber«, das die Massen ergreift und dem sich schließlich niemand mehr entziehen kann. Am Ende ist sie die dominierende Lebensform, der neue Lebensstil, der die Werte und Verhaltensweisen bestimmt. In der alten Welt waren Ruhe, Gelassenheit und Besonnenheit wichtige Tugenden, in der Moderne drückt ein ruheloses Leben gesellschaftliche Bedeutung aus. Wer ruhelos ist, gehört dazu, er zählt zu den Leistungsträgern der Gesellschaft, zumindest aber ist er irgendwie »wichtig«, er repräsentiert das Ethos einer neuen Zeit, die geradezu besessen ist von der Bewegung, der Vitalität und der Geschwindigkeit.

In der »Tempobeschleunigung« liegt allerdings, so Sombart, ein psychologisches Problem, sie erzeugt eigentlich: »Übersättigung, Überspannung, Übermüdung«. Die moderne Zeit kennt dagegen nur ein Rezept: »Abwechselung der Reizungsqualitäten«[33]. Für Sombart gehört zur Moderne der Reiz des Unterschiedes und Wechsels, typisch für diese Epoche sei eine vorher nie gekannte »Freude am Neuen um seiner selbst willen«, eine »›Neuerungssucht‹, die dem Kapital die psychologische Unterlage bietet, um darauf wiederum sein System des unausgesetzten Formwechsels der Gebrauchsgüter aufzubauen«.[34] Die Lust an neuen Reizen ist dem modernen Menschen eingeschrieben, und sie dient zugleich der »Selbsterhaltung« der Gesellschaft, die zur Sicherung des eigenen Überlebens neue und starke Reize produzieren muss. Dies gelte, so Sombart, nicht nur für materielle Güter, sondern ebenso sehr für »unsere Philosophiesysteme, unsere Kunststile und Litteraturrichtungen«.[35]

In den Ruhelosen kam das Versprechen auf Erneuerung zum Ausdruck, und sie galten gemeinhin als die Heroen der Zeit. Man denke nur an so bedeutende Unternehmerpersönlichkeiten wie Emil Rathenau und Werner von Siemens, die als »Macher« und »Gründer« geradezu Repräsentanten der Ruhelosigkeit waren: Siemens als Pionier für den Ausbau des Telegraphenwesens, Rathenau als führender Kopf der deutschen Elektroindustrie. Beide träumten von einer Welt, in der die Menschen in einem vitalen Wachzustand leben. Oswald Spengler hatte diesen Typus des Ruhelosen und Überwachen im Sinn, als er vom »faustischen Menschen« sprach, von seiner Lust am »Ent-decken«,[36] am Hervorbringen und Gestalten.

Mit dem »nervösen Zeitalter« wurde zugleich auch das »elektrische Zeitalter«[37] ausgerufen. Die neue Energiequelle mit ihren Anwendungsmöglichkeiten in Arbeitswelt und Alltag bewegte die Phantasien der Menschen.[38] Nicht zuletzt wurde die Elektrizität zum Deutungsmodell für die energetischen Ströme und Nervenerregungen, die den menschlichen Körper durchfließen und durchpulsen. So beschrieb man bald die Nervenbahnen als »körperliche Transformatoren«[39] von immateriellen Strahlen, Strömen und Reizen. In der Terminologie der Elektrizität sprachen Medizin und Nervenheilkunde von energetischen Kräften, von Spannungszuständen, von Überspannung, von Widerständen und Entladungen.[40]

Der Begriff des Reizes spielte in der wissenschaftlichen Forschung des 19. Jahrhunderts eine große Rolle. Die Hygieniker und Physiologen beschäftigten sich schon früh mit der Frage, wie der Mensch gegen äußere Reize widerstandsfähiger gemacht werden könne, denn daran sollte sich nicht zuletzt seine Willensstärke zeigen. Man war allgemein der Auffassung, dass sich der Mensch am besten entfalte, wenn er von der Außenwelt unabhängig war.[41] Mehr und mehr rückten nun auch die inneren Reize in den Mittelpunkt des Interesses. In der Psychophysik Fechners galten sie als Auslöser von Empfindungen und inneren körperlichen Reaktionen. Die Physiologie interessierte sich nicht nur dafür, wie sie Kognition und Verhalten bestimmen, sondern ob und wie sie auf seelische Prozesse einwirken. Der Reiz-Begriff wurde Grundlage einer exakten, biologisch fundierten Psychologie und hatte Ende des 19. Jahrhunderts mehr denn je Konjunktur.

Einer, der sich vom psycho-physiologischen Denken seiner Zeit anstecken ließ, war Sigmund Freud. 1895 verfasste er, im Vorfeld der »Traumdeutung«, seinen »Entwurf einer Psychologie« und schickte ihn als Anlage zu den Briefsendungen an seinen Freund Wilhelm Fließ nach Berlin. Freud sprach in dieser Fragment gebliebenen Abhandlung nicht mehr von der Seele, sondern – mit dem Anspruch des Modernen – vom »psychischen Apparat«[42]. Dieser, ließ er im Dezember 1896 Fließ wissen, sei durch »Aufeinanderschichtung« entstanden, und »von Zeit zu Zeit« erführe »das vorhandene Material von Erinnerungsspuren eine *Umordnung* nach neuen Beziehungen, eine *Umschrift*«: »Das wesentlich Neue an meiner Theorie ist also die Behauptung, daß das Gedächtnis nicht einfach, sondern mehrfach vorhanden ist, in verschiedenen Arten von Zeichen niedergelegt.«[43] Was die tradierte Seelenlehre Charakter nannte, sind für Freud Eindrücke auf den Erinnerungsspuren; die stärksten sind die, die weit zurückliegen und fast nie bewusst werden.[44] Das Ich schließlich definiert er als temporäres Erlebnis einer geglückten »konstanten Energiebesetzung«.[45] Einleitend heißt es: »Es ist die Absicht dieses Entwurfs, eine naturwissenschaftliche Psychologie zu liefern, d.h. psychische Vorgänge darzustellen als quantitativ bestimmte Zustände aufzeigbarer materieller Teile, und sie damit anschaulich und widerspruchsfrei zu machen.«[46] Die zentralen Begriffe sind Energie, Tätigkeit – und vor allem Reiz. Er wird zum regulativen Sinnschema, um die Funktionsweise des Apparats, seine Reflexe und Reaktionen zu erklären. Im Fokus stehen dabei innere psychophysische Prozesse.

Der psychische Apparat – ein Begriff, den Freud auch in der »Traumdeutung« beibehielt[47] – kennt keine Ruhe, auch im Schlaf nicht, er ist dauernd tätig und reagiert auf äußere Stimulanz, insbesondere aber auf endogene Reize. Freud beschreibt ein Erregungspotential, das nach »Abfuhrwegen«[48] sucht und gegen »Widerstände« arbeitet, bis neue »Leitungswege«[49] etabliert sind. In der »Traumdeutung« spricht er von psychischen Reizen und ordnet sie den Sinnesreizen zu, die als Erreger für den Traum und die psychische Tätigkeit fungieren.

Die Traumvorgänge hat Freud am Modell des seelischen Apparats, den er auch als »Reflexapparat«[50] bezeichnet, verdeutlicht. Der entsprechende Passus in der »Traumdeutung« beginnt mit der grundlegenden Feststellung: »All unsere psychische Tätigkeit geht von (inneren oder äußeren) Reizen aus und endigt in Innervationen. Somit schreiben wir dem Apparat ein sensibles und ein motorisches Ende zu; an dem sensiblen Ende befindet sich ein System, welches die Wahrnehmungen empfängt, am motorischen Ende ein anderes, welches die Schleusen der Motilität eröffnet.«[51] Dieser »Reflexapparat« nimmt Wahrnehmungsreize auf und wandelt sie in Erregungsvorgänge um, die unterschiedliche Systeme durchlaufen und sich in ihrer Intensität und ihren »Energiebesetzungen«[52] ändern.

In der Theorie des »psychischen Apparats« zeigt sich Freud eher als Anhänger des »elektrischen« als des »nervösen« Zeitalters. Was den Symptomkomplex Neurasthenie, reizbare Schwäche, Ermüdung und Erschöpfung anging, so war er eher skeptisch. Vor allem misstraute er den Versuchen, die Ätiologie dieser Symptome mit der modernen Zivilisation zu verknüpfen. Schon in den persönlichen Äußerungen ist Ironie und ein wenig Geringschätzung zu spüren. Seiner Verlobten schreibt er im Februar 1886, er habe keine ernsthaften Krankheiten, aber die »schönste Neigung zur Neurasthenie«.[53]

Bekanntlich ist Freud erst zu den Nervenkrankheiten gekommen, als sich seine Hoffnungen auf eine Universitätskarriere zerschlugen. Doch war diese Spezialisierung in den 1880er Jahren, wie er dann feststellen musste, alles andere als originell. Im Januar 1884 bemerkte er in einem Brief an Martha Bernays: »Es ist schwer, was zu publizieren, und ich sehe mit Ärger, wie alle Leute sich auf das Erbe der Nervenkrankheiten stürzen.«[54] Gut zehn Jahre später hatte er dann nach einigen Umwegen einen originellen Ansatz gefunden. In einer Studie zur Abgrenzung von Neurasthenie und Angstneurose[55] stellte er seinen Standpunkt dar. Er rückte die Sexualität in den Mittelpunkt der Betrachtung. Sie wurde nun zum Dreh- und Angelpunkt seiner Argumentation. So auch in dem 1898 erschienenen Aufsatz über »Die Sexualität in der Ätiologie der Neurosen«. Die Entstehung der Neurasthenie, hieß es da, lasse sich in jedem Fall auf »exzessive Masturbation«[56] zurückführen, auch bei der Angstneurose finde man »regelmäßig sexuelle Einflüsse«. Die gemeinhin von Ärzten als Ursache genannte »unheilvolle Zivilisation«[57] weist er zurück bzw. relativiert sie in ihrer Bedeutung. Von Erschöpfung und gesundheitsschädlicher Überarbeitung will Freud nichts hören – Arbeit sei »eher ein Schutzmittel gegen neurasthenische Erkrankung«[58].

Obwohl Freud in diesem Text noch von Neurasthenie spricht, vollzieht er jetzt eine Wendung hin zum Neurosenbegriff. Die Neurasthenie zählt er nun zu den Aktualneurosen, in denen Konflikte eine Rolle spielen, die in der Gegenwart entstehen und die – im Unterschied zu den Psychoneurosen – keinen traumatischen, infantilen Kern haben und somit nicht zum Gebiet der Psychoanalyse gehören. Der ganze Symptomkomplex wurde gewissermaßen ins Leben gezogen. Freud sah darin nicht länger eine spezielle Erkrankung, sondern eine Befindlichkeitsstörung des modernen Menschen. Offensichtlich wird das 1908, als er nochmals auf das Thema zu sprechen kommt. In dem Aufsatz über »Die ›kulturelle‹ Sexualmoral und die moderne Nervosität« analysiert er den Symptomkomplex als ein Problem der Kultur. Er hält daran fest, dass auch jene Neurosen, die man als Neurasthenie bezeichnet, »durch gewisse schädliche Einflüsse des Sexuallebens erzeugt werden«,[59] doch unternimmt er sogleich den Versuch, diese »schädlichen Einflüsse« als ein notwendiges Agens des zivilisatorischen Fortschritts darzustellen und sie in gewisser Weise zu normalisieren: »Unsere Kultur ist ganz allgemein auf die Unterdrückung von Trieben aufgebaut«, so beginnt seine Erklärung im Hauptteil des Aufsatzes.[60] Und dies ist nicht per se pathologisch – schon gar nicht, wenn man den gesellschaftlichen Nutzen betrachtet: Erst durch den Verzicht des Einzelnen auf Triebbefriedung könne Kultur entstehen. Das Problem der Gegenwart sei aber, dass die moderne Kultur immer mehr an Unterdrückung fordere und dabei die menschlichen Kräfte – je nach Konstitution – überfordere.

Die Nervosität und Neurasthenie interpretiert Freud als ein Anpassungsproblem,[61] eine Reaktion des Körpers auf die gestiegenen Anforderungen der Kultur. Einen großen Teil seiner Kräfte verbraucht der Mensch zur Unterdrückung seiner sexuellen Triebe – Kräfte, die er ansonsten für die Arbeit einsetzen könnte. Aus diesem gestiegenen und sich in der Moderne immer mehr steigernden Energieaufwand erklärt Freud das Phänomen der Erschöpfung: Der Mensch hat es mit einem immer größeren Quantum von äußeren und inneren Reizen zu tun, die er umwandeln, verschieben bzw. sublimieren muss. Die Disziplinierung der eigenen Natur führt zumeist nicht zur »Stählung« des Charakters und zur Optimierung des Leistungssubjekts, »in der weitaus größeren Mehrheit der Fälle zehrt der Kampf gegen die Sinnlichkeit die verfügbare Energie des Charakters auf«.[62] Der ermattete Mensch wird empfänglich für neurotische Krankheiten. Mit einer Erziehung zur Härte und Kaltwasserkuren könnten solche Fälle, so Freud, nicht mehr behandelt werden: »Die Erfahrung lehrt, daß es für die meisten Menschen eine Grenze gibt, über die hinaus ihre Konstitution der Kulturanforderung nicht folgen kann. Alle, die edler sein wollen, als ihre Konstitution es ihnen gestattet, verfallen der Neurose.«[63]

Als Freud dies Anfang des 20. Jahrhunderts schrieb, fanden Neurasthenie und moderne Nervosität längst nicht mehr die Beachtung wie in den Jahrzehnten zuvor. Viele Mediziner hatten um 1900 das Problem auf eine andere, eine biologische Ebene gehoben. Der neurasthenische und nervöse Komplex wurde jetzt häufig mit Degeneration und Entartung[64] zusammengebracht und als eine schwer bzw. gar nicht zu behebende »Pathologie der Natur«[65] betrachtet.

Freud selbst war zwar mit der Abhandlung im »nervösen Zeitalter« angekommen, aber als Arzt und Analytiker verabschiedete er sich sogleich davon. Im therapeutischen Sinn hielt er die Psychoanalyse für wenig geeignet, den nervösen Komplex zu behandeln. So groß Freuds Interesse an kulturtheoretischen Fragen war, so sehr war ihm – gerade in den Anfangsjahren – daran gelegen, die Grenzen des eigenen Fachs genau zu definieren. Und niemand anders als er selbst, so hat er es noch 1914 ausgedrückt, wusste besser, »was die Psychoanalyse ist, wodurch sie sich von anderen Weisen, das Seelenleben zu erforschen, unterscheidet und was mit ihrem Namen belegt werden soll oder besser anders zu benennen ist«.[66] Die moderne Nervosität mitsamt ihren Symptomen gehörte in den Augen Freuds nicht zum eigentlichen Fachgebiet, er sah darin ein Oberflächenphänomen, das die Analytiker getrost den Nervenärzten überlassen sollten.

Gleichwohl haben sich einige seiner Schüler des Problems angenommen – und es waren gerade diejenigen, die relativ früh die Zunft verließen bzw. verlassen mussten. 1908, im selben Jahr wie Freuds Aufsatz über die »›Kulturelle‹ Sexualmoral und die moderne Nervosität«, erschien Wilhelm Stekels Abhandlung über »Nervöse Angstzustände und ihre Behandlung«. Auch der Freud-Schüler geht vom Reiz aus und von der »abnormen Reaktion«, die der Nervöse »auf alle Reize von innen und außen«[67] zeigt. Der Mensch befindet sich im Zustand permanenter Überreizung, der ihn wiederum in ganz besonderer Weise zur Angst disponiert. Freud, der ein kurzes, wohlwollendes Vorwort schrieb, war durchaus angetan von der Arbeit, insbesondere von den Fallbeispielen und Analysen, er sprach aber auch von »leichten Fällen«, die mit einer »abgekürzten Psychoanalyse« behandelt werden könnten.[68]

Alfred Adler machte die Nervosität dann zum Ausgangspunkt seiner Individualpsychologie. In seiner grundlegenden Abhandlung »Über den nervösen Charakter« beschreibt er die Eigenschaften des Nervösen anhand bestimmter »hervortretender Charakterzüge«, die »das Mass des Normalen überschreiten«.[69] Diese seien zwar schon auf das Interesse vieler Autoren gestoßen, ohne aber näher untersucht worden zu sein. Adler nennt: »Die grosse Empfindlichkeit, die Reizbarkeit, die reizbare Schwäche, die Suggestibilität, der Egoismus, der Hang zum Phantastischen, die Entfremdung von der Wirklichkeit, aber auch speziellere Züge, wie Herrschsucht, Bösartigkeit, opfervolle Güte, kokettes Wesen, Feigheit und Ängstlichkeit, Zerstreutheit«.[70] Für Adler ist der nervöse Charakter prinzipiell unangepasst, er kann sich in die Gesellschaft nicht einfügen und muss seine Schwäche, die Nervosität, mit allen Kräften verbergen. Aus diesem »Kampf des Nervösen mit seinem Schicksal« erklären sich der Aggressionstrieb, die Unruhe und die große Reizbarkeit.[71] Tief im Inneren habe der Nervöse ein »Gefühl der Minderwertigkeit« und »Unsicherheit«,[72] das er aber als Herausforderung verstehe, er versuche das Gefühl durch besondere Anstrengungen zu kompensieren, ja zu überkompensieren. Der Nervöse tut alles, um sich »den Vorrang in allen Lebenslagen« zu sichern, er »will überall Eindruck machen, immer der Erste sein«[73] und muss sich stets beweisen. Adler sieht in diesen »psychischen Bereitschaften«[74], die der Nervöse erzeugt, die Besonderheit dieses Charakters, ihn zeichnet gegenüber dem »Normalen« »der verstärkte Drang nach oben«[75] aus. Doch sind es nicht die aggressiven Züge, die ihm dabei helfen, sondern eine »gesteigerte Selbstbeobachtung«,[76] vor allem aber seine Empfindsamkeit und Sensibilität: »Mit seiner ungeheuren Feinfühligkeit heftet sich der prinzipielle, nervöse Charakterzug an die Wirklichkeit, um sie dem Persönlichkeitsideal gemäss zu verändern oder zu unterwerfen.«[77] Immer geht es dem Nervösen darum, sich als der Erfolgreiche zu beweisen, dazu benutzt er jede Strategie. Seine Psyche, so Adler, sei von einer »Entwertungstendenz« geprägt, die sich »summarisch gegen alle« richte.[78] Daraus resultieren seine »kämpferischen Neigungen«;[79] er ist im hohen Maße reizbar und nimmt jede Herausforderung an. Aus der »Ruhelosigkeit«[80], die eigentlich ein Makel ist, macht er eine Überlegenheit.

Adlers Anmerkungen und Zuschreibungen zeigen, wie stark das Nervöse ins Gesellschaftliche abgeglitten war.[81] Anfang des

20. Jahrhunderts erfuhr der Begriff eine ungeheure Bedeutungserweiterung, die medizinischen Konnotationen und Konturen verwischten. Zugleich kam es im Ästhetischen zu einer bemerkenswerten Renaissance und Rehabilitierung des Nervösen.

Der Kulturhistoriker Karl Lamprecht hat die Ästhetik des Fin de Siècle unter dem Generalnenner des Nervösen analysiert. Er spricht allerdings nicht, wie viele seiner Vorgänger, von einem »nervösen Zeitalter«, sondern von einer »Periode der Reizsamkeit«.[82] Mit dem Wort »Nervosität« dürfe man »nicht ohne weiteres den Begriff des Krankhaften verbinden: es handelt sich nur um ein uns in verstärkter Weise bewußt gewordenes Leben der Nerven, das man deshalb vielleicht besser, da einmal das Wort ›Nervosität‹ bestimmte Nebenvorstellungen erweckt, für den hier gemeinten Sinn mit dem Worte ›Reizsamkeit‹ vertauschen wird.«[83] Lamprecht sah in der auch von ihm diagnostizierten Zunahme der Nervosität kein Symptom des Verfalls, sondern eine Verfeinerung und Höherentwicklung. Die dem Menschen eigenen nervösen Apparate seien in besonderer Weise geeignet, das moderne Lebensgefühl auszudrücken. Das Nervöse sei an sich genauso wenig pathologisch wie die Empfindsamkeit, die ja auch ein »Zeitalter deutschen Seelenlebens« bezeichnet.[84]

Mit der Reichsgründung 1870/71 habe sich, heißt es weiter, eine neue Kultur etabliert, die so manchen Zeitgenossen »auf die Nerven fiel«.[85] Die umgangssprachliche Wendung bezeichnete den Tatbestand aufs Schönste, da die moderne Ästhetik besonders auf »Spannungsgefühle«[86] abstellte. Früher hätten sich Spannungsgefühle »an die oberen Empfindungen, an das Gemüt, an die Gefühle, an die seelischen Gesamthaltungen«[87] gerichtet; die Ästhetik habe nur das obere »Stockwerk« der Seele angesprochen, »die darunter liegende mehr primäre, nervöse Schicht erreichte sie nicht oder doch nicht unmittelbar«[88]. Kennzeichen der neuen Kunst sei nun gerade, dass sie »sinnlich in die Nervenbahnen«[89] eingehe. Der Mensch wird in erhöhtem Maße gereizt – und diese Reizung macht selbst vor dem »Nervös-Schmerzlichen«[90] keinen Halt.

Der Anspruch der neuen Kunst musste jedoch ins Leere laufen, wenn nicht die »psychischen Voraussetzungen«[91] beim Publikum vorhanden waren, das heißt eine erhöhte »Reizbarkeit und Aufnahmefähigkeit«[92]. Ästhetisches Erleben war nun mit dem Nervösen verknüpft, und nur wer nervös war, konnte die neuen Reize empfangen. Mit der Reizbarkeit bezieht sich Lamprecht auf ein Vermögen, das jenseits von Vernunft und Verstandesdenken liegt. Er stellt einen Bezug zur Urzeit her und spricht von unbewussten Energien, die im Seelenleben der Gegenwart wiederbelebt werden. In der »Nervenkunst« käme das Kreativ-Schöpferische zum höchsten Ausdruck.

Zur Beglaubigung seiner These verweist Lamprecht auf eine ganze Reihe von künstlerischen Beispielen. Er beginnt mit der Tonkunst und der Musik Wagners. Schon Nietzsche hatte ja gefragt, warum Wagners Kunst eine so *»extreme Erschöpfung«* mit sich bringt. War es »der physiologische Widerstand« oder »die beständige Übertreibung«[93]? Beides spielte für Nietzsche eine Rolle, doch die eigentlich »tyrannische Hinterabsicht« sei »die Reizung der morbiden Nerven«.[94] Diese Stelle aus den Fragmenten konnte Lamprecht nicht kennen, aber ihm war natürlich die harsche Kritik des späten Nietzsche geläufig: »Wagner vermehrt die Erschöpfung: deshalb zieht er die Schwachen und Erschöpften an.«[95]

Lamprecht machte aus dem Verdikt ein Argumentum ad hominem. Die neue Musik – und Wagner insbesondere – ziele auf »die Wiedergabe des Seelischen«[96], dazu müsse sie sich von der »hergebrachten Architektonik«[97] befreien. Ihre Absicht sei es, »in immer feinere Nüancen des Seelenlebens«[98] vorzudringen. Nur die »feineren Nerven« könnten dem neuen Tonsystem etwas abgewinnen und die künstlerische Intention nacherleben. Zu feinen Nerven kam man aber auch in der »Periode der Reizsamkeit« nicht von allein, sie müssten »bewußt erzeugt« werden, »durch immer intensivere seelische Arbeit«.[99]

Ob Musik, Kunst oder Dichtung – in der neuen Ästhetik dominierten die »nervösen Reizvorgänge«;[100] Reize, die keinen

»eindeutigen Vorstellungsinhalt« mehr ausdrückten und Spannungsgefühle und Erregungen hervorriefen: »Es ist eine Kunst, der das Seelenleben nur aus Aktualitäten zu bestehen scheint: diese, die ohne Unterlaß aufeinander folgenden Sensationen, die Webungen, Wallungen, Spannungen, Schwebungen, die kleinsten noch eben erkennbaren und jetzt erst völlig aufgedeckten Momente der psychologischen Kontinuität sind das Material ihrer Formgebung. Daher die Wiedergabe der Erscheinungswelt im Flimmer der Impressionen.«[101]

Lamprechts Versuch, Kunst und Künstler der Epoche im Begriff der »Reizsamkeit« zusammenzufassen, stieß bei den Zeitgenossen zumeist auf Kritik. Max Weber, der mit der »protestantischen Ethik« selbst einen Generalnenner ins Spiel brachte und zu Lamprecht in Konkurrenz stand, kritisierte das Werk als reines Konstrukt, das alle subjektiv-schöpferischen Bezüge als zeitbedingt einebnen würde. Franz Mehring nannte Lamprecht in einer Rezension halb ernst, halb ironisch einen »Kranken«, der »die Krankengeschichte der kapitalistischen Gegenwart erzählt« – allerdings, wie er zugeben musste, »mit unheimlicher Sicherheit die Krankensymptome schärfer zu schildern weiß, als ein Gesunder es könnte«.[102]

Ruhelosigkeit und Reizbarkeit wurden Anfang des 20. Jahrhunderts ganz entschieden mit dem Problem der Erschöpfung verknüpft. Die Kulturwissenschaftler stimmten weitgehend überein, dass die Moderne vom Reiz lebte, von der Verlockung des Neuen und der Gegensätze – und dass es die Reize mit ihrer Anregung waren, die vor Ermattung schützten. Unklar war nur, ob es der Gesellschaft gelingen würde, immer neue und stärkere Stimulanzien zu produzieren und ob die Nerven dabei nicht irgendwann Schaden nehmen würden.

Georg Simmel hat diese Erregungs-Kultur skeptisch beurteilt, eindringlich warnte er vor einer Überreizung: »Eine Zeit, die zugleich für Böcklin und den Impressionismus, für Naturalismus und Symbolistik, für Sozialismus und Nietzsche schwärmt, findet ihre höchsten Lebensreize offenbar in der Form der Schwankung zwischen den extremen Polen alles Menschlichen; ermatteten, zwischen Hypersensibilität und Unempfindlichkeit schwankenden Nerven können nur noch die abgeklärteste Form und die derbste Nähe, die allerzartesten und die allergröbsten Reize neue Anregungen bringen.«[103]

So rückte in den Jahren vor 1914 der »überreizte Mensch« (Paul Virilio) in den Fokus, der nicht mehr nur Leben, sondern *»Lebendigsein«*[104] in einer neuen Form der Beschleunigung verkörperte. Walther Rathenau hat in seiner 1912 erschienenen »Kritik der Zeit« diese mediale Zerstreuungskultur der Vorkriegsjahre eindringlich beschrieben: »Täglich mindestens einmal öffnet das Welttheater seinen Vorhang und der Leser des Zeitungsblatts erblickt Mord und Gewalttat, Krieg und Diplomatenränke, Fürstenreisen, Pferderennen, Entdeckungen und Erfindungen, Expeditionen, Liebesverhältnisse, Bauten, Unfälle, Bühnenaufführungen, Spekulationsgeschäfte und Naturerscheinungen; an einem Morgen während des Frühkaffees mehr Seltsamkeiten, als seinem Ahnherrn während eines Menschenlebens beschieden waren. Und zu dieser freiwilligen Aufnahme an Nachricht gesellt sich die berufliche: die Korrespondenz des Kaufmanns, das Kundengeschäft, der Verkehr mit Angestellten und Vorgesetzten, mit Behörden und Geschäftsleuten bringt vom Morgen bis zum Abend so viel an Tatsachenmaterial, das gemerkt und verarbeitet werden muß, daß Hunderte von Papierfabriken ganze Waldungen in weiße Bänder verwandeln müssen, um die Erinnerungszeichen an einen kleinen Teil dieser Neuigkeiten aufzunehmen. Das Beängstigende der Bilderflucht ist ihre Geschwindigkeit und Zusammenhanglosigkeit. Bergleute sind verschüttet: flüchtige Rührung. Ein Kind mißhandelt: kurze Entrüstung. Das Luftschiff kommt: ein Moment der Aufmerksamkeit. Am Nachmittag ist alles vergessen, damit Raum im Gehirn geschaffen werde für Bestellungen, Anfragen, Übersichten. Für die Erwägung, das Erinnern, das Nachklingen bleibt keine Zeit.«[105] Der »überreizte

Mensch« ist vom mechanischen Geist beherrscht und hat den Zugang zum Inneren verloren, er agiert nicht mehr, sondern reagiert nur noch.

Überreizt ist auch der Schriftsteller Gustav Aschenbach in Thomas Manns Novelle »Der Tod in Venedig« aus dem Jahr 1912. Vom produzierenden Triebwerk im Inneren ist die Rede, das »bei zunehmender Abnutzbarkeit seiner Kräfte«[106] keine Ruhe mehr findet. Der menschliche Körper wird hier zumeist als Maschine vorgestellt, die aus dem Takt gekommen ist und das Gleichgewicht verloren hat. So alt die Vorstellung des Körpers als Maschine ist, das Bild einer *»reizbaren Maschine«*[107] gehört der Moderne an. Das Lebendigsein, der Reiz und die Reizbarkeit, wird mit dem Mechanischen verbunden und erhält dadurch eine neue Grundlage. Davon ließen sich vor allem die Futuristen anregen, die vom »Reich der Maschinen« träumten und von der Überwindung der »unbeugsamen Feindschaft«, die das »menschliche Fleisch vom Metall der Motoren trennt«.[108] Wohin diese Verschmelzung des Lebendigen mit dem Mechanischen führt, wurde freilich schon zwei Jahre später deutlich: In den Materialschlachten des Ersten Weltkriegs war der Soldat nicht mehr heroischer Kämpfer, sondern Teil einer komplexen Kriegsmaschinerie.[109]

Die Erhabenen
oder
Vom Glanz der Erschöpfung

Ende des 19. Jahrhunderts entdeckten die Schriftsteller die nervöse Erschöpfung und verliehen ihr einen eigentümlichen Glanz. Die Literatur der Décadence nobilitierte sie als Medium einer ästhetischen Weltsicht. Künstlertum und Krankheit gehörten fortan zusammen; der gesunde Mensch galt als banal und uninteressant. Wie zuvor die Romantiker erkannten die Künstler im Leiden ein Sensorium, das die Wirklichkeit in entgrenzter und gesteigerter Form sichtbar machte. Erschöpfung, reizbare Schwäche und Übererregung gehörten bald zur konstitutionellen Grundausstattung des fiktionalen Personals. Die literarischen Figuren waren nun hochneurotisch, von Ängsten, Alpträumen und Halluzinationen getrieben. Erinnert sei nur an den schönen Kaufmannssohn aus Hofmannsthals »Märchen der 672. Nacht« oder an Erwin aus Leopold von Andrians »Garten der Erkenntnis«. Das Pathologische zeigt sich hier als außerordentliche Empfindlichkeit und Erregbarkeit; jeder Reiz dringt ins Bewusstsein ein. Diese geradezu qualvolle Sensibilität führt die Helden immer wieder an den Abgrund ihres labyrinthischen Ichs. Und doch liegt in ihrem Leiden eine Überlegenheit: Das gesteigerte Reizempfinden macht sie empfänglich für eine Wirklichkeit, die der gesunde Mensch noch nicht einmal erahnt.

In seinem Essay über Gabriele D'Annunzio hat Hugo von Hofmannsthal die »überfeinen Nerven«[1] als das eigentliche Potential einer Generation proklamiert, die sich im Aufbruch zur Moderne befand; einer Generation, die »keine Wurzeln im Leben«[2] hatte, aber die Kraft zum Träumen besaß und mit ihren Nerven das Leiden der Zeit zum Ausdruck brachte. Diese Nervösen waren die wahren Modernen: »Sie sind nicht«, so Hofmannsthal, »notwendigerweise der Kopf oder das Herz der Generation: sie sind nur ihr Bewußtsein. Sie fühlen sich mit schmerzlicher Deutlichkeit als Menschen von heute.«[3] Und sie hatten den Übrigen eins voraus: »ihre besondere Sehnsucht und ihre besondere Empfindsamkeit«.[4]

Ganz in diesem Sinn argumentierte auch sein Wiener Kollege Hermann Bahr in seinem Aufsatz über die »Décadence«. »Die Alten« hätten nur einen pathologischen Begriff von den Nerven, sie sähen darin keine Kraft und keine »Errungenschaft«, sondern nur eine »Krankheit«, mit der man zum Arzt gehe.[5] Sie könnten nicht begreifen, dass die Nerven, »welche die Jungen ausdrücken, ganz andere sind, als die Nerven, welche die Alten besitzen. Diese neuen Nerven sind feinfühlig, weithörig und vielfältig und theilen sich unter einander alle Schwingungen mit. Die Töne werden gesehen, Farben singen und Stimmen riechen.«[6] Diese gesteigerte Wahrnehmung vermittelte sich nicht mehr über das Denken, Fühlen und Wollen, sondern nur noch über »Stimmungen«[7], und ihr Träger waren die empfindsamen Nerven.

Die Décadence, so Bahr, sei also weder pathologisch, wie ihre Kritiker behaupteten, noch eigentlich eine neue Mode. Schon die Romantiker hätten die Möglichkeit der Reizbarkeit als positive Eigenschaft begriffen. Bahr zitiert E. T. A. Hoffmann, der im Zustand der Erschöpfung halluzinatorische Bilder gesehen hatte, in denen sich auf geheimnisvolle Weise Farben, Töne und Düfte mischten. Wie der Mensch der Romantik sei auch der Mensch der Décadence nicht krank, er verfüge vielmehr über die besondere Gabe, das Leben zu transzendieren. Indem er sich den Reizen aussetze, suche er »wieder den inneren Menschen, wie damals die Romantik«.[8] Nur stelle er nicht mehr Geist und Gefühl in den Mittelpunkt, sondern die Nerven. Und mit diesem Medium, meint Bahr, entstünden neue »nervöse Künste«[9] – und ein neuer Typus des Künstlers. Dieser besitze »empfängliche und empfindliche Nerven«,[10] die auf die leisesten Winke reagierten. Um aber »neue, unempfundene Reize«[11] aufnehmen zu können, bedurfte es der stetigen Kontrolle, die Nerven mussten frei bleiben von Verstand und Gefühl.

Vorbild für diese »Nervenkunst«, das Bahr zitierte, war Huysmans' Kultroman »À Rebours«. Sein Held, Jean Des Esseintes, bleich, blutarm und von zahlreichen Leiden geplagt[12], sucht nach einem exzessiven Lebensstil die Einsamkeit. »Wie ein Einsiedler war er reif für die Abgeschiedenheit, erschöpft vom Leben, von dem er sich nichts mehr erhoffte.«[13] Die Außenwelt soll in das künstliche Paradies nicht mehr eindringen, die eigenen Träume und Phantasien sollen die Wirklichkeit ersetzen. In der selbstgeschaffenen Kunstwelt kommt es jedoch zu keiner Reduktion, sondern zu einer Intensivierung des Erlebens. Des Esseintes gerät in einen Strudel von sinnlichen Reizen, Farben, Tönen, Gerüchen. Seine ausschweifende Phantasie und die überfeinen Nerven versetzen ihn in den Zustand der Überspannung und fiebrigen Unruhe.

Der Weg führt also nicht von der Erschöpfung zur Gesundung. Der Dandy ist am Schluss so krank wie am Anfang; ja schlimmer noch, ein aus Paris herbeigerufener Arzt sieht in ihm schon den Todgeweihten, wenn er nicht sofort seine Lebensweise aufgibt und in die Stadt zurückkehrt. Das Experiment ist gescheitert, und doch haben die aufs Äußerste gereizten Nerven ungeahnte Bezirke der Seele geöffnet, reich an Phantasien, Ideen und Genüssen. Mit Huysmans' tragischer Figur kommt ein ästhetisches Experiment an seinen Endpunkt.[14]

Anfang des 20. Jahrhunderts betritt ein neuer Held die Szene, der Wirklichkeitsmensch, der sich den Forderungen des Tages stellt. Er ist der Leistungskultur in besonderer Weise verpflichtet und hat mit den lebensuntüchtigen und neurotischen Figuren der

Décadence nichts mehr gemein. Vitalität, Lebenskraft, Lebenswille, Energie, Disziplin, Wachheit prägen sein Selbstbild und besitzen für ihn den Charakter von Imperativen.

Thomas Mann stand diesem Typus bekanntlich mit besonderem Wohlwollen gegenüber. Figuren wie Thomas Buddenbrook und Gustav Aschenbach verkörpern das bürgerliche Leistungsethos und setzen sich mit ihrem asketischen Habitus von der intellektuellen Mode der Décadence und des Ästhetizismus ab. Nach außen demonstrieren sie Stärke und Tatkraft, mit ihrer psychischen und physischen Konstitution steht es gleichwohl nicht zum Besten.

Mit unverhohlener Sympathie erzählt Thomas Mann ein wahrlich heroisches Schicksal. In Thomas Buddenbrook erkennt er den »Leidenden, der tapfer standgehalten« hat, einen »Moralisten und ›Militaristen‹ nach meinem Herzen«, einen »späten und komplizierten Bürger, dessen Nerven in seiner Sphäre nicht mehr heimisch sind«.[15] Eine nicht weniger heroische Existenz wird dem überreizten Gustav Aschenbach zuteil, er ist »der Dichter all derer, die am Rande der Erschöpfung arbeiten, der Überbürdeten, schon Aufgeriebenen, sich noch Aufrechterhaltenden, all dieser Moralisten der Leistung, die, schmächtig von Wuchs und spröde von Mitteln, durch Willensverzückung und kluge Verwaltung sich wenigstens eine Zeitlang die Wirkungen der Größe abgewinnen. Ihrer sind viele, sie sind die Helden des Zeitalters.«[16]

Leiden schafft Größe, denn es hebt den Menschen über seine Unzulänglichkeiten hinweg; das ist eine Denkkonstante im Werk Thomas Manns. Inge Jens spricht von einer »Auszeichnung durch Krankheit«.[17] Leistung zählt nur dann, wenn sie der Gebrechlichkeit abgerungen ist.[18] Im »Tod in Venedig« heißt es: »So konnte man zweifeln, ob es überhaupt einen anderen Heroismus gäbe als denjenigen der Schwäche.«[19] Und selbst »schlichte Helden«[20] wie Hans Castorp wachsen mit ihren Leiden über sich hinaus. »Wenn bei Hans Castorp im *Zauberberg* Tuberkulose festgestellt wird«, so Susan Sontag, »ist das eine Aufwertung. Dank seiner Krankheit wird Hans eher einzigartig, wird er intelligenter sein, als er es zuvor war.«[21] Thomas Mann selbst spricht mit Blick auf das Davoser Sanatorium von einem »unheimlichen Milieu«. Durch die »tiefen Erfahrungen von Krankheit und Tod« will er seinen Helden zur »höheren Gesundheit« und schließlich zurück ins Leben führen.[22] Die Erschöpften sind dagegen die wahrhaft tragischen Figuren – für sie gibt es keine Rettung.

Betrachten wir zunächst den Fall Thomas Buddenbrook. Über ihn heißt es gegen Ende des Romans: »In ihm war es leer, und er sah keinen anregenden Plan und keine fesselnde Arbeit, der er sich mit Freude und Befriedigung hätte hingeben können. Sein Tätigkeitstrieb aber, die Unfähigkeit seines Kopfes, zu ruhen, seine Aktivität, die stets etwas gründlich anderes gewesen war als die natürliche und durable Arbeitslust seiner Väter: etwas Künstliches nämlich, ein Drang seiner Nerven, ein Betäubungsmittel im Grunde, [...] sie hatte ihn nicht verlassen, er war ihrer weniger Herr als jemals, sie hatte überhandgenommen und wurde zur Marter, indem sie sich an eine Menge von Nichtigkeiten verzettelte. Er war gehetzt von fünfhundert nichtswürdigen Bagatellen«.[23] Diese nervöse Aktivität wird im Roman auf einen Mangel an Sein zurückgeführt, auf ein Leben, das schon abgestorben ist und nichts mehr für den Senator bereithält: »Was für ihn zu erreichen gewesen war, hatte er erreicht, und er wußte wohl, daß er den Höhepunkt seines Lebens [...] längst überschritten hatte.«[24] Das zeigt sich in der Familie, am Zustand seiner Ehe, nicht zuletzt aber am Geschäft: Die Firma ist »im Rückgange begriffen«.[25] Auch der Karriere im städtischen Gemeinwesen sind Grenzen gesetzt: »Es gab nur noch Stellungen innezuhalten und Ämter zu bekleiden, aber nichts mehr zu erobern; es gab nur noch Gegenwart und kleinliche Wirklichkeit, aber keine Zukunft und keine ehrgeizigen Pläne mehr.«[26] Anders als seine Vorfahren ist Buddenbrook mit der radikalen Vergänglichkeit des Daseins konfrontiert. Nichts scheint mehr von Dauer und Bestand zu sein.[27]

In dieser existentiellen Krise aber erfährt sein Leben noch einmal eine wundersame Wendung, ihm wird ein Heilsversprechen zuteil, das seinem Leben einen Sinn gibt und seine Erschöpfung zum heroischen Schicksal verklärt. Doch dazu später. Schauen wir uns zunächst etwas genauer die Rolle an, die Thomas Mann seinem Helden zuschreibt, die des »Leistungsethikers« und des »neuen Bürgers«.[28]

In den »Betrachtungen eines Unpolitischen« heißt es, Buddenbrook sei »nicht nur ein deutscher Bürger, sondern auch ein moderner Bourgeois«.[29] Mit der Figur, so behauptet Mann, habe er einen Typus geschildert, der wenig später die soziologische Literatur der Jahrhundertwende eroberte, der »modern-kapitalistische Erwerbsmensch, der Bourgeois mit seiner asketischen Idee der Berufspflicht«.[30] Thomas Mann verweist auf die bekannten Arbeiten von Max Weber und Ernst Troeltsch zur Beziehung von protestantischer Ethik und modernem Kapitalismus. Von einem Buch war er aber bei der nachträglichen Deutung seiner Figur besonders fasziniert, der 1913 erschienenen Studie »Der Bourgeois« des Soziologen Werner Sombart. Der Unternehmer werde in diesem Werk »als Synthese des Helden, Händlers und Bürgers« gedeutet – und Thomas Buddenbrook sei eben nichts anderes als »die vorwegnehmende Verkörperung« dieser These.[31]

In der damals viel beachteten Untersuchung zur Genese des modernen Wirtschaftsmenschen hatte Werner Sombart Unternehmer wie Emil Rathenau und Werner von Siemens im Blick; ihre »komplizierte Psyche« setze sich aus »Erwerbstrieb und Unternehmungsgeist, aus Bürgerlichkeit und Rechenhaftigkeit«[32] zusammen. Der moderne Bourgeois vereine ganz unterschiedliche Charakterzüge: Er ist kapitalistischer Unternehmer, als solcher spekuliert und kalkuliert er, sein Wesen ist von »bürgerlichen Tugenden«[33] geprägt, er verfügt zugleich aber auch über ausgesprochen romantische Neigungen, die aus dem frühkapitalistischen Geist stammen. Der »Bourgeois alten Stils« besaß einen »Zug des Abenteuerlichen, des Eroberungsmäßigen«.[34] Dieser

Geist lebt im modernen Wirtschaftsmenschen weiter, wenn auch in zivilisierter Form, gemildert durch die neuen bürgerlichen Tugenden und Disziplinierungstechniken.

Sombart interessiert vor allem die Frage, was diesen neuen Menschen antreibt, woher sein unbändiger Wille zum Erwerb, zur Leistung kommt, woher die Triebhaftigkeit rührt, mit der er seine Ziele verfolgt. Der entscheidende Unterschied zum »Bourgeois alten Stils« sei eine andere »Auffassung vom Sinn des Reichtums« und eine veränderte Einstellung zum Erwerb. Alles Sinnen und Trachten sei nur auf das »Prosperieren«[35] abgestellt: Der »Unternehmer *will* die Blüte seines Geschäfts, und er *muß* den Erwerb wollen«.[36] Diese Zielsetzung aber – das ist Sombarts Pointe und darin besteht zugleich die Tragik des modernen Leistungssubjekts – rückt den »Endpunkt des Strebens [...] in die Unendlichkeit«.[37] Es gibt keine natürlichen Grenzen, kein eigentliches Ziel. Der Erwerbstrieb ist zwanghaft und kennt keine Befriedigung mehr. Der moderne Wirtschaftsmensch will oft »nicht weiter auf der Bahn; aber er muß wollen«.[38]

Der neue Bourgeois verlangt »Anlagen« und »seelische Dispositionen«.[39] Die meisten sind diesem Druck nicht gewachsen: »Es muß etwas Forderndes in dem Wesen sein, etwas, das hinaustreibt, das die träge Ruhe auf der Ofenbank zur Qual werden läßt. Und etwas Starkknochiges – mit dem Beil Zugehauenes –, etwas Starknerviges.«[40] Alle Eigenschaften, die Sombart der Unternehmernatur zuschreibt, wurzeln »in einer starken Lebenskraft, in einer überdurchschnittlichen Lebendigkeit und ›Vitalität‹«.[41] Nur wer »übernormale Stärke« und Energien besitzt, ist erfolgreich. Man muss gewissermaßen den kapitalistischen Unternehmer »im Blute«[42] haben; Sombart spricht vom »geborenen« Bourgeois,[43] von einer »instinktmäßigen« Begabung und einer »biologischen« Unterlage,[44] die sich schon in der »Beschaffenheit des Organismus«[45] zeigt.

Und er kontrastiert das Bild des Unternehmers mit dem des Künstlers. Beide Naturen stehen im schärfsten Gegensatz: Alles, was der Unternehmer an Stärke, Härte, Zielstrebigkeit und Weltkundigkeit besitzt, geht dem Künstler ab, er ist kraftlos, weich, weltfremd und nach innen gerichtet.[46] Der Künstler gehört zu jenen Naturen, »die für alles kapitalistische Wesen gänzlich verloren sind«.[47]

Als Sombarts Buch 1913 auf den Markt kam, waren die »Buddenbrooks« bereits ein Bestseller. Thomas Mann hat offenbar die Studie sofort gelesen. Mit Befremden wird er die Charakterisierung des Künstlers zur Kenntnis genommen haben. Bei genauer Lektüre wird ihm nicht entgangen sein, dass sein Held in konstitutioneller Hinsicht überhaupt nicht dem Sombart'schen Typus des kapitalistischen Unternehmers entsprach. Thomas Buddenbrook – das wird von Anfang an betont und mit zahlreichen Attributen belegt – hat eine geschwächte Physis. Dieser Aspekt ist in der Thomas-Mann-Forschung breit diskutiert worden; die eigentliche Krankheit des Senators – wie des gesamten Romanpersonals – ist die Degeneration[48], die damals in Deutschland unter dem Begriff »Entartung«[49] firmierte. Mit der »Lehre von der Entartung«, wie sie Morel, Nordau und Lombroso begründeten, sei die absteigende »Kurve der Buddenbrooks vorgezeichnet«.[50] Als Niedergangs- und Verfallsgeschichte hätte der Roman jedoch kaum funktioniert. Eine Figur wie Thomas Buddenbrook vermochte nur zu faszinieren durch das vom Autor eingesetzte »Trotzdem«.[51] Und mit diesem »Trotzdem« wendet sich auch der Protagonist gegen seine eigene Natur, der er immer wieder Gewalt antun muss, um »durchzuhalten«.

Buddenbrook besitzt gewiss nicht die »kapitalistische Veranlagung«,[52] von der Sombart sprach. Er ist ein Zauderer, der an seinen Gütern hängt und nichts so sehr schätzt wie ein pflichtgetreues und tugendhaftes Leben. Für den Bourgeois Sombart'scher Prägung sind diese Ideale nur Mittel zum Zweck. Er versteht sich als »Eroberer«, setzt mit »Tatenlust« und »Tatenkraft« alle Energien ein und geht in dieser Verausgabung auf.[53] Buddenbrook ist all dies nicht – und sollte es auch nicht sein. Thomas Mann zeichnet das Porträt eines »Verfallsbürgers«,[54] der sich diszipliniert, um den Forderungen der neuen Leistungsgesellschaft zu entsprechen, und schließlich doch weichen muss.

Buddenbrook fühlt sich also mit seinen »Nerven« nicht mehr »heimisch«.[55] Der »späte und komplizierte Bürger«[56] ist der Welt abhanden gekommen. Nicht von ungefähr werden seine Leiden ins Mysteriöse und zuweilen auch Groteske gezogen: »Die Nerven, Herr Senator ... an allem sind bloß die Nerven schuld«,[57] teilt Doktor Langhals seinem Patienten mit. Als der Tod des Senators in der Stadt bekannt wird, erzählt man sich, er sei »an einem Zahne gestorben«.[58] Natürlich stirbt man weder an den Nerven noch an einem Zahn – hinter alldem stehen die Abgründe einer »Krankheit«, die offenbar aus medizinischer Sicht nicht zu definieren war.

Thomas Mann hat auf alle medizinischen Motivierungen und Erklärungen verzichtet. Zum Ende seiner Lieblingsfigur äußerte er sich eher lapidar. In sein Notizbuch schrieb er: »Thomas hat vor seinem Tode Betrachtungen über den allgem. ›Verfall‹ anzustellen. Es ließen sich vielleicht allerhand Gründe dafür angeben: – – aber in der Hauptsache: Alles hat seine Zeit. Abgewirtschaftet, Fatalismus. Resignation.«[59]

Die Flucht in die Krankheit ist dem Helden versperrt, an wirklichen Gebrechen starben die »Väter«. Buddenbrook kann aber auch nicht einfach abtreten. Die »Betrachtungen«, die der Entkräftete »anzustellen« hat, verwandeln sein »Unglück und Elend« in Energie.[60] Sein Autor lässt ihn aus Schopenhauers Hauptwerk das Kapitel »Über den Tod und sein Verhältnis zur Unzerstörbarkeit unseres Wesens an sich« lesen. Die Lektüre wird zum Therapeutikum, die Erschöpfung erscheint nun – positiv gewendet – als Auflösung und Vorstufe zu einem höheren Dasein.

Die nervöse Anspannung weicht, der Ruhelose fällt in einen tiefen Schlaf, »unerreichbar tief, wie noch niemals in seinem Leben«.[61] Buddenbrook, der kurz zuvor noch über Vergänglichkeit und Sinnlosigkeit klagte, fühlt sich nun im Besitz einer erlösenden Botschaft. Schopenhauer belehrt ihn, dass sein Leiden nur Ausdruck eines biologischen Prozesses ist; was Buddenbrook als Kräfteverfall fühlt, ist ein »Verschwinden und Verschweben aus dem Dasein«,[62] an dessen Ende ein »naturgemäßer Tod« steht. Nach und nach, so Schopenhauer, »erlöschen im Alter die Leidenschaften und Begierden mit der Empfänglichkeit für ihre Gegenstände; die Affekte finden keine Anregung mehr, denn die vorstellende Kraft wird immer schwächer, ihre Bilder matter, die Eindrücke haften nicht mehr, gehen spurlos vorüber, die Tage rollen immer schneller, die Vorfälle verlieren ihre Bedeutsamkeit, alles verblaßt. Der Hochbetagte wankt umher oder ruht in einem Winkel, nur noch ein Schatten, ein Gespenst seines ehemaligen Wesens. Was bleibt da dem Tod noch zu zerstören?«[63]

Schopenhauer beschreibt Verfall und Tod als Befreiung – die Anstrengung, das Leben aufrechtzuerhalten, ist nicht mehr nötig, alle organischen Funktionen vermindern sich, der Mensch müsste eigentlich – wenn er sich nicht so sträuben und den Lebenskräften so anhängen würde – eine »wundersame Erleichterung«[64] verspüren. Am Nullpunkt der Erschöpfung erreicht er eine neuartige Freiheit vom Leben und den Forderungen des Daseins. Und selbst die Kraft bleibt erhalten, nachdem das organische Leben aufgehört hat: »Weil der kräftige Arm, der vor dreitausend Jahren den Bogen des Odysseus spannte, nicht mehr ist, wird kein nachdenkender und wohlgeregelter Verstand die Kraft, welche in demselben so energisch wirkte, für gänzlich vernichtet halten, aber daher bei fernerem Nachdenken auch nicht annehmen, daß die Kraft, welche heute den Bogen spannt, erst mit diesem Arm zu existieren angefangen habe. Viel näher liegt der Gedanke, daß die Kraft, welche früher ein nunmehr entwichenes Leben aktuierte, dieselbe sei, welche in dem jetzt blühenden tätig ist.«[65] Der Tod – so sieht es schließlich auch Thomas Buddenbrook – ist nicht das Ende, sondern ein Neuanfang. Schon im Zustand der Entkräftung erreichen wir die Vorstufe einer neuen Existenz – Schopenhauer nennt sie »Nicht-Ich«[66]. Alles, was unser Ich war und wollte, hat keine Bedeutung mehr. Erschöpfung und Tod sind die Möglichkeiten, sich »von der Einseitigkeit einer Individualität« zu befreien, »welche«, wie Schopenhauer meint, »nicht den innersten Kern unseres Wesens ausmacht, vielmehr als eine Art Verirrung desselben zu denken ist«.[67]

Thomas Mann lässt seinen Helden glauben, dass nicht er zugrunde geht, sondern lediglich sein vereinseitigtes Ich – dieser, wie Buddenbrook erkennt, »Mißgriff und Fehltritt«[68]. Erschöpfung heißt jetzt Befreiung von der Individuation: »Dies ist es, daß ich leben werde! Es wird leben ... und daß dieses Es nicht ich bin, das ist nur eine Täuschung, das war nur ein Irrtum, den der Tod berichtigen wird.«[69]

Anders als der Senator ist Gustav Aschenbach ein »Leistungsethiker«, der zunächst nicht gesellschaftsfähig ist, weder seine Person noch sein Werk: »Er war jung und roh gewesen mit der Zeit, und, schlecht beraten von ihr, war er öffentlich gestrauchelt, hatte Mißgriffe getan, sich bloßgestellt, Verstöße gegen Takt und Besonnenheit begangen in Wort und Werk.«[70] Ein Außenseiter, der aufgestiegen ist, sich behauptet und »Würde gewonnen«[71] hat. Schließlich erkennen sich alle in seiner Kunst wieder, sie finden sich »bestätigt, erhoben, besungen darin«.[72] Doch auch seine exzessive Leistung ist ein Raubbau an seiner Natur. Aschenbachs Existenz verdankt sich Schmerz, Leid und strenger Disziplin. Der widerständige Körper muss sich beugen. Man kann die Novelle unter diesem Aspekt der Selbstüberwindung lesen: Aschenbach will Macht über seinen Körper erlangen. Er fühlt sich – wie es am Anfang heißt – »überreizt«[73], er kann das »produzierende Triebwerk in seinem Inneren«[74] nicht mehr beruhigen, er findet keinen Schlaf mehr, seine Kräfte sind aufgebraucht. Das Therapeutikum ist bekannt, der Weg führt nach Venedig. In dem Knaben Tadzio wird ihm das eigene Triebleben bewusst, das sich der Kontrolle entzieht. Schönheit und Begehren gehörten bisher nicht zu Aschenbachs Leben und spielten offenbar auch in seiner Literatur keine Rolle, die von Befehlsworten und »leidend-tätiger Tugend«[75] beherrscht wird. Aschenbach versucht nun, das eigenwillige Triebleben in seiner Kunst zu sublimieren, das Ergebnis sind die berühmten anderthalb Seiten erlesener Prosa.

Das von Thomas Mann beschworene »Ethos des ›Durchhaltens‹«,[76] das sich seine Figur Aschenbach zur Lieblingsmaxime erkoren hat,[77] ist nichts anderes als eine Selbstkasteiung, die in die Erschöpfung führt und dann in Rausch und Ekstase übergeht. Irgendwann kann Aschenbach nicht mehr zwischen Traum und Wirklichkeit unterscheiden. Alles erscheint »mythisch verwandelt«, »eine heilig entstellte Welt voll panischen Lebens«[78] umschließt ihn. Sein Geist hat die letzten Widerstände transzendiert, das Reale ist »geistförmig«[79] geworden, das heißt aber auch leer und leblos. Wie der heilige Franziskus hat Aschenbach in seinen Exerzitien den Geist gegen die Natur mobilisiert, bis zum Äußersten, bis zum »Abgrund«[80], wie es am Schluss heißt. Wenn er schließlich ermattet im Liegestuhl ruht und sein Blick sich mit Tadzios vermählt, findet eine heroische Existenz einen Abschluss.[81]

Eine geheimnisvolle Zeitkrankheit

Die Willenskultur in der Krise

Kann eine Kultur aber nicht an Erschöpfung ihres geistigen Gehalts zugrunde gehn? Der Einzelmensch stirbt ja auch ab, sobald ihn die seelische Spannung verläßt.

Robert Musil, *Nachlass: Heft 8, »Die 20 Werke«, Heft 8/99*

Ich will auch die Asketik wieder vernatürlichen; an Stelle der Absicht auf Verneinung die Absicht auf Verstärkung; eine Gymnastik des Willens; eine Entbehrung und eingelegte Fastenzeiten jeder Art, auch im Geistigsten.

Friedrich Nietzsche, *Nachgelassene Fragmente, 1885–1887*

Oswald Spengler hat in seinem Epos vom »Untergang des Abendlandes« die im 19. Jahrhundert emphatisch beschworene »Willenskultur« noch einmal in den Blick genommen und sie unter dem Signum einer »faustischen Kultur« beschrieben.[1] Für den »faustischen Menschen«, so Spengler, »ist alles Bewegtheit einem Ziele zu. [...] Leben heißt für ihn kämpfen, überwinden, sich durchsetzen.«[2] Der Mensch wird nicht nach seiner »plastisch-ruhenden Erscheinung« bewertet, sondern nach seiner »Tätigkeit«.[3] Sie ist das Maß aller Dinge und die Basis für das, was man als Charakter und Persönlichkeit bezeichnet. Vollendung, Verzicht und Bescheidung sind dem faustischen Menschen fremd, sein ganzes Trachten ist auf die »Überwindung von Widerständen« ausgerichtet: »Aktivität, Entschlossenheit, Selbstbehauptung werden gefordert; der Kampf gegen die bequemen Vordergründe des Lebens.«[4] Es gibt kein Ausruhen, der Lebenssinn liegt in der Ferne, alles ist Werden, »deshalb«, so Spengler, »ist die gesamte faustische Ethik ein ›Empor‹«.[5]

In Wille, Kraft und Leidenschaft sieht der Zeitdiagnostiker nicht nur Grundpfeiler der okzidentalen Kultur, sie sind für ihn »Urworte«[6], die außerhalb aller Erfahrung stehen und ein spezifisches Lebens- und Weltgefühl vermitteln. Für Spengler war bekanntlich diese Kultur an ein Ende gekommen, sie existierte nur noch als Schimäre. Die Gewissheit, mit der einst der faustische

Mensch sein Ich zu setzen vermochte, war der Gesellschaft des 20. Jahrhunderts abhandengekommen. Das zeige sich auch an der Abwesenheit der bedeutenden Einzelnen, der Kulturträger und Geistesgrößen: »Unser großes Jahrhundert ist das neunzehnte gewesen. Gelehrte im Stile von Gauß, Humboldt, Helmholtz waren schon um 1900 nicht mehr da; in der Physik wie in der Chemie, der Biologie wie der Mathematik sind die großen Meister tot, und wir erleben heute das Decrescendo der glänzenden Nachzügler, die ordnen, sammeln und abschließen wie die Alexandriner der Römerzeit.«[7] Erschöpft hatte sich das Geistige, das faustische Streben, der Wille zur Wahrheit; was blieb, war die »Tatsachenseite des Lebens«[8] – Politik, Technik und Wirtschaft. In ihnen kündigte sich eine neue Zeit an, die weniger durch Kultur als durch Zivilisation geprägt war.

Spengler hat seinen Abgesang auf die abendländische Kultur im Ersten Weltkrieg geschrieben, zu einer Zeit, als der heroisch verklärte Wille noch einmal Triumphe feierte. Das »große« Ereignis hat im Werk deutliche Spuren hinterlassen, gerade dort, wo es der Überlegenheit und Unbedingtheit des faustischen Menschen huldigt: »Der Wille zur Macht auch im Ethischen, die Leidenschaft, seine Moral zur allgemeinen Wahrheit zu erheben, sie der Menschheit aufzwingen, alles andersgearteten umdeuten, überwinden, vernichten zu wollen, ist unser eigenstes Eigentum.«[9]

Die Krise der Willenskultur, die Spengler mit einigem Abstand registrierte, wurde um 1900 allerorts wahrgenommenen. Der Begriff »Willenskrankheit« machte regelrecht Karriere. In Medizin und Psychiatrie, die sich schon länger mit dem Phänomen beschäftigten, sprach man von Abulie; einer pathologischen Unfähigkeit, Entscheidungen zu treffen bzw. die einmal getroffenen Entscheidungen auch auszuführen. Der Psychologe und Philosoph Théodule Ribot hatte 1883 die grundlegende Studie »Les maladies de la volonté« vorgelegt, die 1893 in deutscher Übersetzung erschien.[10] Er diagnostizierte beim Willenskranken einen

Verlust psychischer Kräfte; äußere Reize oder ein inneres Triebgeschehen können nicht mehr abgewehrt werden, versetzen den Menschen in dauerhafte Erregung, und so kommt es über kurz oder lang zur Erschöpfung.

In der Literatur hatte das Phänomen der Willensschwäche schon immer eine gewisse Tradition; erinnert sei nur an den notorischen Zauderer Hamlet oder an Gontscharows Oblomow. Im Ästhetizismus des ausgehenden 19. Jahrhunderts wurde es dann zu einem künstlerischen Habitus. 1891 veröffentlichte Hofmannsthal in der »Modernen Rundschau« eine Rezension unter der Überschrift »Das Tagebuch eines Willenskranken« – den Begriff hatte er von Paul Bourget. Die Besprechung bezog sich auf das Tagebuch von Henri-Frédéric Amiel (»Fragments d'un journal intime«), das 1884 postum in Auszügen erschienen war. In der Suche nach dem Leben und dem Leiden an der Tatlosigkeit erkannten sich viele Intellektuelle wieder. Amiel sei, so Hofmannsthal, »ein katholischer Träumer und ein protestantischer Hamlet«.[11] In dem bereits zitierten, sechs Jahre später veröffentlichten Essay über »Gabriele D'Annunzio« erschien die Willenskrankheit schließlich als Credo einer Generation, die der Dichter als neue Elite feierte. Hofmannsthal spricht von »Entsagung«, vom »gelähmten Willen«,[12] und er benennt die »unheimliche Willenlosigkeit«, die sich »nach und nach als Grundzug des in der gegenwärtigen Literatur abgespiegelten Lebens herauszustellen scheint«[13]. Sie ist nicht einfach Schwäche, sondern ein schöpferisches Leiden, das einige wenige auf sich nehmen, um einem neuen Denken den Weg zu bahnen. Die Modernen definieren sich nicht mehr wie die Gründerväter durch Tatkraft, sie sind wurzellos, sie schauen dem Leben zu. Und aus dieser Distanz, an der sie subjektiv leiden, geht eine verwandelte Weltsicht hervor.

Willenskrank fühlte sich um 1900 – es ist bereits gesagt worden – auch der Schriftsteller Rainer Maria Rilke.[14] Er sah sich als Opfer einer Zeitkrankheit, die all seine Kräfte aufzehrte. Unter dem Einfluss Rodins vollzog er schließlich einen Blickwechsel:

Nicht im Inneren war Sicherheit und Selbstbewusstsein zu finden, sondern in den Gegenständen. Die Dinge sollten jetzt sprechen bzw. zur Sprache gebracht werden und dem Menschen den Sinn zuteilwerden lassen, den er in sich selbst nicht mehr finden konnte. Rilkes Ausweg aus der Krise war freilich singulär, aber seine Zweifel und sein Unbehagen waren symptomatisch.

Die »Hebung der Willenskraft«[15] wurde als entscheidendes Therapeutikum gegen Lethargie und innere Erschöpfungszustände propagiert. Mehr und mehr aber klagte man über eine nachlassende psychische Stärke. Nervosität und Neurasthenie breiteten sich aus.[16] Keime dieser schleichenden Krankheit vermutete man im zivilisatorischen Fortschritt. Der Mensch verweichliche, die Folge waren Trägheit und Antriebslosigkeit, eine Zunahme von affektiven Gedanken, eine ungehemmte Entwicklung des Trieblebens, die Abnahme von Aufmerksamkeit und Konzentration, eine Einschränkung der Wahrnehmungsfähigkeit und des Realitätssinns.[17]

Es mag daher kaum verwundern, dass die männliche Geschlechtsidentität um 1900 ins Wanken geriet, die Grenzen zwischen Mann und Frau verwischten. Der energische Mann verlor im Fin de Siècle an Profil. Man lebte in der Angst vor einer Feminisierung von Kultur und Gesellschaft. Otto Weiningers 1903 erschienene Untersuchung über »Geschlecht und Charakter« ist ein Kompendium dieser Ängste. Es unternimmt noch einmal den Versuch, die längst prekär gewordene männliche Identität zu fixieren. Im 9. Kapitel macht Weininger am Willen den entscheidenden Unterschied und die Überlegenheit des Mannes fest. So besitze nur der Mann den »Willen zum Wert«[18], zum Wert der eigenen Person, während die Frau zwar eitel sei, aber im Grunde ihres Wesens von sich absähe. Anders als die Frau, die, Weininger zufolge, nur einen geringen »Wirklichkeitssinn« hat, ist der Wille des Mannes immer auf den Gegenstand gerichtet, den er erkennen und verändern will.[19] Auch habe der Mann ein anderes Verhältnis zur Wahrheit, seine »Fähigkeit zur Wahrheit stammt

[...] aus dem Willen zur Wahrheit, und ist stets diesem in ihrer Stärke angemessen«.[20] Der Wille zur Wahrheit sei den Frauen fremd, sie hätten es deshalb auch in der Wissenschaft zu keinen bedeutenden Leistungen gebracht. Weiningers Frauenverachtung ist legendär und hat die Gemüter erregt; »das Weib«, befand er am Ende seines Werks, muss überwunden werden.[21] Der Geschlechterkampf ist für ihn ein Kampf um die menschliche Existenz: »Nur wenn der Wille zur Lust den Willen zum Wert besiegt, dann ist der Mensch gefallen.«[22]

Die Kritik an der »erschöpften Männlichkeit« entzündete sich um 1900 nicht zuletzt an der Person Kaiser Wilhelms II., der als verweichlichter, schwankender und leicht beeinflussbarer Charakter galt – erinnert sei an Maximilian Hardens Artikel in der »Zukunft« während der Eulenburg-Affäre.

Die Krise der Willenskultur um 1900 soll im Folgenden exemplarisch an vier Personen beschrieben werden, die gegensätzlicher nicht sein könnten und die doch repräsentativ für diese Epoche sind: Bismarck, Nietzsche, Cosima Wagner und Max Weber. Auf den ersten Blick allesamt keine »weichen Naturen«, sondern – in der Nomenklatur Spenglers – »Menschen von Granit«[23], so jedenfalls wollten sie sein und wirken. Doch schon damals war bekannt, dass Bismarck, der »eiserne Kanzler«, sich immer wieder aus der preußischen Metropole und vom politischen Tagesgeschäft zurückziehen musste, weil er kurz vor einem Zusammenbruch stand. Bekannt war auch, dass sich Nietzsche zwar als Apologet der Kraft gerierte und in den höchsten Tönen von der großen Gesundheit sprach, aber, was seine eigene Gesundheit anging, von äußerst schwacher Konstitution war. An Cosima Wagner bewunderten viele das souveräne Auftreten und eine scheinbar unerschöpfliche Kondition. Eingeweihte wussten allerdings, dass sie seit den 1890er Jahren unter zahlreichen nervösen Symptomen und Erschöpfungszuständen litt. Der Soziologe Max Weber schließlich, der äußerlich den Eindruck eines kraftstrotzenden Menschen machte, erlitt im Frühjahr 1898 einen

Schwächeanfall, er selbst sprach von totaler Ermattung, einer nervlichen Überreizung – als sich sein Zustand nicht besserte, wurde er im Sommersemester 1899 von seiner Lehrtätigkeit entpflichtet. Hinter der Maske des »faustischen Menschen« zeigte sich eine tief verunsicherte Kultur.

Umkehr und Erneuerung: Bismarcks Exerzitien

> Sie haben von Schweninger, dem Arzt Bismarcks nichts gehört? Er stand zwischen Schulmedizin und ganz selbständig gefundener Naturheilkunde, ein großer Mann, der es mit Bismarck sehr schwer hatte, weil er ein großartiger Fresser und Säufer war.
>
> Franz Kafka, *Gesprächszettel an Robert Klopstock*

> Der Arzt diskutierte nicht über diese Ansicht, er versicherte lediglich, daß die radikale Lebensumstellung, die er verlange, seiner Meinung nach eine Frage von Leben oder Tod, eine Frage von Gesundheit oder Wahnsinn sei.
>
> Joris-Karl Huysmans, *Gegen den Strich*

Macht kommt ohne Versinnlichung nicht aus, sie muss verkörpert werden. Der Reichskanzler Otto von Bismarck steht bis heute für die Willenskultur des ausgehenden 19. Jahrhunderts. Mit seinem Habitus und seiner körperlichen Präsenz drückte er aus, was die Zeit suchte und immer seltener fand: Entschlossenheit. Bismarck war insoweit eine Idealbesetzung. Seine »ganze Erscheinung«, schreibt sein Biograph Otto Pflanze, strahlte »Kraft, Energie und Selbstvertrauen aus«.[1] Ein Mann, der die Kennzeichen des technologischen Fortschritts schon im Äußeren spiegelte und dem nicht von ungefähr das Attribut »eisern« zugeordnet wurde. Auch im jüngsten Versuch, Bismarcks Übergröße zu vermessen, spielt die körperliche Imago und die vitale Erscheinung eine bedeutende, ja überragende Rolle. Jonathan Steinberg porträtiert Bismarck nicht nur als Mann der Zeit, sondern als eine Persönlichkeit mit geradezu übersinnlichen Zügen. Der Reichskanzler erscheint als »Magier der Macht«, dem Ressourcen und Energien zur Verfügung stehen, die sich aller rationalen Erklärung entziehen. Steinberg spricht von »dämonischen Kräften« und einem »außergewöhnlichen, gigantischen Selbst«.[2]

Kein Biograph kommt aber umhin – und die beiden genannten machen da keine Ausnahme –, auch die Schattenseiten in den Blick zu nehmen. Da ist zunächst das Temperament: Bismarck war bekannt für seine zupackende Art, seine unverblümte Redeweise, die etwas Herzliches und Humorvolles besaß; er war aber auch bekannt dafür, dass er sein Temperament schwer zügeln konnte, er galt als außerordentlich reizbar; es kam zuweilen zu hysterischen Ausbrüchen. Sein auftrumpfendes Wesen duldete keinen Widerspruch. Otto Pflanze hat diese Charakterzüge in der Physiognomie Bismarcks wiedergefunden: »Allen, die ihm begegneten, war der massive Kopf des Mannes mit der gewölbten Stirn und dem energischen Kinn, den buschigen Augenbrauen und großen vorgewölbten Augen unvergeßlich. Die Augen zumal waren besonders ausdrucksvoll. Sie spiegelten seine schnell wechselnden Stimmungen, im einen Augenblick streng und unnahbar, dann wieder lächelnd und umgänglich.«[3]

Es waren aber nicht nur innere Spannungen, die sich in Bismarcks Erscheinung widerspiegelten, sondern auch ein ausschweifender Lebensstil. Sein ganzes Wesen war vom Korpsgeist und den Tugenden und Werten einer patriarchalen Gesellschaft erfüllt. Ein Mann, der sich im Trinken und Essen zurückhielt, machte sich in seinen Augen nicht nur verdächtig, er war nicht ernst zu nehmen. Bismarcks Exzesse sind legendär, sein Appetit war nicht zu stillen, und beim Trinken konnte kaum einer mit ihm mithalten.

Hugo Graf von Lerchenfeld-Köfering, der bayerische Gesandte in Berlin, berichtete mit fassungslosem Staunen von einer Soiree, bei welcher der Reichskanzler mehrere Liter Bockbier trank; danach ging es in kleiner Runde weiter, erst gab es Jamaika-Rum, dann Champagner und zum Schluss Portwein.[4] Bismarck selbst hat gern erzählt, wie er im auswärtigen Dienst schon mittags zwei Flaschen Champagner getrunken habe. Und er war auch später der Meinung, dass sich der Charakter eines Diplomaten zuallererst daran zeige, wie viel Alkohol er vertrage.

Die Essgewohnheiten Bismarcks sind in vielen Anekdoten überliefert: Sieben Becher Buttermilch konnte er, ohne mit der Wimper zu zucken, hintereinander trinken, pfundweise verzehrte er die aus der Heimat kommende Schlackwurst und die pommersche Spickgans. Christoph von Tiedemann, Chef der Reichskanzlei, berichtet: »Mit Vorliebe genoß er schwere und unverdauliche Speisen und die Fürstin begünstigte diese Neigung. Wenn er in Varzin oder Friedrichsruh an einer Magenverstimmung litt, hatte sie nichts Eiligeres zu tun, als an Borchardt in Berlin um Zusendung einer Gänseleber- oder Krammentsvogelpastete größter Sorte zu telegraphieren.«[5] Schon zum Frühstück gab es »Roastbeef oder Beefsteak mit Kartoffeln, kalte[n] Wildbraten, Krammetsvögel, aufgebratene[n] Pudding u.s.w.«.[6] In der Regel umfasste das Diner sechs Gänge, die letzte Mahlzeit wurde kurz vor Mitternacht eingenommen. Bismarcks Appetit kannte keine Grenzen. Mit 32 Jahren wog er 91, mit 64 Jahren schon 123,5 Kilogramm.

Der Reichskanzler war ein müder Koloss, von der strahlenden Erscheinung und der energiegeladenen Statur war, bei Licht besehen, nicht mehr viel übrig. Natürlich war das auch der Macht geschuldet, die Spuren hinterließ und seine körperliche Ausstrahlung beeinträchtigte. Doch schon in jungen Jahren sind Ausschweifungen bezeugt: Bismarck lebte auf der Überholspur und spielte gern den unbezwingbaren Kraftmenschen. Die vermeintlich unverwüstliche Natur gehörte zu seinem Habitus, und sie machte ihn zum geborenen Staatslenker, der die Zügel fest in der Hand hielt. Es war das Charisma der Stärke, das von ihm ausging. Die Reichsgründung wurde ihm folglich als persönliches Verdienst zugerechnet.

In Wirklichkeit aber war der Reichskanzler alles andere als rüstig und widerstandsfähig. Bereits am Anfang seiner politischen Karriere gab es zahlreiche gesundheitliche Krisen, er selbst spricht von einer »Erschöpfung der Nerven«[7], einem »Zusammenbruch der Kräfte«[8], unvermittelt suchen ihn Schmerzattacken heim, mitten im politischen Tagesgeschäft überfallen ihn »Weinkrämpfe«[9].

Bismarck sah im Körper eine Maschine, die zu funktionieren hatte. Es ist vielleicht kein Zufall, dass sein großer Zusammenbruch in eine Zeit fiel, in der sich die Signatur der Epoche verändert hatte: Die Dampfmaschinen regierten nicht länger die technologische Moderne, sondern die Elektrizität, die als Energiestrom die Festigkeit der Körper in Frage stellte.

Anfang der 1880er Jahre hatten sich die gesundheitlichen Probleme zugespitzt. Bismarck klagte über Schmerzen, über Nervosität und Schlaflosigkeit, er fühlte sich müde, kraftlos und völlig erschlafft – ein »Gesundheitsbankrott«[10], wie er selbst sagte. In der Öffentlichkeit war seine angeschlagene Verfassung längst Gesprächsstoff. Der massige Körper wirkte aufgedunsen. Man munkelte von einer Krebserkrankung. Heinrich Struck, der Leibarzt über viele Jahre, riet dazu, kürzerzutreten und die Kräfte zu schonen; insbesondere aber maßvoller zu essen und zu trinken – ohne jeden Erfolg. 1882 gab er auf. An seine Stelle trat Ernst Schweninger, ein junger bayerischer Arzt, gerade 33 Jahre alt.

Schweninger arbeitete mit Naturheilverfahren (Wasser, Licht, Luft, Massagen, Diät, Bewegung), die sich Ende des 19. Jahrhunderts immer größerer Beliebtheit erfreuten. Er behandelte Beschwerden, die der modernen Lebensweise geschuldet waren: Fettsucht, nervöse Symptome und unspezifische Schmerzzustände, emotionale und geistige Erschöpfung – Menschen, die sich – wie man heute sagen würde – ausgebrannt fühlten und ihren Alltag nicht mehr bewältigen konnten. Schweningers Grundsatz war, dass es Krankheiten im eigentlichen Sinn nicht gab, nur kranke bzw. erkrankte Menschen: »›Krankheit‹ ist eine Abstraktion, eine Sprachvorstellung, die nur in der Welt der Gedanken eine Berechtigung auf Vorhandensein hat.«[11] Die Behandlung sollte die Lebensenergien wieder mobilisieren und die Abwehrkräfte stärken. Dazu griff Schweninger massiv in die Lebensführung seiner Patienten ein. Wer seine Hilfe suchte, musste bereit sein, seine frühere Lebensweise abzulegen und den eingefahrenen Rhythmus zu ändern. Umkehr hieß die Devise, nur so konnte der Mensch wieder zu Kräften kommen.

Schweninger stammte aus Freystadt in der Oberpfalz, er lebte in München, unterhielt zeitweise ein mondänes Sanatorium in Heidelberg, auch in Baden-Baden behandelte er seine betuchten Patienten, und immer wieder fuhr er nach Nizza. 1900 wurde er zum Leiter des ersten öffentlichen Naturheilkrankenhauses in Berlin-Lichterfelde bestellt – er befand sich auf dem Höhepunkt seiner Karriere. Erste Erfahrungen als Mediziner hatte er in der Isarmetropole gemacht, wo er sich 1875 als Privatdozent im Fach der pathologischen Anatomie habilitierte. Dann stolperte er Ende der 1870er Jahre über ein Liebesabenteuer, das ihn in ein gerichtliches Verfahren verwickelte. Er verließ München und ging an die Riviera, wo er prominente und zahlungskräftige Patienten fand. In den mondänen Badeorten des Mittelmeers suchten die Reichen im Winter und Frühjahr Erholung vom rauen Klima des Nordens. In Nizza lernte Schweninger viele seiner Patienten kennen. Später fuhr er häufig mit ihnen in den Urlaub und überwachte die verordnete Therapie.

Für eine ausgewählte Klientel wurde Schweninger Ende des 19. Jahrhunderts zum Modearzt und Seelenführer: Besonders eng war der Kontakt zur Familie Wagner in Bayreuth, er therapierte Cosima Wagner mit einem speziellen Kräftigungs- und Fitnessprogramm, auch Tochter Eva und Sohn Siegfried wurden in die Behandlung einbezogen, später kamen Houston Stewart Chamberlain und Winifred Wagner hinzu. Schon früh wurde Friedrich Alfred Krupp sein Patient, auch der Seniorchef Alfred Krupp ließ sich von den Methoden des Naturheilkundlers überzeugen. Die Liste der Patienten ist lang und prominent besetzt: Charlotte Herzogin von Sachsen-Meiningen, der preußische Kulturpolitiker Friedrich Althoff, Ferdinand I. von Bulgarien, Christa Gräfin von Eickstedt-Peterswaldt, der Politiker und Staatsmann Bernhard Fürst von Bülow, Baronin Helene von Reitzenstein, der Schriftsteller und Historiker Heinrich von Poschinger und seine Frau Margaretha, der Industrielle Guido Henckel von Donnersmarck, Ernst Haeckel, der Sänger und Schauspieler Leo Slezak, der Dirigent Hermann Levy und seine Frau Mary, auch der Schriftsteller Hermann Bahr holte sich Rat – und mit so manchen Patienten ergab sich über die Jahre eine Freundschaft: mit Paul Lindau zum Beispiel oder mit Paul und Anna Heyse.

Besonders eng war auch der Kontakt zu Maximilian Harden, der zeitweise Schweningers Vorlesungen und Seminare in Berlin besuchte. Kennengelernt hatte man sich 1892 bei einem gemeinsamen Besuch Bismarcks in Varzin. Als Harden wenig später, am 7. September des Jahres, das Erscheinen seiner politischen Wochenschrift »Die Zukunft« ankündigte, bat er Schweninger gleich um Mitarbeit. Dabei setzte er die richtigen Akzente, indem er das gemeinsame Interesse an der »Gesundung« der Gesellschaft hervorhob: »Die Spalten dieses Blattes werden Jedem offen stehen, der an der Gesundung unserer Zustände auf allen Gebieten des öffentlichen Lebens mitarbeiten will und der eine eigene Ueberzeugung in literarischen Formen auszusprechen vermag.«[12]

Harden konsultierte Schweninger immer wieder auch in eigener Sache. Glaubt man dem Kunstpublizisten Karl Scheffler, klagte er beständig über seine Gesundheit, und da er »zur Korpulenz neigte, machte Schweninger ihn durch Diät, Massage und Lebensweise erst einmal mager. Eine richtige Mahlzeit nahm er nur einmal täglich vormittags ein. Im Übrigen begnügte er sich mit Tee, nur abends vor dem Schlafengehen aß er eine große Portion Obst. Einmal in der Woche, wenn die neue Nummer der ›Zukunft‹ redaktionell fertig war, lief er stundenlang wie ein Jockey, der sein Gewicht verringern will, im Eiltempo durch den Grunewald, an dessen Rand sein Haus stand, und schweißtriefend kam er heim. Diese Lebensweise führte er mit eiserner Energie durch, denn er hatte im kleinen wie im großen einen starken Willen.«[13]

In den Jahren der engen Freundschaft machte sich der Literat zum Sprachrohr der lebensreformerischen Ideen des Arztes. Was Schweninger dachte und im mündlichen Gespräch äußerte, brachte Harden in eine geschliffene literarische Form. Die Ansichten des Lehrers, die bisher unter den Anhängern von Mund zu Mund weitergereicht worden waren, wurden nun in kleinen Traktaten unter dem Titel »Aus Schweningers Aerzteschule« in der »Zukunft« zugänglich – ein work in progress, das die Gedanken fragmentarisch und unabgeschlossen präsentierte. Wie in den alten Medizinschulen standen das Mündliche, Beobachtung und Erfahrung im Vordergrund, die offen bleiben und nicht die Form des systematischen Wissens annehmen sollten.

1882, beim ersten Zusammentreffen mit Bismarck, stand Schweninger noch ganz am Anfang seiner Karriere, doch er war im Hause des Fürsten kein Unbekannter. Seit 1880 behandelte er den Sohn des Reichskanzlers, Wilhelm von Bismarck, der in Lebensweise und Leibesfülle dem Vater nacheiferte. Als der Arzt den Patienten in Augenschein genommen hatte, wog dieser fast 120 Kilogramm, er litt an Gicht, hatte Herzbeschwerden und Atemprobleme. Schon das morgendliche Aufstehen bereitete Schwierigkeiten, er fühlte sich matt und energielos.[14] Die ärztliche Anordnung war so einfach wie radikal: Der junge Graf Bismarck musste sein Leben ändern, insbesondere seine Ernährung. Und das hieß: kein Fleisch und kein Alkohol mehr, kein starrer Rhythmus der Mahlzeiten, stattdessen viele kleine Portionen, über den Tag verteilt, und natürlich Gymnastik, Bewegung an der frischen Luft, Teilbäder. Alles musste strikt eingehalten und befolgt werden.[15]

Der junge Bismarck folgte dem strengen Regime seines Arztes, und seine Kur war allem Anschein nach erfolgreich: Nach zehn Monaten war das Gewicht um 25 Kilogramm gesunken, der Leibesumfang hatte sich beträchtlich verringert, die Herz- und Atembeschwerden waren zurückgegangen. Nun folgte ein Vitalisierungs- und Abhärtungsprogramm: Schweninger unternahm mit dem Grafen Bergtouren, ließ ihn im kalten Wasser baden, bearbeitete ihn mit kräftigen Massagen. Offenbar gab es auch Rückschläge. Nach der Abhärtung erkrankte der Patient an Typhus. Die Zweifler meldeten sich zu Wort. Schweninger aber fuhr – unter den kritischen Blicken der Familie – mit dem Sohn des Fürsten nach Nizza. Und anscheinend war das der richtige Ort, um die Kur zu einem erfolgreichen Abschluss zu bringen.

Eine Widmung an den Grafen, die Schweninger im März 1886 schrieb und die er später seinen gesammelten Schriften voranstellte, lobt dessen »Muth« und »staunenswerthe Energie«, dieser »Erfolg« habe seine »Thätigkeit auch weiteren Kreisen« bekannt gemacht.[16] En passant erwähnte er auch »die Befreiung von erheblicher Körperfülle«, durch die sein »Werk« erst allen Betrachtern »in die Augen gesprungen«[17] sei. In der Tat war der durchtrainierte Körper, der sich nun der Öffentlichkeit präsentierte, nicht unerheblich für Schweningers wachsende Reputation.

Die Kritiker titulierten den Modearzt bald verächtlich als »Entfetter«, der nichts anderes als Schlankheitskuren zu bieten hatte. Richtig ist, dass Schweninger in der zunehmenden Fettleibigkeit ein ernstes Problem sah, das in Zusammenhang mit unterschiedlichen nervösen Symptomen, vor allem aber mit einer gesteigerten Ermüdbarkeit und Ermattung stand. Um den Menschen wieder leistungsfähig zu machen, galt es ihn zunächst vom Fett zu befreien. Gymnastische Übungen, Massagen und Bäder wurden durch diätetische Maßnahmen ergänzt; dabei spielte neben der Art der Ernährung vor allem ihre Reduktion eine Rolle, insbesondere die strikte Beschränkung der Flüssigkeitszufuhr: Getränke und Suppen durften während der Mahlzeit nicht eingenommen werden.

Die Fettsucht hatten damals viele Ärzte im Visier. Eingehend diskutierte man Fragen der Ernährung, alles kam auf den Prüfstand: der Überschuss an Fett und Kohlenhydraten, die verringerte Fähigkeit der Zellen zur Stoffzersetzung, die auf erhöhten Alkoholgenuss zurückgeführt wurde, vor allem aber der Mangel an körperlicher Bewegung, durch den das Blut zu wenig Sauerstoff erhielt. Hatte man zuvor schon mit Brunnen- und Badekuren das Übergewicht und seine Folgen zu bekämpfen versucht, so brach jetzt die Zeit der Diätkuren an. Popularität errang eine kleine Broschüre des Engländers William Banting über kohlenhydratarme Ernährung: »Offener Brief über Korpulenz, an das Gesamte Publikum gerichtet« (1863). Banting verzichtete auf alle Nahrungsmittel, die Stärke und Zucker enthielten, und ernährte sich eiweißreich, das heißt, er aß vornehmlich Fleisch. Schon zum Frühstück standen Rind oder Hammel auf dem Speiseplan; zum Mittag- und zum Abendessen wieder Fleisch oder Fisch.[18] Das löste eine wahre Euphorie aus: »to bant« war im Englischen bald ein Synonym für Diät.

In Deutschland stritten sich die Gelehrten. Der Göttinger Professor Wilhelm Ebstein trat mit seiner speziell modulierten Fleisch-Fett-Diät in die Fußstapfen Bantings und polemisierte gleichzeitig gegen die Wasserentziehungskuren des Münchner Professors Max Joseph Oertel. Dieser hatte in seinem Standardwerk über die »Therapien der Kreislaufstörungen« eine Behandlungsform beschrieben, die er schon seit Jahren praktizierte und die Schweninger sich zum Vorbild nahm.[19] Oertel setzte sich kritisch mit der Ebstein'schen Methode auseinander und sprach sich strikt gegen Fleisch- und Fettdiäten aus. Stattdessen plädierte er für eine Einschränkung der Nahrungs- und vor allem Flüssigkeitszufuhr (höchstens ¾ bis 1 Liter pro Tag): kein Getränk beim Essen; Verzicht auf Zucker, Kartoffeln, Mehlspeisen, Brot, Bohnen, Kuchen, Bier; Speisen wie Spinat, Obst oder Salat waren in geringen Mengen erlaubt; als Getränk wurde leichter Wein empfohlen; außerdem tägliche Bewegung wie Spazierengehen, Radfahren, Treppensteigen, körperliche Arbeit; von Zeit zu Zeit ein Dampfbad; die Schlafzeit sollte auf höchstens sieben Stunden beschränkt werden; Mittagsschlaf war zu vermeiden. Die Oertel'sche Kur nahm für sich in Anspruch, Fettansammlungen im Körper auf Dauer verhindern zu können,[20] sofern die Flüssigkeitsmenge herabgesetzt blieb. Durch den Wegfall von Kohlenhydraten und Fetten, bei gleichzeitiger Einnahme von Eiweißstoffen, sollte es auch zur »Neubildung von Muskelgewebe« kommen, so dass dem zuvor geschwächten Körper »neue Kraftquellen«[21] zuwachsen würden. Schweninger wurde zum erfolgreichen Adepten dieser Fitness- und Schönheitskur.

Neben der sogenannten Entfettung war eine zentrale Forderung seines Behandlungskonzepts die, wie er es nannte, »Befreiung von Schablonen«. Die Mahlzeiten, die Art der Ernährung, das Maß von Bewegung und Ruhe, der Schlaf – für all dies hat der Mensch »Schablonen«, er glaubt, nur mit einem bestimmten Quantum Schlaf auszukommen, er bindet sich an bestimmte Essenszeiten oder er meidet Nahrungsmittel, die er angeblich nicht verträgt. Er ist in »Schablonen befangen«[22], reduziert seine Möglichkeit, ernährt sich einseitig und fördert so die Entstehung von Krankheiten. »Befreiung von den Schablonen« hieß Aufkündigung falscher Gewohnheiten und »verständige Abhärtung«.[23] Nicht durch Ruhe und Schonung gewinnt der Mensch seine Kraft wieder, sondern durch Anstrengung und Vitalisierung. Es war eine Erziehung zur Leistung. Im Zeichen von Effizienz und Energie betrachtete Schweninger auch die inneren Organe und ihre Funktionsweise. »Der Mensch«, so sagte er in einem Vortrag, »lebt nicht von dem, was er ißt, sondern von der Fähigkeit, es zu verdauen und auszunützen; es kommt nicht nur darauf an, wie er es verdaut, sondern auch darauf, wie er es mit der möglichst größten Leistungsfähigkeit, bei geringster Anstrengung der Organe seines Körpers ausnützt.«[24] So sollte der Magen »in der *Selbstbewältigung* auch sogenannter schwer verdaulicher Stoffe geübt werden; ihm diese Arbeit *gewohnheitsmässig* zu erleichtern, ist falsch«.[25] Der Mensch müsse durch Übung auf das moderne Kulturleben vorbereitet werden.[26] Schweninger hatte eine disziplinierte, mobile und trainierte Gesellschaft im Blick. Er begriff die Moderne als Herausforderung, nicht zuletzt auch als Herausforderung an die Medizin, die den Menschen formen und erneuern sollte. Den Zivilisationskritikern und Naturaposteln, die zu einem naturgemäßen Leben zurück wollten und gesunde Ernährung, Reformkleidung sowie eine authentische Körperkultur forderten, misstraute er.[27] Der Mensch hatte sich von seinem »ursprünglichen Ausgangspunkte« weit entfernt und im Laufe seiner Geschichte einen »komplizierten kulturellen Apparat« erworben, mit dem ihm »die Sprache der Natur nur noch gedämpft, verändert und darum auch unzuverlässig in den Ohren klingt«.[28]

Es gab kein Zurück zur Natur – schon deshalb nicht, weil die eigentliche »Krankheit«, wie Schweninger annahm, keine Erkrankung des Körpers, sondern eine der Lebensweise war. Damit veränderte sich auch die Rolle des Arztes, er wurde zum Lebensberater, zum Philosophen und Coach. Otto von Bismarck hat in einer Gesprächsrunde noch eine weitere Funktion ins Spiel gebracht: »In den Aerzten steckt immer etwas vom Priester.«[29]

Im Herbst 1882, bei seinem ersten Besuch in Varzin, nahm Schweninger seinen Patienten drei Tage in Augenschein. In einem Aufsatz, der knapp ein Jahr nach Bismarcks Tod entstand, berichtete er von einem bedenklichen Zustand: »Ich fand den Kanzler, hauptsächlich in Folge von Schlaflosigkeit, Nervenverfall, Gesichtsschmerz (deshalb trug er den Vollbart!) und schweren gastrischen Störungen, körperlich und seelisch herunter. Der bis dahin 247 Pfund schwere, mächtige Körper sah abgefallen und abgemagert aus.«[30] Schweningers Biograph Schwarz erzählt, dass sich der Arzt bei dieser ersten Visite standhaft geweigert habe, Ratschläge zu erteilen oder gar Medikamente zu verordnen. Der ganze Mensch müsse sich ihm unterwerfen, sonst nehme er die Behandlung nicht auf, habe er gefordert.[31]

Die im Nachlass erhaltenen Dokumente zeichnen ein etwas anderes Bild. In diesem wie auch in vielen anderen Fällen sind die von Schweninger ausgehenden Selbststilisierungen[32] fortgeschrieben und zu Anekdoten verdichtet worden, die bis heute wiederholt werden.[33] In der Praxis war Schweninger weit weniger rigoros, als es seine apodiktischen Aussagen vermuten lassen. Wie der Briefwechsel mit Bismarcks Ehefrau Johanna zeigt, nahm der Arzt die Behandlung des Fürsten sofort auf. Er gab genaue Anweisungen, was und wie viel der Patient essen, wann und wie lange er ruhen und sich bewegen, wie oft er baden und womit er sich einreiben sollte. Nicht nur das: Schweninger schickte Medikamente, um die Gesichtsschmerzen zu lindern. Johanna von Bismarck hielt den Arzt über den Zustand ihres Mannes auf dem Laufenden. Sie verfasste seitenlange Bulletins, vermerkte kleinste Regungen und Veränderungen. Am 24. Oktober 1882 berichtete sie von Qualen, die nicht »abgenommen« hätten, »sogar wieder schlimmer geworden« seien: Schmerzen im Gesicht, beim Essen und auch beim Atmen: »Die Pillen, welche Sie gütigst geschickt, die er bei Nervenzuckungen nimmt, thun ihm wohl, aber im Ganzen ist in seinem Zustand nichts geändert. Alles noch gerade so, wie Sie ihn gesehen, nur leider die Gesichtsschmerzen eben etwas stärker.«[34] Am nächsten Tag setzte sie den Brief fort: »[...] bin heute ziemlich verängstigt um meinen Mann, der heute früh beim Erwachen auf dem linken Ohr ganz taub ist, dabei Flimmern vor den Augen hat, – wie er sagt, einen ganz betäubten Kopf. Es sei ein Gefühl, als wäre der Kopf ganz dick.«[35]

Johanna von Bismarck schrieb im weitschweifigen Plauderton und stellte immer wieder allerhand Vermutungen über die Leiden ihres Mannes an. So auch im Brief vom 25. Oktober 1882: »Vielleicht hat er sich gestern bei längerem Spaziergang, wenngleich das Wetter wunderbar war, verkühlt, oder er war nicht abgekühlt genug, als er ½ danach badete, oder die Chlorpillen, die er mehrere Nächte hintereinander genommen hat, haben ihn etwas betäubt – oder die Laudanum Tinktur, die er bei Hof gegen große Schmerzen einnimmt, oder die Jodtinktur [...]? Ich weiß es nicht.«[36] Schmerzzustände und Erschöpfung traten offenbar anfallsartig auf: »Er fühlte sich gestern früh noch so frisch, machte einen weiten Spaziergang.« Einen Tag später sind die Glieder »lahm und matt«, so dass er »keine Hand aufheben« kann.[37]

Gegen die Schmerzen verordnete Schweninger Salbe und Tinkturen – zur Beruhigung empfahl er Abreibungen und Waschungen des ganzen Körpers sowie feuchtwarme Umschläge. Er schickte aber auch – noch ein Jahr später – Tabletten und verabreichte Morphiumzäpfchen zum besseren Einschlafen.[38] Die immer wieder kolportierte Geschichte, dass Schweninger sich geweigert habe, Medikamente einzusetzen, und dass er Bismarcks Schlaflosigkeit bekämpfte, indem er sich gleich am Anfang der Behandlung nächtelang ans Bett des Fürsten setzte und seine Hand hielt,[39] ist allein deshalb nicht zu halten, weil der Arzt die Kur in der ersten Zeit aus der Ferne überwachte. Schweninger hielt sich in München auf, er erteilte seine Direktiven brieflich. Johanna von Bismarck war mit dieser Situation unzufrieden: »Es ist recht betrübend, lieber Herr Doktor, daß Sie *so* fern sind und meinen Mann nur so kurz gesehen haben.«[40] Sie selbst fühle sich oft außerstande, die Symptome zu schildern, denn diese würden sich in einem fort verändern und neue würden hinzukommen. »Die Gesichtsschmerzen«, klagt sie am 5. November 1882, »sind leider immer noch vorhanden – einen Tag mehr, einen minder & man weiß nie warum und wodurch es ist. Sehr betrübt darüber.«[41]

Im Frühjahr 1883 nahm Schweninger seinen Patienten erneut in Augenschein, diesmal in Berlin: »Ich fand S. D. aufgeregt und doch apathisch müde, leicht ermattet – ›altersschwach, marastisch‹, wie er so oft sagte –, von Gesichtsschmerz und Migräne geplagt, schlaf- und appetitlos, fahl von Gesichtsfarbe, von stürmischen Magenerscheinungen und Verdauungsstörungen, mit belegter Zunge, hämorrhoidalen Zuständen, sowie von Kreislaufstörungen (Oedeme [Schwellungen] an den Beinen, Krampfadern [Varicen], abundantem und besonders nachts ungewöhnlich starkem Transpiriren) und von ähnlichen Erscheinungen heimgesucht.«[42] Nach Schweningers Ansicht standen fast alle Symptome im Zusammenhang einer nervösen Erschöpfung. Er ordnete daher »die ganze Lebensweise, Essen, Trinken, Bewegen, Ruhen, Arbeiten, Schlafen«[43] neu: »Ich bestimmte, so weit es irgend möglich war, die Arbeitszeit und das Pensum dafür, regelte auch nach Zeit und Umfang die Erholung, Bewegung, Ruhe, überwachte Essen und Trinken nach Zeit, Quantität und Qualität, regelte Aufstehen und Niederlegen, griff überall, wo es noth that mäßigend oder anregend ein.«[44]

Schweninger stand in einer medizinischen Tradition, wie sie im Corpus Hippocraticum beschrieben wird. Die Diät wird darin als Kunst definiert, das Leben so zu regeln, dass der Körper geschützt wird und keine Krankheiten entstehen. Alle Krankheiten sind einer schlechten Lebensführung geschuldet. Die Diät soll diese korrigieren. Daher ist sie zunächst die Suche nach dem richtigen Maß; und das beginnt bei der Ernährung, bei den Ruhe- und Schlafzeiten und natürlich bei der Bewegung. Alle Aspekte des Lebens müssen erfasst und neu geordnet werden; wichtig für eine effektive Regulierung sind ständige Beobachtung und Revision.

Um die Behandlung seines Patienten persönlich zu überwachen, reiste Schweninger mit dem Fürsten nach Friedrichsruh. Bismarck stand nun unter strenger Beobachtung. Auf Anraten seines Arztes sollte er seine Aktivitäten in den nächsten Jahren immer wieder einschränken, er sollte sich häufiger auf seine Güter zurückziehen – zum Unmut seiner Berater oft wochen-, zuweilen monatelang. Berlin und die Reichskanzlei blieben verwaist. Bismarck regierte aus der Provinz, abgeschirmt von seinen ergebenen Räten. Schweninger wurde der Arzt hinter Bismarck.

Wie die Briefe Johanna von Bismarcks zeigen, lebte man jetzt etwas frugaler: der Weinkonsum war eingeschränkt, keine Butter, kein Brot, kein Gemüse, keine Suppen, keine fettigen Braten, aber beileibe keine fleischlose Kost; im Gegenteil: mageres Fleisch am Morgen, am Mittag und am Abend. Auf Fleisch, schreibt Johanna von Bismarck, habe ihr Mann keinen Appetit mehr, aber er klage über großen Durst[45]. Sie konnte aber auch von allmählich »zunehmenden Kräften«[46] berichten. Immer wieder kommen Nachfragen zum Speiseplan: »Lieber Herr Doktor, haben Sie meinem Mann eigentlich *Linsengemüse* erlaubt? Er meint: Ja & möchte sie gern essen.«[47] Zwischen den Eheleuten kam es zu Auseinandersetzungen darüber, was verboten und was erlaubt war, jeder berief sich auf Schweninger. Das war nicht nur beim verordneten Diätplan so, sondern auch bei den täglichen Bewegungen, den Übungen und Bädern.

Bismarck absolvierte in dieser Zeit auch Kuraufenthalte in Kissingen und Gastein, zum Teil in Begleitung seines Arztes. Als er im Frühjahr 1884 nach Berlin zurückkehrte, war der Eindruck enorm: Der Reichskanzler hatte sich den Bart abnehmen lassen und sah erfrischt und elastisch aus. Er wog jetzt nur noch 202 Pfund – ein Idealgewicht für einen Mann seiner Körpergröße. Allgemein sprach man von einer Verjüngungskur. Der »Kladderadatsch« dichtete: »Und so ist er denn aufs Haar / Jetzt der Alte ganz und gar.«[48] Fürst Philipp zu Eulenburg-Hertefeld, der nach den Presseangriffen Hardens und den folgenden Sensationsprozessen zum Intimfeind Schweningers wurde, sprach unumwunden von einem »Wunder«: Schweninger habe »binnen eines Jahres aus einem dicken elenden Greis einen starken, gesunden Mann gemacht«.[49]

1890, im Jahr seiner Entlassung als Reichskanzler, hielt Bismarck in Friedrichsruh Hof und äußerte sich im Gespräch auch über das ihm ärztlich auferlegte Regime: »[...] ich darf nur drei Mal am Tage trinken, eine Viertelstunde nach jeder Mahlzeit und jedes Mal nicht mehr als eine halbe Flasche roth glänzenden Moselweins von einer sehr leichten und trockenen Art; Burgunder und Bier, die ich beide sehr liebe, sind mir strenge verboten; ebenso alle die starken Rhein- und spanischen Weine und sogar französischer Rothwein. Seit einigen Jahren habe ich mich aller dieser schönen Getränke enthalten, sehr zum Vortheil meiner Gesundheit und meiner ›Kondition‹ in dem Sportsinne des Wortes. Mein Gewicht hat sich sehr vermindert; aber an Kraft habe ich nicht verloren, vielmehr gewonnen. Ich werde jeden Tag einmal gewogen, auf Anordnung meines Arztes, und Alles, was sich dann über mein jetziges gewöhnliches Gewicht zeigt, suche ich gleich durch körperliche Uebung und besondere Diät wieder los zu werden. Ich reite und marschiere viel. Das Cigarrenrauchen habe ich ganz aufgegeben, natürlich auf ärztlichen Rath; es ist schwächend und schlecht für die Nerven. [...] Wasser macht mich fett; daher muß ich es nicht trinken.«[50]

Wie Fotos zeigen, gehörte Schweninger bald zur Familie; obwohl es vor allem die Männerfreundschaft zwischen Arzt und Reichskanzler war, die das Band knüpfte und über Jahre zusammenhielt. Familiär regte sich mancher Widerspruch, kritische Äußerungen kamen insbesondere von Johanna von Bismarck.

In den »Gedanken und Erinnerungen« des Reichskanzlers fällt das Urteil eher wohlwollend aus: Der Arzt habe seine Krankheit richtig erkannt und ihm ein »relatives Gesundheitsgefühl« verschafft, das er »seit vielen Jahren nicht mehr gekannt« habe.[51] Die Behandlungserfolge hatten sich möglicherweise etwas relativiert; hinzu kam, dass sich Schweninger aufgrund zahlreicher anderer Verpflichtungen vom »Fall Bismarck« doch etwas zurückzog. Im Jahr 1890 übernahm sein Assistent Rudolf Chrysander die Stelle als Hausarzt, wenig später rückte er auch zum Privatsekretär auf. Bismarck zeigte sich aber gegenüber seinem einstigen Retter keineswegs undankbar – im Gegenteil, er protegierte den in Fachkreisen nicht unumstrittenen Arzt mit aller Macht und verschaffte ihm gegen den massiven Widerstand der medizinischen Fakultät eine Professur an der Berliner Charité. Bereits 1884 wurde Schweninger in Berlin zum außerordentlichen Professor für Dermatologie und zum Direktor der Klinik für Hautkrankheiten berufen. Die erfolgreiche Behandlung des Reichskanzlers war der Startschuss zu einer glänzenden Karriere.

Schweninger sah sich um 1900 als Trainer einer erschöpften Elite. Das von ihm geleitete Naturheilkrankenhaus in Berlin-Lichterfelde kündigte eine neue Körper- und Übungskultur an. Seine Projekte nahmen skurrile Züge an; so plante er 1903 in Zusammenarbeit mit der Hapag ein »schwimmendes Sanatorium«[52] – die Pläne waren schon weit gediehen, zerschlugen sich jedoch später. Der Doppelschraubendampfer »Fürst Bismarck« sollte aufwendig umgebaut werden. Man benötigte einen Turnsaal mit Übungsgeräten, Räume und Vorrichtungen für Massagen, ein spezielles Schwimmbassin zur medizinischen Behandlung, Dampfkasten, elektrische Lichtkästen, Bestrahlungsapparate,

Abb. 4: Im Bismarck'schen Familienkreise in Friedrichsruh, 1890. Schweninger steht lässig am Kamin.

Sandbäder und genug Platz für Sonnen- und Lichtbäder an Deck. Im Frühjahr 1905 meldeten die Zeitungen, dass der Geheime Medizinalrat Professor Dr. Ernst Schweninger an der Spitze des »schwimmenden Sanatoriums« stehen würde, ihm zur Seite ein geschultes Ärzteteam. Mit einem ausgefeilten therapeutischen Programm wollte man die Leistungsträger aus Kultur und Wirtschaft fit machen für die moderne Gesellschaft, die von der Mobilmachung aller Kräfte träumte.

»Nein! an Ihren Nerven liegt's nicht«: Nietzsches Minimum

> Wenn ein Philosoph krank ist, so ist es beinahe schon ein *argumentum* gegen seine Philosophie.
>
> Friedrich Nietzsche an Freiherrn und Freifrau von Seydlitz, November 1885

Wenige Wochen vor dem Zusammenbruch auf der Piazza Carlo Alberto in Turin schrieb Nietzsche über seine Krankheit oder genauer: über seine Krankheitsdisposition. Es ist der Versuch einer Selbstanalyse, die das eigene Leiden biographisch und kulturell zu verorten sucht. Giorgio Colli, der Herausgeber der »Nachgelassenen Fragmente«, spricht von einem »neuen Element« in Nietzsches Schreiben, »die autobiographische Erzählung, die Dokumentierung der eigenen Person als philosophische Komponente oder sogar als kathartischer Entschluß«[1]. Das Schlüsselwort heißt Décadence.

Nietzsche sieht sich zwischen zwei extremen Polen, er schwankt zwischen Leben und Sterben: »Ich bin, um es in Räthselform auszudrücken, als mein Vater bereits gestorben, als meine Mutter lebe ich noch.«[2] Vor dem Hintergrund der damals viel diskutierten hereditären Belastung erkannte er in der Widersprüchlichkeit seiner »doppelten Herkunft«, dass alles Seiende immer auch sein Gegenteil ist und die Gegensätze untrennbar in der eigenen Person verbunden sind: »décadent zugleich und *Anfang*«[3].

Décadent, das ist zunächst der Vater, der Verfall und Kraftlosigkeit personifiziert: »Mein Vater starb mit 36 Jahren: er war zart, liebenswürdig und morbid, wie ein bloß zum Vorübergehn bestimmtes Wesen, – eher eine gütige Erinnerung ans Leben als das Leben selbst.«[4] Der väterliche Niedergang scheint sich im

Sohn zu wiederholen. Im gleichen Alter, in dem es mit dem Vater abwärtsging, ging es auch mit ihm abwärts: »im 36ten Jahr kam ich auf den niedrigsten Punkt meiner Vitalität, – ich lebte noch, doch ohne drei Schritte weit vor mich zu sehn«.[5]

In diesem Zustand völliger Erschöpfung – Nietzsche nennt ihn sein »minimum«[6] – reichte er im Mai 1879 sein Entlassungsgesuch an der Universität Basel ein. Über viele Jahre litt er schon an Erbrechen und Migräne, dazu kam eine von Geburt an extreme Kurzsichtigkeit und, wohl auch infolge der Überbeanspruchung der Augen, eine außerordentlich starke Lichtempfindlichkeit. Er selbst datierte die Verschlechterung seiner Gesundheit auf das Jahr 1876: »Ich brachte damals einen Winter in Sorrent zu, mit meiner alten Freundin, der Baronin Meysenbug (›Memoiren einer Idealistin‹) und dem sympathischen Dr. Rée. Es wurde nicht besser. Ein äußerst schmerzhaftes und zähes Kopfleiden stellte sich heraus, das alle meine Kräfte erschöpfte. Es steigerte sich in langen Jahren bis zu einem Höhepunkt habitueller Schmerzhaftigkeit, so daß das Jahr damals für mich 200 Schmerzenstage hatte.«[7]

Nietzsche führte über seine Erschöpfung Buch, er zählte in den Krisenjahren seine »Schmerzenstage«, summierte sie jährlich auf, differenzierte nach der Schwere der Zustände und notierte, an wie viel Tagen er trotz Ermattung und Schmerzen aufgestanden war, wie viele Tage er im Bett zugebracht hatte. Schreiben, versicherte er seiner Schwester, würde er an den »Schmerzenstagen« nicht: »Ich kann nur denken und schreiben bei vollster Freudigkeit des Geistes und Leibes! – ich traue keinem Gedanken, der bei bedrückter Seele und betrübten Eingeweiden entstanden ist, und was nun gar bei Kopfschmerzen geschrieben sein sollte, wird sicherlich vernichtet.«[8]

Bei »200 Schmerzenstagen« im Jahr blieb dann freilich nicht mehr viel Zeit zum Denken und Schreiben übrig. Doch die meisten Texte sind – nach eigenem Bekenntnis – in Phasen der Euphorie entstanden und in geradezu eruptiver Form aus ihm herausgebrochen. Die Teile des »Zarathustra« will er im Zehn-Tage-Rhythmus geschrieben haben, immer exakt zehn Tage, dann sei die Reinschrift fertig gewesen. Natürlich ist das eine Mystifikation. Folgt man jedoch einmal dieser Selbststilisierung, ergibt sich ein interessanter Zusammenhang: Nietzsche sieht sein Schöpfertum als eine plötzliche Entladung, die ihn mit aller Kraft ergreift und über sich selbst hinaushebt. In diesem ekstatischen Zustand ist er der Inspirierte, dem die Sätze, so schreibt er am 10. April 1888 an Georg Brandes, nur so »zugerufen«[9] werden. Anfallartig aber kommt auch die Erschöpfung über ihn, sie holt ihn immer wieder ein und wirft ihn auf sein »Minimum« zurück. Erleichtert stellt er jedoch fest, dass sein schaffendes Selbst stärker ist und schließlich die Schwäche überwindet. Diese Einsicht wirkt wie eine Seelenmassage. Am 29. November 1881 berichtet er seiner Schwester: »Daß mir nun diese verwünschten Schmerzen so viel Zeit wegnehmen, bringt mich hie und da zur Verzweiflung! Andererseits weiß ich wohl, daß ich diesem wechselvollen Zustand meiner Gesundheit ungeheures verdanke: schon dieses häufige Gesundwerden und dieses bezaubernde Gefühl der Genesung! – ein wundervoller Zustand und die Ursache der erhabensten und muthigsten Empfindungen.«[10]

Im Herbst 1888, zu einem Zeitpunkt, als er sich seiner Lebenskraft und seinem »Instinkt zur Selbst-Wiederherstellung« längst nicht mehr sicher war, formulierte er noch einmal sein Credo, seinen Glauben an das schaffende Selbst, an die in ihm steckende »gute« Substanz: Ein »typisch morbider Mensch« sei verloren, der Erschöpfung heillos preisgegeben. Den »typisch Gesunden« hingegen könne das Kranksein ein energisches Stimulans sein.[11] Er selbst sieht sich als das beste Beispiel für diese Wiederbelebung nach langer Krankheitsperiode: »Ich entdeckte das Leben gleichsam neu, ich schmeckte alle guten und selbst kleinen Dinge, wie sie ein Anderer nicht leicht geschmeckt haben wird, – ich machte aus meinem Willen zur Gesundheit, zum *Leben* meine Philosophie.«[12]

Gewiss, das »Minimum« bewies ihm, dass auch er ein »Décadent« war, behaftet mit den zeittypischen Symptomen einer tiefgreifenden Erschöpfung; und doch erkannte er in sich das absolute Gegenteil; im Kern hielt er sich für gesund. Er sei ein »Kind dieser Zeit«, schrieb er, »will sagen ein *décadent*: nur daß ich das begriff, nur daß ich mich dagegen wehrte. Der Philosoph in mir wehrte sich dagegen.«[13] Selbstdisziplin war die Antwort, Abstoßung vom väterlichen Erbe und Parteinahme »gegen alles Kranke«,[14] ob es sich nun an Seele und Körper oder in der Gesellschaft zeigte.

Nietzsches Leben war von Unruhe und Rastlosigkeit bestimmt. Ständig wechselte er seinen Aufenthaltsort: Ende der 1880er Jahre verbrachte er den Winter in Nizza, den Sommer in Sils, schließlich entdeckte er Turin, wo er im Frühjahr und Herbst 1888 weilte. An Carl Fuchs schrieb er: »Meine Adresse ist, ein für alle Mal: Naumburg an der Saale. Von da aus wird mir Alles nachgeschickt. Ich selbst bin ›unstät und flüchtig‹ auf Erden.«[15] Immer wieder brach er entkräftet zusammen, gleichwohl tat er alles, um den Eindruck einer schwachen Natur zu vermeiden. Für Schwäche und Verfall, für das niedersinkende Leben stand in seinen Schriften der Neurastheniker, den er verachtete, denn dieser repräsentierte die Décadence, die Werte der Schwachen. Es war ein Stück weit Selbsthass, denn mit einem Bein stand er selbst in dieser Welt, mit dem anderen wollte er zu den Kräftigen, Gesunden und Widerstandsfähigen gehören. Dem Nervenkranken, schrieb er im Brustton der Überzeugung, fehle es an einer »starken Natur«.[16] Nachdrücklich grenzte er sein Leiden davon ab: »Ein Arzt, der mich länger als Nervenleidenden behandelte, sagte selbst ›nein! an Ihren Nerven liegt's nicht‹«.[17]

Nietzsche wollte sich als »Gegenstück eines décadent«[18] hervorbringen und die Schwäche seiner eigenen Natur, aber auch die Schwäche seiner Zeit überwinden, er wollte über die Erschöpfung triumphieren, in der er seinen eigentlichen Gegner sah. Nichts hasste er so wie die Schwäche und nichts fürchtete er so, er schrieb ihr zerstörerische Wirkungen zu und glaubte, dass sich der moderne Mensch mit ihr infizieren könne. Sie wurde zum Feind, der den menschlichen Körper und den inneren Kern der Gesellschaft bedrohte und alle vitalen Funktionen lähmte. War die Immunität erst geschwächt, konnte sich die Erschöpfung ungehindert Bahn brechen. Nietzsche hat diesen Zustand des Öfteren an sich selbst beschrieben: »Beständiger Schmerz, mehrere Stunden des Tags ein der Seekrankheit eng verwandtes Gefühl, eine Halb-Lähmung, wo mir das Reden schwer wird, zur Abwechslung wüthende Anfälle (der letzte nöthigte mich drei Tage und Nächte lang zu erbrechen, ich dürstete nach dem Tode.) Nicht lesen können! Sehr selten schreiben! Nicht verkehren mit Menschen! Keine Musik hören können! Allein sein und spazieren gehen.«[19]

Immer wieder dachte er darüber nach, wie man die Widerstandskräfte stärken könne. Es begann schon mit der Wahl des richtigen Klimas: Deutschland, insbesondere aber Naumburg, war für ihn ganz »unzuträglich«, Nizza und das Oberengadin erschienen ihm aufgrund der trockenen Luft lange Zeit als die »*stimulantesten* Klimata«[20]. Nietzsche war so wetterfühlig, dass ihm bereits ein bewölkter Himmel zusetzte; aber auch zu große Hitze vertrug er nicht. Und auch die Lebens- und Ernährungsweise mussten bedacht werden. Es gab kaum eine Diät, die er nicht in Erwägung zog und ausprobierte: Zeitweise hielt er strikt eine Milch- und Eier-Diät ein, dann schwor er auf die kräftigende Wirkung einer Milch-, Reis- und Fleisch-Diät, schließlich überlegte er, ob nicht eine vegetarische Ernährung das Beste sei: Monatelang nahm er nur Milch, Grahambrot, Käse und Nüsse zu sich. Er setzte auf eine asketische Lebensweise, trank weder Wein noch Bier und verbot sich alle Genüsse.

In dieser Phase erschien ihm das einfache Leben als der einzige Heilsweg zu neuer Kraft und Stärke. Im Sommer 1879 plante er, am Stadtwall in Naumburg ein Turmzimmer zu beziehen und Gemüse anzubauen. An seine Mutter schrieb er: »Der *Gemüsebau* entspricht ganz meinen Wünschen und ist auch eines zukünftigen

›Weisen‹ keineswegs unwürdig. Du weißt, daß ich zu einer einfachen und natürlichen Lebensweise hinneige, ich bestärke mich immermehr darin, es giebt auch für meine Gesundheit kein anderes Heil. Eine wirkliche *Arbeit*, welche Zeit kostet und *Mühe* macht, ohne den Kopf anzustrengen, thut mir noth.«[21]

Nietzsche las aufmerksam die Empfehlungen des Venezianers Luigi Cornaro, der schon im 16. Jahrhundert eine Art Diät-Ratgeber geschrieben hatte: »Vorstellung von dem Nutzen eines nüchtern und mäßigen Lebens«. Hier konnte er etwas über die verderblichen Folgen der Schwelgerei erfahren. »Wer nach der Gesundheit isset, soll wenig essen«[22], lautete Cornaros Devise. Auch galt es auf die Qualität der Nahrungsmittel zu achten, nur so könnten die »Säfte rein gehalten« werden und »die Dünste des Magens« »nicht den Kopf«[23] einnehmen. Nietzsche konnte in dem Traktat aber auch noch anderes lesen: Nichts gefährde Leben und Gesundheit mehr als die »Gewalt der Gewohnheit«[24]. In ihr sah Cornaro etwas Widernatürliches, das mit der Zeit »die Vernunft beherrschen«[25] und »die Gesundheit aus dem Körper«[26] treiben würde.

Vielleicht war es diese Erkenntnis, die Nietzsche dann doch wieder vom Vegetariertum und vom asketischen Leben entfernten. Am 26. Juni 1885 schreibt er an seine Mutter: »Ein Gehirn, wie das meine, braucht eine *sehr starke Ernährung*: – und ich habe Jahrelang an unzureichender Ernährung gelitten.«[27] Die Mutter schickte ihm nun in regelmäßigen Abständen geräucherten Schinken aus Naumburg, auch auf »das Seidel Münchener Kindl-Bräu«[28] verzichtete er nicht mehr. »Ich bin im Grunde«, schreibt er ihr, »sehr einfach zu ernähren: nur gerade in Deutschland nicht, wo man nicht versteht, mir mein Fleisch *auf dem Rost* zu braten. Eier, Reis, Gries, Milch u.s.w., vor Allem aber gutes Fleisch.«[29] Um seiner schwachen Konstitution zu entkommen, wollte er jetzt nur noch ausgewählte Kraftnahrung zu sich nehmen.

Nicht zufällig taucht in der Korrespondenz ein Name auf, der Nietzsche wie ein Heilsversprechen klang: Schweninger. Im Sommer 1885 hatte Nietzsche, wie er seiner Mutter schrieb, »eine *große*

Gesammt-Consultation über meine Gesundheit mit einem alten Arzte und Freunde des bekannten Dr. Schweninger aus München (der, wie Du wissen wirst, der Arzt Bismarck's ist)«.[30] Nietzsches Phantasie war nun geweckt: Er kannte natürlich die in der Öffentlichkeit kolportierte Geschichte vom magischen Heiler, der dem eigensinnigen Kanzler sein Regime aufzwang, ihn trainierte und wieder in Form gebracht hatte. Ein Dreivierteljahr später, im Frühjahr 1886, konkretisierten sich die Pläne. Seiner Schwester berichtete er von einem »wunderlichen Projekt«: »nämlich mich in die Kur des Prof. Schweninger zu begeben, der nun einmal den Glauben haben soll, mir helfen zu können (er hat, ich weiß nicht wie, eine Anhänglichkeit an mich, thatsächlich haben wir eine zeitlang im ›Kopf‹ in Basel zusammen Mittag gegessen). Dieser Schweninger richtet sich jetzt in Heidelberg oben auf dem Schloß das große Hôtel zum Sanatorium her; schon für diesen Sommer werden Gäste erwartet (darunter Lord Rosebery, der englische Minister des Auswärtigen).«[31]

Nietzsche hielt sich gerade in Nizza auf – er hätte also Schweninger, der ebenfalls in der Stadt weilte, treffen können, vielleicht war ihm das Interesse des Arztes am »Fall Nietzsche's« auch nur über Dritte zu Gehör gekommen – die Formulierung lässt das offen. Offen bleibt auch, wo sich die beiden Männer erstmals begegneten. Dass es in Basel war, wie Nietzsche behauptet, ist nicht sehr wahrscheinlich, denn Schweninger hat nie in der Stadt gelebt. Er selbst gibt an, er habe die Bekanntschaft Nietzsches 1874 in Straßburg gemacht, kurz bevor er sich in München als Privatdozent habilitierte. Wie dem auch sei: In Nietzsches Augen war Schweninger der ideale Arzt, denn er behandelte keine Krankheiten, sondern erschöpfte Menschen, und er versuchte in erster Linie Widerstands- und Abwehrkräfte zu stärken. Für diese Abhärtungskuren war er berühmt und berüchtigt, wie Nietzsche hasste er die Schwächlichkeit und Verweiblichung – zu Stärke und Tüchtigkeit wollte er erziehen, ein Programm, das ganz nach dem Geschmack des Philosophen war.

Zu einer Behandlung ist es gleichwohl nicht gekommen. Auch ein Schweninger hätte Nietzsche wohl nicht retten können. Mit einem resoluten Trainer wäre die Geschichte aber möglicherweise doch etwas anders verlaufen. Und dass Nietzsche einen solchen Trainer wünschte, ja geradezu ersehnte, kann man vielen Briefen an Schwester und Mutter entnehmen. Seine ganze Hoffnung richtete sich Ende der 1880er Jahre auf jemanden, der nicht seine multiplen Symptome behandelte oder ihn als Neurastheniker abstempelte – sondern den Ursachen seines Leidens nachging. Nietzsche hatte sehr genaue Vorstellungen, die allerdings wie sein Gesundheitszustand über die Jahre wechselten. Er entzifferte seine Krankheit in immer neuen Anläufen und stellte die unterschiedlichsten Thesen auf, einmal sah er seine Migräne als auslösenden Faktor, dann wieder glaubte er, der Magen sei der Grund allen Übels, bis er schließlich, wie er meinte, zum eigentlichen Kern vorstieß – einer allgemeinen Erschöpfung seiner Energien.

Im Sommer 1888 vertraute er sich seinem Freund Franz Overbeck an: »Es fehlt nicht nur an der Gesundheit, sondern an der Voraussetzung zum Gesundwerden. – Die Lebens-Kraft ist nicht mehr intakt.« Krankheiten könnten sich deshalb ungehindert entfalten, denn er verfüge nicht über die entsprechende physiologische Basis. Als das eigentliche Leiden hatte er »eine gewisse Gesammt-Erschöpfung«[32] identifiziert: »Alles, wie Kopfschmerz usw. ist nur Folgezustand u. relativ symptomatisch. [...] Ich bin durchaus nicht kopfleidend, nicht magenleidend.«[33] Auch hier erinnert er an seinen Vater, der an keiner organischen oder neuropathischen Krankheit gestorben sei, sondern »an Folgeerscheinungen des Gesamt-Mangels an Lebenskraft«.[34]

Die Erschöpfung, ob erworben oder geerbt, war also keine Krankheit, sondern eine »Krankhaftigkeit«, ein Symptom der Décadence: »die Unkraft im Widerstande gegen die Gefahr schädlicher Einwanderungen usw.; die gebrochene Widerstandskraft – *moralisch* ausgedrückt: die Resignation und Demuth vor dem Feinde«.[35] Wie ein schleichendes Gift hatte sie die gesamte

Kultur erfasst. Und natürlich war das beste Beispiel für diese Fehlentwicklung Wagners Musik.[36] Sie habe eine »tyrannische Hinterabsicht: die Reizung der morbiden Nerven und der Centren durch terroristische Mittel«.[37] Wagners Kunst war Nervenkunst. Und ihre Folgen waren bekannt: Überreizung, künstliche Spannung, schließlich Ermüdung aller Kräfte.

Viele Jahre vor Freuds »Unbehagen in der Kultur« stellte Nietzsche die These von der niederdrückenden »Last der Kultur« auf. Die »Überreizung der Nerven- und Denkkräfte« war längst eine »allgemeine Gefahr« geworden, ja »die kultivierten Klassen der europäischen Länder [waren] durchweg neurotisch« und »fast jede ihrer größeren Familien in einem Gliede dem Irrsinn nahegerückt«.[38]

Der Absturz in den Turiner Wintertagen kam plötzlich. Nietzsche hatte sich in den Monaten zuvor aus der Philosophie herausgeschrieben und war, wie Giorgio Colli meint, »den Umgang mit abstrakten Begriffen leid«.[39] Viele seiner philosophischen Projekte standen vor dem Abschluss: Anfang September 1888 wurde die »Götzen-Dämmerung« fertig, es folgten »Der Antichrist«, »Ecce homo« und »Nietzsche contra Wagner«. Am 11. Dezember 1888 teilte er Carl Fuchs mit: »Ich mag nicht erzählen, was Alles fertig wurde: *Alles ist fertig.*«[40]

Nietzsches Stimmung schwankte, es gab Phasen der Euphorie. Ende der 1880er Jahre war er mehr denn je bereit, seine Lebensweise in Frage zu stellen. Er öffnete sich, demonstrierte geradezu Normalität und Gesundheit: »Ich habe mir vorgenommen«, heißt es im Brief vom 27. Mai 1888 an die Mutter, »etwas wieder auf mich zu halten und der Nachlässigkeit im Aeusseren ein Ziel zu setzen. Das scheint mir auch ein Zeichen eines gewissen *Fortschrittes* in der Besserung meiner Gesundheit? So lange man caput ist, macht man sich nichts draus, ob man auch so aussieht ...«[41] In Turin war Nietzsche nicht unglücklich – im Gegenteil, er lebte auf: »Das ist eine Stadt nach meinem Herzen. Sogar die einzige«,[42] schwärmte er im Frühjahr. Er ließ sich einen neuen Anzug schneidern, kaufte sich einen leichten Hut, aus Rosshaar geflochten: »sehr hübsch, aber theuer«,[43] meldete er der Mutter. Er aß nicht mehr auf dem Zimmer, sondern ging in Gesellschaft. An Peter Gast schrieb er: »Ich bekomme in meiner Trattoria unzweifelhaft die besten Bissen, die es gibt: man macht mich immer aufmerksam, was gerade besonders gelungen ist. Unter uns, ich habe bis heute nicht gewußt, was mit Appetit essen heißt; ebensowenig, was ich nötig habe, um bei Kräften zu sein.«[44] Von der Stimmung des Turiner Herbstes war er ganz hingerissen: »der herrliche Baumwuchs in glühendem Gelb, Himmel und der große Fluß zart blau, die Luft von höchster Reinheit – ein Claude Lorrain, wie ich ihn nie geträumt hatte zu sehn.«[45]

Äußerlich vermittelte Nietzsche den Eindruck gespannter Heiterkeit, die aber, wie viele seiner Freunde bemerkten, schnell umschlagen konnte in gesteigerte Erregung. In diesem Zustand zeigte er alle Symptome eines Erschöpften, der seine Ermüdung übergangen hatte und nun überempfindlich auf Reize aller Art reagierte. In vielen Briefen, Manifesten und in den berühmten Wahnsinnszetteln kommt dies zum Ausdruck. Auf der Grundlage dieser Dokumente ist der Zusammenbruch oft rekonstruiert und gedeutet worden, und immer spürt man dabei das Erstaunen, dass die »Verrücktheiten« so verrückt nicht waren. Die »geringe Zahl der wirklich pathologischen Texte«[46] sei verwunderlich, meint Giorgio Colli. Vieles kann, zumal aus heutiger Perspektive, auch als ästhetische Provokation gelesen werden. Wenn Nietzsche am 3. Januar 1889 an Meta von Salis schrieb, er wolle den Papst ins Gefängnis werfen und Wilhelm II., Bismarck und Stoecker erschießen lassen[47], dann artikuliert sich darin ein Gestus, der sich auch schon vorher bei ihm findet und der zwei Jahrzehnte später zum Markenzeichen der Avantgarde wurde, insbesondere in den Dada-Attacken gegen Staat und Kirche. Das Projekt Dada wiederum knüpfte in vielem an Nietzsches Forderung nach einer mentalen Hygiene an, die alles beseitigen wollte, wovor man lange Zeit ehrerbietig gekniet hatte: die große Kunst, das Genie, die

Wissenschaft. Die tiefe Enttäuschung über den bürgerlichen Fortschrittsoptimismus schlug in eine maßlose Verachtung um.

Nietzsche wollte in diesen letzten Wochen und Tagen vor dem Zusammenbruch politisch reden und, wie er am 7. Dezember 1888 an August Strindberg schrieb, »vollkommen unerhörte Dinge sagen«[48]. An den treuen Overbeck schrieb er wenige Tage vor seinem Absturz: »Ich will das ›Reich‹ in ein eisernes Hemd einschnüren und zu einem Verzweiflungskrieg provociren. Ich habe nicht eher die Hände frei, bevor ich nicht den jungen Kaiser, *samt* Zubehör, in den Händen habe.«[49] Ein Mann wie Overbeck, der solide im bürgerlichen Leben stand, musste vor den Gewaltphantasien seines Freundes erschrocken zurückweichen.

Als Jacob Burckhardt seinen Brief aus Turin erhielt, war auch er konsterniert: »Lieber Herr Professor, zuletzt wäre ich sehr viel lieber Basler Professor als Gott; aber ich habe es nicht gewagt, meinen Privat-Egoismus so weit zu treiben, um seinetwegen die Schaffung der Welt zu unterlassen. Sie sehen, man muß Opfer bringen, wie und wo man lebt.«[50] Mit diesen blasphemischen Sätzen beginnt der berühmte Wahnsinnsbrief, der Nietzsche ins Irrenhaus brachte. Burckhardt war durch das Schreiben aufs Höchste alarmiert, er schaltete Franz Overbeck ein, der sich sogleich nach Turin aufmachte. Dass sich Nietzsche gerade Jacob Burckhardt als Adressaten gewählt hatte, war kein Zufall. Burckhardt war die Vernunft in Person, er repräsentierte konservative Bürgerlichkeit und war zugleich ein Außenseiter, ein Mann, um den Nietzsche vergeblich geworben hatte, der sich aber den Avancen entzog und zu dem Aufrührer lieber Distanz hielt.

Am 2. Dezember 1888 schilderte Nietzsche seinem Freund Peter Gast ein eigentümliches Kunsterlebnis: »Eben zurückgekommen von einem großen Konzert, das im Grunde der stärkste Konzerteindruck meines Lebens ist, mein Gesicht machte fortwährend Grimassen, um über ein extremes Vergnügen hinwegzukommen, eingerechnet, für 10 Minuten die Grimasse der Tränen«.[51] Wie lange er diese Affektdynamik unter Kontrolle hatte, ist eine offene Frage. Wo beginnt die Umnachtung? Wenn die Texte etwas dokumentieren, dann den Zustand permanenter Übererregung. Deutlich wird das insbesondere am »Fall Wagner«, der im Mai 1888 entstand.

»Ich mache mir eine kleine Erleichterung«,[52] mit dieser therapeutisch anmutenden Ankündigung beginnt das Vorwort. Von »Bosheit« ist die Rede, von »vielen Späßen« über eine Sache, »mit der nicht zu spaßen ist«.[53] Das Pamphlet hat nur ein Ziel: Nietzsche will sich gegen die lange Zeit verehrte Autorität auflehnen, und er braucht dafür ein Publikum, das sich an theatralischen Effekten und galligem Humor ergötzt. Freud hat den Mechanismus einer solchen Spannungsabfuhr am tendenziösen Witz beschrieben: »Indem wir den Feind klein, niedrig, verächtlich, komisch machen, schaffen wir uns auf einem Umwege den Genuß seiner Überwindung, den uns der Dritte, der keine Mühe aufgewendet hat, durch sein Lachen bezeugt.«[54] Nietzsche befreite sich in seinem Text auch von sexuellen Aggressionen, die sich ganz unverhüllt gegen Cosima Wagner richteten.

Als Vierundzwanzigjähriger hatte er die sieben Jahre ältere Frau des Komponisten im Mai 1869 in Tribschen bei Luzern kennengelernt. Er kam als frischgebackener Professor der klassischen Philologie zu Besuch. Am 13. Februar hatte ihn die Universität Basel wegen seiner besonderen Fähigkeiten zum außerordentlichen Professor ernannt – ohne Promotion und Habilitation. Etwas Genialisches haftete ihm an – das erkannte natürlich auch Cosima Wagner, die den jungen Professor zum Sprachrohr ihres Mannes machen wollte, ein Plan ganz nach dem Geschmack Nietzsches. Die Geschichte ist bekannt und oft erzählt worden, sie konnte nicht gutgehen, weil zu große Interessen und Leidenschaften im Spiel waren. In Turin erinnerte sich Nietzsche noch einmal an die familiäre Aufnahme, an den Enthusiasmus, mit dem er damals bereitwillig für Wagner Partei ergriffen und die Rolle eines Propagandisten gespielt hatte. Das alles war ihm nun peinlich und ekelhaft: »Wagner gehört bloß zu meinen Krankheiten.«[55] Von dieser »Krankheit« sei er genesen. Anders stand es mit Cosima Wagner. Anfang Januar 1889 schickte er auch ihr einen Wahnsinnszettel: »Ariadne, ich liebe Dich.« Unterschrieben mit »Dionysos«.[56] Als Ariadne wird sie dann auch im Brief an Jacob Burckhardt herbeigerufen – sie sollte ihn aus dem Labyrinth seiner Phantasien und Phantasmen herausführen. Im Herbst 1889 – da befand sich Nietzsche bereits in der psychiatrischen Klinik in Jena – gab er an: »Meine Frau Cosima Wagner hat mich hierher gebracht.«[57]

Als Nietzsche mit 44 Jahren in Turin zusammenbrach, war er noch keine Berühmtheit. Das sollte sich ändern. Genie und Wahn, diese verführerische Kombination, wirkte auch hier Wunder. In den 1890er Jahren, als sich die Kunde vom rücksichtslosen Denker verbreitete, der sich weit vorgewagt hatte und dabei dem Wahn verfallen war, wurde Nietzsches Philosophie mehr und mehr zum Ereignis, ja zum Kult. Die Umnachtung erschien wie eine nachträgliche Beglaubigung, die dem Gedachten Tiefe und Geheimnis verlieh.

Am 9. Januar 1889 wurde der geistig verwirrte Nietzsche von seinem Freund Franz Overbeck von Turin nach Basel überführt und in die Kantonale Irrenanstalt eingeliefert. Der Psychiater Ludwig Wille kam nach einer Untersuchung zu der Diagnose Paralysis progressiva. Auf Wunsch der Mutter wurde Nietzsche am 19. Januar in die Jenaer Nervenklinik verlegt. Gut ein Jahr versuchte man seine motorischen Erregungszustände und Wahnideen zu behandeln, dann nahm ihn die Mutter bis zu ihrem Tod 1897 in Pflege; die letzten drei Lebensjahre war er in der Villa Silberblick in Weimar untergebracht; das Haus hatte eine Schweizer Freundin für ihn erworben. Die Kosten für die Behandlung in der Jenaer Nervenklinik wurden zu wesentlichen Teilen von einer Rente gedeckt, die Nietzsche 1879 von der Baseler Universität bewilligt worden war. Die Zahlungen waren freiwillig und sollten schon 1885 auslaufen; sie wurden aber bis 1897 Jahr um Jahr verlängert.

Abb. 5: Der kranke Friedrich Nietzsche auf dem Balkon der Villa Silberblick, Weimar 1899 (Fotografie von Hans Olde)

Nietzsche hatte mit seinen Selbstanalysen den Ärzten schon vorgearbeitet und sich in eine heroische Position gebracht: Er hatte das Leiden der Zeit auf sich genommen. Elisabeth Förster-Nietzsche hat ganz ähnlich argumentiert, wenn es um den Zusammenbruch ihres Bruders ging: Sie sprach von einer plötzlichen Lähmung des Gehirns, ausgelöst durch Erschöpfung. Nietzsche habe gegen die eigene Natur gelebt, der dauernden Überarbeitung und Überanstrengung seien Körper und Geist schließlich nicht mehr gewachsen gewesen. Man hat in diesen Erklärungen den Versuch gesehen, die eigentliche Tatsache, die Geisteskrankheit, zu verdecken. Doch alles, was die Schwester vorbrachte, hatte der Bruder schon geschrieben, sie musste nichts erfinden, sondern nur die gelieferten Bausteine montieren. Immer wieder hatte Nietzsche auf die Stressfaktoren aufmerksam gemacht, unter denen vor allem der geistige Mensch leide: Überarbeitung, unzureichende Ernährung des Gehirns, zu viel Lektüre, nervliche

Anspannung, Überreizung. Mit Hilfe dieser Schlagworte schrieb er seine eigene Krankengeschichte. Die Ärzte freilich diagnostizierten eine progressive Paralyse als Spätfolge einer Syphiliserkrankung, die mit unspezifischen Symptomen in Verbindung gebracht wurde.

Einer, der diese Diagnose anzweifelte, war Otto Binswanger, Nietzsches Arzt in Jena. Er machte noch 1894 in einem Aufsatz der »Berliner klinischen Wochenzeitschrift« eine psychogene Genese für den paralytischen Krankheitsprozess verantwortlich und sprach von einer »functionellen Überanstrengung des Centralnervensystems«.[58] Wie viele seiner Kollegen war er davon überzeugt, dass sich die moderne Kultur schädigend auf den Einzelnen auswirke. Nur »völlig gesunde Naturen«[59] seien den Daseinsbedingungen noch gewachsen und blieben von den »Kulturschädigungen« verschont. Die meisten erwiesen sich als zu schwach für das moderne Leben: Das »ungezügelte Hasten und Jagen nach Geld und Besitz, die ungeheuren Fortschritte auf technischem Gebiete, welche alle zeitlichen und räumlichen Hindernisse des Verkehrslebens illusorisch gemacht«[60] hatten, erzeugten immer neue Krankheiten – Binswanger spricht von »Kulturkrankheiten«[61]. Die gesundheitlichen Störungen entzögen sich in den allermeisten Fällen einer »objektiven Prüfung«,[62] sie kämen aber alle in einem gemeinsamen Grundgefühl zum Ausdruck: einer großen Ermüdbarkeit und Erschöpfung.[63] Besonders betroffen waren die Intellektuellen und Künstler, die von den »modernen Genüssen« angezogen wurden und sich ständig schädigenden Reizen aussetzten. Nur kräftige Naturen konnten diesen »Gemütserschütterungen«[64] standhalten. »Wohl dem«, so Binswanger, »welchem die Mutter Natur eine ›starke Seele‹ verliehen hat, wer im tosenden Streite der Meinungen, im heißen Ringen um Existenz, um bürgerliche und berufliche Stellung, im Streben nach Wissen und Erkenntnis ruhig sicher und unberührt bleibt.«[65] Nur der konnte sich zum »Helden« zählen. Sicher nicht ganz zufällig folgt unmittelbar auf diese eindringlichen Sätze der

Name eines Mannes, der »im heißen Ringen um die Existenz, um bürgerliche und berufliche Stellung« die Balance verloren hatte und abgestürzt war: Nietzsche.[66]

Als dieser 1889 nach Jena kam, stellte Binswanger den neuen Patienten sogleich in einer Vorlesung seinen Studenten vor. Er wurde dabei von Theodor Ziehen, seinem Oberarzt, unterstützt, der Nietzsches Behandlung im Wesentlichen übernahm und als passionierter Philosoph (1917 konvertierte er ganz zur Philosophie) die besten Voraussetzungen mitbrachte. Über den Auftritt Nietzsches als Demonstrationsobjekt wissen wir durch den Bericht des Medizinstudenten Sascha Simchowitz: »In seiner äußeren Erscheinung machte Nietzsche auf den ersten Blick nicht den Eindruck eines Kranken: Die mittelgroße Figur, das ausdrucksvolle Gesicht waren wohl hager, aber nicht gerade verfallen. Allerdings schien er seinen guten Tag zu haben: er war bei klarem Bewußtsein und gutem Erinnerungsvermögen. Prof. Binswanger ließ sich mit ihm in eine Unterhaltung über sein Vorleben ein. Wir erfuhren, daß er bereits mit 24 Jahren Professor in Basel war und daß später anhaltende Kopfschmerzen ihn gezwungen hatten, sein Amt niederzulegen. Von seiner schriftstellerischen Thätigkeit erwähnte er kein Wort. Zuletzt, so berichtete er, hätte er in Turin gelebt, und er begann diesen Ort zu rühmen,. der ihm besonders behagt hätte, da er die Vorzüge der Großstadt und der Kleinstadt vereinige, und nun schloß er ganz spontan daran eine allgemeine Auseinandersetzung über die Eigenthümlichkeiten der Großstadt und Kleinstadt. Dieses Raisonnement machte mich hoch aufhorchen: so hatte ich noch nie einen Menschen sprechen hören. [...] Es war eine Causerie, und an dem sanften Ton der sympathischen Stimme und der vornehmen Mimik und Gestikulationen erkannte man den Mann von bester Erziehung. Leider führte er seine Auseinandersetzung nicht zu Ende, mitten in einem Satze riß ihm der Gedankenfaden und er versank in Schweigen.«[67]

Nietzsche war die Selbstdarstellung gewohnt, und so spielte er vor staunendem Publikum noch einmal »Nietzsche«. Die Krankheit war schon ausgebrochen, aber Körper und Geist arbeiteten weiter, so wie sie ein ganzes Leben funktioniert hatten. Das hat damals so manchen dazu verführt, Nietzsches Wahn als bloße Nervenermüdung zu verharmlosen. Julius Langbehn, der Autor des berühmt-berüchtigten Bestsellers »Rembrandt als Erzieher«, fand bei der Familie, insbesondere bei der Mutter, schnell Zutrauen, als er im Herbst 1889 – in Nietzsches wacher Phase – von einer Überarbeitung sprach, die den Philosophen in ein zeitweiliges geistiges Koma versetzt hätte. Eine spezielle Gesprächstherapie sollte helfen. Nach wenigen Sitzungen aber reagierte der Patient mit einem solchen Tobsuchtsanfall, dass Langbehn die Flucht ergriff. Aus der Ferne versuchte er freilich noch, den »Fall Nietzsche« an sich zu ziehen, um sich als Wunderheiler zu profilieren und – auch das spielte wohl für den verkrachten Akademiker eine Rolle – Nietzsches Pension zu kassieren. Bemerkenswert ist an der Geschichte nur, dass Binswanger, der trotz Vorbehalten im Einzelnen schließlich die Diagnose »progressive Paralyse« übernahm und Einsicht in die Baseler Krankenakte hatte, Langbehns Kontakt zu Nietzsche erlaubte und offenbar auch als förderlich ansah. Bemerkenswert ist das Ganze auch deshalb, weil Binswanger zuvor noch Freunden und Familie Krankenbesuche verboten hatte, um seinen Patienten nicht zu belasten. Langbehn hatte dieses Vertrauen in keiner Weise gerechtfertigt, gegenüber der Mutter und Peter Gast stellte er den Psychiater als inkompetent dar, er kritisierte die Behandlungsmethoden und die nicht »standesgemäße« Unterbringung des in Deutschland noch immer verkannten Genies.

Wie Binswanger seinen Patienten beurteilte, darüber weiß man wenig; es gibt nur einige Dokumente: knappe Mitteilungen an Overbeck, kurze Briefe an die Mutter, ein Gutachten, das die hereditäre Belastung als wesentlichen Faktor hervorhebt. In der bereits zitierten Stelle aus den Vorlesungen spricht er kritisch von den »Kraftmenschen«, die bei Nietzsche dominierten und die durch ein »Uebermaß von Lust- und Unlustgefühlen«[68] bestimmt seien; zu Person und Krankheit sagt er nichts. Und doch kann man alles, was er über den Zustand der Ermattung und Übererregung schreibt, als ein merkwürdiges Zwiegespräch mit Nietzsche lesen. Binswanger kannte freilich die erst in unseren Tagen veröffentlichten »Nachgelassenen Fragmente« aus den Jahren 1887 bis 1889 nicht; zur Orientierung hatte er allerdings, wie die Mutter im April 1889 stolz berichtete, Nietzsches Schriften gelesen. Sehr tiefgründig wird die Lektüre nicht gewesen sein. Gleichwohl lagen Psychiater und Patient in der Beschreibung des erschöpften Menschen ganz dicht beieinander. Nietzsche hätte sich wohl von Binswanger verstanden gefühlt, zumal dieser in seinen Vorlesungen erklärte, dass der geistige Mensch nicht nur unter einer mangelnder Lebendigkeit und Lebenskraft leide,[69] sondern an einem »quälenden Druck« und einer »Spannung des Kopfes«, an Benommenheit und Leere, an Übelkeit und Störungen der »Magen-Darmfunktion«[70] – das waren genau die Symptome, die Nietzsche von den Momenten seines »Minimums« nur zu gut kannte.

Binswanger wiederum hätte sich in Nietzsches Plädoyer gegen eine Verachtung des Leibes und für eine Vernatürlichung der Askesen wiedererkennen können, vor allem aber auch im Feindbild der Décadence: Der Begriff erscheint zwar nicht in seinen Vorlesungen, aber die »Auswüchse« der modernen Kultur (Luxus, Vergnügungen, Mangel an Leistung und Lebenskraft, Ermattung, »Kultursünden«[71]) sind alle versammelt und zu Symptomkomplexen verdichtet. Was für Binswanger epochenspezifische Krankheitsbilder waren, stellte Nietzsche in seiner »Theorie der Erschöpfung«[72] als Krankheit der Epoche dar. Ob moderne Tugend, moderne Geistigkeit oder Wissenschaft, in Nietzsches Augen waren es »Krankheits-Formen«[73], in denen lebensfeindliche Tendenzen zum Vorschein kamen.

Wie sieht eine erschöpfte Kultur aus? Nietzsche hat die Phänomene zusammengestellt, die uns aus heutiger Sicht merkwürdig vertraut vorkommen: »Abnahme der Defensiv-Kräfte«, die Krankheiten und Seuchen begünstigt; »Übergewicht des ressentiment[s]«, das Haltungen entstehen lässt, in der sich jedermann nur noch über die Welt »entrüstet« und »folgenlos räsoniert«; »der Mangel an Hemmungs-Apparaten«, der Laster und Korruption fördert; eine zunehmende »Verhäßlichung«, die Auflösung der Instinkte; das »Talent, mehrere Personen darzustellen«, das in Heuchelei und Schauspielerei endet; eine »übermäßige Reizbarkeit« und zugleich ein großes »Bedürfniß nach Reizmitteln«: »narcotica, die Ausschweifung in Musik und Alkohol (auch *Buch*)«.[74]

»Das gegenwärtige Deutschland, das mit Anspannung aller Kräfte arbeitet«, prophezeite Nietzsche 1888, werde in spätestens »2 Generationen« in Degeneration und allgemeiner Erschöpfung enden: »Einsweilen constatiren wir nur die zunehmende Entgeistigung und Verpöbelung des Geschmacks – ein immer vulgäreres Erholungs-Bedürfniß: die späteren Zeiten werden die krankhaften Bedürfnisse im Vordergrunde finden, die Steigerung der Reizmittel, die alkoholischen und Musik-Opiate.«[75] Degenerative Erscheinungen würden zutage treten, da »Trunk«, »Ausschweifung«[76], die weitverbreitete »Unfähigkeit zur fortgesetzten Arbeit« und gleichzeitige Zunahme von »excessiver Arbeit«[77] den Menschen immer stärker ermüde. Nietzsche hat diese Entwicklung in der Bemerkung zusammengefasst: Die Erschöpfung der Gesellschaft ist dort am größten, »wo am unsinnigsten gearbeitet« wird.[78]

»Eine wirkliche Transfusion von Lebenskraft«: Cosima Wagners Regeneration

Cosima Wagner gehörte im späten 19. Jahrhundert zu den starken Frauen – ein Vorbild an Energie und Leistung. Drei Jahre nach dem Tod ihres Mannes hatte sie 1886 die Leitung der Bayreuther Festspiele übernommen. Das Projekt stand damals auf wackligen Beinen, die finanzielle Ausstattung war problematisch und die Zukunft alles andere als gesichert. Sie machte in wenigen Jahren aus den Festspielen ein künstlerisch und wirtschaftlich erfolgreiches Unternehmen. Man nannte sie in Fortschreibung des Titels, den sich ihr Mann zugelegt hatte, »Meisterin« oder auch »Herrin des Hügels«. Sie galt als streng und diszipliniert, eine Frau, die auf Haltung und Umgangsformen großen Wert legte und nach außen keine Schwäche zeigte und zeigen durfte. Auf manche Besucher wirkte sie wie eine Statue, unnahbar und fremd, aber faszinierend anzuschauen. So hat sie Harry Graf Kessler in der Villa Wahnfried erlebt und in seinem Tagebuch porträtiert: »Die Cosima ganz in Schwarz mit einer Art von Hut auf und einem schwarzen Gaze Schleier, der ihr bis über die Augenbrauen reichte; darunter das fabelhaft energische Gesicht mit dem gewaltigen Knochengerüst; die Backenknochen und das Nasenbein scheinen wie aus Granit.«[1] Sie habe »äusserlich nichts Weibliches«: »Ihre Büste an der Thür zum grossen Componiersaal sieht aus wie die eines jungen Mannes, bis man die Frisur entdeckt.«[2] Kessler kommt zu dem Schluss: »Unter all ihren Gästen,

Männern u. Frauen, sieht sie aus, als wenn sie von einer andren Rasse wäre: ganz Knochen und Willenskraft.«[3] Ein ähnliches Bild zeichnete der eng mit Bayreuth verbundene Philipp Fürst zu Eulenburg-Hertefeld. Nur ist hier weniger Faszination als Ressentiment und Abwehr zu spüren. Wilhelm II. berichtet er, Cosima Wagner sehe wie »Johannes in der Wüste« aus. Mager und asketisch sei ihr Äußeres, dabei würde sie durchaus essen, nur offenbar nicht zunehmen: »Gott weiß wo es bleibt. Bei Frau Cosima ißt wahrscheinlich der Geist mit. Da weiß man nun allerdings wo es bleibt [...]. Frau Cosima sagt immer nur kluge Sachen. Es ist gleich über was sie redet. Aber ihr Verstand erbaut nicht, denn nur tiefe Herzensgüte einer Frau erbaut. Womit ich nicht sagen will, daß mir hoher Frauenverstand lästig wäre. Allerdings könnte ich rasend werden, wenn es bereits früh zum Café Geist statt Sahne gäbe und mich sofort nach der letzten Buttersemmel wieder die mageren Liebesarme umschlängen.«[4] Eulenburg-Hertefeld ist sichtlich bemüht, eine Frau zu verspotten, der er weder Verstand noch Sinnlichkeit zuerkennt und die dennoch in einer Männerdomäne erfolgreich agiert. In seinem Tagebuch ist der Tenor nicht anders; auch hier wird die als unweiblich empfundene Intelligenz und der asketisch männliche Typus hervorgehoben.[5]

Mit ihren Eindrücken standen Kessler und Eulenburg-Hertefeld beileibe nicht allein. Wer immer Erscheinung und Auftreten Cosima Wagners schilderte, hob stets das Asketische und Strenge, den Ausdruck von Stärke, Verstandeskraft und Disziplin hervor – allesamt Eigenschaften, die der kulturellen Konstruktion des Weiblichen im 19. Jahrhunderts widersprechen.

Man hat diese Züge ihrer Persönlichkeit, mit mehr oder weniger triftigen Gründen, den Besonderheiten ihrer Herkunft und Erziehung zugeschrieben. Die Fakten sind allgemein bekannt: Die Eltern Franz Liszt und Marie d'Agoult trennten sich früh, die Kinder (Blandine, Cosima und Daniel) wuchsen zunächst bei der Großmutter in Paris auf. Später besuchten die Mädchen ein Pensionat. Sie lernten schnell, und das Leben verlief problemlos. Als Liszt eine Beziehung mit Elisabeth Caroline von Sayn-Wittgenstein einging, änderte sich die Situation. Nun übernahm die ehemalige Gouvernante der Prinzessin die Erziehung, eine alte Dame, bei der sich die Kinder einem strengen Regime unterziehen mussten. Es folgten fünf unglückliche Jahre. 1855 kamen die Töchter schließlich nach Berlin in das Haus Franziska von Bülows, der Mutter von Liszts Lieblingsschüler, Hans von Bülow. Die siebzehnjährige Cosima verliebte sich in den genialen Sohn des Hauses und heiratete ihn 1857. Damit endeten Kindheit und Jugend, die zwar keine materiellen Entbehrungen kannten – Liszt finanzierte die Erziehung und Ausbildung seiner Töchter –, aber auch nicht gerade unbeschwert waren.

Zur Irritation so manches Biographen hat Cosima Wagner ihr weiteres Leben als selbstbewusste Frau geführt. Sowohl in ihrer Ehe mit Hans von Bülow als auch in der Affäre mit Richard Wagner spielte sie eine aktive Rolle, was ihr nicht den besten Ruf einbrachte. Es war darum so verwunderlich nicht, dass sie nach dem Tod Richard Wagners im Februar 1883 die Leitung der Festspiele selbstbewusst für sich reklamierte.

Bereits ein Jahr später übte sie Einfluss auf die Organisation und das Bühnengeschehen aus.[6] Die Festspiele im Jahr 1886 fanden bereits unter ihrer Leitung statt. Mit »Tristan und Isolde« gab sie ihr umjubeltes Regiedebüt. Sie stützte sich in den folgenden Jahren im Wesentlichen auf das künstlerische Personal, das schon unter Richard Wagner in Bayreuth gearbeitet hatte. Eine wichtige Rolle spielten die Dirigenten Hermann Levi, Felix Mottl und Hans Richter. Als Berater in allen Geschäfts- und Lebensfragen konnte sie sich auf den Bankier Adolf von Groß verlassen. Bereits die ersten Festspiele unter ihrer Leitung waren ein Erfolg. Auf den großen Abendempfängen, die nun Tradition wurden, gab sich die Hautevolee ein Stelldichein. 1889 kam sogar der von ihr geschickt eingefädelte Besuch des Kaisers zustande. Auf dem Programm standen »Parsifal«, »Tristan« und die »Meistersinger«.

Von nun an wurde expandiert, und die Zahl der Aufführungen erhöhte sich von Mal zu Mal.

Die Bayreuther Festspiele setzten sich als eines der großen gesellschaftlichen Ereignisse durch. Noch gab es keinen jährlichen Rhythmus, um mehr Zeit für die Vorbereitungen zu haben, wurde in unregelmäßigen Abständen ein Pausenjahr eingelegt. Bei Cosima Wagner liefen alle Fäden zusammen, und sie allein traf letztlich die Entscheidungen. Dass sie sich dabei nicht irritieren ließ und eine eigene Linie verfolgte, zeigte sich 1891, als sie den von den Wagnerianern nicht sonderlich geschätzten »Tannhäuser« ins Programm nahm und das bisher vernachlässigte Frühwerk festspieltauglich machte. Unter den Dirigenten fand sich erstmals auch ein Mann, der zu den großen Talenten und Ausnahmeerscheinungen in der musikalischen Welt zählte: der junge Richard Strauss. Modern, eigenwillig und genial trat er in Bayreuth auf, das wurde zunächst von der »Meisterin« toleriert, ja durchaus goutiert. Gegen eine moderne Interpretation der Stücke hatte sie nichts einzuwenden, wenn sie im Rahmen blieb. Strauss jedoch war der sakralen Aura abhold, er suchte nach einem eigenen Ton und wollte nicht ein Epigone Wagners werden. Das Wohlwollen der »Meisterin« hatte er spätestens 1896 verloren, als er mit »Also sprach Zarathustra« ein Werk des in Bayreuth in Ungnade gefallenen Nietzsche zum Motiv einer symphonischen Dichtung machte. Dass er mit seiner Originalität einen anderen in den Schatten stellte, kam erschwerend hinzu: Siegfried Wagner, der sich zur Architektur berufen fühlte und sich zunächst nicht in das familiäre Projekt einfügen wollte. Erst nach Umwegen fand er 1892 ins Festspielhaus. Zu diesen »Umwegen« gehörte auch seine vermeintliche Homosexualität; darüber ist schon damals viel gemunkelt worden. Als er aber ein Jahr später schon die ersten erfolgreichen Auftritte als Dirigent absolvierte, verstummten die bösen Zungen für eine Weile. Mit der Inthronisation ihres Sohnes hatte Cosima Wagner ein wichtiges Ziel erreicht.

Abb. 6: Cosima Wagner in Wahnfried, um 1912

Ihre Regentschaft hatte sie gegen beträchtliche Widerstände, gerade auch aus dem Kreis der Anhänger, durchsetzen müssen und sich souverän gegen Einsprüche behauptet. Sie erntete dafür Anerkennung, aber auch – bis heute – viel Kritik. Für die einen war sie nichts anderes als die Verehrerin ihres Mannes, den sie nach seinem Tod zum Kultobjekt stilisierte und dessen Ideen sie dogmatisierte, andere sahen in ihr die Revisionistin, die Ideen und Visionen Richard Wagners umdeutete und verfälschte, wieder andere sprachen ihr schlicht die künstlerische Eignung ab. Die 1890er Jahre wurden dann schließlich zur Bestätigung ihres Konzepts, die Festspielidee etablierte sich. Cosima Wagner stand im Zenit ihres Erfolgs. Noch hatte Bayreuth einen Alleinvertretungsanspruch für die Marke »Wagner« und insbesondere für den mit hohen Weihen bedachten »Parsifal«.

Der Erfolgsdruck war immens. Es kam verschiedentlich zu Erschöpfungszuständen. Auch eine Augenkrankheit beeinträchtigte die Arbeit. Tochter Eva übernahm die Korrespondenz und wurde zur unverzichtbaren Sekretärin. 1893 – in Bayreuth hatte man ein Pausenjahr, die nächsten Festspiele fanden erst im Jahr darauf statt – nahm Cosima Wagner Kontakt zu Ernst Schweninger auf, der ihr nicht nur als Arzt Bismarcks bekannt war, sondern auch als »Wagnerianer« der ersten Stunde. Mit Graf Wilhelm von Bismarck und Paul Lindau war er bereits im Sommer 1882 zu den legendären »Parsifal«-Aufführungen nach Bayreuth gepilgert. Angeblich soll er bei dieser Gelegenheit sogar Richard Wagner begegnet sein, der ihn wegen einer Unpässlichkeit konsultierte.[7] Zu belegen ist das nicht, aber Wagners Überzeugungen hätten den lebensreformerischen Konzepten des Arztes sicherlich zugesagt.

Wagner war zu dieser Zeit – und seine Frau stand ihm dabei ganz nah – von der Notwendigkeit einer Regeneration der Menschheit überzeugt. Seiner Ansicht nach hatte die »materialistische Civilisation«[8] zu kulturellem Verfall und Niedergang geführt. Nicht zuletzt mit dem »Parsifal« plädierte er für eine Reinigung und Erneuerung. Bestärkt wurde er in diesem Denken durch ein Buch, das er 1880 gelesen hatte und das für ihn in seinen letzten Lebensjahren zum Manifest einer Umkehr wurde – einer Umkehr hin zum einfachen Leben: Jean-Antoine Gleïzès'

»Thalysia, oder Das Heil der Menschheit«. Gleïzès sah in der Abkehr des Menschen von der pflanzlichen Nahrung den entscheidenden Sündenfall, der in vorgeschichtlicher Zeit zum Irrweg in die Zivilisation geführt hatte. Aus dieser Argumentation leitete Wagner eine Pathologie des modernen Menschen ab: Die aggressiven Instinkte, das triebbestimmte Wesen, die Angst und die tiefsitzende Unruhe seien auf die Ernährung mit tierischem Eiweiß zurückzuführen.

Wagner war bekanntlich lange Zeit von Gobineaus »Versuch über die Ungleichheit der Menschenrassen« fasziniert, und er glaubte an die These, dass die arische Rasse zum Untergang verurteilt sei, weil sie sich mit »unterlegenen« Rassen vermische. Diese apokalyptische Vision erschien nun in einem anderen Licht. Die von Gobineau diagnostizierten »sozialen Krankheiten« entstanden nicht nur aus der Vermischung positiver Anlagen, sondern aus einem grundlegenden Bruch mit der natürlichen Lebensweise des Menschen. Anders als Gobineau glaubte Wagner am Ende seines Lebens, dass die Erschöpfung vielleicht doch umkehrbar sei, vorausgesetzt der Mensch würde zur richtigen Ernährung zurückfinden, sich von der Zivilisation lossagen und sich einem anderen Regime unterstellen. Wagners Regenerationslehre, vor allem aber seine Hinwendung zum Vegetarianismus waren selbst unter seinen Anhängern höchst umstritten. Viele Kritiker sprachen damals mit spöttischem Unterton über eine Verbindung von »Wagnerismus und Vegetarismus«[9].

Der Meister ließ sich davon nicht irritieren und räsonierte weiter über die verhängnisvolle »moderne Kriegszivilisation«,[10] in der die »menschlichen Raubtiere«[11] den Ton angäben: Der Hunger sei in »Blutdurst«[12] umgeschlagen, der Mensch gebärde sich in zerstörerischer Wut gegen alles, was lebe. In der »zivilisierten Welt« stünden sich die Völker »wie zur gegenseitigen Ausrottung bis an die Zähne bewaffnet«[13] gegenüber, sie würden nur auf das »Zeichen des Kriegsherrn« warten, um »methodisch zerfleischend über sich herzufallen«[14]. Von der »gepriesenen Zivilisation«[15] und vom Fortschritt blieb nichts als eine Chimäre: »War uns der Anblick des den Göttern geopferten Stiers ein Greuel geworden, so wird nun in sauberen, von Wasser durchspülten Schlachthäusern ein tägliches Blutbad«[16] angerichtet – den Blicken freilich entzogen.

Im dritten Teil von »Religion und Kunst« hat sich Wagner ausführlich mit der Möglichkeit der Umkehr beschäftigt und dabei immer wieder auch Gleïzès zitiert. Seine Überlegungen zu Vegetarismus und Lebensreform verbanden sich mit Forderungen des Tierschutzes. Ende der 1870er Jahre engagierte sich Wagner aktiv in der Antivivisektions-Bewegung: Er unterstützte Petitionen zur Abschaffung von Tierexperimenten und ließ auf eigene Kosten seine Kampfschrift »Offenes Schreiben an Herrn Ernst von Weber«[17] drucken.

Auch Cosima Wagner lagen diese Themen am Herzen, und so spannte sie nach dem Tod ihres Mannes ihren Vertrauten Houston Stewart Chamberlain gleich dafür ein. Im Mai 1893 – kurz vor ihrer Begegnung mit Schweninger – hielt dieser in Wien einen Vortrag zum Thema »Richard Wagners Regenerationslehre«. Bei dieser Gelegenheit rief er nicht nur die Anschauungen des Meisters in Erinnerung, indem er eine Rückkehr zu den »unverfälschten Urkräften des Lebens«[18] forderte, er setzte auch deutlich andere Akzente: Der Jude sei der eigentliche »Gegner aller Regeneration« und ein »Apostel des ›Fortschritts‹«,[19] hieß es nun. Auch für Wagner war der Jude negativ besetzt, doch wies er, wie Chamberlain einräumen musste, in seinen letzten Lebensjahren »auf noch tiefer liegende Gründe des Verfalles«[20] hin, Gründe, die der Vortragende freilich mit einigen Fragezeichen versah: Chamberlain sprach vage vom »*wahrscheinlichen* Einfluß der Nahrung« und von der Möglichkeit, »daß die tierische Nahrung eine Hauptursache des Verfalles *sein mag*«.[21]

Es war kein Zufall, dass Cosima Wagner sich 1893 an Schweninger wandte, der gewissermaßen die Regeneration zu seinem therapeutischen Programm erhoben hatte – wenngleich er kein

Vegetarier war, aber das war man im Hause Wagner auch nicht, sosehr man die Idee propagierte.[22] Schweningers Kur versprach eine Erneuerung der Kräfte. Heilen, schrieb er später, könne der Arzt nicht, seine Aufgabe sei es, die verschütteten und brachliegenden Potenzen zu mobilisieren. Die neugewonnene Kraft sollte den Patienten in die Lage versetzen, mit der Erkrankung selbst fertigzuwerden. Cosima Wagner sah darin den richtigen Weg. Sie hatte Nieren- und Gallenprobleme, klagte aber auch über eine Vielzahl wechselnder Symptome. An Chamberlain schrieb sie am 15. September 1893: »Das Törichste bei meinem Zustand ist, daß, wenn ich mich wohl fühle, ich es doch nicht bin, so daß meine Gesundheit dem europäischen Frieden gleicht; gewappnet bis an die Zähne, vorsichtig bis an die Zähne!«[23] Von Zeit zu Zeit stellten sich »Krampfanfälle« ein, von denen sie am 31. Oktober auch Schweninger berichtete, den sie schon zuvor konsultiert hatte. Sie schrieb aus Gardone am Gardasee, wo sie sich, wahrscheinlich auf Empfehlung ihres Arztes, zur Erholung aufhielt. »Wie Sie es Voraus sahen, hatte ich einen neuen Krampfanfall. Es war der Erste seit 4 Wochen. Ihm ging zum ersten Mal ein Tag heftiger Colik voraus, nachdem sonst die Verdauung auf entgegengesetzter Weise ungeregelt blieb, u. ausser der Glicerin keiner der sonstigen Mittel wirkte. Ich habe alle Ihre gütigen Angaben befolgt u. nur an den Tagen wo der Leib sehr empfindlich war *nicht* pressen lassen.«[24] Schweninger behandelte zunächst vor allem die nervösen Zustände und verordnete zur Kräftigung und Beruhigung eine spezielle »Magengymnastik«, zu der auch Massagen gehörten.

»In einigen Dingen«, so Cosima Wagner, »bin ich noch rathlos u. erlaube mir daher eine kleine Liste mit Fragen beizulegen, auf welche ich nur bitte das *Ja* oder *Nein* auf der Seite neben an schreiben zu wollen.«[25] Der Aufenthalt in Gardone sei zwar gut und richtig, das Übel, das sie befallen habe, hätte jedoch »eine Art Periodicität«, sie fühle sich unsicher, die Anfälle und Schmerzen kämen plötzlich und ohne jede Ankündigung. »In der Sorge meiner Arbeit nicht recht bevorstehen zu können, bitte ich Sie daher, lieber Herr Professor, mir zu gestatten bei Ihnen in einigen Wochen anzufragen, wo Sie sich befinden u. ob ich Sie wieder sehen kann.«[26]

Schweninger reagierte sofort. Auf der Rückreise von Gardone nach Bayreuth kam es Anfang November 1893 in München zu einer ausführlichen Konsultation. Wie spätere Briefe zeigen, ließ sich Schweninger bei dieser Gelegenheit die Lebensweise seiner Patientin schildern: Arbeitszeiten, Ernährung, Bewegung, Ruhe- und Schlafzeiten, Appetit, körperliche und geistige Anstrengungen, Lektüren, Stimmungen und Gefühlslagen, Besuche und Kontakte mit Menschen. Alle Details wurden erfasst und anschließend in neue Bahnen gelenkt. Schon nach kurzer Zeit konnte der Arzt Erfolge verzeichnen. Am 3. Januar 1894 schrieb Cosima Wagner: »Zwei Monate sind es nun seitdem ich das Vergnügen hatte Sie in München zu sehen und ich kann Ihnen melden, dass Dank der Befolgung Ihrer Angaben, ich bis jetzt von Anfällen verschont gewesen bin u. im Ganzen mich viel wohler fühle. Gerne erhielte ich von Ihnen fernere Direktiven.«[27]

Da Schweninger die Behandlung weitgehend aus der Ferne durchführte, erstattete Eva Wagner ausführliche Berichte über den Zustand ihrer Mutter. In Krisenzeiten schickte sie zuweilen gleich mehrere Briefe mit genauen Angaben zu Befinden und Lebensumständen. Um 1900 ging sie, wohl auch auf Wunsch Schweningers, dazu über, den Ablauf des täglichen Lebens nach Zeit, Quantität und Qualität schematisch zu erfassen und tabellarische Übersichten für den Arzt zu erstellen.

Schweninger wertete die Bögen aus und gab per Postkarte oder Brief seine Anweisungen. Er verordnete eine Verringerung der Arbeitszeiten, mehr Ruhe oder mehr Bewegung in frischer Luft, eine Umstellung der Ernährung, die Vermeidung bestimmter Speisen, er sprach sich – zur Entspannung und zum Einschlafen – für einen dosierten Genuss von Alkohol aus; riet zuweilen von geistigen Anstrengungen ab, dann wieder empfahl er zur Stimmungsaufhellung

Abb. 7: Tagesablauf »Frau Wagner«, Aufzeichnungen von Eva Wagner für Ernst Schweninger, April 1902

und zur Vitalisierung Reisen, Zerstreuung und Abwechselung. Besonderen Wert legte er auf die systematische Anwendung von Bädern, Atemübungen und Massagen. Ein eigens in die Technik eingewiesener Masseur kam nun regelmäßig in die Villa Wahnfried. Wenn Schweninger nicht selbst abkömmlich war, wurden Cosima und Eva Wagner auf Reisen von einem Assistenten begleitet, der die Einhaltung des Regimes überwachte und Schweninger auf dem Laufenden hielt.

Die ganze Lebensführung unterstand schon bald dem Arzt. Es gab kaum ein Detail im Leben der Familie Wagner, das Schweninger nicht begutachtet und geprüft hätte. Alle Gewohnheiten standen zur Disposition, und alles wurde von Cosima und Eva Wagner hinterfragt und dem Arzt zur Entscheidung vorgelegt: die Verträglichkeit von Moselwein zum Essen, die Wirkung von Champagner, die Anzahl der Bäder und die Temperatur des Wassers, die für die Gesundheit zuträgliche Dauer des Lesens, ob man sich die Aufregung eines Besuchs leisten könne oder lieber absagen solle, auf welcher Seite man am besten schläft – links oder rechts?[28] – und ob bei »Unruhe im Kopf« »kalte Compressen auf den Kopf u. etwa warme an die Füsse«[29] gelegt werden sollen. Schweningers These, dass die Gründe für eine Erkrankung in der Lebensweise zu suchen und nur über eine Veränderung der Lebensführung zu behandeln seien, schärfte die Aufmerksamkeit und Wahrnehmung, löste aber zugleich große Unsicherheit aus. Die Normalität des Alltags mit seiner Routine war dahin; zumal die individualisierende Behandlungsweise keine generellen Aussagen zuließ.

Die größte Wirksamkeit entfaltete Schweninger nicht durch sein Therapiekonzept, sondern durch seine persönliche Anwesenheit, von ihr ging – wie Briefe zeigen – eine Heilkraft aus, die Wochen und zuweilen Monate anhielt. Am 14. Mai 1894 schrieb Cosima Wagner erfüllt und dankbar: »Noch immer sind wir unter dem Eindruck Ihrer Besuche. Ich entsinne mich seit langen undenklichen Jahren nicht in so ungestüme Laune gerathen zu sein! Und gewiss haben Sie Eines voraus, dass Sie Ihren Patienten Leben mittheilen!«[30] Als Arzt und Seelenmasseur wirkte Schweninger wie ein Therapeutikum. Das hat über die Jahre auch Chamberlain aufmerksam registriert, er sprach von einer »magischen« Anziehung,[31] einer »Elektrisierung«[32] und einer »wirklichen ›Transfusion‹ von Lebenskraft«[33]. Cosima Wagner selbst sprach vom »Muth«, der ihr durch die Therapie »eingeflößt«[34] wurde. Und wenn Schweninger mit seinen Besuchen zu lange auf sich warten ließ, meldete sich Eva Wagner: »Ich halte es jetzt sehr für wünschenswerth, dass Mama *Ihre* Hand wieder fühle«[35].

Mit dem Brief vom 14. Mai 1894 schickte Cosima Wagner zwei Werke ihres verstorbenen Mannes an Schweninger, die ihr, wie sie betonte, besonders am Herzen lagen und die sie zur Lektüre empfahl: »Deutsche Kunst und deutsche Politik« sowie »Religion und Kunst«. Nicht zufällig sind es die beiden Schriften, in denen der Gedanke der Regeneration eine besondere Rolle spielt.

Cosima Wagner unterzog sich nicht nur bereitwillig dem Regime Schweningers, sie beschäftigte sich auch mit seiner »Lehre«. Gleich zu Beginn ihrer Behandlung las sie Aufsätze aus Maximilian Hardens »Zukunft« – »ganz vorzüglich«,[36] meldete sie an Chamberlain. Und an Schweninger schrieb sie: »Ich kann nicht umhin Ihnen noch zu wiederholen, wie vortrefflich, ja, unvergleichlich ich Ihre Aufsätze finde. Sie machen jetzt die Runde bei meinen Bekannten, u. ich behaupte dass Sie unsere Trachten reformieren werden, und unsere Gewohnheit bessern.«[37] Entzückt war Cosima Wagner anfänglich auch von der »Zukunft«. In vielen Briefen von und an Schweninger spielte der rührige Herausgeber Harden eine Rolle. Die politische Wochenschrift, die sich zu einem der einflussreichsten publizistischen Organe der wilhelminischen Zeit entwickelt hatte, erschien als geeignetes Forum, um die Ideen Wagners publik zu machen. Die von Wolzogen herausgegebenen »Bayreuther Blätter« erfüllten diese Funktion nicht, denn sie waren nicht mehr als ein Zirkular für Gemeindemitglieder. Mit Hardens »Zukunft« hätte man endlich ein Instrument gehabt, um die Ideen aus dem elitären Kreis herauszuführen. Als dann aber Anfang September 1894 der mit vielen Vorschusslorbeeren bedachte Harden in die Villa Wahnfried eingeführt wurde, war die Wirkung fatal. Mit Grausen wandte sich Cosima Wagner ab, geradezu unappetitlich erschien ihr dieser Mann, auf dem ihre Hoffnungen einige Zeit geruht hatten. »Bezüglich Hardens«, schrieb sie an Konrad Fiedler, »muß ich mich noch entschuldigen. Er hat mir einen geradezu widerlichen Eindruck gemacht [...]. Aus Ihren Zeilen, lieber Herr Doktor, glaube ich zu erraten, daß Harden gegen Bayreuth sich geäußert hat. Gott segne es ihm! Es wäre wirklich unheimlich, wenn solche Wesen anfingen mitzutun. Schweninger stellte mir diesen dunklen ehrlosen Mann vor, Levi meinte, er sei sehr angenehm, verbrachte die ganze Nacht mit ihm und behauptete, sein Schweigen sei das Zeichen tiefster Ergriffenheit. Ich hatte keine Meinung, sondern das unheimliche Gefühl, daß die heiligsten Güter von solchen Wesen befleckt werden. Der Begriff der Sünde – ein mir eigentlich fremder – geht mir bei solchen Begegnungen auf. Bestehen können wir ihnen gegenüber nur durch eine alles besiegende, unerschrockene bejahende Kraft der Idealität. Ich glaube, daß sehr viele unserer guten deutschen Naturen dadurch unterliegen, daß ihre Gutmütigkeit die instinktive Repulsion bei ihnen zurückweist und sie nicht die Vorstellung der Abscheulichkeit eines solchen Wesens sich zu bilden die Schärfe haben.«[38] Wie weit Cosima Wagner über die jüdische Herkunft Hardens (der ursprünglich Felix Ernst Witkowski hieß, aus einem jüdischen Elternhaus stammte und 1878 zum Protestantismus konvertierte) informiert war, ist nicht bekannt. Als Schweninger seinen Freund in Bayreuth vorstellte, hatte er offenbar die Situation völlig falsch eingeschätzt. Für Cosima Wagner repräsentierte Harden alles, was sie am Judentum ablehnte und von dem sie sich offenbar äußerlich wie innerlich bedroht fühlte. Nicht ein Mensch war es, der ihr entgegentrat, sondern ein »Wesen«, »widerlich«, »dunkel« und »unheimlich«.

Ihr Vertrauter Chamberlain mag ähnliche Empfindungen gehabt haben, zeigte aber gleichwohl keine Berührungsängste. An der »Zukunft« fand der nach öffentlicher Wirkung strebende Privatgelehrte schon allein deshalb Geschmack, weil hier Autoren aus der allerersten Reihe veröffentlichten.[39] Da war auch die jüdische Herkunft Hardens erst einmal nicht weiter von Belang. Chamberlain schrieb in der »Zukunft« über die Bayreuther Festspiele und die Ideen Richard Wagners. Später sprang er für Siegfried Wagner in die Bresche, dessen erstes Bühnenwerk »Der Bärenhäuter« zwar ein Publikumserfolg war, bei der Kritik jedoch nicht ungeteilten Beifall fand. Als dann 1899 Chamberlains »Grundlagen des 19. Jahrhunderts« erschienen, wusste Harden, was er an dem Mann hatte. Er war angetan vom Erfolg des Buches und zeigte sich begeistert von der stupenden Wissensfülle seines Autors, dass dieser ein eifriger Antisemit war, störte ihn nicht. Chamberlain wurde nach der Veröffentlichung seines Opus magnum von den höchsten politischen Kreisen hofiert, von ebenjenen Zirkeln, gegen die Harden mit seiner »Zukunft« heftig polemisierte. Die Beziehung zu dem kampfeslustigen und streitbaren Journalisten, der sich nicht scheute, wegen Majestätsbeleidigung ins Gefängnis zu gehen, kühlte von Seiten Chamberlains bald merklich ab.

Die Schmerz- und Erschöpfungszustände Cosima Wagners stellten sich periodisch wieder ein. Am 3. Juni 1895 meldete sich Eva Wagner bei Schweninger: »Hochgeehrter Herr Professor, Mama macht uns etwas Sorge: Seit vorgestern (d. 1ten Juni) ist sie von Kopf-Schwindel-Zuständen behelligt, welche sie auch gleich an's Bett fesselten. [...] Wir geben ihr vorsichtig aber häufig etwas Nahrung, keinen Wein. Vorgestern u. gestern hat sie nur wenig genossen u. öfters sich mit Champagner helfen wollen. Wir haben wenig Rath, wie sie wissen, u. wären Ihnen herzlich verbunden wenn Sie uns Ihren Unschlagbaren zuertheilten.«[40] Eva Wagner nannte auch Ursachen für das »Uebelbefinden«, neben persönlichen Sorgen und ausgedehnten Spaziergängen weist sie besonders auf die »starke künstlerische Arbeit« hin. Im Juli berichtete sie von einer Besserung, nur »das Unbehagen im Kopf u. die schlechten Nächte«[41] waren geblieben. Die Mutter habe sich jetzt ins Festspielhaus einquartiert, »der grossen Ruhe u. besseren Luft wegen«. Nun »weilt sie dort schon bald 3 Wochen, doch zeigt sich keine Besserung weder im Kopfschwindel noch in den Nächten«.[42] Die Tochter schlägt Schweninger vor, er solle eine Luftveränderung empfehlen: »Mama würde sich gewiss einem Geheiss von Ihnen fügen so schwer ihr jetzt gerade das Aufgeben des Studiums mit den Sängern fallen möge.«[43] Hier wird sichtbar, was sich in den nächsten Jahren weiter verstärken sollte: die Funktionalisierung Schweningers für die Interessen einzelner Familienmitglieder. Der Einfluss des Arztes war groß, sein Wort hatte Gewicht. Mehrfach taucht in Cosima Wagners

Briefen die Formel auf, dass sie die ärztlichen Anweisungen »strikt befolge«, »musterhaft folgsam« sei und »aufs Wort« gehorche. Das war, wie sich an der Neuordnung der Lebensweise zeigte, nicht nur eine Floskel. Und da Schweninger eben nicht im engeren Sinn als Mediziner agierte, erstreckte sich seine Kompetenz bald auf alle Bereiche des Lebens.

Die Behandlung änderte sich nach der Jahrhundertwende. War sie anfangs auf Aktivierung und Stärkung ausgerichtet, standen nun ausgedehnte Ruhekuren auf dem Programm. Der übermäßigen Reizung und Überarbeitung sollte durch die temporäre Unterbrechung des Lebensrhythmus Einhalt geboten werden. Das war in der Villa Wahnfried natürlich kein leichtes Unterfangen. In seinem Naturheilkrankenhaus in Berlin-Lichterfelde hatte Schweninger für seine Privatpatienten eigene Räumlichkeiten eingerichtet, in denen sie von störenden Einflüssen der Außenwelt – dazu zählten Besuche, aber auch geistige Anregungen – abgeschirmt leben konnten. Cosima Wagner kam mehrfach mit »Tochter und Jungfer«, um in der kontemplativen Atmosphäre neue Kraft zu tanken. Sie zog sich für zwei oder vier Wochen zurück und begab sich in die Hand Schweningers, der physiotherapeutische Anwendungen, strenge Diät, gymnastische Übungen und vor allem Ruhe verordnete.

1906 trat Schweninger von der Leitung des Krankenhauses zurück – nicht ganz freiwillig. Er hatte in den zurückliegenden Jahren mit seinen Reformvorstellungen heftige Kritik auf sich gezogen, unter anderem kreidete man ihm an, dass er die Verschreibung von Arzneimitteln einschränkte, Impfungen gegen Diphterie verweigerte und sich überhaupt gegen alle modernen Behandlungsmethoden wehrte; chirurgische Eingriffe sollten nach Möglichkeit vermieden werden. Das führte zu Konflikten mit dem jüngeren Kollegen Carl Ludwig Schleich – Arzt und Künstler in einer Person und, wie Schweninger, selbstbewusst und geltungsbedürftig. Um 1900 arbeitete Schleich als Chirurg, neben dem Krankenhaus auch noch in der eigenen Privatklinik. Auf ihn ging die lokale Anästhesie zurück, die er 1894 auf einem Kongress vorstellte. Im selben Jahr erschien sein Buch über »Schmerzlose Operationen«. Wie Schweninger stand er mit der eigenen Zunft auf Kriegsfuß. Er verkehrte in der Boheme, war eng befreundet mit Strindberg, begründete eine sehr eigene kosmische Weltanschauung und schrieb über Seelenwanderung, die Kraft der Ideen, das Unbewusste und die Magie der Nerven.

Der spekulative Kopf und der pragmatische Naturheiler – das konnte nicht gutgehen. Als Leiter war Schweninger wohl auch überfordert. Er wollte im Krankenhaus sein Konzept einer Alternativmedizin verwirklichen, ohne allerdings die institutionellen Zwänge zu bedenken. Behandlungen, wie er sie im Fall Bismarcks oder Cosima Wagners durchführte, waren im Rahmen einer öffentlichen Klinik nicht möglich. Außerdem waren hier auch Erkrankungen zu behandeln, denen man mit Wasser, frischer Luft und Massagen allein nicht zu Leibe rücken konnte.

Am 19. Februar 1906 kam Cosima Wagner mit »Tochter und Jungfer« ein letztes Mal zur Kur nach Groß-Lichterfelde. Im Dezember gab sie nach einer schweren Herzattacke die Leitung der Festspiele an ihren Sohn Siegfried ab. Nach dem Kollaps verordnete Schweninger strikte Ruhe – keine Besuche, keine Lektüre –, eine strenge Diät, insbesondere aber Luftveränderung. Gleich im Januar 1907 ging es für fast fünf Monate an die Côte d'Azur. Schweninger blieb auch in den nächsten Jahren Cosima Wagners Arzt. Vor allem Eva Wagner fragte in kritischen Situationen immer wieder um Rat. Am 18. Dezember 1907 schreibt sie: »Wir hatten für den 25ten ein Quartett von auswärts engagiert. (Mama sprach häufig den Wunsch nach solcher intimer künstlerischer Freude aus). Halten Sie es für möglich, dass wir nachmittags ihr solche gewähren, etwa nur mit einem 20 Minuten währenden Quartett von Haydn?«[44]

Cosima Wagner war offenbar ein etwas anders gelagerter Fall als Bismarck und Nietzsche. Schweninger sah das Hauptproblem in der Unruhe und Übererregung. In der zeitgenössischen Forschung zur Erschöpfung spielten solche Fälle eine immer größere Rolle. Es waren Menschen, so Otto Binswanger, die in »erhöhtem Maße leistungsfähig«[45] waren, bis zum Exzess arbeiteten und dabei über ihre eigenen Kräfte hinausgingen. Sie strahlten – solange sie angespannt waren – eine »unnatürliche Elasticität«[46] aus. Ließ die Spannung nach, kam es zu körperlichen und psychischen Reaktionen.

Zwischen Mönch und Übermensch: Max Webers Depressionen

Unter den vielen Erschöpften und in die Krise geratenen Existenzen des Fin de Siècle nimmt Max Weber eine besondere Rolle ein. Sein Werk ist aufs Engste mit einer Lebenskrise verknüpft, ja es scheint aus ihr hervorzugehen.[1] Karl Jaspers stellte sogar die Frage: »Was wäre er ohne seine Krankheit?« Um sogleich zu antworten, dass diese Webers »philosophischen Sinn« »vertieft, die Weite seines Blicks ins Unermeßliche geführt«[2] habe.

Doch darüber soll hier nicht spekuliert werden – unabweisbar scheint freilich, dass Weber durch seine Lebenskrise für das in der Gesellschaft herrschende Ethos der Arbeit sensibilisiert worden ist. Er beginnt sich für die Mechanismen und moralischen Grundlagen der Arbeits- und Leistungsgesellschaft zu interessieren. In seinem berühmten Werk über die »protestantische Ethik« schreibt er: »Das sittlich wirklich Verwerfliche ist [...] das *Ausruhen* auf dem Besitz.«[3] Denn der Reichtum berge die Gefahr einer »Ablenkung«, einer »Müßigkeit und Fleischeslust«: »Nicht Muße und Genuß, sondern *nur Handeln* dient nach dem unzweideutig geoffenbarten Willen Gottes zur Mehrung seines Ruhms. *Zeitvergeudung* ist also die erste und prinzipiell schwerste aller Sünden. Die Zeitspanne des Lebens ist unendlich kurz und kostbar, um die eigene Berufung ›festzumachen‹. Zeitverlust durch Geselligkeit, ›faules Gerede‹, Luxus, selbst durch mehr als der Gesundheit nötigen Schlaf – 6 bis höchstens 8 Stunden – ist sittlich absolut verwerflich.«[4] Die Arbeit ist nicht nur ein »*asketisches Mittel*«[5], sie ist »*Selbst*zweck des Lebens«[6]. Der moderne Mensch ist von ihrer *Idee* beherrscht: Alle Tätigkeit muss, um Anerkennung zu finden, den Charakter von Arbeit annehmen.[7]

Erst die eigene Erschöpfung soll Weber die Augen geöffnet haben für die Antriebe des kapitalistischen Geistes und das Phänomen des okzidentalen Rationalismus. Nachgesagt wird dem Soziologen ein geradezu zyklopisches Arbeitsethos, von dem er fasziniert war und an dem er irgendwann zu leiden begann, bis er schließlich zusammenbrach. Hatte sich die disziplinierte Natur also gerächt? Oder hatte die gesundheitliche Krise ganz andere Gründe? Geriet nicht eher ein Selbstbild in die Krise, das Bild des genialischen Menschen?

Webers Biographie und Krankheit sind in der Literatur vielfach behandelt worden.[8] Die Fakten sind bekannt – ich will sie nur kurz resümieren: Max Weber stammte aus einem gutbürgerlichen Elternhaus, der Vater war Stadtrat in Berlin und für die Nationalliberale Partei Mitglied im Reichstag und im Preußischen Abgeordnetenhaus. In Heidelberg und Berlin studierte der junge Weber in den 1880er Jahren Jura und Nationalökonomie. Er promovierte 1889 mit einer rechtsgeschichtlichen Arbeit über die Handelsgesellschaften in den italienischen Städten des Mittelalters. Ein Jahr zuvor war er dem Verein für Socialpolitik beigetreten, einer Gesellschaft, die von bekannten nationalökonomischen Gelehrten (Adolf Wagner, Gustav von Schmoller, Lujo Brentano), den sogenannten »Kathedersozialisten«, gegründet worden war, um politisch Einfluss zu nehmen. 1890 beauftragte ihn der Verein mit der Auswertung einer Untersuchung zur Lage der ostelbischen Landarbeiter Deutschland. Das Werk erschien 1892 in der Schriftenreihe des Vereins. In dieser Zeit arbeitete er an einer Habilitation über römische Agrargeschichte und lehrte als Dozent an der Berliner Universität. 1893 heiratet er Marianne Schnitger, eine Großcousine. Im Jahr darauf erhielt er einen Ruf nach Freiburg als Professor für Nationalökonomie. Mit der Enquete über die Landarbeiter und seinen Aufsätzen zur Sozialpolitik und Wirtschaftgeschichte hatte sich Weber in Fachkreisen ein gewisses Renommee verschafft. Die Werke aber, mit denen er noch heute einem breiteren Publikum bekannt ist, »Die protestantische Ethik«, die Aufsätze zur Religionssoziologie, die Vorträge »Wissenschaft als Beruf«, »Politik als Beruf« und der Torso »Wirtschaft und Gesellschaft«, entstanden allesamt erst nach dem psychischen Zusammenbruch.

Zur unmittelbaren Vorgeschichte dieser Lebenskrise gehört zunächst der Ruf des 33-Jährigen auf den Heidelberger Lehrstuhl für Nationalökonomie im Jahr 1897. In Freiburg hatte sich Weber offenbar wohl gefühlt, an der Universität herrschte eine entspannte Atmosphäre. Wie er aus seiner Studienzeit wusste, war man an seiner neuen Wirkungsstätte traditionsbewusster, man achtete auf Umgangsformen und pflegte akademische Rituale. Marianne Weber schreibt in ihrem »Lebensbild«, dass in Heidelberg noch die »früheren Lehrer« ihres Mannes gewirkt hätten, eine »Generation geisteskräftiger älterer Geheimräte«,[9] die das akademische und gesellschaftliche Leben mit ihren Anschauungen dominierten. »Während in Freiburg die älteren Gelehrten, gemäß den bescheidenen Verhältnissen der jüngeren, zu anspruchslosen Abendessen einluden, nimmt umgekehrt hier in dem tonangebenden Kreis noch das ›Diner‹ den Rang eines Kultaktes ein.«[10]

Zur Vorgeschichte gehört schließlich auch die Ehe der Webers, die kein leidenschaftliches Liebesverhältnis, sondern eine partnerschaftliche Verbindung war. Marianne Weber sah in ihrem Mann von Anfang an den großen Gelehrten, dem sie in Verehrung und Bewunderung zugetan war. Für Max Weber wiederum war es eine Vernunftheirat, von der er sich Rückhalt und einen festen Lebenszuschnitt erhoffte, um seine beruflichen Pläne zu verwirklichen. Ein Wunsch, der zunächst in Erfüllung ging: Weber konnte sich in die Arbeit stürzen und steckte, zur Freude seiner Frau, voller Ideen und Projekte: ein Mann mit Zukunft. Erwähnt werden muss in diesem Zusammenhang auch die intime Freundschaft zwischen Marianne Weber und ihrer Schwiegermutter Helene – die beiden Frauen verschmolzen zu einer Art Übermutter, die Grenzen zwischen Frau und Mutter waren fließend und kaum zu unterscheiden.

Von zahlreichen Biographen wird zudem ein Ereignis als auslösendes Moment für die Nervenkrise angeführt: Im Juni 1897, noch vor dem Dienstantritt in Heidelberg, sind die Eltern aus Berlin zu Besuch. Es kommt zu einem heftigen Streit mit dem Vater, dem Weber vorwirft, die Mutter seelisch zu vergewaltigen. Unversöhnt gehen Vater und Sohn auseinander. Kurz darauf stirbt der Vater auf einer Reise nach Riga. Max Weber macht im Sommer mit seiner Frau Urlaub in Spanien, er ist angespannt und überreizt, irgendwann fiebert er und fühlt sich bedroht.[11] Im Herbst sind die Symptome verschwunden, und er nimmt seine Arbeit in Heidelberg auf. Am Ende des Wintersemesters »überfällt ihn«, wie Marianne Weber schreibt, »völlige Erschöpfung mit Kopfhitze und starken Spannungsgefühlen«.[12] Dazu kommen Ängste. Ein Arzt hält das Ganze für eine Nerven- und Gemütserregung und empfiehlt Urlaub. Für einige Wochen reist das Ehepaar an den Genfer See. Weber glaubt, durch körperliche Bewegung und Anstrengung seine Nerven beruhigen zu können; er unternimmt ausgedehnte Wanderungen. Sein Zustand bessert sich aber nur partiell, im Sommersemester bricht er völlig zusammen, er ist ermattet, kann nicht schlafen, seine Hände zittern, er hat Probleme beim Sprechen, dazu kommen Angstzustände, ein unregelmäßiger Puls und zahlreiche funktionelle Störungen.[13] Der Arzt verordnet eine Kaltwassertherapie und in den Sommerferien eine Kur in einem Sanatorium am Bodensee.

Zu Beginn des Wintersemesters 1898/99 hat sich der Zustand gebessert: Weber hält seine Vorlesungen, doch nach kurzer Zeit sind die Symptome wieder da, er ist arbeitsunfähig und erschöpft. Mutter und Frau werfen ihm mangelnde Willenskraft vor. Er müsse energischer gegen seinen Zustand ankämpfen. In einem

Brief an die Mutter beteuert Weber: »Die Nerven versagen, und mir vergehen dann beim Blick auf mein Kollegheft einfach die Sinne.«[14] Der Nervenzusammenbruch hatte auch deshalb etwas Bedrohliches, weil Webers robuste Erscheinung zur Energie- und Kraftlosigkeit im merkwürdigen Widerspruch stand. Selbst in der Krise erschien er »körperlich noch wie eine Urkraft«[15]. Da er an Gewicht verloren hatte, wirkte er auf Freunde und Bekannte sogar elastischer als in früheren Zeiten, sie lobten sein »gutes Aussehen«,[16] was Weber verstört zur Kenntnis nahm. »Niemand«, so Marianne Weber, »will ihn für krank halten.«[17]

Für das Sommersemester 1899 lässt er sich beurlauben. Nach Wiederaufnahme der Vorlesungen im Wintersemester kommt es zu einem schweren Rückfall. Obwohl ihn Frau und Mutter davon abzuhalten versuchen, bittet Weber um seine Entlassung – die Universität lehnt das Gesuch ab und gewährt einen unbefristeten Urlaub unter Beibehaltung der Bezüge. Im Sommer 1900 tritt das Ehepaar eine zweijährige Italienreise an.

Webers Zustand bessert sich allmählich, gesundheitliche Stabilität erreicht er aber auch in dieser langen Erholungspause nicht. Ein erneutes Entlassungsgesuch wird 1903 bewilligt. Schon in Italien hatte sich Weber mit Religion und religionssoziologischen Fragen beschäftigt, die Entstehung des modernen okzidentalen Rationalismus interessiert ihn nun. Bereits ein Jahr nach der Entlassung aus dem Universitätsdienst erscheint die Schrift, die ihn berühmt macht: »Die protestantische Ethik und der Geist des Kapitalismus«. Nun, als Privatgelehrter, beginnen seine produktiven Jahre.

Weber selbst deutete sein Leiden anfangs als Überarbeitung und nervliche Überanspannung.[18] In einer Zeit, in der das Neurasthenie- und Nervositätssyndrom Konjunktur hatte, lag diese Interpretation natürlich in der Luft. Doch von Überanstrengung konnte 1897, beim Ausbruch der ersten Symptome, eigentlich keine Rede sein: Weber hielt seine Vorlesungen und war – wie in den Jahren zuvor – mit dem Schreiben wissenschaftlicher Auf-

Abb. 8: Marianne und Max Weber in Italien, um 1900/02

sätze beschäftigt; zum Leidwesen seiner Frau nahm er größere Arbeiten nicht in Angriff.[19] Das änderte sich auch in Heidelberg nicht, er setzte thematisch die Vorlesungen fort, die er schon in Freiburg gehalten hatte.

Bedeutsam ist weniger die objektive Belastung als das subjektive Empfinden. Zu Webers Persönlichkeit gehört ein heroisch definiertes Verhältnis zur eigenen Arbeit. Egal, was er in Angriff nahm, immer mobilisierte er die äußersten Kräfte, immer vermittelte er den Eindruck, er arbeite nicht nur an der Grenze seiner Leistungsfähigkeit, sondern gehe weit darüber hinaus. Marianne Weber zeichnet in ihrem »Lebensbild« den Weg eines Kraftmenschen nach, der sich aufzehrt und dabei die Natur geradezu herausfordert: »Seine Arbeitskraft scheint verdoppelt und ist allem gewachsen. Er arbeitet in der Regel bis eine Stunde nach Mitternacht und versinkt dann sofort in tiefen Schlaf. Mahnt die Gefährtin, so heißt es: ›Wenn ich nicht bis 1 Uhr arbeite, kann ich auch nicht Professor sein.‹«[20]

Weber hat sich schon früh als Kämpfernatur stilisiert, mit seiner robusten Statur konnte er diesen Eindruck auch äußerlich unterstreichen. »Kampf« gehört zu den Grundbegriffen seiner Soziologie. In »Wirtschaft und Gesellschaft« definierte er: »*Kampf* soll eine Beziehung insoweit heißen, als das Handeln an der Absicht der Durchsetzung des eigenen Willens gegen Widerstand des oder der Partner orientiert ist.«[21] »Durchsetzung«, »Widerstand« – Weber war geradezu elektrisiert von solchen Vokabeln. In allen Varianten wurde der Kampfbegriff durchgespielt, und geradezu inflationär taucht er in seinem Werk auf: der »friedliche« Kampf (Konkurrenz), der Kampf als soziale Auslese, der Kampf der Weltordnungen, der Ideen, der Macht und natürlich immer wieder der Kampf ums Dasein. Es ist das Vormodern-Archaische, das Weber anzog, der Kampf impliziert eine Beziehung des Gegensatzes, Freund und Feind stehen sich gegenüber – eine Kräftekonstellation, die in einer komplexer werdenden Moderne nur noch selten anzutreffen war. Wo von Kampf die Rede ist, da ist natürlich auch das Pathos nicht fern – und Weber liebte das Pathos und den prophetischen Gestus. In seiner Freiburger Antrittsvorlesung (1895) verkündete der 31-Jährige: »Es gibt keinen *Frieden* auch im wirtschaftlichen *Kampf* ums Dasein; nur wer jenen Schein des Friedens für die Wahrheit nimmt, kann glauben, daß aus dem Schoße der Zukunft für unsere Nachfahren Frieden und Lebensgenuß erstehen werde.«[22]

Weber verachtete die Leichtigkeit, das Unangestrengte und Entspannte. Er erweckte stets den Eindruck eines rastlosen Workaholics, der sich permanent im Ausnahmezustand befand. Nicht nur in seinen Vorlesungen und beim Schreiben, selbst in den universitären Prüfungen, die er abhielt und die zum alltäglichen Geschäft eines Professors gehören, gab er das »Äußerste«. Sein Werk gehört heute zum Kanon, als er noch an der Universität lehrte, bot er den Studenten ziemlich trockene Kost. Diejenigen, die dennoch zu ihm kamen – seine Vorlesungen waren nicht gerade überlaufen[23] –, hatten das Gefühl, hier einen leidenschaftlichen Denker zu hören, der Großes sagte, auch wenn er nur das tradierte Konzept der Grenznutzenlehre vorstellte und auch sonst wenig Neues zu bieten hatte. Wie man weiß, hat sich Weber sogar auf Urlaubsreisen als Hochleistungsathlet geriert, Museen, Kunst und Kultur eroberte er im Laufschritt. Wenn er Goethes Werke zur Hand nahm, dann nicht, weil er sie bewunderte, sondern weil er hinter allem das »titanische Ringen«[24] ihres Schöpfers zu erkennen glaubte, der Übermenschliches zu leisten vermochte.

Es passt ins Bild dieses neurotischen Charakters, dass er die eigene Arbeitswut zum Heil- und Überlebensmittel stilisierte. Nur durch rastlose Tätigkeit sei es ihm lange Zeit gelungen, eine schwere psychische Krise abzuwenden und sich vor dem Schlimmsten zu bewahren. In einem Brief an Marianne Weber von 1894 heißt es: »Nachdem das Ersehnte eingetreten und ich nach jahrelangen Qualen widerwärtigsterer Art endlich von *innen* heraus zum Gleichmaß gekommen war, fürchtete ich eine Depression schwerer Art. Sie ist nicht eingetreten, aber ich glaube, weil ich das Nervensystem und das Gehirn durch anhaltendes Arbeiten nicht zur Ruhe kommen ließ. Deshalb u. a. auch – ganz abgesehen von dem Naturbedürfnis nach Arbeit – lasse ich so sehr ungern eine wirklich fühlbare Pause in der Arbeit eintreten ... Ich glaube, daß ich nicht riskieren dürfte, die eintretende Nervenruhe – denn die genieße ich mit dem Gefühl eines wirklich neuen Glücks – in Erschlaffung sich verwandeln zu lassen.«[25]

Die Forschung zitiert diese Briefstelle gern, um die Vorahnung einer psychischen Krise zu belegen.[26] Weber, so meint sein Biograph Radkau, sei auf der »Flucht vor der Depression«[27] gewesen, er habe sich durch Arbeit betäuben wollen. Wie die meisten Interpreten folgt er Webers Selbstdeutungen, die das heroische Bild einer von Jugend auf hochgefährdeten Persönlichkeit zeichnen.

Die von Weber benutzten Begriffe (»Depression schwerer Art«, »Nervensystem«, »Nervenruhe«) lassen freilich aufhorchen, und sie finden sich dann auch in den späteren Bewertungen und Diagnosen seiner Lebenskrise wieder.[28] Einhellig spricht man heute von einer Depression, die den Soziologen für einige Jahre außer Gefecht gesetzt habe. Da Depression ein vager »Sammelbegriff«[29] ist, bleibt freilich vieles an dieser Diagnose offen. Erkennbar ist das Bemühen, Webers Erschöpfung in einen halbwegs validen medizinischen Begriff zu überführen. Einfach nur erschöpft zu sein – das geht nicht, das ging schon zu Webers Zeiten nicht.

Diese Diagnose soll hier nicht in Frage gestellt werden. Nur eins ist sicher: Weber selbst unterlegte 1894 der »Depression« keine medizinisch-psychologische Bedeutung, er war auch weit davon entfernt, das »eigene ›Nervensystem‹«[30] zu analysieren, wie Radkau meint. Weber bezieht sich aus strategisch-taktischen Gründen auf den Terminus »Depression«, der schon damals im Bewusstsein der Menschen wirkmächtig war, weil er für den Absturz in tiefste Verzweiflung und Umnachtung stand. In der melancholischen Depression, wie man sie zu dieser Zeit nannte, war der Mensch ein Gefangener, er war eingeschlossen und gleichzeitig außer sich. Weber, das ist zu bedenken, schrieb den Brief an seine junge Frau, die in ihrem Mann – es ist bereits gesagt worden – vor allem den Gelehrten und Übermenschen verehrte: eine Rollenzuschreibung, die Weber gern annahm, ja auf seine Weise in Szene zu setzen verstand.

Als er von seinen Krisen und einer »Depression schwerer Art« sprach, las man in Deutschland die Schriften Cesare Lombrosos, der in seinem vielbeachteten Buch »Der geniale Mensch« (1890) einen Zusammenhang zwischen Krankheit und Genie hergestellt hatte. Das Genie sei in allen Belangen »abnorm«,[31] und die wirklichen Geistesriesen, »die sich über die sie umgebende Mittelmasse erheben«, besäßen nicht »die gewöhnliche Geistesgesundheit«[32]. Zum Genie, so hieß es jetzt, gehören Unruhe, Nervosität[33], Neurosen[34], Nervenleiden, Melancholie und natürlich auch die Depression[35]. Auch die Zeichen der Degeneration werden an ihm sichtbar, da der geniale Mensch mit nervösen Erbkrankheiten belastet ist. Max Weber hat in den Briefen an seine Frau immer wieder auf die Nervenleiden seiner Vorfahren hingewiesen, er hat geradezu mit diesem »Erbteil« kokettiert und sich als eine gefährdete Person dargestellt, die sich am Abgrund bewegt.[36] Nicht von ungefähr spielen Fragen von Degeneration und Vererbung auch in seinem späteren Werk eine nicht zu unterschätzende Rolle.[37]

Zum Geniekult gehörte also die nervöse Belastung: Cäsar, Mohammed, Napoleon – sie alle hatten Nervenleiden gehabt.[38] Das Nervöse, so Lombroso, sei eine wesentliche Ressource des Genies. Weber hat diese Argumentation aufgegriffen. Im Frühjahr 1896 fühlt er sich »besonders gesund«, seiner Frau schreibt er von einer Tagung aus Berlin, er sei »nervös leistungsfähiger [...] vollkommen frisch«.[39] Leistungsfähig und nervös gehörten für ihn zusammen, er litt nicht einfach nur an den Nerven, er betrachtete sie als Stimulanz, denn das Genie, so konnte er bei Lombroso lesen, hat keine »träge Seele«, es zeichnet sich durch »Leidenschaft«[40], »Ruhelosigkeit« und »nervöse Aufregung«[41] aus. Webers Naturell, seine Stilisierung als Kraftmensch, seine Leidenschaftlichkeit, von der sich die Biographen gern faszinieren lassen, aber auch seine Reizbarkeit und Wutanfälle, sie gehören zum Geniekult einer Zeit, die sich am Charisma des Maßlosen berauschte.

Woher kam der genialische Anspruch? Gehen wir noch einmal zurück: Weber war das älteste von acht Kindern. In der Familie wurde der erstgeborene Sohn von Anfang an als Ausnahmeerscheinung behandelt. Für die Mutter war er ihr »Großer«, in dem sie »ein höheres Streben«[42] erkannte. Der vier Jahre jüngere Bruder Alfred, den man noch heute als »minderwertige« Ausgabe des großen Max abkanzelt,[43] galt in der Familie als wenig aussichtsreicher, leichtlebiger Charakter. Tatsache ist, dass er in keiner Weise egomanisch veranlagt war und sich schon früh von dem genialischen Habitus des großen Bruders distanzierte. Er hätte freilich auch diesen Anspruch innerhalb der Familie nicht behaupten können. Vor allem für die Mutter gab es nur den »Großen«. Ihr Max hatte mit viel Glück im Alter von zwei Jahren eine Gehirnhautentzündung überstanden, danach ließ sie ihren Wunderknaben nicht mehr aus den Augen. Er wurde besonders ernährt, ging mit der Mutter zur Kur, bekam Klavierunterricht, und jede Zeile, die er in jungen Jahren schrieb, wurde im Freundes- und Bekanntenkreis mit Bewunderung herumgereicht. Max Weber machte auf alle Welt den Eindruck eines ernsten und hochempfindsamen Menschen, sein jüngerer Bruder galt hingegen als unkompliziert und pflegeleicht. Alfred, so schreibt die Mutter, ist »ganz nett«, er »ist im Haus der liebenswürdigste und auch am besten zu gebrauchen«.[44] Bitter bemerkte dieser 1916 gegenüber Else Jaffé: »Aber weißt Du – *ungerecht* können Mütter sein – sie, meine Mutter, sieht tatsächlich nur Max.«[45]

Dabei erwies sich der spätere Nationalökonom und Soziologe Alfred Weber als sehr viel lebenstüchtiger, er machte – was dem Bruder nicht gelang – Karriere an der Universität. Während Max Weber nach seiner Entpflichtung im Wesentlichen vom Geld seiner Frau lebte, eroberte sich der jüngere Bruder eine Stelle im akademischen Betrieb, bereits mit Mitte dreißig bekam er einen eigenen Lehrstuhl. Bevor er 1907 an die Universität Heidelberg kam, lehrte er in Prag, bei ihm studierte Max Brod, er war der Doktorvater von Franz Kafka, später zählten Erich Fromm, Norbert Elias, Karl Mannheim, Boris Goldenberg, Richard Löwenthal, aber auch Arnold Bergstraesser und Alfred Seidel zu seinen Schülern. Sie waren fasziniert von seinem Konzept der Kultursoziologie. Alfred Weber verstand sein Fach als Orientierungswissenschaft, die keine wertfreien Analysen liefern, sondern gesellschaftlich Stellung beziehen sollte. Anfang der zwanziger Jahre untersuchte er die ökonomische Deklassierung der Intellektuellen (»Die Not der geistigen Arbeiter«, 1923), die ihre geistige Unabhängigkeit durch die Inflation eingebüßt hatten. In den dreißiger Jahren warnte er angesichts der Nazi-Herrschaft vor einer »Rebarbarisierung« (»Kulturgeschichte als Kultursoziologie«, 1935) und kritisierte jede Form des Totalitarismus.[46] In den Jahren zuvor hatte er bereits gefordert, angesichts der politischen Verhältnisse müsse sich die Kultursoziologie in eine Kulturkritik verwandeln.

Von den Heidelberger Professoren ließ er sich nicht einschüchtern. In einem Brief an Else Jaffé nennt er das Kollegium »eine griesgrämige müde Maschine, die vom Katheder herunter Weisheit träufelt«.[47] Er beließ es nicht bei privaten Meinungsäußerungen; angeregt von dem Reformpädagogen Gustav Wyneken, führte er Seminare ein und praktizierte eine offene Form der Lehre. Seine Sprache unterschied sich deutlich von der seines Bruders, er liebte die Literatur und hatte selbst einen künstlerischen Anspruch. Obwohl er sich mit zahlreichen Werken zur Nationalökonomie und Kultursoziologe einen Namen machte, war er kein asketischer Arbeitsmensch. Er misstraute dem Bücher wälzenden Bruder und lobte die Intuition als das zuverlässigere Erkenntnismittel. Max Weber sprach verächtlich von »Prager Ansichten«, die seinen Bruder verdorben hätten. Als er dann in Heidelberg die Wendung des Jüngeren zur Kultursoziologie erlebte, sah er sich in seinen schlimmsten Befürchtungen bestätigt. 1912 erschien im Eugen Diederichs Verlag die Flugschrift »Religion und Kultur«. Grundlage war ein Vortrag, den Alfred Weber ein Jahr zuvor in Prag vor mehr als 600 Zuhörern gehalten hatte.[48] Er machte darin gegen alles mobil, was seinem Bruder heilig war: den »modernen« Rationalismus, die Wissenschaft und die bürokratische Herrschaft, die bürgerliche Lebensführung und die Berufsarbeit. Die ganze Zivilisation sei innerlich verarmt und erschöpft; Verstandesdenken, innerweltliche Askese und Triebunterdrückung hätten den Menschen deformiert. Am Horizont sah Alfred Weber zwei bedrohliche Tendenzen: die Vermassung des Menschen und ein neues Barbarentum. Er forderte eine kulturelle Erneuerung, die mit dem Kampf gegen den Rationalismus beginnen solle.

Max Weber – und damit kehren wir zur Ausgangsfrage zurück – wandte sich im Moment seiner Lebenskrise der protestantischen Ethik, der Idee der modernen Berufsarbeit und der innerweltlichen Askese zu – jedoch nicht, um diese Phänomene in ihrem Gewordensein zu hinterfragen oder sie auf die eigene Erkrankung zu beziehen. Seine Studien haben, biographisch betrachtet, nur einen Sinn: In seinem psychischen Zusammenbruch hatte er sich als ein machtloses Ich erfahren, und nun suchte er eine Weltsicht, an der sich das beschädigte Größen-Ich wieder aufrichten konnte. Die protestantische Ethik mit der strikten Ausrichtung auf den beruflichen Erfolg war dazu ungeeignet, denn damit kam Weber offenbar nicht zurecht. Nein, sein Hauptinteresse galt dem Asketen und religiösen Virtuosen, der sich von allem lossagt und über die Alltäglichkeit triumphiert. Der Asket war eine Verkörperung des titanischen Menschen, der ein »›außerweltliches‹ Heilsgut«[49] erstrebe und durch eine tiefe Kluft von den Laien getrennt sei. Sein eigentliches Ziel seien »Macht und Naturbeherrschung«.[50] Der Geist sollte sich gegen das Triebleben behaupten. Weber schreibt in der »Protestantischen Ethik«: »Sie [die Askese] war zu einer systematisch durchgebildeten Methode rationaler Lebensführung geworden, mit dem Ziel, den status naturae zu überwinden, den Menschen der Macht der irrationalen Triebe und der Abhängigkeit von Welt und Natur zu entziehen, der Suprematie des planvollen Wollens zu unterwerfen [...].«[51] Hinter dem Mönch steckte der Übermensch, der faustische Mensch.

Mit der Aufgabe seiner Professur im Jahr 1903 war Max Weber nicht mehr an den akademischen Betrieb gebunden, er konnte jetzt das Genie sein, das er immer sein wollte. In Zukunft sollte er sich von allen Pflichten fernhalten und – machtvoller als je zuvor – als Spiritus rector und frei schwebender Intellektueller agieren. In wohlkalkulierten Aufsätzen, Redebeiträgen und Vorträgen griff er im Gestus des Sehers und Künders in die politischen Debatten ein. Emphatisch sprach er über eine Moderne, die ihm – um es mit einem heutigen Begriff zu sagen – alternativlos erschien.

Dass Weber nun seinen Platz gefunden zu haben glaubte, davon zeugen auch die Veränderungen in seinen privaten Verhältnissen. Die Leidenschaftlichkeit, die er immer wieder im Munde führte, wenn es um das Denken ging, sie nahm für ihn jetzt auch einen sinnlichen Charakter an. Im Sommer 1912 entwickelte sich eine Liebesbeziehung zu der Pianistin Mina Tobler. Bedeutsamer aber war die Beziehung zu Else Jaffé, die er zur Erlöserin seiner von Dämonen geplagten Seele stilisierte. Weber kannte Else Jaffé (geb. von Richthofen) seit 1895. Sie war eine enge Freundin des Ehepaars, studierte in Heidelberg und Berlin und promovierte bei Max Weber. Schön und voller Geist, wurde sie von vielen Männern umschwärmt: 1901 heiratete sie den Nationalökonomen Edgar Jaffé, später hatte sie ein Abenteuer mit dem Analytiker Otto Gross und ein Verhältnis mit Alfred Weber. Als Max Weber im Herbst 1918 ganz in seinem Element war und als großer Rhetoriker glänzte, wurde aus der Freundin Else Jaffé die Geliebte. In schwärmerischen Briefen entdeckte er sich nun – am Ende seines Lebens – als ein Mann, der noch gar nicht richtig gelebt uns geliebt hat.

Mit Blick auf das Fin de Siècle hat Robert Musil im »Mann ohne Eigenschaften« von einer »geheimnisvollen Zeitkrankheit« gesprochen, die alle »scharfen Grenzen« verwischt habe: »Getrenntes lief wieder zusammen«[52]. Das betraf auch die Krankheit, die nicht mehr einen Gegensatz zur Gesundheit, sondern zum Leben bildete. Gerade an der Erschöpfung mit ihren diffusen Symptomen zeigte sich, dass sie als nosologische Entität nicht zu fassen war und sich allen Fixierungen entzog. Das Leben selbst wurde jetzt unter pathologischen Gesichtspunkten wahrgenommen. Auch wenn man »neurophatische Prädispositionen« (Binswanger) und konstitutionelle Faktoren als begünstigende Bedingungen ins Feld führte, letztlich suchte man entweder nach einer »Abweichung«[53] im Leben, oder man betrachtete, unter zivilisationskritischen Aspekten, das Leben selbst als eine Abweichung von einem als »natürlich« angenommenen Zustand. Die Mediziner – Schweninger ist das beste Beispiel – wurden zu Soziologen und Phänomenologen, die das Leben interpretierten und Anomalien zu identifizieren versuchten. An den vier Fällen zeigt sich, dass Erschöpfung weder als Krankheit des Körpers noch der Seele begriffen wurde, sondern als ein Leiden, das aus dem Leben selbst entstand. Ob Bismarck, Nietzsche, Cosima Wagner oder Weber – sie alle waren in ihren gesundheitlichen Krisen mit einer ethischen Dimension konfrontiert, die uns heute mehr denn je zu schaffen macht: Der Mensch lebt nicht »richtig«, und nur wenn er sein Leben korrigiert, kann er zu sich selbst zurückfinden. Doch zeigt gerade die Erschöpfung dem selbstmächtigen Subjekt Grenzen auf, sie bricht ohne jede Vorwarnung – auch das wird an den vier Fällen deutlich – aus einem opaken Raum hervor, den das Ich nicht kontrollieren kann. Modern ist ein Leiden, das sich von den Ursachen getrennt hat und ein Eigenleben führt, das für die Betroffenen immer undurchsichtiger und unheimlicher wird.

Aus der Verwischung der Grenzen – und damit noch einmal zurück zu Musil – hat die Moderne eine beispiellose Dynamik entwickelt und die Gesellschaft in einen neuen Aggregatzustand versetzt. Die Moderne steht für das Gefühl der Emphase, für das Neue, das sich dem Alten entgegensetzt, für Projekte und Entwürfe, die das Ich in bisher ungekannter Weise herausfordern. Ermüdung und Erschöpfung treten demgegenüber als Widerstand auf. Aber kann man daraus schließen, dass wir es nur mit einem Anpassungsproblem zu tun haben? Ein Problem, das sich durch Optimierung der menschlichen Natur lösen lässt? Oder braucht es gar den »neuen Menschen«, auf den die Moderne gehofft und den sie in Programmen und Manifesten propagiert hat?

Die große Gesundheit

Die große Gesundheit. – Wir Neuen, Namenlosen, Schlechtverständlichen, wir Frühgeburten einer noch unbewiesenen Zukunft – wir bedürfen zu einem neuen Zwecke auch eines neuen Mittels, nämlich einer neuen Gesundheit, einer stärkeren, gewitzteren, zäheren, verwegneren, lustigeren, als alle Gesundheiten bisher waren. [...]: *die große Gesundheit* – eine solche, welche man nicht nur hat, sondern auch beständig noch erwirbt und erwerben muß, weil man sie immer wieder preisgibt, preisgeben muß! ... Und nun, nachdem wir lange dergestalt unterwegs waren, wir Argonauten des Ideals, mutiger vielleicht als klug ist, und oft genug schiffbrüchig und zu Schaden gekommen, aber wie gesagt gesünder, als man es uns erlauben möchte, gefährlich-gesund, immer wieder gesund – will es uns scheinen, als ob wir, zum Lohn dafür, ein noch unentdecktes Land vor uns haben, dessen Grenzen noch niemand abgesehn hat, ein Jenseits aller bisherigen Länder und Winkel des Ideals, eine Welt so überreich an Schönem, Fremdem, Fragwürdigem, Furchtbarem und Göttlichem, daß unsre Neugierde ebensowohl wie unser Besitzdurst außer sich geraten sind – ach, daß wir nunmehr durch nichts mehr zu ersättigen sind! Wie könnten wir uns, nach solchen Ausblicken und mit einem solchen Heißhunger in Gewissen und Wissen, noch *am gegenwärtigen Menschen* genügen lassen?

Friedrich Nietzsche, *Die fröhliche Wissenschaft*

Schöne neue Welt

> Wir kennen den Grund des Verfalles der historischen Menschheit so wie die Notwendigkeit einer Regeneration derselben; wir glauben an die Möglichkeit dieser Regeneration, und widmen uns ihrer Durchführung in jedem Sinne.
>
> Richard Wagner, *Religion und Kunst*

Kaum eine Debatte ist in den letzten Jahren so leidenschaftlich geführt worden wie die um die genetische Optimierung des Menschen. Beflügelt wurde sie von den Fortschritten der Biologie, die eine Verbesserung der menschlichen Natur in Aussicht stellten. Dass sich ein neues Zeitalter ankündigt, wurde bereits 1953 deutlich, als James Watson und Francis Crick die molekulare Struktur der DNA entschlüsselten. Mit der molekularen Genetik entwickelten sich Visionen einer Gesellschaft, die frei ist von Krankheiten und schädlichen Genen, von sozialer Devianz (Kriminalität, Verhaltensstörungen) und von Schädigungen durch sogenannte Keimgifte (Alkohol, Nikotin). Eingriffe in das menschliche Genom versprechen seither, die menschliche Natur nicht nur gesünder und widerständiger zu machen, sondern sie zu erhöhen und zu veredeln.

Watson hat 1998 auf dem Symposium »Engineering the Human Germline« in Los Angeles auf weitreichende soziale und ethische Konsequenzen hingewiesen: Durch Veränderung des genetischen Materials sei der »bessere« Mensch möglich – warum also sollte man ihn nicht herstellen? Der Biophysiker Gregory Stock spricht von einer evolutionären Phase der Um- und Neugestaltung: Der Mensch wird in Zukunft über seine eigene Natur bestimmen und von den biologischen Beschränkungen weitgehend unabhängig sein können. Nicht ganz so rosig sieht Francis

Fukuyama die neue Technologie. Er plädiert für eine Kontrolle durch die politischen Institutionen, ansonsten aber zeigt auch er sich von dem neuen Menschentyp, der sich am Horizont abzeichnet, fasziniert.

Vor allem im Bereich der Diagnostik sind die Möglichkeiten der Gentechnik ins öffentliche Bewusstsein gerückt worden: Man denke an die Diskussion um die Präimplantationsdiagnostik, in der es vordergründig um die Erkennung von Erbkrankheiten und Chromosomenanomalien geht; eigentlich aber um Selektion, um die Frage, wodurch sich ein lebenswertes von nichtlebenswertem Dasein unterscheidet und wer letztlich darüber bestimmt.

Die neuen Techniken und Verfahren beherrschen oftmals die Debatte, ein Argument ist jedoch für die Konjunktur der biologischen Visionen von gar nicht zu unterschätzender Bedeutung: die These von der drastischen Verschlechterung des »genetischen Materials« in den modernen Gesellschaften. Schon früh hat man vor der Verbreitung schädlicher Anlagen gewarnt. In den Fokus der gesellschaftlichen Aufmerksamkeit gerieten dabei die gebildeten Schichten. Sie würden – genetisch gesehen – über die besten Anlagen verfügen, doch sei der Geburtenrückgang gerade bei den Leistungsträgern gravierend; zugleich würden in den unteren Schichten zu viele Kinder geboren.[1] Dieses Ungleichgewicht schwäche den gesamten Gesellschaftskörper, soziale Milieus gewinnen an Einfluss, die den Werten der Arbeitsgesellschaft fremd oder feindlich gegenüberstehen. Nicht mehr die Tüchtigen bestimmen die gesellschaftliche Entwicklung, sondern asoziale Leistungsverweigerer. Die Werte der Leistungsgesellschaft sind nur noch für einen Teil der Bevölkerung verbindlich, an die Stelle von Disziplin und Selbsterziehung tritt mehr und mehr hedonistisches Ausleben.

In seinem Vortrag »Regeln für den Menschenpark«[2] hat Peter Sloterdijk diese Tendenzen aufgegriffen und zu einem provokanten Zeitbild verdichtet: Der Humanismus, der angetreten war, die menschliche Natur durch Bildung und Lektüre zu zähmen, ist auf ganzer Linie gescheitert. Anthropologisch haben sich die enthemmenden Einflüsse durchgesetzt. Sloterdijk spricht von einer Verwilderung und Bestialisierung des Menschen, die insbesondere in der medialen Unterhaltung zu beobachten sei. Das Vorbild für diese Form der Enthemmung sieht er in der römischen Kultur mit ihrem Netz von Amphitheatern. Nach dem Ende des aufklärerischen Erziehungsoptimismus, der auf die Köpfe einwirken wollte, um einen besseren Menschen zu schaffen, stellt Sloterdijk die Frage, wie man heute den entfesselten Trieben Einhalt gebieten kann. Seine Antwort hat bekanntlich eine Welle der Empörung ausgelöst und einen heftigen Streit provoziert. Sein Augenmerk richtet Sloterdijk nicht auf eine Kultur, die sich selbst entzaubert und marginalisiert hat, sondern auf die Biologie, auf die Prozesse von Selektion und Züchtung.

Bereits Nietzsche habe die Menschheitsgeschichte als eine Geschichte von Zähmung und Züchtung enttarnt, daran sei anzuknüpfen. Sloterdijks Nachdenken über neue Anthropotechniken bedient sich schließlich des berühmten Weber-Gleichnisses in Platons Dialog »Politikos« (»Der Staatsmann«). Web- und Staatskunst werden dort zueinander in Beziehung gesetzt. In der Webkunst geht es – oberflächlich gesehen – um das Erzeugen eines Gewebes, um das Zusammenflechten, entscheidend aber für das gute Gewebe ist ein anderer, vorgelagerter Prozess: das Kardieren, also das Herauskämmen und Trennen von zusammenhängenden und verfilzten Teilen. Erst kommt das Trennen und Aussortieren des Ungenügenden, dann das Verflechten und Verbinden der guten Teile. So sei es auch in der Staatskunst, es gehe um die Verbindung einer sich freiwillig unterordnenden Herde. Dazu gehört Expertenwissen, genaue Kenntnis über Eigenschaft und Qualität des »Materials«. Die Kunst des Staatsmanns wird mit dem Arzt verglichen, der aus reiner Sachkenntnis heraus heilt, es gehört zu seinen Fähigkeiten, die Guten von den Schlechten, die Tauglichen von den Untauglichen zu trennen. In dem Gewebe, das er herstellt, darf es keine Mischungen geben, die schlechten Menschen dürfen keinen Einfluss bekommen. Diese Überlegungen – Sloterdijk nennt sie explosiv – sollen dem Leser, der zurückblickt auf das humanistische Gymnasium und die nationalsozialistische Eugenik, einen Hinweis geben auf das, was im biotechnologischen Zeitalter notwendig ist: eine neue starke Elite, die im Sinne einer humanistischen Gesellschaft für das Ganze da ist.

Mit den Begriffen Züchtung und Selektion, mit den eugenischen Ideen und Visionen ging es Sloterdijk nach eigenem Bekunden auch darum, ein Tabu aufzubrechen und ein deutsches Trauma anzusprechen, das in der Vergangenheit zu Denkverboten geführt habe. Der »enthemmende« Umgang mit der Eugenik im Nationalsozialismus habe zu falschen Verallgemeinerungen und Blockierungen geführt, die blind gemacht hätten für das, was in diesem Denken an Möglichkeiten stecke.

Nun artikulieren sich in dem eugenischen Programm unverkennbar die Sehnsüchte der Moderne – Sehnsüchte, die eine lange geistesgeschichtliche Tradition haben. Die Vorstellung von einer Elite, die alle starken Anlagen in sich vereinigt und dem Ganzen verpflichtet ist, ist bekanntlich ein alter Menschheitstraum. Nicht nur im *Politikos* hat Platon von der Verbindung der »Blühenden und Vollkräftigen«[3] geträumt. Relevanz gewinnen diese Ideen vor allem in seiner Vision vom Staat. Nur diejenigen, die ihrer Natur nach »tauglich« sind, sollen darin einen Platz finden.[4] Die Regeln sind so einfach wie zwingend: Der »trefflichste« sollte der »trefflichsten« beiwohnen, die »schlechtesten« aber werden mit ihren Nachkommen aussortiert, nur so kann eine edle Herde entstehen.[5] Man erinnere sich im Fortgang der geistesgeschichtlichen Traditionslinie auch an Thomas Morus' Staatsroman »Utopia«, an den »Sonnenstaat« von Tommaso Campanella – und an Gottfried Benn, der 1933, noch bevor die Nazis ihr Projekt der Eugenik ins Werk setzten, vom neuen deutschen Menschen schwärmte und von der Durchstoßung des Kulturellen durch das Biologische: »Der kulturelle Lack einer Epoche ist brüchig und springt. Aus den Nahtlinien des Organischen stößt die Erbmasse, aus den Defekten der Regenerationszentren die menschliche Gene ans Licht [...].«[6]

Über »Zähmung und Züchtung« nachzudenken war lange Zeit alles andere als ein Tabu. Und es gehörte – bemerkenswerterweise – gerade in dem bürgerlichen Zeitalter, von dem sich Sloterdijk mit Vehemenz abzusetzen versucht, zum guten Ton. In der bürgerlichen Gesellschaft mit ihrem Humanismus, ihrem Glauben an die kultivierende Macht der Pädagogik und ihren aufklärerischen Hoffnungen feierten die Ideen Platons fröhliche Urstände, hier träumte man von der Herrschaft eines neuen, starken Geschlechts – natürlich unter humanistischen Vorzeichen. Es sollten Geistmenschen sein, die herrschen, Menschen, die auch Sloterdijk im Sinn hat, wenn er von Expertenwissen und weiser Hütekunst spricht.

Das bürgerliche Projekt der Eugenik steht heute wieder hoch im Kurs. Es war ein Programm, das einer erschöpften Gesellschaft wieder auf die Beine helfen sollte. Man fragte damals nach dem Verhältnis der Tüchtigen und Schwachen, nach der Verbesserung der menschlichen Natur, der Vererbung von Anlagen und erworbenen Fähigkeiten – Fragen, die im gegenwärtigen Diskurs erneut an Relevanz gewonnen haben. Die Eugenik des 19. Jahrhunderts erlebt aber auch deshalb eine Renaissance, weil sie gegenüber der »übersteigerten« und »enthemmten« Eugenik der NS-Zeit einen vermeintlich unschuldigen Anknüpfungspunkt bietet. Sichtbar ist das Bemühen um ihre Ehrenrettung. Dabei gerät leicht aus dem Blick, dass die meisten Vorstellungen, die sich die Nazis zu eigen machten, aus den zwanziger Jahren stammten, als sich die Erbgesundheitslehre international etablieren konnte.

In Deutschland hatte sich 1905 die Deutsche Gesellschaft für Rassenhygiene gegründet, aber die entscheidende Aufwertung erlebte die Forschung dann durch das 1927 ins Leben gerufene Institut für Anthropologie, menschliche Erblehre und Eugenik, das der renommierten Kaiser-Wilhelm-Gesellschaft unterstand.

In den kommenden Jahren setzte sich in vielen Ländern eugenisches Denken auch auf politischer Ebene durch. Ende der zwanziger und Anfang der dreißiger Jahre erließen zahlreiche skandinavische Länder Sterilisationsgesetze. In einigen US-Staaten gab es bereits seit Jahren entsprechende Gesetze, andere schlossen sich jetzt diesem Trend an. Im Juli 1933 erließ man in Deutschland das »Gesetz zur Verhütung erbkranken Nachwuchses«. Erst spät setzte sich in den Reihen der »seriösen« Eugeniker die Einsicht durch, dass die Nazis mit ihrem Euthanasie-Programm und ihren Menschenexperimenten den Bogen überspannt hatten und drauf und dran waren, die ganze Lehre zu diskreditieren. 1939 versuchten international renommierte Wissenschaftler auf einem Kongress in Edinburgh eine Grenze zur Rassenhygiene der Nazis zu ziehen und das Forschungsprogramm auf eine neue ethische Grundlage zu stellen.

Man kann das im bürgerlichen Zeitalter entstandene Projekt der Eugenik nicht unbeeindruckt von der späteren Entwicklung wahrnehmen. Aber führte der Weg konsequent in den Nationalsozialismus? Tatsache ist, dass die Anfänge der Eugenik von einem breiten gesellschaftlichen Konsens getragen wurden. Es waren nicht allein Konservative, die sich um die Zukunft der Gesellschaft sorgten und die »guten« Anlagen in Gefahr sahen, die Sorge erfasste Ärzte, Wissenschaftler, Künstler und Literaten, Liberale, die Frauenbewegung, Linkssozialisten und Sozialdemokraten. Eugenik war ein Projekt, in dem der Wunsch des Zeitalters nach Regeneration und Erneuerung zum Ausdruck kam. Es bündelte die Erlösungshoffnungen einer Epoche, die sich nach gesünderen Verhältnissen und besseren Menschen sehnte. Der Engländer Francis Galton, ein Vetter Darwins, hat den Begriff »Eugenik« 1883 geprägt. Schon etymologisch wollte er positive Assoziationen wecken, in ihm verbinden sich die griechischen Wörter »eugenes« und »genesis«: die edle Abstammung, die hohe Geburt und das Werden, das sich zum Guten wenden soll.

Die Erzeugung der Besten

Es kündet sich ein Prozeß an, der in einer Arche gleichsam die Oberlebenden des Bewußtseins rettet und zu einer neuen Geist-Rasse verdichtet. Wie die *Amerikanisierung*, ist einfach ein Prozeß der *Vergeistigung* auf dem Erdstern möglich, der von dieser Rasse aus der Arche ausgehen soll.

Robert Müller, *Die Geist-Rasse*

Im Februar 1892 rief »Die Gesellschaft« ihre Leser auf, über die »Wiedergeburt der Kulturmenschheit« nachzudenken. Die von Michael Georg Conrad gegründete Zeitschrift war das wichtigste Publikationsorgan der frühen naturalistischen Bewegung in Deutschland. Hier schrieben die kritischen Geister und Verfechter der Moderne: Oskar Panizza, Gerhart Hauptmann, Richard Dehmel, Karl Bleibtreu, Frank Wedekind, Gustav Landauer. Man wollte die Verlogenheit entlarven, der Realität ungeschminkt ins Gesicht sehen und die neue Wahrheit propagieren. Aus diesem Impetus heraus stellte man sich nun dem allgemein attestierten Niedergang der menschlichen Rasse: »Trotz aller zivilisatorischen Fortschritte«, schrieb der Herausgeber, »ist das Menschenmaterial minderwertig geworden. Es hat sich eine förmliche Kulturkrankheit herausgebildet, die uns körperlich und geistig mehr und mehr herunterbringt. Das trostlose Bild, welches die heutigen sozialen und politischen Zustände gewähren, ist zum nicht geringen Teile auf die psychophysiologische Entartung der herrschenden wie der dienenden Klassen zurückzuführen.«[1] Die Zeitschrift lobte einen Preis aus und forderte ihre Leser auf, sich der Frage zu widmen, wie ein Geschlecht beschaffen sein müsse, »das den großen Aufgaben der Zukunft gewachsen ist und uns über das Dekadenzelend der Gegenwart in eine gesündere, freudigere Lebensepoche hinüberleitet«.[2] Nicht um Revolution, sondern um die schon von Richard Wagner propagierte Regeneration sollte es gehen. Von den damals immer lauter tönenden antisemitischen Stimmen distanzierte man sich nachdrücklich: Die Überlegungen zur Verbesserung der menschlichen Rasse sollten sich nicht gegen einzelne Rassen richten, insbesondere nicht gegen das Judentum.

Conrad selbst glaubte den Untergang des Kulturmenschen bereits in dessen Genese aufzeigen zu können. Denn dieser stamme, wie man seit einiger Zeit wisse, aus dem Tierreich, und in der Epoche, in der man sich gerade befinde, gehe es um »die Austilgung der letzten Reste angestammter Bestialität«.[3] Raubtier und Mensch waren also noch nicht gänzlich geschieden, das wurde etwa in der herrschenden »Geld- und Genußgier«[4] offenbar. Sollte das höhere Menschentum erreicht werden, musste zuallererst der »Mammonismus« in all seinen Formen bekämpft werden.[5]

Die beiden prämierten Aufsätze zur »Wiedergeburt der Kulturmenschheit« entwarfen ein ganzes Tableau zivilisatorischer Krisenphänomene, die einer Verbesserung der menschlichen Natur im Weg standen: die unnatürliche Lebensweise, der hemmungslose Geschlechtstrieb, der Alkoholismus, die Überbürdung der Jugend, die Vergiftung der Umwelt, der unmäßige Fleischkonsum.

Conrad und seine Mitstreiter setzten bei ihren Überlegungen zu einem neuen Menschen weiterhin auf das tradierte humanistische Konzept, auf Bildung und Erziehung, die allerdings grundlegend verändert werden sollten; gefordert war nun eine »systematische Gesundungsarbeit«,[6] die beim Kleinkind, ja schon im Mutterleib ansetzen sollte. Das Ziel waren »gesunde Eltern«, die dann die verbesserte eigene Natur auf ihre Nachkommen übertragen sollten.[7]

Man folgte dabei den Thesen des Lamarckismus, der Ende des 19. Jahrhunderts die führende Evolutionstheorie war. Die Auffassung, dass veränderte Lebensbedingungen sich auf Organismen auswirken und Modifikationen erzeugen, die als neue Eigenschaften und Fähigkeiten schließlich an die nächste Generation weitergereicht werden, entsprach aufs schönste den Erziehungsidealen der Zeit. Das Erbgut galt als eine Größe, die durch höhere Bildung, bessere Lebensbedingungen und medizinischen Fortschritt zum Guten hin beeinflusst werden konnte. Wachsender Wohlstand, von dem auch die unteren Schichten profitieren sollten, wirke sich in der nächsten Generation als bessere Erbanlagen aus – so glaubten die Anhänger Lamarcks.

Gegen diese Auffassung formulierte sich in den 1890er Jahren mit der Keimplasmatheorie eine Position, die sich auf Darwin berief und in Verbindung mit der Eugenik – in der Erklärung von Evolutions- und Vererbungsmechanismen – immer mehr an Boden gewann. Die neodarwinistische Theorie, die die spätere Gentechnologie begründete, ging auf August Weismann zurück, der bereits 1885 die Keimzellen als Träger der Erbinformationen identifizierte und die Ansicht vertrat, dass sich das Keimplasma erhält und von einer auf die andere Generation übertragen wird.[8] Alles, was der Mensch lernt und an Fähigkeiten erwirbt, ist davon unabhängig und kann nicht auf die nächste Generation übertragen werden. Die Leitbegriffe des bürgerlichen Denkens – Aufklärung, Erziehung, Lernen, Wohlstand – wurden von den Neodarwinisten vom Kopf auf die Füße gestellt. Hatte man bisher angenommen, dass sich die »wohltätige[n] Einflüsse«[9] der Gesellschaft in der nächsten Generation durch »bessere« Erbanlagen letztlich positiv auf die Gesamtheit auswirken würden, so stand nun der Fortschritts- und Zivilisationsoptimismus, der hinter dieser These stand, grundsätzlich in Frage. Erziehung und soziale Wohlfahrt konnten vielleicht das Leben des Einzelnen verbessern, nicht aber das seiner Nachkommen.

Schon 1869 hatte Francis Galton in seinem berühmten Werk »Hereditary Genius« (»Genie und Vererbung«) die Annahmen des Lamarckismus auf die Plätze verwiesen.[10] Der Einfluss der erworbenen Fähigkeiten auf die Entwicklung der Rasse sei »außerordentlich gering«, und die »erbliche Weitergabe« käme nur in Ausnahmefällen vor.[11] Auch Galton fragte, wie sich die Menschheit »von dem elenden Niveau, auf dem sie heute steht«,[12] erheben konnte, welcher Mittel es bedurfte, um »eine hochbegabte Menschenrasse«[13] hervorzubringen. Erziehung, soziale Einflüsse und Übung hatten für den Einzelnen eine große Bedeutung, doch gegenüber den natürlichen Erbanlagen waren diese Faktoren für die Menschbildung bedeutungslos. Galton argumentierte – wie an vielen Stellen in seinem Buch – alltagspraktisch: Jemand, der durch Übung, Selbsterziehung und Fleiß ein bestimmtes Ziel oder eine bestimmte gesellschaftliche Stellung zu erreichen versucht, hat eine ganze Weile Erfolg, dann aber stößt er an Grenzen, die er mit Anstrengung und Disziplin allein nicht überwinden kann. Er weicht aus, versucht es auf einem anderen Gebiet, auch hier erwartet ihn die gleiche Erfahrung.[14] Ein Mensch mit natürlichen Fähigkeiten kann sich hingegen von seinen Zielen entfernen, er kann durch das Leben fortgerissen werden, aber er findet doch immer wieder »auf den Pfad« zurück, »der zur hervorragenden Bedeutung führt«, so sicher »als ein Verliebter den Weg zu seiner Geliebten findet«.[15] Der natürlich Begabte verfügt über ein besonderes Sensorium, die Veranlagung macht aus ihm »einen gewandten und begierigen Lauscher, der zahllose fast unhörbare Lehren aufnimmt, die andere, weniger aufmerksam, sicherlich überhören«.[16] Selbst wenn seine Talente und Kräfte lange Zeit in ihm unbewusst schlummern, so treten sie irgendwann unweigerlich hervor, und sobald sie geweckt sind, ist er in der Lage, all diejenigen, die nur erworbene Fertigkeiten besitzen, auf »der Rennbahn des Lebens«[17] zu überholen. Erfolg ist für Galton eine objektive Kategorie, die sich in die Gene eingeschrieben hat; Bildung und Lernfähigkeit sind von subjektiven Bedingungen abhängig. Eine höhere Bildung ist für jedermann möglich, nicht aber Erfolg und gesellschaftliche Bedeutung.[18]

Die Abstammung ist das entscheidende Kriterium. Zum Beweis zieht Galton Biographien, statistisches Material über Studienabschlüsse und Berufe sowie Stammbäume heran. Natürlich liegt in der Herkunft kein Automatismus: »Sind Vater oder Mutter oder beide Eltern eines Kindes fähige Menschen, so folgt daraus noch nicht mit Notwendigkeit, daß auch das Kind befähigt sein wird, aber seine Chancen stehen auch nicht gerade am ungünstigsten. [...] Was ich zu beweisen behaupte, ist folgendes: wenn wir zwei Kinder nehmen, von denen das eine von einem Vater oder einer Mutter von außerordentlicher Begabung abstammt – sei es, daß dieser Mensch der erste von 4000 oder einer Million sei – so hat das erste Kind unendlich größere Chancen, in hohem Grade begabt zu sein, als das zweite.«[19] Eine »neue Rasse« kann geschaffen und zu einem hohen »Grad von Reinheit« geführt werden, indem man die positiven Erbanlagen verstärkt und die »mangelhaftesten Glieder« von der Fortpflanzung abgehalten werden.[20] In der Einleitung zur zweiten Ausgabe von 1892 hat Galton diese Aussage etwas relativiert: »Wir sind vielleicht nicht fähig zu schaffen, aber wir können leiten. Die Prozesse der Evolution sind in ständiger und spontaner Bewegung, die einen drängen zum Guten, die anderen zum Schlechten. Unser Teil ist, für günstige Gelegenheiten zu sorgen, indem wir den ersteren freie Bahn schaffen und die letzteren hemmen.«[21]

Damit war das allgemeine Programm der Eugenik definiert: einerseits Restriktion und Einschränkung der »minderwertigen Elemente«; andererseits Bewahrung und Förderung der starken und guten Anlagen. Was die »negative Eugenik« angeht, so beließ es Galton bei der Forderung nach Heiratsbeschränkung. Ausführlicher widmete er sich der »positiven Eugenik«, aber auch hier beschäftigte er sich nicht mit den Maßnahmen und Strategien zur »Rassenveredelung«, sondern mit den Mechanismen der Vererbung – einer, wie er am Beispiel vieler Stammbäume zeigte, komplexen Materie. Mit der vermeintlich »richtigen« Heirat sei es nämlich nicht getan. Zuweilen könne diese auch die guten Anlagen nicht bewahren – etwa wenn es sich um spätere Abkömmlinge handle. Galton führte das auf »Blutsverdünnungen«[22] zurück. Andererseits könne es auch vorkommen, dass sich nicht der Sohn auszeichne, wohl aber der Enkel.[23] Frühes Heiraten sei jedenfalls stets die beste Möglichkeit, Kinder zu zeugen, die »hervorragende Erfolge im Leben erringen« – vorausgesetzt natürlich, es handelt sich bei den Ehepartnern um »Söhne oder Töchter ausgezeichneter Männer, die selbst mit ausgesprochen hoher Befähigung ausgerüstet sind«.[24]

Die Deutung des empirischen Materials ist ziemliche vage und die Aussagen sind eher schlicht. Aber Galton ließ sich in seinem Furor nicht bremsen, er nahm sich die Berufsgruppen der Juristen, Politiker, Feldherrn, Literaten, der Naturwissenschaftler und Mathematiker, der Dichter, Musiker, Maler, Theologen, Ruderer und Ringkämpfer vor, um seine Theorie zu belegen. »Die Natur«, heißt es am Schluss der Studie, »ist schwanger von latentem Leben, und es steht in der Macht des Menschen, dieses Leben hervorzurufen.«[25] Freilich bezog sich das nicht auf die Gesamtheit der Gesellschaft, sondern auf die ersehnte Elite. Sie sollte stark werden, um »ihre Rolle auf der Bühne des Lebens« zu spielen, und sich nicht länger »von den Untauglichen, Kränklichen und Verzweifelten«[26] majorisieren lassen.

Das kommende Geschlecht

> Die *Krankhaften* sind des Menschen große Gefahr: *nicht* die Bösen, *nicht* die »Raubtiere«. Die von vornherein Verunglückten, Niedergeworfnen, Zerbrochenen – sie sind es, die *Schwächsten* sind es, welche am meisten das Leben unter Menschen unterminieren, welche unser Vertrauen zum Leben, zum Menschen, zu uns am gefährlichsten vergiften und in Frage stellen.
>
> Friedrich Nietzsche, *Zur Genealogie der Moral*

Galtons Versprechen, dass der bessere Mensch möglich sei, brachte um 1900 viele ins Träumen. Hatte man zuvor noch Kultur und Gesellschaft zu reformieren versucht, so war nun klar, dass man an der Biologie ansetzen musste. Vor allem die Pädagogen witterten Morgenluft, sie waren bisher auf Dressurtechniken angewiesen, um die menschliche Natur zu formen. Im Licht der neuen Erkenntnisse schien ein solches Unterfangen geradezu vorsintflutlich. Nun hieß das Zauberwort Eugenik, es ging zu den Ursprüngen, was die Pädagogik immer schon wollte. Man kehrte nicht mehr in das früheste Kindesalter zurück, sondern visierte gewissermaßen die Schöpfung selbst an, um sie zu steuern und in die richtigen Bahnen zu lenken. Die alte Zeit war endgültig vorbei, das 20. Jahrhundert sollte den neuen Menschen sehen, ein starkes Geschlecht, das alles Kranke und Schwache abschüttelte.

Die führende Propagandistin dieser Auffassung war die schwedische Reformpädagogin Ellen Key, Tochter einer Adeligen und eines Politikers. Ihre Pädagogik ist – man muss es betonen – erst in jüngster Zeit in Verruf geraten und einer kritischen Analyse unterzogen worden.[1] Lange Zeit gehörte sie neben Rudolf Steiner und Maria Montessori zu den Lichtgestalten des pädagogischen Aufbruchs um 1900. Wie so viele andere Aufbrüche gehörte auch dieser zum Programm der Lebensreform, einer Bewegung, die man heute gern als heterogen bezeichnet, weil sie angeblich so viele widersprüchliche Elemente in sich vereinigte. Wer allerdings genauer hinschaut, wird nicht verkennen können, dass die Utopien, die damals von Medizinern, Biologen, bildenden Künstlern, Architekten und Literaten entworfen wurden, allesamt jene Faszination für das Totalitäre verraten, von der das frühe 20. Jahrhundert beherrscht war. Unter dem Dach der Lebensreform wurden die »großen« Ideen und Visionen ausgebrütet, die später in politischen Weltanschauungen überführt wurden. Die Reformpädagogik Ellen Keys ist dafür ein Beispiel.

Mit ihrem im Dezember 1900 erschienenen Opus über »Das Jahrhundert des Kindes« trat sie als Prophetin einer neuen Zeit auf. Sie wies zunächst all diejenigen in die Schranken, die an der Veränderbarkeit des Menschen zweifelten, die Traditionsanhänger und Mutlosen, die immer noch auf die »lebendige Wirklichkeit in den Seelen der Menschen«[2] setzten. »Ich hingegen«, so Key, »bin überzeugt, dass alles nur in dem Masse anders wird, in dem die Menschennatur sich umwandelt, und dass diese Umwandlung sich vollziehen wird, nicht wenn die ganze Menschheit christlich wird, sondern wenn die ganze Menschheit zu dem Bewusstsein von der ›Heiligkeit der Generation‹ erwacht. Dieses Bewusstsein wird das neue Geschlecht, seine Entstehung, seine Pflege, seine Erziehung zu der centralen Gesellschaftsaufgabe machen, um die alle Sitten und Gesetze, alle gesellschaftlichen Einrichtungen sich gruppieren werden.«[3] Die »Heiligkeit der Generation« wurde zunächst im Kind gegenständlich, das nicht nur – wie man es in der heutigen Familienpolitik verbrämt ausdrückt – die Zukunft der Gesellschaft sichern sollte, sondern dazu ausersehen war, die Gesellschaft und nicht zuletzt auch die eigene Existenz aus den Niederungen zu erheben. Was die Moderne in die Privatheit abdrängte, Liebe und Ehe, wurde nun zu einer öffentlichen Angelegenheit ersten Ranges, denn hier wurde über Wohl und Wehe der Menschheit entschieden. Die Liebe wieder zu versittlichen, das hieß, sie musste dem Ganzen dienen, nur dann war sie gerechtfertigt.[4] Das große Ziel bestand darin, die

Forderungen des Einzelnen ganz in den Dienst des kommenden Geschlechts zu stellen.[5]

Die Fronten waren klar, es ging gegen den Zeitgeist der Moderne, den Key mit den Begriffen »Materialismus« und »Individualismus« denunzierte. Der »Heiligkeit der Generation«, diesem gewaltigen Projekt, sollte sich alles unterordnen: das Individuum, die Liebeswahl und die Ehe, die persönlichen Wünsche und Leidenschaften. Der neue Mensch hatte nicht mehr »das Glück des Einzelnen«[6] zum Ziel, er strebte nach Höherem und durfte dabei auch das Opfer nicht scheuen.[7] Galton hatte die Losung der heiligen Generation[8] ausgegeben und immer wieder an die Hypothek des gegenwärtig lebenden Menschen erinnert. Jede Generation, schrieb er, habe große Macht »über die wirkliche *natürliche Beschaffenheit* ihrer Nachfolger«[9]: Wie es um die »Gaben künftiger Generationen«[10] bestellt sein werde, liege in unserer Hand. Solche beschwörenden Appelle durchziehen das Werk des Engländers – und Ellen Key machte sie sich zu eigen. Galton war ihr Gewährsmann in puncto »Rassenveredelung«, der, wie sie generös bemerkt, »beinahe schon alles«[11] ausgesprochen hatte – beinahe, denn die damals bekannte und überall hofierte Vortragsreisende sah durchaus Möglichkeiten, der Idee noch etwas hinzuzufügen und ihre Popularität zu steigern. Insbesondere aber betrachtete sie es als ihre Aufgabe, was Galton im Vagen gelassen hatte, in eine Art Verhaltenskodex zu überführen, den sie in Essays, die sich an die moderne Frau und Mutter richteten, ausformulierte.[12]

Züchtung eines höheren Geschlechts hieß nun, Einfluss nehmen auf die »geschlechtliche Gesinnung«[13], denn die Ehe bot, wie Key schreibt, keine Gewähr dafür, dass die »Veredelung der menschlichen Rasse«[14] erreicht wurde. Ja, sie stand überhaupt nicht mehr im Zentrum der Aufmerksamkeit; es ging nun einzig darum, dass bei der Zeugung die richtigen Partner zusammenkommen: Die »neue Ethik wird kein anderes Zusammenleben zwischen Mann und Weib unsittlich nennen, als das, welches Anlass zu einer schlechten Nachkommenschaft giebt und schlechte Bedingungen für die Entwickelung dieser Nachkommenschaft hervorruft«.[15] Nicht die Religion sollte in diesem Punkt bestimmen, sondern die »Naturforscher«[16], insbesondere die Mediziner. Wo es um die Gattung und »die Bildung eines neuen und höheren Menschengeschlechts«[17] ging, durften christliche Gebote und moralische Konventionen nicht ausschlaggebend sein, sie gehörten zur alten Zeit. Auch die »erotische Sympathie« hatte ausgedient, die nur den Einzelnen und dessen Lust im Blick hatte, sie war »lebenzerstörend« und letztlich »unsittlich«, weil sie nicht der »Steigerung des Lebens zu immer höheren Formen«[18] zuarbeitete. Liebespaare, »die an einander nur die Lust des Tieres«[19] fanden und sich nicht um Nachkommenschaft kümmerten, fielen auf die niedrigste Stufe der Entwicklung zurück.

Das kommende Geschlecht sollte vor allem gesund sein, das hieß für Key, dass die »schlechten Menschenexemplare«[20] nicht in die »Heiligkeit der Generation« eingehen durften, sie mussten von der Fortpflanzung ausgeschlossen werden, nur so war der neue Mensch möglich. Die »Humanität der Zukunft« zeigte sich darin, dass man die »kranken und missgestalteten Kinder«[21] nicht mehr zwanghaft am Leben hielt und der Arzt »unter Kontrolle und Verantwortung schmerzlos ein solches Leiden«[22] auslöschte. Mit Euthanasie der »unheilbar Kranken« allein ließ sich freilich das Problem nicht lösen, es gab soziale Abweichungen wie zum Beispiel den »Verbrechertypus«. – Da nun aber die Grenzen zur Normalität oft schwer zu ziehen sind, sollte »der Gelehrte«[23] entscheiden. Key selbst hat in ihren Essays die Grenzen weit gezogen. In ihrem Band »Über Liebe und Ehe« schreibt sie, man könne doch nicht »jedwedem menschlichen Wrack« erlauben, »mit dem ›Rechte der Liebe‹ die Gattung fortzupflanzen«.[24] Das Ziel war unverkennbar die Purifizierung der Gesellschaft durch Ausschluss der sozial Abnormen und der mit »erblichen physischen oder psychischen Krankheiten Belasteten«[25] von der Fortpflanzung. Zur Begründung verwies Key auf das antike Sparta, wo

»den Schwachen, den zu Jungen, den zu Alten« eine Heirat nicht gestattet war.[26] Auf diese Weise sollte das Menschengeschlecht »allmählich von den Atavismen befreit werden, die vorhergehende niedrigere Entwicklungsstufen reproduzier[t]en«[27].

Die Starken können nur stark werden, wenn sie sich von allem Schwachen befreit haben. Wirkliche Stärke aber drückt sich vor allem darin aus, dass sich der Mensch nicht von der eigenen Natur bestimmen lässt. Die größte Gefahr ist dabei der Geschlechtstrieb, der sowohl den Einzelnen wie die Gemeinschaft bedroht. Ein Volk geht unter, wenn es »seine Kräfte in geschlechtlichen Ausschweifungen verbraucht«.[28] Während die Askese den Geschlechtstrieb abtöten will, erforderte der »neue Sittlichkeitsbegriff«[29] eine vollständige Beherrschung des Geschlechtriebs.[30] Der Mensch sollte zum »Sieger«[31] werden und Macht über seine eigene Natur gewinnen. Es werde allerdings, so räumte Key ein, mehrere Generationen in Anspruch nehmen, bis »die jetzige Natur der Menschen, besonders der Männer umgewandelt«[32] sei.

Einer, der damals die Werke Ellen Keys aufmerksam und mit großer Sympathie las und über »Das Jahrhundert des Kindes« eine wohltönende Rezension schrieb, war Rainer Maria Rilke. Bei oberflächlicher Lektüre könnte man zu dem Schluss kommen, er habe ein anderes Buch gelesen, jedenfalls findet man auf Anhieb von den propagierten Ideen der Eugenik in seiner Rezension nichts. Liest man genauer, wird deutlich, dass dem Dichter die Sprengkraft des Buches keineswegs entgangen ist, er spricht von der polarisierenden Wirkung und davon, dass man sich gegen die Ideen »wehren« wird – ohne sie freilich zu nennen. Er schreibt auch, dass man sich auf das Buch »stützen« und immer wieder darauf »zurückkommen«[33] werde. Ja, er ist der Überzeugung, »daß es Menschen hervorrufen wird, die danach leben werden«.[34] Und er verkennt auch nicht, um was es hier geht: Ellen Key wolle keine »Reformen«, schreibt er, sie wolle die »Umformung der Gesellschaft«[35], eine Änderung von Grund auf, und sie stelle sich die »Zukunft groß und glücklich«[36] vor. Das Buch wecke den sehnlichen Wunsch nach den »großen Individualitäten, die anders sind: denn immer ist mit ihnen die Zukunft gewesen«.[37]

Eine kryptische Darstellung, doch Distanz lässt sich aus dem Text schwerlich herauslesen, im Gegenteil, Rilke unternimmt den Versuch, die kruden eugenischen Denkwelten einem intellektuellen Publikum schmackhaft zu machen, das von einer grundlegenden Erneuerung zwar träumt, aber nicht bereit ist, sein Leben zu ändern. Und Rilke sagt diesem Publikum, hier sind »lauter Wirklichkeiten«, die danach »drängen«, nachgelebt zu werden.[38] Mit anderen Worten: Das kommende Geschlecht liegt in unseren Händen.

Es muss auf den ersten Blick irritieren, dass ein als sensibel geltender Künstler wie Rilke die eugenischen Visionen von Ellen Key ungerührt abnickt und keine Zweifel anmeldet; es zeigt aber, dass diese Gedanken um 1900 offenbar nichts Irritierendes mehr hatten und dass man in den bürgerlichen und künstlerischen Kreisen so dachte, auch wenn man sich sprachlich zuweilen vorsichtiger auszudrücken pflegte als die entschlossene Reformpädagogin. Am Ende seiner Rezension prophezeit Rilke, dieses Jahrhundert werde »zu den größten gehören, wenn der Traum, den diese seltsam reife und gerechte Frau in seinen ersten Tagen geträumt hat, in seinen letzten einmal in Erfüllung geht«.[39] Nachzutragen bleibt, dass sich Rilkes Rezension durchaus »ausgezahlt« hat. Ellen Key machte Rilke in Skandinavien bekannt, sie ermöglichte ihm einen längeren Aufenthalt in Schweden und finanzierte 1905 eine kostspielige Kur im Sanatorium Weißer Hirsch. Dass der von Rilke gefeierte Traum schon drei Jahrzehnte später Gestalt annehmen sollte, konnte er freilich nicht ahnen.

Purifizierung und Wiedergeburt

Zu allen Zeiten hat man die Menschen »verbessern« wollen: dies vor allem hieß Moral. Aber unter dem gleichen Wort ist das Allerverschiedenste von Tendenz versteckt. Sowohl die *Zähmung* der Bestie Mensch, als die *Züchtung* einer bestimmten Gattung Mensch ist »Besserung« genannt worden: erst diese zoologischen *termini* drücken Realitäten aus – Realitäten freilich, von denen der typische »Verbesserer«, der Priester, nichts weiß – nichts wissen *will* ... Die Zähmung eines Tieres seine »Besserung« nennen ist in unsern Ohren beinahe ein Scherz. Wer weiß, was in Menagerien geschieht, zweifelt daran, daß die Bestie daselbst »verbessert« wird. Sie wird geschwächt, sie wird weniger schädlich gemacht, sie wird durch den depressiven Affekt der Furcht, durch Schmerz, durch Wunden, durch Hunger zur *krankhaften* Bestie.

Friedrich Nietzsche, *Götzen-Dämmerung*

Am Ende seines zweibändigen Werks über die »Entartung« entwirft auch der hier schon mehrfach zitierte Max Nordau eine eugenische Zukunftsvision – ohne dass er den Begriff benutzt. In seiner langen und zuweilen auch langatmigen Abhandlung über die tiefe Ermüdung des menschlichen Geschlechts und den widerstandsunfähigen Zeitgeist[1] kommt es am Schluss – viele Interpreten haben es mit Verwunderung registriert – zu einer überraschenden Wendung. Nachdem der Autor über viele hundert Seiten ein düsteres Bild der Gesellschaft gemalt und fein säuberlich alle Symptome des Verfalls aufgelistet hat, zieht er ein Fazit: »Wir stehen nun mitten in einer schweren geistigen Volkskrankheit, in einer Art schwarzer Pest von Entartung und Hysterie und es ist natürlich, daß man allseitig ängstlich fragt: ›Was soll weiter werden?‹[2]

Eines steht unumstößlich fest: Die Erschöpften und Entarteten sind unheilbar, ihre Leiden nicht gesellschaftsfähig. Der Arzt und Schriftsteller schlussfolgert daraus: »Sie sind deshalb bestimmt, zu verschwinden. Sie gehen unrettbar daran zu Grunde, daß sie sich zur Wirklichkeit nicht zu stellen wissen. Sie sind verloren, ob sie nun allein auf der Welt sind oder ob es neben ihnen noch Gesunde oder Gesündere, oder mindestens heilbare gibt.«[3]

Es sind Menschen, so führt Nordau weiter aus, die »zu keiner nützlichen Einzelanstrengung und noch weniger zu einer gemeinsamen Arbeit« taugen, »welche Gehorsam, Zucht und regelmäßige Pflichterfüllung fordert«.[4] Sie wollen sich ausleben, »ästhetische Schwelgerei und entnervendes Genießen ist das Einzige, wozu ihre in voller Rückbildung begriffenen Organe noch zu gebrauchen sind«.[5] Ihre Einstellung ist parasitär, sie nehmen das, was ihnen die Gesellschaft bietet, sie »hausen [...] im stolzen Bau der von ihnen fertig vorgefundenen Gesittung, aber sie selbst bauen nichts Neues und sie können keinen Verfall aushalten. Sie schmarotzen an der Arbeit, welche die voraufgegangenen Geschlechter für sie aufgehäuft haben, sowie aber das Erbe aufgezehrt ist, müssen sie elend verhungern.«[6] Der Tenor dieser Zeilen kommt uns merkwürdig bekannt vor, die heutige Niedergangsdiagnostik, die sich mit Vorliebe am Verhalten der unteren Schichten festmacht, hat sich nicht weit davon entfernt. Allerdings – und das unterscheidet ihn – blickte der Psychopathologe des Fin de Siècle[7] optimistisch in die Zukunft. Die Schwachen und Kranken würden untergehen, schon ihre Konstitution sei dafür ein Garant, sie würden früher altern und sie seien relativ unfruchtbar, vor allem aber gäbe es noch genug »Gesunde«,[8] gegen die sich die Entarteten und Erschöpften nicht behaupten könnten. Es bedurfte also keiner Restriktionen und Eingriffe, die »Minderwertigen« waren von sich aus nicht überlebensfähig.

Nordau glaubte nicht nur an die letztlich unzerstörbaren Anlagen der Gesunden, er stand auf der Seite der Lamarckisten und hielt erworbene Fähigkeiten für vererbbar. Auch er träumte von einem neuen Geschlecht, das kräftiger und stärker sein sollte, als es das alte war – Menschen, »die früh aufstehen und nicht vor Sonnenuntergang ermüden«,[9] hoch angepasst und immun gegen Reize. Spätestens »Ende des zwanzigsten Jahrhunderts«, so spekulierte er, werde es ein Geschlecht geben, »dem es nicht schaden wird, täglich ein Dutzend Geviertmeter Zeitungen zu lesen, beständig an den Fernsprecher gerufen zu werden, an alle fünf Welttheile zugleich zu denken, halb im Bahnwagen oder Flugnachen zu wohnen und einem Kreise von zehntausend Bekannten, Genossen und Freunden gerecht zu werden. Es wird inmitten der Millionenstadt Behagen zu finden wissen und mit seinen riesenstarken Nerven den kaum zu zählenden Anforderungen des Lebens ohne Hast und Aufregung entsprechen können.«[10]

Nordau beließ es nicht bei Ausflügen in das Reich des Übermenschen, er beschloss sein Buch mit einem therapeutischen Programm für die »obersten Bildungsschichten«[11]. Ihnen empfahl er eine »Hygiene des Geistes«,[12] sie müssten lernen, den Anfechtungen der modernen Kultur standzuhalten, ihre Triebe zu disziplinieren. »Zucht« und »Selbstbeherrschung«[13] seien die entscheidenden Mittel, um ein neues Menschentum zu schaffen: »Fortschritt ist die Wirkung immer härterer Bezwingung des Thiers im Menschen, immer strafferer Selbstzügelung.«[14]

Anders als Nordaus Zeitdiagnose stieß seine »Prognose« auf Skepsis und Unglauben. Dass sich das Problem der Erschöpfung im 20. Jahrhundert von selbst erledigen würde und die Gesunden schließlich triumphierten, darin sahen viele Kritiker einen frommen Wunsch, der mit der Realität wenig zu tun hatte. Die von Ellen Key entworfene Perspektive entsprach da viel eher dem Zeitgeist.

Einige Jahre bevor Keys »Jahrhundert des Kindes« erschien, diskutierte das besorgte Bürgertum bereits Galtons Thesen. Der Arzt Alfred Ploetz veröffentlichte 1895 eine Schrift über die »Tüchtigkeit unserer Rasse«. Er war ein enger Freund der Schriftstellerbrüder Gerhart und Carl Hauptmann. Schon früh waren die Freunde von sozialistischen und pangermanischen Ideen erfüllt. Während ihrer gemeinsamen Zeit in Zürich, Ende der 1880er Jahre, diskutierte man aber auch eifrig über Vererbungsfragen, über Antialkoholismus und Frauenemanzipation. Es bildete sich ein Kreis, zu dem auch August Forel, Gustav von Bunge, Richard Avenarius und Frank Wedekind gehörten. Gerhart Hauptmanns 1889 uraufgeführtes Drama »Vor Sonnenaufgang«

ist ganz wesentlich von den Diskussionen in dieser Runde inspiriert und beeinflusst worden. In dem Stück weist der Journalist Alfred Loth seine Geliebte zurück, weil sie aus einer Trinkerfamilie kommt. Für die Figur des Journalisten soll Ploetz Modell gestanden haben.

Als der Mediziner seine Schrift veröffentlichte, hatte er sich von den frühsozialistischen Ideen abgewandt und begeisterte sich für den Darwinismus. Dass die Schwachen und Kranken in der modernen Gesellschaft alimentiert werden, erschien ihm nun unvereinbar mit den »Gesetzen« der Natur. So notwendig die Hilfe des Mediziners im Einzelfall sei, sie trage auch dazu bei, dass diese sozialen Gruppen, die nach dem Gesetz der natürlichen Auslese zum Untergang verurteilt sind, überlebten. »Stark« geworden seien die Schwachen in der Moderne durch den »wachsende[n] Schutz«[15] der Gesellschaft: Sozialgesetzgebung, Arbeitsschutz und Gesundheitsfürsorge würden zur »künstlichen Erhaltung schwächlicher Individuen«[16] beitragen und die natürlichen Selektionsmechanismen außer Kraft setzen. Nicht nur das – Ploetz vertrat die These, dass die Schwachen im bedrohlichen Umfang zunähmen. Sie seien fruchtbarer und überlebensfähiger als die »hoch gezüchteten« gebildeten Schichten. Die Tüchtigen verlören in der Gesellschaft immer mehr an Boden. Wenn der »Kampf um's Dasein« nicht mehr allgemein gelte, führe das zur Entartung des Menschen. Die bisher betriebene Hygiene, die auf das Individuum abgestellt war, musste schleunigst durch eine neue Perspektive ergänzt werden: die »Hygiene einer Gesamtheit von Menschen«.[17] So begründete Ploetz mit seinem Kollegen Wilhelm Schallmayer ein Projekt, das in den ersten Jahrzehnten des 20. Jahrhunderts rasch Karriere machte, die Rassenhygiene – ein Begriff, mit dem man Galtons Wortschöpfung Eugenik konterte.

1905 gründete man eine »Gesellschaft für Rassenhygiene«. Im Jahr zuvor wurde die Zeitschrift »Archiv für Rassen- und Gesellschafts-Biologie« ins Leben gerufen. Sie war interdisziplinär ausgerichtet, hier veröffentlichten angesehene Mediziner, Biologen,

Pädagogen, aber auch Juristen, Geologen und Historiker. Die gesellschaftlichen Probleme erforderten eine neue Expertenkultur und neue Archive des Wissens – darin war man sich einig. Im Vorwort zum 2. Jahrgang (1905) distanzierte sich die Redaktion von allen Versuchen, die Zeitschrift in »extreme Bahnen« zu lenken. Man wolle eine unabhängige Stellung beibehalten und sich weltanschaulich nicht festlegen, die Zeitschrift stehe »wissenschaftlichen Autoren aller Schattirungen offen«.[18]

Die Ideen der Rassenhygiene und Eugenik konnten sich in Deutschland durch den Ausbau der sozialen Hygiene und der wissenschaftlichen Forschung schnell etablieren. Vor dem Ersten Weltkrieg wurden zahlreiche Lehrstühle für soziale Hygiene an verschiedenen Hochschulen geschaffen und Akademien gegründet. Zwischen den weitreichenden Visionen der Eugenik und der auf Prävention, Fürsorge und Wohlfahrtspflege ausgerichteten Konzepte der Hygiene gab es Anfangs große Differenzen. In den zwanziger Jahren dachten aber die Hygieniker in eugenischen Kategorien.

Begründer und Kapazität des Faches war Alfred Grotjahn, der bei Ernst Schweninger ausgebildet und auch promoviert wurde. 1912 habilitierte er sich als Erster im neugeschaffenen Fach »Soziale Hygiene« und übernahm die Leitung der entsprechenden Abteilung an der Universität Berlin. 1920 wurde er ordentlicher Professor. Für die SPD ging er ein Jahr später in den Reichstag und verfasste für seine Partei die gesundheitspolitischen Leitlinien, die im Görlitzer Programm von 1922 verabschiedet wurden. Grotjahn veröffentlichte vor dem Ersten Weltkrieg zwei Studien zur sozialen Hygiene, die Maßstäbe setzten, in zahlreichen aktualisierten Ausgaben in den zwanziger Jahren nachgedruckt wurden und den Diskurs um die Erneuerung der Gesellschaft und die Verbesserung des Menschen prägten: 1912 erschien die erste Auflage der Untersuchung »Soziale Pathologie«; zwei Jahre später kam die Schrift über »Geburten-Rückgang und Geburten-Regelung« heraus. Grotjahns Forschungen waren anfangs von großem sozialen Engagement getragen: Er erkannte, dass bestimmte Krankheiten in den unteren Schichten gehäuft vorkamen, und führte dies auf die pathogenen Lebensverhältnisse zurück. In der Folge plädierte er für eine genaue sozialstatistische Erfassung und systematische Registrierung aller sozialen Krankheitsphänomene. Um ein möglichst genaues Bild zu bekommen, sollte die gesamte Bevölkerung anthropometrisch erfasst werden; auch auffällige regionale Unterschiede sollten berücksichtigt werden. Eine besondere Rolle kam den städtischen Lebensbedingungen zu: »Krankheitshäufigkeit und Krankheitsbösartigkeit«[19] seien abhängig von den Wohnverhältnissen. In Zukunft müsse die soziale Hygiene zum Maßstab für Stadtplanung und Architektur werden.

Als Grotjahn 1902 mit seinen Forschungen begann, fragte er noch nach den Ursachen von Alkoholismus und abweichendem Verhalten. Er richtete sein Augenmerk auf das soziale Milieu, in dem er den Nährboden für zahlreiche pathogene Phänomene sah, die nicht in der Verantwortung des Einzelnen lagen. Sein Ziel war eine hygienische Kultur, die soziale Krankheitskeime und Entartungserscheinungen nicht mehr zuließ.

Die Schwerpunkte seines Forschungsprogramms änderten sich jedoch schnell. Immer deutlicher wurde ihm, dass das »Zentralproblem«[20] der sozialen Hygiene und der ganzen Gesellschaft, ja der gesamten Kulturmenschheit, Geburtenrückgang und mangelnde Geburtenregelung waren. In der 1914 erschienenen Studie versuchte er nachzuweisen, dass der »lawinenartig wachsende Geburtenrückgang«[21] sich vor allem für Deutschland nachteilig auswirkte. Noch sei es nicht zu spät, aber man stehe der Gefahr auf politischer Seite mit einer gewissen »Ratlosigkeit«[22] gegenüber. Grotjahn mahnte, dass auch Völker untergehen können – Rom sei ein warnendes Beispiel. Und die »Welt der Germanen«[23] zeige bereits bedeutsame Auflösungserscheinungen und Risse.

Das Problem wurde – wie immer in der damaligen Zeit – dem zivilisatorischen Fortschritt angelastet. Die neuen Verhütungstechniken würden dazu führen, dass nicht mehr der natürliche

Prozess, sondern allein der »Wille zum Kinde«[24] entscheide. An sich seien diese Techniken durchaus sinnvoll, denn man könne so das Zeugungsverhalten beeinflussen und »die Qualität der Menschen«[25] steigern, doch genau das sei nicht der Fall: Die Geburten seien durchschnittlich zurückgegangen, in den unteren Schichten aber merklich gestiegen – eine Entwicklung, die sich auch in anderen Ländern zeige, in Deutschland aber besonders markant.

Schon im 19. Jahrhundert, als die Bevölkerung noch überall gewachsen sei, hätten sich im internationalen Vergleich bedeutsame Unterschiede gezeigt. Die Gewichte seien nun verschoben, die »Kulturvölker« stünden in Gefahr der »Überwucherung durch Nachbarvölker«[26] wie Rumänen, Bosnier, Bulgaren, Griechen und Serben.[27] Durch den »Fluch des Zweikindersystems«[28] habe sich in Deutschland die Lage immer weiter zugespitzt: »Ein Volk, dessen Bevölkerung auch nur stillsteht, während die Nachbarvölker wachsen, gerät in die Gefahr, von diesen im Laufe weniger Jahrzehnte überflügelt zu werden.«[29]

Grotjahn zeichnete ein Schreckenszenario: Die Geburtenzahlen der »Minderwertigen«[30] würden überproportional steigen, während die Gebildeten und Tüchtigen immer weniger Kinder bekämen. Besonders betroffen waren die Städte. So war der Geburtenrückgang in den westlichen Vororten Berlins, in denen die Wohlhabenden lebten, geradezu rekordverdächtig.[31] Dass die gebildeten Schichten auch an »Fortpflanzungsfähigkeit«[32] eingebüßt hatten, war zwar nicht zu beweisen, aber nur zu wahrscheinlich. Anzumerken ist, dass sich Grotjahn nicht, wie viele andere Hygieniker, antisemitische Vorurteile zu eigen machte; im Gegenteil, er belegte mit vielen Zahlen, dass Juden von dem Geburtenrückgang in Deutschland besonders betroffen waren – ein »schwer zu ersetzender Verlust«, da sie »Pioniere des Fortschrittes«[33] seien.

Die vorgeschlagenen Maßnahmen zur Steigerung der Geburtenrate erscheinen vor dem Hintergrund der heutigen Diskussion bemerkenswert aktuell. Das beginnt damit, dass »zur Erfüllung der Fortpflanzung« ein »moralischer Zwang«[34] aufgebaut werden sollte, mit dem man an das »Gemeinschaftsgefühl« appellierte. Vor allem bedurfte natürlich die Frau – zumal die gebildete – der »Führung«[35], ihr musste der »Wille zum Kind« anerzogen werden. Mindestens drei Kinder sollten in Zukunft Pflicht sein.[36] Während »Minderwertige« die Zahl nicht überschreiten durften, sollten gesunde und gebildete Paare vom Staat besondere Anreize und Leistungen erhalten. Die Mittel waren durch eine Umlage von den kinderlosen Paaren zu zahlen. In einigen Regionen Deutschlands gäbe es bereits eine »Ledigensteuer«, sie sollte landesweit eingeführt werden, zusätzlich zu einer »Junggesellensteuer«.

Die soziale Hygiene kam gestärkt und voller Selbstbewusstsein aus dem Ersten Weltkrieg. In der dritten Auflage der »Sozialen Pathologie« von 1923 heißt es im Vorwort, die Nachkriegsjahre seien »keineswegs eine Zeit des Niedergangs und des Verfalls, sondern eine solche der Läuterung und der Erneuerung«.[37] Für »eine durchgreifende soziale Hygiene« sah Grotjahn nun den Zeitpunkt gekommen.[38] In der Tat hatten sich Ton und Programm gewandelt. Methoden der negativen Eugenik, die zuvor noch mit aller Vorsicht formuliert worden waren, wurden jetzt zum allgemeingültigen Konsens in der Wissenschaft. Über den Verbrecher schrieb Grotjahn etwa: »Über die Notwendigkeit seiner dauernden Aussonderung aus der menschlichen Gesellschaft kann kein Streit sein.«[39] Bedingung sei nur, dass die Einstufung des gemeingefährlichen Verbrechers von einem Nervenarzt vorgenommen werde, der die »psychopatische Veranlagung« am besten erkennen könne, denn kriminelle Personen weisen häufig keine »auffallenden Störungen«[40] auf. In der Praxis seien die Übergänge »zwischen Gesundheit und geistiger Abnormität«[41] fließend, ein Urteil über die psychopathische Veranlagung sei nur möglich, wenn die betreffende Person »von sachverständiger Seite« längere Zeit beobachtet werde. Ein ausdifferenziertes Diagnosesystem gestatte es in Zukunft, abweichende Anlagen frühzeitig zu erkennen; so könne man, noch bevor ein Delikt begangen wird, die Person festsetzen. Unter diesen Vorzeichen müsse sich selbstverständlich auch die moderne Gerichtspraxis ändern, es gehe in vielen Fällen nicht mehr um eine »Vergeltungsstrafe«, sondern um eine »*Schutzstrafe [...], d. h. die dauernde Aussonderung der kriminellen Psychopathen* aus der übrigen Bevölkerung und ihre Festhaltung in eigens hierfür eingerichteten Asylen«.[42] Damit waren jedoch nur die »Verbrecher großen Stils«[43] aus der Gesellschaft ausgeschlossen. Wenn das neue Geschlecht zu Gesundheit und Stärke kommen sollte, musste man in der Purifizierung weitergehen und »Schwachsinnige, Epileptiker und Krüppel« aussondern, denn sie stellten nicht nur »eine stete Gefahr« dar, sondern sind auch »eine fühlbare wirtschaftliche Last«: »Wenn sämtliche anstaltsreife Elemente dieser Schicht in Irrenhäusern, Epileptikeranstalten, Krüppelheimen, Trinkerasylen usw. rechtzeitig asyliert würden, so wäre beiden Teilen geholfen.«[44]

Dieser Maßnahmenkatalog enthielt allerdings ein Problem: Es gab eine Klasse von Psychopathen – Grotjahn nennt sie »Hochbegabte«[45] –, die ausgesprochen kulturfördernd war. Es handelte sich um Menschen, die durch eine »eigentümliche Perversion ihres Trieblebens« einen bis zur »Selbstaufopferung gehenden Altruismus«[46] entwickelten. Unzweifelhaft stand für Grotjahn fest, dass diese »Hochbegabten« mit »krankhaften Erscheinungen«[47] behaftet und dem »Durchschnittsmenschen« anstößig waren, doch könne man gesellschaftlich auf diese »eigentlichen Bahnbrecher [...] in *Kunst, Wissenschaft und technischem Erfindungswesen*«[48] nicht verzichten.

Unter Grotjahns Federführung entwickelte sich die soziale Hygiene zur Eugenik: »Das Ziel der Hygiene ist die *Fernhaltung der gesundheitlichen Schädigungen* in negativer und die *Vervollkommnung der Körperkonstitution* in positiver Hinsicht.«[49] Asoziale Elemente sollten »aus dem sozialen Leben ausgeschaltet werden«,[50] nur so könne die »Volkskraft« erhalten werden[51]. Das »Endziel« dieser sozialen Hygiene war »nichts mehr und nichts weniger als die ewige Jugend der eigenen Nation«[52].

Es bedarf keiner Erläuterung, dass das Programm des Sozialdemokraten Grotjahn mit den rassehygienischen Wiedergeburtsphantasien der Nationalsozialisten bis in alle Einzelheiten kompatibel war. Die soziale Hygiene formulierte jene ideologischen Grundlagen, welche die Nazis nur noch ins Werk setzen mussten; sie waren lediglich die Vollstrecker, die Ernst machten mit dem, was die aufgeklärten bürgerlichen Köpfe unter Aufbruch und Reform des Lebens verstanden.

Alfred Rosenberg gehörte zu denen, die diese Stafette aufnahmen und die Vision von der »großen Gesundheit« propagierten. 1933 forderte er das Verschwinden der Kranken und Elenden und die Rückkehr »zu den gesunden Urquellen«.[53] Die »Deutsche Wiedergeburt« sei nur möglich, wenn man sich dem »gesunden und starken Menschen«[54] zuwende: »Für uns ist nicht mehr der kranke Mensch von Interesse.«[55] Noch bevor die Nazis an den Schalthebeln der Macht saßen, hatte er in seinem »Mythus des 20. Jahrhunderts« deutlich gemacht, um was es ging: um die »Züchtung eines kommenden Geschlechts«.[56] Das Zeitalter der Maschine hatte die »Persönlichkeitsideale« und die »typenbildende Kraft« zerstört, jetzt galt es, den Menschen zu einem »neuen Adel« hochzuzüchten.[57] Nicht nur leistungsfähiger und gesünder sollte der neue Mensch werden, sondern auch geistig reicher und körperlich schöner.[58]

Die Optimierung des Menschen

Ausblick

Das Heilsversprechen der Moderne heißt Fitness.[1] Ein Begriff, der sprachlich zunächst nichts anderes als Tauglichkeit und Eignung meint. In dieser Bedeutung hat er auch in Biologie und Evolutionstheorie schon früh Eingang gefunden. Fitness als Ausdruck einer Angepasstheit des Menschen an seine Umwelt, die von bestimmten Anlagen abhängt und seine Überlebensfähigkeit sichert.

Im Begriff der subjektiven körperlichen Fitness spielen diese Eigenschaften ebenfalls eine bedeutsame Rolle. Wer über Fitness verfügt, ist fähig, sich auf unterschiedliche Bedingungen einzustellen und großen Belastungen standzuhalten. Das Versprechen auf eine Steigerung des individuellen Wohlbefindens wurde dabei immer schon mit strategischen Zielen verbunden. Der Idealkörper sollte nicht nur schön und gesund, er sollte leistungs- und widerstandsfähig sein. Fitness ist die Mobilmachung des Subjekts gegen die zivilisatorische Ermüdung und Schwäche. Sie zielt nicht nur auf den Körper, sondern auch auf den Geist, die physische und psychische Leistungsfähigkeit soll gleichermaßen gesteigert werden.

Der Fitness-Gedanke ist eng verbunden mit der Lebensreform um 1900 und der Entdeckung beziehungsweise Rehabilitierung des Körpers. In einer Welt, die sich zunehmend der individuellen Kontrolle entzog, erschien der Körper als das Greifbare und

Substantielle – nicht zuletzt auch für geistige Prozesse. So sah man im Anschluss an Fechners Naturphilosophie den Leib als Träger seelischen Geschehens und deutete den körperlichen Ausdruck im Zusammenhang psychischer Erregungen. Mit der Pflege, Hygiene und Ertüchtigung des Körpers glaubte man auch ein Mittel in der Hand zu haben, um die seelischen und intellektuellen Kräfte zu stärken und zu stimulieren. In seiner 1886 erschienenen »Diätetik des Geistes« schreibt Friedrich Kirchner: Der Leib ist »das Organ des Geistes, das Instrument, auf dem er spielt, der Hebel, mit dem er die Dinge um sich her in Bewegung setzt«.[2] Körperliche Fitness wird zur entscheidenden Bedingung für intellektuelle Leistungsfähigkeit: »Und wenn wir auch von Menschen hören, die bei schwachem, gebrechlichem Leibe Großes auf geistigem Gebiete geleistet haben, so ist doch im allgemeinen ein gesunder Geist nur in einem gesunden Leibe denkbar. Je kräftiger, abgehärteter dieser ist, desto mehr wird jener leisten.«[3]

Sportliches Training sollte Energieströme freisetzen. Die Zeit aber dürstete nicht nur nach Energie, sondern nach Schönheit, nach dem Bild des athletischen Körpers, der ein Gegengewicht zur verhässlichten Welt und Wirklichkeit bieten sollte.

Anfang des 20. Jahrhunderts standen sich zwei Konzepte gegenüber[4]: Die einen folgten dem modernen Leistungsgedanken, der vor allem Effizienz forderte, die anderen orientierten sich an Natur und Natürlichkeit. Gemein war ihnen, dass sie auf die Gefahren des zivilisatorischen Fortschritts reagierten. Sie wollten einen neuen, vitalen Menschen schaffen, der die eigenen Grenzen überschritt.

Gefährlich gesund

Der Traum vom langen Leben

Christoph Martin Hufeland hat die Makrobiotik als eine spezielle Gesundheitslehre begründet und dazu 1797 seine berühmte aufklärerische Programmschrift »Die Kunst, das menschliche Leben zu verlängern« veröffentlicht. Grundlegend ist die Abgrenzung zur Medizin – die Makrobiotik soll eine Kunst sein: »Der Zweck der Medizin ist Gesundheit, der Makrobiotik hingegen langes Leben; die Mittel der Medizin sind nur auf den gegenwärtigen Zustand und dessen Veränderung berechnet, die der Makrobiotik aber aufs Ganze.«[1] Hufeland knüpfte an die antike Heilkunst an, die den Körper aus dem Zusammenspiel von Leib und Seele, von Umweltbedingungen und kosmischen Einflüssen erklären wollte. Demgegenüber galt ihm die Medizin als Handwerk, als ärztliche »Techne«, die sich um die unmittelbare Behandlung von Krankheiten kümmert. In der Makrobiotik ist dagegen die Gesundheit kein Ziel mehr, für sie ist auch die Krankheit nicht unbedingt ein »Uebel«[2], das man beseitigen muss. Denn Krankheiten können das Leben verlängern, der Schmerz kann zum Stimulans werden, das die positiven Lebenskräfte anregt.

Die Makrobiotik orientierte sich bei ihrem ganzheitlichen Vorgehen an »höheren Gesetzen«[3], sie wollte den Menschen umformen, seine Widerstandskraft und vor allem seine Lebenserwartung erhöhen. Das Ziel war, dass der Mensch wieder sein natürliches Lebensalter erreichte – und das waren, nach Hufeland,

Abb. 9: Christoph Martin Hufeland, um 1835 (Stahlstich von J. G. Nordheim nach einer Zeichnung von F. Krüger)

zweihundert Jahre. Dazu musste vor allem die Lebenskraft gestärkt und ihr Verbrauch auf ein Minimum beschränkt werden. Grundlage des diätetischen Programms war eine ausbalancierte Vitalisierung des Körpers, denn untätige Organe und Muskeln sterben mit der Zeit ab: »Ruhe und Nichtgebrauch ist ihr tödlichstes Gift.«[4]

Der trainierte Mensch lebt aber nicht nur länger, er ist auch attraktiver: »Jeder Körper wird uns um so interessanter, je mehr wir ihm eine Art von Leben und Lebensgefühl zutrauen können.«[5] Schon immer habe man die Erschöpften zu regenerieren und zu verjüngen versucht. Die eigentümlichsten Methoden seien dabei zur Anwendung gekommen. Hufeland verweist auf die Geschichte König Davids und auf einen Bericht des berühmten niederländischen Arztes Boerhaave, der den Amsterdamer Bürgermeister einst geheilt haben soll, indem er ihn zwischen zwei jungen Leuten schlafen ließ, »der Alte habe dadurch sichtbar an Munterkeit und Kräften zugenommen«.[6] Ein anderes Mittel war die Bluttransfusion: Man öffnete zwei Pulsadern, ließ aus der einen das alte Blut herauslaufen und leitete in die andere frisches hinein. In Tierversuchen, so Hufeland, habe man noch weiterreichende Therapiemöglichkeiten entdeckt; so wurde einem furchtsamen Tier das Blut eines aggressiven eingespritzt, um es »kühn«[7] zu machen. Doch all diese Heilverfahren waren nur von kurzer Wirkung, die Lebensdauer konnten sie kaum positiv beeinflussen, zudem waren sie vage und nicht verallgemeinerbar, in einigen Fällen war auch die Grenze zur Scharlatanerie überschritten. Mit der Makrobiotik wollte Hufeland nun ein solides Fundament liefern; dafür machte er den damals populären Begriff der Lebenskraft stark. Dieser stellte eine Art Hilfskonstrukt dar und reagierte auf die Tatsache, dass zahlreiche Phänomene des Organischen weder physikalisch noch chemisch zu erklären waren. Man ging deshalb, insbesondere von Seiten der Ärzte, von einer unbestimmten Kraft aus, die in der organischen Natur wirkt; diese sei zwar »unbegreiflich«, doch ihre »Existenz unläugbar«.[8] Hufeland versuchte nun in erster Linie, die Äußerungen und Eigenschaften dieser Lebenskraft im Gesamtzusammenhang des Organismus zu ergründen: Der Körper nährt sich von ganz unterschiedlichen Elementen, von Licht, Luft, Wärme, Essen, Trinken. Die Lebenskraft wandelt diese Materie um, der Körper stärkt sich, gleichzeitig nützen sich die Organe ab, sie werden »consumiert und aufgerieben«[9]; der menschliche Organismus altert und zerfällt allmählich.

Eben diesen Prozess sollte die Makrobiotik beeinflussen. Dabei bezog sich Hufeland kritisch auf die Reiz- und Erregungslehre John Browns und erkannte im Reiz das entscheidende Regulativ der Lebenskraft: »Die Lebenskraft kann durch gewisse Einwirkungen geschwächt, ja ganz aufgehoben, durch andre erweckt, gestärkt, genährt werden.«[10] Entscheidend war das richtige Maß, denn sowohl Überreizung als auch mangelhafte Erregbarkeit schwächten den Menschen. Der Einzelne mochte glücklich sein und sich gesund wähnen, doch für Vitalität und Lebensdauer galten andere Kriterien: »Je reizvoller das Leben, desto schneller verströmt es.«[11]

Der Reiz musste richtig dosiert werden, nur dann konnte er die Lebenskraft so in Tätigkeit versetzen, dass die Konsumtion nicht die Regeneration übertraf. Seine systematische Zufuhr sollte zugleich die Organe abhärten. Von großer Bedeutung waren dabei die »Perioden des Lebens«: Der junge Mensch brauchte weniger Reize als der alte. »Milch ist Wein für Kinder; Wein ist Milch für Alte.«[12] Hufeland unterschied strikt zwischen »Lebensverkürzungsmitteln«[13] und »Verlängerungsmitteln des Lebens«.[14] Zur ersten Gruppe gehörten eine schwächliche Erziehung, Verzärtelung, Ausschweifung in der Liebe, insbesondere Onanie, aber auch die unreine Luft der großen Städte, die Unmäßigkeit im Essen und Trinken und nicht zuletzt wechselnde Seelenstimmungen, negative Gefühle und Leidenschaften. Zur zweiten Gruppe gehörten eine »gute physische Herkunft«[15], eine vernünftige Erziehung, »die Vermeidung der Weichlichkeit«[16], Enthaltsamkeit, eine glückliche Ehe, ein guter Schlaf, körperliche Bewegung, frische Luft und »mäßige Temperatur der Wärme«[17] – vitalisierend wirkten auch das Landleben und die Gartenarbeit, Reisen, Körperhygiene und schließlich die richtige Ernährung.

Die Bedrohungen lauerten überall: Übererregung, erschöpfte Kräfte, Reizmangel führten zu Untätigkeit und Stillstand. In dieser negativen Lebensart sah Hufeland die eigentliche Gefahr: Ermattung war nicht so sehr ein Problem des überforderten, sondern des unterforderten Menschen, der »in einen Sumpf, in ein stehendes, todtes Meer«[18] verwandelt wird. Der Mensch, der an einem Mangel an Reizen und Tätigkeiten leidet, kann die Materie nicht mehr ausscheiden: »Das Physische der Maschine stockt, es häufen sich überflüssige, schlecht verarbeitete verdorbene Säfte an, die Kraft der Organe wird aus Mangel der Uebung immer mehr gelähmt, und der Keim zu allen Krankheiten ist dadurch gelegt.«[19] Hufelands Programmschrift gipfelte in einem Lob der Arbeit, der Berufsarbeit zumal, nur sie konnte, schon aufgrund ihrer Regelmäßigkeit, die Lebenskraft in optimaler Weise entwickeln. Der müßige Mensch konsumiert nur, er nimmt ein, aber er gibt nichts aus – und daran geht er schließlich zugrunde.[20]

Die Makrobiotik – und darin ist sie modern – wollte als »Lehre von der Kunst der Lebensverlängerung«[21] Mittel bereitstellen, um das physische und psychische Potential des Menschen zu optimieren. Mit seinem diätetischen Instrumentarium geriet Hufeland im 19. Jahrhundert zunehmend ins Abseits, in der Ausrichtung seiner Lehre auf Verjüngung, Vitalisierung und Lebensverlängerung blieb er aber hochaktuell und wurde einer der Wegbereiter der modernen Aktivitätskultur. Physiologie und experimentelle Psychologie waren von der Möglichkeit einer Überwindung körperlichen Verfalls fasziniert. Die ganzheitlichen Ansätze gaben sie allerdings auf und nahmen völlig andere Mittel in den Blick.

Die richtige Dosis

> Wird man in Zukunft, um wirklich »bei guter Gesundheit« zu sein, ständig gedopt, künstlich überreizt sein müssen? So wie die Hochleistungssportler oder die Anhänger von Extremsportarten?
>
> Paul Virilio, *Die Eroberung des Körpers*

Im letzten Drittel des 19. Jahrhunderts waren Aufputschmittel und Gifte Gegenstand vieler Untersuchungen: Kaffee, Tee, Nikotin, Alkohol, Drogen, Medikamente. Man fragte, wie sie sich auf das Seelenleben des Menschen auswirkten: Steigerten sie Kraft und Leistung? Erleichterten sie das Arbeiten oder erschwerten sie es? Und wie musste die Dosis beschaffen sein, um den Organismus anzuregen?

In Wilhelm Wundts Leipziger Laboratorium begann Emil Kraepelin 1882 mit einer experimentellen Untersuchung zur Wirkungsweise chemischer Aufputschmittel. Erst zehn Jahre später erschien die grundlegende Studie »Ueber die Beeinflussung einfacher psychischer Vorgänge durch einige Arzneimittel«.[1] Der Titel gibt den Inhalt nur verkürzt wieder, denn es ging um ein breites Spektrum von Aufputschmitteln und Giften und ihre spezifische Beeinträchtigung sensorischer, intellektueller und motorischer Funktionen. Im Mittelpunkt standen Versuche mit Alkohol, daneben gab es Experimentreihen mit Tee und verschiedenen Arzneimitteln (Morphium, Äther, Chloralhydrat u.a.).

Die Probanden, Kraepelin selbst und einige seiner Mitarbeiter, bekamen kleinere oder größere Mengen der Mittel verabreicht und mussten nach einem vorgegebenen Reglement unterschiedliche Aufgaben erfüllen: Lesen, Rechnen, Auswendiglernen. Getestet wurden Wortreaktion, Assoziation und Lerngeschwindigkeit, mit Chronoskop und Dynamometer wurden Muskelkraft und -kontraktion gemessen. Die Frage war, ob die Leistungen unter dem Einfluss der jeweiligen Mittel zu- oder abnahmen, ob sich typische Rhythmen und Verläufe ergaben und wie stark die Widerstandsfähigkeit war. Bei der Auswertung der Messergebnisse wurden subjektive Schwankungen in der geistigen und körperlichen Verfassung berücksichtigt, ebenso Präferenzen oder Abneigungen gegenüber bestimmten Mitteln.

Was man zuvor in Selbstbeobachtungen erschlossen hatte, sollte nun in »Zahlenwerthen«[2] ausgedrückt werden. Viele Ergebnisse überraschten nicht wirklich, sie bestätigten die Erwartungen und das Vorwissen.

Alkohol, so lautete das Resümee, führt ein erhöhtes Kraftgefühl herbei, gleichzeitig werden die psychischen Hemmungen

(Zaghaftigkeit, Befangenheit, Verlegenheit) vermindert: Unter Alkoholeinfluss verlieren »alle die zahllosen Rücksichten ihre Macht über uns [...], welche sonst im menschlichen Verkehre unser Reden und Thun auf das genaueste reguliren.«[3] In der richtigen Dosierung kommt es zu einer »gehobene[n] Stimmung«, die »den Druck vom Herzen nimmt, die innere Spannung beseitigt«.[4] Die Wirkungsweise der Droge auf den Leistungskörper war also differenziert zu betrachten: »Durch grosse Gaben werden sowol die sensorischen und intellectuellen wie die motorischen Functionen rasch gelähmt. Kleinere Dosen dagegen setzen nur die ersteren sogleich herab, während auf letzterem Gebiete der Lähmung ein kürzer oder länger dauerndes Stadium der Erregung vorangeht.«[5]

Ähnliches stellte die Studie zur Arzneimittelwirkung fest; auch hier steht der Erleichterung der motorischen Reaktionen eine verminderte geistige Verarbeitung gegenüber.[6] Grundsätzlich wirken toxische Einflüsse auf das menschliche Gehirn »in zwei verschiedenen, aufeinanderfolgenden Phasen [...], einer solchen der Erregung und einer solchen der Abstumpfung und Hemmung«.[7] Gifte und Aufputschmittel erregen und lähmen den Organismus – je nach Funktionen und Dosis.

Kraepelin ermittelte nicht nur die Reaktion des Körpers auf bestimmte Reizstoffe, er fragt auch danach, wie man die Stoffe zur Steigerung der intellektuellen und motorischen Prozesse einsetzen konnte. Und er dachte dabei durchaus strategisch: So gibt er zu bedenken, dass Alkohol in »sehr kleinen Gaben auch die Auffassung und Verarbeitung äusserer Eindrücke«[8] erleichtern könne. Überhaupt »nicht in Abrede« zu stellen sei seine Anwendung da, »wo es sich um eine *einmalige stärkere motorische Leistung* handelt«.[9] Leicht alkoholisiert zeige der Mensch weniger Hemmungen und lege eine »rasche Entschlossenheit«[10] an den Tag. Auch bei der Behandlung psychischer Störungen seien die Vorteile evident. Geringer Alkoholgenuss könne bei »gewissen neurasthenischen Zuständen« geradezu befreiend wirken und eine systematische Behandlung des Patienten vorbereiten: »Innere Spannungen« und »deprimierende Einflüsse« würden beseitigt, das »Selbstvertrauen« gestärkt.[11]

Kraepelin geriet mit diesen Überlegungen in die Schusslinie der Abstinenzbewegung, die Ende des 19. Jahrhunderts rasch an Einfluss gewonnen hatte. Der Basler Professor Gustav von Bunge hatte im November 1886 in seiner Antrittsvorlesung »Die Alkoholfrage« als einer der Ersten die Auffassung propagiert, dass Alkohol Erbgut und Volksgesundheit schade. Die Abstinenzler wurden in Europa von Kraepelins Kollegen, dem bereits erwähnten Schweizer Psychiater August Forel, angeführt, einem der Gründer des Guttempler-Ordens. 1892, als seine Studie erschien, bekannte sich Kraepelin noch in einem Brief an Forel zu den positiven Auswirkungen des Alkohols: »Mich selbst, der ich sehr mäßig trinke und über die hier [in Heidelberg] herrschende Sumpferei entsetzt bin, werden Sie übrigens nicht zum Teatotaler machen, so sehr ich in vielen und vielleicht gerade den wichtigsten Punkten mit Ihnen einverstanden bin. Ich habe schon häufig gefunden, daß *nach* großen Anstrengungen, namentlich aber bei schwerer gemütlicher Depression, der Alkohol eine überaus wohltuende Wirkung hat, auf die ich um eines Prinzips willen mich nur dann zu verzichten entschließen könnte, wenn ich den Beruf in mir fühlte, in so prononzierter Weise agitatorisch aufzutreten, wie Sie.«[12] Wenige Jahre später bekehrte sich Kraepelin zu den Ansichten der Abstinenzbewegung, seit 1896 gehörte er zusammen mit Forel, Paul Julius Möbius und Anton Delbrück dem Vorstand der abstinenten Ärzte an. Er zählte jetzt zu den entschiedenen Propagandisten der Bewegung, die den Alkohol nicht nur für den Verfall von Persönlichkeit und Charakter verantwortlich machten, sondern für die »Entartung« der ganzen Kultur. In seinem Lehrbuch der Psychiatrie machte er die Gifte zum zentralen Thema. In der modernen Zivilisation sah er eine wachsende Bedrohung durch toxische Mittel, welche die Kräfte des vitalen Menschen herabsetzten. Seine Frage lautete nun: Wie können Körper und Geist umgestaltet und imprägniert werden? Wie kann der Mensch unter den Bedingungen der Moderne existieren, ohne – so sein Ausdruck – im »Erschöpfungsirresein«[13] zu enden?

Von wunderbaren Kräften: Sigmund Freud und das Kokain

Erschöpften Kräften aufhelfen ? ! ? Aber unerschöpfte zu unerschöpflichen machen! Das ist das Werk!

Peter Altenberg, *Pròdrŏmŏs*

Gehen wir noch einmal zurück: Als Kraepelin seine Experimente im Laboratorium von Wilhelm Wundt machte, arbeitete auch Sigmund Freud, Assistenzarzt im Wiener Allgemeinen Krankenhaus, an einer Reihe ganz ähnlicher Selbstversuche.

In der »Deutschen Medizinischen Wochenschrift« war im Dezember 1883 ein Bericht über die physiologische Wirkung des Kokains auf den menschlichen Organismus erschienen. Bei einem Herbstmanöver hatte der Arzt Theodor Aschenbrandt die Droge an bayrischen Soldaten getestet, und das Ergebnis war, dem Bericht zufolge, phänomenal. Sobald einer der Soldaten erschöpft zusammenbrach, verabreichte ihm Aschenbrandt zwanzig Tropfen einer Kokainlösung. Schon nach kurzer Zeit stand der Mann wieder auf und marschierte trotz großer Hitze zum Ziel. Die Truppe habe kaum Nahrungsmittel gebraucht und im Kampf absolute Entschlossenheit gezeigt. Aschenbrandt pries das Mittel in überschwänglichen Worten: »Hebung aller geistigen Kräfte, Stärkung des Körpers gegen Strapazen und Hintansetzung des Hungergefühles [...].«[1] Freud, der einige Wochen später den Artikel las, war wie elektrisiert und recherchierte weiteres Material. Im April 1884 schreibt er bereits an seine Braut Martha Bernays: »Ich lese von Cocain, dem wirksamen Bestandteil der Cocablätter, welche manche Indianerstämme kauen, um sich kräftig für Entbehrungen und Strapazen zu machen. Ein Deutscher hat nun dieses Mittel bei Soldaten versucht und wirklich angegeben, daß es wunderbar kräftig und leistungsfähig mache. Ich will mir nun das Mittel kommen lassen und auf Grund naheliegender Erwägungen es bei Herzkrankheiten, ferner bei nervösen Schwächezuständen, insbesondere bei dem elenden Zustande bei der Morphiumentziehung (wie bei Dr. Fleischl) versuchen.«[2]

Das war der Startschuss zu einer Studie, die Freud sogleich in Angriff nahm und die er bereits Mitte Juni abschloss. Am 1. Juli 1884 erschien der Beitrag »Über Coca« im »Zentralblatt für die gesamte Therapie«. In der Literatur wird darauf hingewiesen, dass sich Freud in dieser Zeit als Forscher einen Namen machen wollte und eifrig nach geeigneten Themen suchte.[3] Das Kokain sei ihm in dieser Situation als ideale Möglichkeit erschienen, um sich zu profilieren, und da es ein noch weitgehend unbesetztes Terrain gewesen war, habe er früh seinen Hut in den Ring werfen wollen. Das erkläre die hektische Arbeitsweise dieser Wochen, dem Tempo seien auch zahlreiche formale Fehler geschuldet, die sich in die Veröffentlichung eingeschlichen hätten.[4] Doch ist diese Produktionsweise im Falle Freuds alles andere als singulär. Wenn er von einem Projekt überzeugt war, produzierte er im Überschwang und gab die Manuskripte erst kurz vor Drucklegung ab. An der »Traumdeutung« schrieb er noch im Herbst 1899. Am 6. September meldete er Wilhelm Fließ: »Ich bin eben ganz im Traum, schreibe 8-10 Seiten täglich und habe eben das Ärgste in der Psychologie überstanden.«[5] Zwei Monate später war das Buch gedruckt. Kein Einzelfall: Die Freud-Kennerin Ilse Grubrich-Simitis verweist auf die Abhandlung über Schreber und die Niederschrift von »Totem und Tabu«.[6] Die Abfassung der Kokain-Studie unterscheidet sich also nicht groß von der anderer Arbeiten.

Was bleibt, ist die Faszination, die der junge Arzt bei der Analyse der Droge verspürte und die sein Schreiben beflügelte – dazu trug vermutlich auch bei, dass Freud während dieser Zeit selbst Kokain nahm; so wurde ihm, wie er später an seine Braut schrieb, das Arbeiten leicht.[7] Wie man weiß, hat Freud weit über den unmittelbaren Anlass dieser Studien und Experimente hinaus am Kokain festgehalten. In der Zeit seiner Freundschaft mit Wilhelm Fließ, die 1887 begann und bis in die späten 1890er Jahre anhielt, nahm er es zur Behandlung seiner Herzbeschwerden und neurasthenischen Symptome.[8] Von Fließ, der als Hals-Nasen-Ohrenarzt das Kokain zur Betäubung der Schleimhäute benutzte, wurde er freilich in der Anwendung des Mittels bestätigt, doch nötig war das nicht, Freuds persönliche Erfahrungen waren, wie es scheint, ausnahmslos positiv.

Gezielt setzte er die Droge zur Behandlung eigener Beschwerden ein, er benutzte sie auch, um, wie erwähnt, seine Leistungsfähigkeit zu steigern und sein Schlafbedürfnis zu mindern. Am 17. Mai 1885 berichtete er seiner Braut: »Ich hatte gerade Migräne, als der Brief ankam [...] – ich griff zu Cocain, sah die Migräne sofort weichen, schrieb meine Publikation weiter, dazu einen Brief an den Professor Mendel, war aber in der Drangstimmung, mußte weiter arbeiten und schreiben und konnte nicht vor vier Uhr einschlafen.«[9] Freud setzte das Kokain in diesen Jahren als Aufputschmittel ein – offenbar mit großem Erfolg. Am 3. August meldete er an Martha Bernays: »Arbeit und immer Arbeit, ich wundere mich selbst, was ich alles arbeiten kann. Aber ich weiß den Grund, der mich treibt; das Herz ist wieder gesund, der Riese wieder stark, riesenstark. Lachst Du mich nicht aus, daß ich mich als Riese bezeichne? Manchmal spüre ich so ein Kraftgefühl, als müßte ich noch was machen können, was uns rascher vereinigt.«[10] Das Hochgefühl verdankte sich gewiss einem Besuch bei der Verlobten in Wandsbek, doch solche Stimmungen sind nach der Einnahme von Kokain typisch. Freud selbst hat diese »psychische Wirkung« in seiner Studie festgehalten: »Aufheiterung« und anhaltende »Euphorie, die sich von der normalen Euphorie des gesunden Menschen in gar nichts unterscheidet«.[11] Das Mittel verwischt die Grenzen. Anders jedoch als in der Studie vermittelt Freud in der Korrespondenz mit seiner Braut gerade nicht das

Gefühl von Normalität: Er präsentiert sich als Arbeitstier und Kraftmensch, insbesondere aber als Mann, der dank der Wunderdroge Kokain über eine ungeheure sexuelle Potenz verfügt. Am 2. Juni 1884, mitten in der Niederschrift seiner Studie und kurz vor dem Besuch in Wandsbek, schreibt er an seine Verlobte: »Wehe, Prinzeßchen, wenn ich komme. Ich küsse Dich ganz rot und füttere Dich ganz dick, und wenn Du unartig bist, wirst Du sehen, wer stärker ist, ein kleines, sanftes Mädchen, das nicht ißt, oder ein großer, wilder Mann, der Cocain im Leib hat. In meiner letzten schweren Verstimmung habe ich wieder Coca genommen und mich mit einer Kleinigkeit wunderbar auf die Höhe gehoben. Ich bin eben beschäftigt, für das Loblied auf dieses Zaubermittel Literatur zu sammeln.«[12] Wir wissen, dass Freud das Mittel auch seiner Braut gab und sie zur Einnahme der Droge ermunterte. Ebenso ist bekannt, dass er während seines Pariser Studienaufenthalts zum Kokain griff, um die anstrengenden Geselligkeiten bei seinem Lehrer Charcot ohne Tadel und in guter Laune zu überstehen. Am 18. Januar 1886 berichtet er Martha Bernays von einer Soiree: »Weiße Handschuhe und Krawatte, selbst ein neues Hemd, Frisieren der letzten noch übrigen Haare, und so weiter. Etwas Cocain, um das Maul öffnen zu können.«[13] Ein paar Tage später ist er dann zum Diner im Haus des Meisters geladen: »Er schrecklich aufgeregt, ich ganz ruhig mit Hilfe einer kleinen Dosis Cocain.«[14] Ausführlich schildert Freud seine »Leistungen«, die, wie er zugeben muss, dem Kokain zuzuschreiben sind.[15] Auch während er seine Briefe schrieb, nahm er ein »bißchen Cocain«, das machte ihn »geschwätzig«,[16] trieb ihn »zum Reden« und zu »Geständnisse[n]«[17]. Als er im Februar 1886 wieder bei den Charcots eingeladen ist, übersteht er nur mit Hilfe der Droge den Abend. An seine Verlobte schreibt er: »Es war ledern zum Zerplatzen, nur das bißchen Cocain hat mich davor bewahrt. Denke Dir: vierzig bis fünfzig Leute diesmal, von denen ich drei oder vier gekannt habe. Vorgestellt wurde keiner keinem, jeder war sich selbst überlassen zu tun, was er wollte.«[18]

Abb. 10: Die Verlobten Sigmund Freud und Martha Bernays in Wandsbeck, 1885

Ob Freud in dieser Zeit abhängig war – dazu gibt es in der Literatur unterschiedliche Positionen, die hier nicht referiert werden sollen.[19] Bemerkenswert ist sicher die These von Kurt Eissler, der Freuds Selbstanalyse im Vorfeld der »Traumdeutung« mit dem Einfluss des Kokains in Verbindung gebracht hat: Nur unter Kokain-Einwirkung konnten die eigenen, verdrängten Erinnerungen bewusst gemacht und der Weg ins Unbewusste beschritten werden.[20]

Freuds Erfahrungen mit der Droge sind nicht unabhängig zu sehen von seinen Forschungen. Er testete das Mittel, wie es damals üblich war, in Selbstversuchen. In der ein Jahr später entstandenen zweiten Studie, »Beitrag zur Kenntnis der Cocawirkung« (1885), setzte er zur Messung der physischen Fähigkeiten einen Dynamometer ein und einen von Kollegen konstruierten Neuramöbimeter, mit dem er die Reaktionszeiten feststellen konnte.

Den ersten Selbstversuch machte er »während einer leichten, durch Ermüdung hervorgerufenen Verstimmung«.[21] Bereits nach kurzer Zeit spürte er »eine plötzliche Aufheiterung und ein Gefühl von Leichtigkeit«.[22] Freud spricht, wie erwähnt, »von der normalen Euphorie des normalen Menschen«[23]. Anders als beim Alkohol würde man »eine Zunahme der Selbstbeherrschung« bemerken und »sich lebenskräftiger und arbeitsfähiger«[24] fühlen. Man könne intensiv arbeiten, ohne zu ermüden: »Nahrungs- und Schlafbedürfnisse, die sonst zu bestimmten Tageszeiten gebieterisch« auftreten, »sind wie weggewischt«.[25] Auch die Potenzsteigerung findet Erwähnung.[26]

Von den wunderbaren Kräften, die die Droge verlieh, war er so begeistert, dass er seine Versuche nicht geheimhielt, sondern seine Kollegen informierte und das Kokain zur Probe weitergab. Unter ihnen befand sich der Augenarzt Karl Koller, der unabhängig von den Freud'schen Forschungen das Rauschmittel erstmals zur Lokalanästhesie und bei schmerzhaften Augenerkrankungen einsetzte. In einem anderen Fall erwies sich Freuds Empfehlung jedoch als ausgesprochen verhängnisvoll: Er machte seinem Kollegen Ernst Fleischl, der morphiumabhängig war, den Vorschlag, ihn mit Kokain zu entwöhnen. Der Amerikaner W. D. Bentley hatte mit einer solchen Entziehungskur zuvor Erfolge erzielt und 1878 darüber berichtet. Freud scheiterte jedoch mit seiner Behandlung. Anfangs zeigten sich wohl einige Erfolge, dann aber wurden die Entzugserscheinungen umso heftiger. Fleischl entwickelte eine Morphium- und Kokainabhängigkeit. In der Veröffentlichung »Über Coca« findet sich dazu kein Wort, der Entzug mit Kokain, der um diese Zeit schon abgebrochen war, wird als Erfolg geschildert.[27]

Freud ließ sich von seiner Überzeugung nicht abbringen, das zeigte sich auch in der zweiten Kokain-Studie. Von der »wunderbare[n] Allgemeinwirkung«[28] ist da zu lesen, von »einer Hebung der Stimmung, der körperlichen und geistigen Leistungsfähigkeit und Ausdauer«[29]. Mit dem Dynamometer prüfte Freud jetzt die Kraft, die sich unter der Wirkung von Kokain, wie er feststellt, »merklich erhöht«.[30] Auch die Reaktionszeiten werden »im Cocainzustande kürzer und gleichförmiger«.[31]

Die natürlichen Grenzen von Körper und Geist konnten offenbar transzendiert werden, schlechte Stimmungen, Hemmungen, Unwohlsein, Schmerzen verschwanden nach kurzer Zeit. Ob Migräne, Verdauungsbeschwerden, nervöse Symptome, Schwächezustände, Depressionen, Apathie, selbst Ischias[32] – unter Kokaineinwirkung verloren auch sie ihre Bedeutung. In Freuds Studien leuchtet der Traum von einer »großen Gesundheit« auf, die stärker ist und sich über die Begrenztheit und Hinfälligkeit des Organismus erhebt. Wie in den Anfangsjahren der Psychoanalyse glaubte Freud auch mit dem Kokain, den Schlüssel gefunden zu haben, der alles erschließt.

Als er seine Arbeiten publizierte, war man schon eine ganze Weile über das Kokain und seine Wirkung informiert. 1859 hatte der Österreicher Karl Scherzer Kokablätter mit nach Wien gebracht. Zur Analyse gab er einen Teil an den Göttinger Chemiker Friedrich Wöhler weiter. 1860 gelang es dessen Mitarbeiter Albert Niemann, aus der Pflanze das Kokain zu isolieren. Über die Wirkung der Droge hatte schon vorher der Schweizer Naturforscher und Weltreisende Johann Jakob von Tschudi berichtet. In seinem Buch »Peru. Reiseskizzen aus den Jahren 1838–1842«, das auch Freud in seiner Studie »Über Coca« als Quelle anführt, schilderte er ausführlich den Gebrauch der Droge bei den peruanischen Indianern: Diese würden dreimal täglich ruhen und

Kokablätter kauen, um sich zu kräftigen, so dass sie mit wenig Nahrung und Schlaf auskämen, dabei aber die anstrengendsten Arbeiten mit Leichtigkeit verrichteten.[33] Tschudi erwähnte auch das gesteigerte »Gehirnleben« und die »wunderbarsten Visionen«,[34] die die »Coqueros« hätten. Und schon der Schweizer Naturforscher machte den Vorschlag, der dann viele Jahrzehnte später von Aschenbrandt aufgegriffen wurde, dieses Rauschmittel in der Armee oder bei Polarexpeditionen einzusetzen: »Durch die Coca würden die Leistungen der Matrosen in den gefahrvollen Momenten gehoben, die Nachtwachen, die sich bei Stürmen für die ganze Mannschaft so peinlich verlängern, leichter ertragen und die Erschlaffung wäre weniger groß als nach den doppelten und dreifachen unter solchen Umständen verabreichten Gaben von Rum und Cognac. Und welch außerordentlicher Trost würde ein Vorrath von Coca an Bord eines Schiffes gewähren, wenn die Lebensmittel mangeln!«[35] Tschudi wusste von einem Indianer zu berichten, der für ihn fünf Tage und Nächte schwer gearbeitet hatte, ohne zu schlafen. Alle paar Stunden kaute er Kokablätter – das war alles, was er brauchte.

Unversehens wurde der peruanische Indianer zum Vorbild für all diejenigen, die im späten 19. Jahrhundert von einer hocheffizienten Arbeits- und Leistungsgesellschaft träumten, in der es keine Müdigkeit mehr geben sollte. Bemerkenswert ist, dass Freud zwar in seiner Studie ausführlich auf die positiven Eigenschaften des Kokains eingeht – selbst auf das hohe Alter, das die peruanischen Indianer erreichen, weist er hin[36] –, die Gefahren erwähnt er aber nur ganze am Rande, obwohl Tschudi und andere Naturforscher sie ausführlich geschildert hatten. Die »Coqueros«, heißt es in den »Reiseskizzen«, »erkennt man auf den ersten Anblick an ihrem unsichern, schwankenden Gange, der schlaffen Haut von graugelber Färbung, den hohlen, glanzlosen, von tiefen violettbraunen Kreisen umgebenen Augen, den zitternden Lippen und unzusammenhängenden Reden und ihrem stumpfen, apathischen Wesen. Ihr Charakter ist mißtrauisch, unschlüssig, falsch und heimtückisch; sie werden Greise, wenn sie kaum in das Alter der vollen Manneskraft treten und erreichen sie das Greisenalter, so ist Blödsinn die unausbleibliche Folge ihrer nicht zu bändigenden Neigung.«[37]

Die Forschung hat darauf hingewiesen, dass Freud in seinen Kokain-Studien nur die Sekundärliteratur zitiert, ohne die grundlegenden Werke im Original wahrgenommen zu haben.[38] Weder Tschudis Reiseschilderungen noch Eduard Friedrich Poeppig aus den Jahren 1827 bis 1832 habe er wirklich gelesen, er habe die Bücher nur auszugsweise gekannt. Die 1868 veröffentlichte Studie über den Kokaingebrauch in Peru von Thomas Moréno y Maïz hat er gar nicht erst zur Kenntnis genommen. Doch all das entlastet Freud freilich nicht, denn die Abhängigkeit, die das Kokain erzeugt, ist in allen Quellen ein wiederkehrendes und kaum zu übersehendes Thema. Dass Freud davon Kenntnis hatte, verrät ein eher kryptischer Hinweis. In einem Halbsatz merkt er an, dass Poeppig »ein abschreckendes Bild von der physischen und intellektuellen Decadence entworfen« habe, alle anderen Beobachter würden aber den Kokaingenuss als »eher der Gesundheit förderlich als schädlich«[39] betrachten – was keineswegs zutraf.

Die Gefahren des Kokains zu erwähnen oder sie gar zu betonen entsprach schlicht nicht dem Erkenntnisinteresse Freuds. Er wollte als Entdecker einer Droge in die Wissenschaftsgeschichte eingehen, die das moderne Leben auf eine neue Grundlage stellte. Nicht nur in den Briefen an seine Braut träumt er von einer Anwendung des Kokains in größerem Maßstab. In der Studie »Über Coca« heißt es, »überall dort, wo es darauf ankommt, die physische Leistungsfähigkeit des Körpers für eine gegebene Zeit zu erhöhen und für neue Anforderungen zu erhalten«,[40] sollte das Mittel eingesetzt werden. Freud verweist auf »Kriege, auf Reisen, Bergbesteigungen, Expeditionen«.[41] Doch nicht nur in Extremsituationen, auch bei einer »größeren Arbeit«[42] würden sich die Vorzüge des Kokainkonsums zeigen. In einem Vortrag, den Freud 1885 im Psychiatrischen Verein in Wien hielt, wies er auf weitere

Anwendungsmöglichkeiten hin: Es gäbe genügend Mittel, »welche die übererregte Nerventätigkeit herabsetzen«, dagegen sei man »arm an solchen, welche die herabgesetzte Leistung des Nervensystems heben könnten«.[43] Kokain sollte als Aufputschmittel eingesetzt werden, das den Körper kräftigen und die mentalen Fähigkeiten steigern konnte. Der überreizte Mensch war für Freud keine Bedrohung, sondern ein Zukunftsversprechen.

In einem Nachtrag zur Studie »Über Coca« widmete sich Freud 1885 den unterschiedlichen Reaktionen, die er nach der Einnahme von Kokain beobachten konnte. Es gäbe Menschen, die sich von der Droge überhaupt »nicht beinflußt fühlten«,[44] andere wiederum fielen in einen Rauschzustand. Diese individuellen Unterschiede seien jedoch Oberflächenphänomene, der mit Kokain eigentlich erzielte Effekt, »die Steigerung der Leistungsfähigkeit« bliebe in allen Fällen »ein konstantes Symptom«[45].

In seiner Autobiographie aus dem Jahr 1925 hat Freud von einem »abseitigen« Interesse gesprochen[46], das ihn bei diesen Untersuchungen geleitet habe, und in Briefen hat er die Forschung über Kokain als »Allotrion« und »Jugendsünde« bezeichnet.[47] Die Kokain-Studien sind in der Literatur mitunter als biographische Kuriosität oder als mehr oder weniger peinliche Abirrung eines jungen übereifrigen Arztes abgehandelt worden. Andere haben, vor allem mit Bezug auf den missglückten Morphiumentzug, auf ein schwerwiegendes persönliches Fehlverhalten hingewiesen,[48] auf eine absichtliche Täuschung und einen krankhaften Ehrgeiz, der den Gründer der Psychoanalyse für alle Zeiten diskreditiere.

Bemerkenswert erscheint insbesondere die Argumentation der Verteidigung: Freud habe versagt, weil er sich mit dem Thema Sucht nicht hinreichend auseinandergesetzt habe, die betäubende und berauschende Wirkung habe er unterschätzt, weil er von der eigenen, gefestigten Persönlichkeit ausgegangen sei und allein die positiven, stärkenden Kräfte gesehen habe. Nun ist die Wiedergewinnung der Ich-Stärke ja von Anfang an eines der zentralen

Themen der Psychoanalyse gewesen. Insoweit ist sie eine Fortsetzung der Kokain-Forschung, freilich auf einem anderen Gebiet und mit anderen Mitteln, aber hier wie da ging es um den vitalen Leistungskörper.

Bekanntlich ist das psychoanalytische Projekt erst im Ersten Weltkrieg aus der Wiener Gemütlichkeit erwacht. In der Behandlung der Kriegsneurosen schlug die große Stunde der bislang von der Fachwelt verkannten Therapie.[49] Freud spricht in seiner »Selbstdarstellung« von einem entscheidenden Wendepunkt in der Geschichte der Bewegung: »Die Beobachtung der Kriegsneurotiker hatte den Ärzten endlich die Augen über die Bedeutung der Psychogenese für neurotische Störungen geöffnet, einige unserer psychologischen Konzeptionen, der ›Krankheitsgewinn‹, die ›Flucht in die Krankheit‹, wurden rasch populär.«[50] Mit einigem Stolz vermerkte er, dass die Regierungen der Mittelmächte im September 1918 zum Internationalen Psychoanalytischen Kongress in Budapest »offizielle Vertreter«[51] geschickt hatten. Nur worum ging es? Freud hatte in seiner Einleitung »Zur Psychoanalyse der Kriegsneurosen« den »Ichkonflikt« des Soldaten beschrieben, der ihn schwächt und handlungsunfähig macht: Dieser »spielt sich zwischen dem alten friedlichen und dem neuen kriegerischen Ich des Soldaten ab, und wird akut, sobald dem Friedens-Ich vor Augen gerückt wird, wie sehr es Gefahr läuft, durch die Wagnisse seines neugebildeten parasitischen Doppelgängers ums Leben gebracht zu werden.«[52] Der Soldat flüchtet nicht so sehr vor einer äußeren Gefahr, sondern vor seinem neuen Ich, das sein Leben bedroht. In der Auflösung dieses Konflikts sah Freud die genuine Aufgabe der Psychoanalyse. Es ging um die Fitness und Wiederherstellung des soldatischen Ichs. Es ging darum, die »Flucht in die Krankheit«, in die »traumatische Neurose« zu verhindern – um dieses Ziel zu erreichen, war auch den »offiziellen Vertretern« jedes Mittel recht, auch das der zuvor gescholtenen Psychoanalyse.

Freud war am Leistungskörper interessiert, den er – auch ganz persönlich – positiv besetzte, und bis heute verteidigt man diese

Affirmation des starken Ichs, nur die »Nebenwirkungen« seien ein Problem, also die Sucht oder, wie man später in der Psychoanalyse sagte, die Übertragung – die ja auch eine Sucht ist. Man glaubt zwischen den positiven und negativen Effekten unterscheiden zu können, dabei hängen Sucht und moderner Leistungskörper von Anfang an zusammen, sie haben ein gemeinsames Motiv: die selbstzerstörerische Suche nach Steigerung und Intensität. Grenzen und Unterscheidungen verlieren an Bedeutung. Keiner hat das so treffend beschrieben wie Freud selbst in seinen Kokain-Studien. Man könne, so behauptet er, den Zustand, der durch das Kokain bewirkt wird, gar nicht vom normalen Zustand unterscheiden – und wörtlich fügt er hinzu: »Man ist eben einfach normal und hat bald Mühe, sich zu glauben, daß man unter irgendwelcher Einwirkung steht.«[53]

Frankensteins Erben

> Eines der Phänomene, dem ich besonderes Interesse gewidmet hatte, war die Zusammensetzung des menschlichen Körpers und darüber hinaus aller lebender Wesen. Woher, so fragte ich mich oft, stammt wohl das Prinzip des Lebens?
>
> Mary Shelley, *Frankenstein oder Der moderne Prometheus*

Freuds Kokain-Studien waren keineswegs besonders kurios, sie standen vielmehr in einer Reihe von Konzepten, die Ende des 19. Jahrhunderts auf eine Vitalisierung des Menschen gerichtet waren.[1] Schon Hufeland hatte ja den alternden Körper als pathologisches Phänomen beschrieben, das mit geeigneten Mitteln behandelt werden musste. Um 1900 glaubte man nicht nur, dass der Körper, sondern die ganze Kultur verjüngt werden musste. Modern wurde jetzt zu einem »Differenzbegriff«,[2] der das zeitlich Neue zum absoluten Wert erhob. »Modern ist«, so hat es vor einiger Zeit Günter Figal definiert, »was im Kontrast zum Alten steht. Das Moderne ist als das Nicht-Alte gemeint; als das dem Traditionellen und den ihm verbundenen Verständnismöglichkeiten

Inkommensurable.«[3] Zur Moderne gehört das »Make it New«[4] – Jugend sollte, wie es die Propagandisten von Jugendstil und Jugendbewegung forderten, kein spezifisches Lebensalter mehr bezeichnen, sondern eine veränderte Einstellung zum Leben.

Nicht von ungefähr hatten Verjüngungstherapien Konjunktur, die den Körper für das neue Jahrhundert fit machen sollten – Therapien, die an die Experimente Frankensteins erinnern. Bekanntlich suchte Mary Shelleys düsterer Held besessen nach dem Elixier des Lebens, aus Menschenknochen und Leichenteilen setzte er einen Übermenschen zusammen, ein Monstrum mit ungeheuren Kräften, das sich schließlich gegen seinen Schöpfer wendete. Frankenstein hat – darin war er vorausblickend und modern – den Menschen als Maschine konstruiert, zusammengesetzt aus lauter Prothesen und unterschiedlichen Bauteilen, und dieses Geschöpf erhielt – zum Schrecken seiner selbst – kein menschliches, sondern ein technisches Antlitz.

Die moderne Transplantationsmedizin hat der literarischen Legende längst Leben eingehaucht. Bei Virilio heißt es über die »Prothesen-Technologie«[5]: »Die Erfindung des Herzschrittmachers, mit dessen Hilfe der Rhythmus des Lebens erzeugt, ja sogar ersetzt werden kann, bildet letzten Endes einen der Ausgangspunkte für diese Form biotechnologischer Neuerungen. Nach dem Zeitalter der ›Verpflanzung‹ tierischer Organe ist jetzt die Zeit der ›Verpflanzung technischer Apparate‹ gekommen, wobei die Vermischung von Technik und Lebendigem, die organische Heterogenität schon nichts mehr mit dem eines *Fremdkörpers* zu tun hat, der im Körper des Patienten eingefügt wurde, sondern sie besteht im *fremden Rhythmus*, der dazu dient, den Körper im Gleichklang mit der Maschine vibrieren zu lassen.«[6]

Aber blicken wir noch einmal zurück in das Jahrhundert Frankensteins und des modernen Prometheus. Das Interesse an Verjüngung ist so alt wie die Menschheitsgeschichte, doch Ende des 19. Jahrhunderts nahm es deutlich konkretere Formen an. Ein Name wird dabei immer wieder genannt: Charles-Édouard Brown-

Séquard. Der französische Neurologe und Physiologe gilt als einer der Begründer der modernen Endokrinologie. In den 1870er Jahren suchte er nach Möglichkeiten, den alternden Körper wieder aufzufrischen und zu stärken. In Tierversuchen injizierte er Samenflüssigkeit in die Blutbahn, er experimentierte mit Mixturen, die neben Samen und Wasser auch zerstampfte Hoden von jungen Hunden enthielten.[7] Derartige Tierexperimente mit Hodengewebe hatte es schon im 18. Jahrhundert gegeben, und Mitte des 19. Jahrhunderts transplantierte man Tierhoden, um die Sekretion zu erforschen, die, so nahm man an, das männliche Sexualverhalten steuere. Brown-Séquard ging es um mehr, er wollte die Alterungsprozesse im Körper aufhalten und die physischen und geistigen Fähigkeiten steigern. In einem spektakulären Selbstversuch injizierte er sich 1889 ein Tierhodenextrakt und trat als Demonstrationsobjekt vor die Société de Biologie in Paris. Dem staunenden Publikum verkündete er, dass er sich durch diese Methode verjüngen wolle und bereits eine Zunahme an Kräften verspüre. Dabei ging er von der Annahme aus, dass der menschliche Organismus über eine Reihe von endokrinen Drüsen verfügt, die ihre Stoffe direkt in die Blutbahn abgeben und so den ganzen Körper affizieren und anregen. Man sprach von innerer Sekretion. 1905 prägten Ernest Starling und William Hardy für diese biochemischen Botenstoffe den Begriff »Hormon« (von altgriechisch *hormān*, ›erregen, antreiben‹). Schon bald erforschte man ihre Grundsubstanzen und entdeckte immer mehr Hormone und hormonproduzierende Zellen in den Drüsen der inneren Sekretion (Schilddrüse, Zirbeldrüse, Bauchspeicheldrüse u.a.) und der Nervenzellen. In Zelltätigkeit und Hormonspiegel sah man nun den entscheidenden Antrieb des menschlichen Organismus. Von den Hormonen schien plötzlich alles abzuhängen, die geistigen Fähigkeiten, die Vitalität und Muskelkraft, die Stimmung und die Launen, das Alter und die Fitness, die sexuelle Orientierung und selbst das Glück. Wer die Hormone kontrollierte, hatte das Geheimnis des Lebens entschlüsselt, der gewann Macht über Mensch und Schöpfung.

Eine entscheidende Rolle kam den männlichen und weiblichen Geschlechtshormonen zu. Man verwies auf die Kastration, die nicht nur zum weitgehenden Erlöschen des Geschlechtstriebes führe, sondern den ganzen Körper verändere, von der Behaarung bis zur Stimme. Ähnlich wie die Kastration führe auch das Alter zum stetigen Rückgang der Hormonproduktion; die geschlechtsspezifischen körperlichen Unterschiede nähmen ab, und der gesamte Organismus verfalle.[8] Die hormonbildenden Zellen der Geschlechtsdrüsen galten fortan als das entscheidende Vehikel, um die sexuelle Differenzierung und die Prozesse des Alterns zu beeinflussen.

Ein weiterer Pionier der Endokrinologie muss an dieser Stelle genannt werden, der österreichische Physiologe Eugen Steinach. In Wien leitete er eine Abteilung der Biologischen Versuchsanstalt der Akademie der Wissenschaften. Sein Spezialgebiet war die Sexualphysiologie und hier wiederum die endokrine Funktion der Hoden. Steinach begann schon vor der Jahrhundertwende mit Tierexperimenten. Er transplantierte die Geschlechtsdrüsen junger Tiere und pflanzte sie älteren ein. Anschließend glaubte er eine Verjüngung und Vitalisierung beobachten zu können. Wenn man also den Samenleiter durchschnitt und die Samenbildung unterband, konnte man – so Steinachs Überlegung – die für die Alterungsprozesse entscheidende Hormonbildung steigern. Die Initialzündung für die Vasektomie beim Menschen war eine Operation, die sein Kollege, der Urologe Robert Lichtenstein, 1918 bei einem Soldaten durchführte.[9] Durch diese Behandlung sollte der Mensch zu neuer Lebensfreude und Lebensstärke kommen – auch Homosexualität glaubte Steinach operativ »heilen« zu können und unternahm zahllose Eingriffe.

Mit seinen Operationen und Verjüngungstheorien machte Steinach in Wien und weit darüber hinaus von sich reden. Einer seiner Mitarbeiter und Wortführer der neuen Lehre war Rudolf von Urbantschitsch, ein früher Freud-Schüler und langjähriges Mitglied der Wiener Psychoanalytischen Vereinigung. Urban-

Abb. 11: Eugen Steinach im Labor, 1940

tschitsch gehörte zu den medizinischen Kapazitäten in Wien.[10] Als er vor dem Ersten Weltkrieg ein Nobelsanatorium plante, wurde er von den maßgeblichen Kreisen unterstützt und gefördert, sogar der Thronfolger Franz Ferdinand protegierte ihn und verlieh ihm feierlich den Titel eines kaiserlichen Rats. 1908 wurde das schon bald berühmte Wiener Cottage-Sanatorium mit Urbantschitsch an der Spitze eröffnet. Hier brachte Sigmund Freud seine betuchten Patienten unter; der Gründer der Psychoanalyse kam auch selbst immer wieder zur Kur. Zu Urbantschitsch hatte er ein freundschaftliches Verhältnis, er kannte schon den Vater, ebenfalls eine medizinische Koryphäe, bei dem Freud als Sekundararzt am Wiener Allgemeinen Krankenhaus Kurse absolviert hatte. Noch bevor das Cottage-Sanatorium seine Tore öffnete, wurde Urbantschitsch in die Psychologische Mittwoch-Gesellschaft aufgenommen – als jüngstes Mitglied, mit 29 Jahren. Sein Entree gab er mit dem Vortrag »Meine Entwicklungsjahre bis zur Ehe«, in dem er seinen sexuellen Reifeprozess schilderte.

Schon bald begann er sich neben der Psychoanalyse auch für die Verjüngungslehren Steinachs zu interessieren. Während des Kriegs nahm er Anteil an den Forschungen, über die er auch Sigmund Freud informierte. Am 20. Mai 1921 trat er öffentlichkeitswirksam vor der philosophischen Gesellschaft der Universität Wien auf und hielt einen Vortrag zum Thema: »Die innere Sekretion und deren bestimmender Einfluß auf unser körperliches und seelisches Leben«. Der Vortrag läutete die Hochkonjunktur der Verjüngungslehre nach der Steinach-Methode ein, die sich in den zwanziger Jahren vor allem in Amerika verbreitete.

Urbantschitsch machte aus der »inneren Sekretion« eine Heils- und Weltanschauungslehre. »Hormone«, so verkündete er gleich zu Beginn seines Vortrags, bestimmen »unser ganzes Seelenleben«: »Freude, Schmerz, Liebe und Haß« – alles, was für den Menschen irgendwie bedeutsam ist, wird durch sie beeinflusst und gesteuert.[11] Durch ihre Regulation glaubte Urbantschitsch alles in den Griff zu bekommen: den Sexualtrieb, die Liebe, Sympathie und Antipathie, das Alter und das Klimakterium, nicht zuletzt auch die männliche Polygamie. Die Lehren Steinachs wurden zum Glaubensbekenntnis einer neuen wissenschaftlichen Forschung, die sich nichts weniger als die Wiedergeburt menschlichen Lebens im Zeichen der Verjüngung zum Ziel gesetzt hatte.

Hormone und Erschöpfung standen für Urbantschitsch in einem unmittelbaren Zusammenhang: »Je weniger unsere Zellen von Hormonen bespült werden, desto träger, kraftloser, unfähiger zur Arbeit werden sie. So verkümmern die Gehirnzellen, die nicht ausgenützt, die Muskelzellen, die nicht betätigt werden. Langsam siecht der Körper und Geist dahin, bis er aus Altersschwäche, d.h. also aus Hormonlosigkeit, stirbt. Je mehr jedoch unsere Zellen durch Hormone belebt werden, desto energischer betätigen sie sich.«[12] Und Urbantschitsch machte seinem Publikum Hoffnung, alle »Schlacken und Degenerationsprodukte« könnten aus den Zellen entfernt werden, der Mensch werde »gereinigt« und könne sich »aus dem Blut« neue Nahrung holen, um sich so zu kräftigen und zu verjüngen.[13] Selbst »Greise im Alter von 60 bis 75« seien noch behandelbar – vorausgesetzt »die Degeneration ist noch nicht zu weit vorgeschritten«.[14]

In den meisten Fällen liege die »Zelltätigkeit«[15] zu großen Teilen brach, weil die Hormone zu schwach seien. Die Menschen kämen nicht zu einem »wirklich produktiven Leben«, sie seien depressiv, unglücklich, arbeitsunfähig – der Organismus leiste nicht, »was er leisten kann«.[16] Durch hormonale Reizungen, glaubte Urbantschitsch, könne auch dem geistig arbeitenden Menschen geholfen werden, denn der Reiz wird weitergeleitet und verbreitet sich »in den verzweigten Gehirnbahnen«,[17] wo er neue Verbindungen und Beziehungen stiftet. Auf diese Weise entstehe »eine Fülle neuer Gedanken und Ideen«[18]. Über die Steuerung des Hormonhaushalts könne man das Lebensgefühl, die Zufriedenheit und Erlebnisfähigkeit intensivieren: Normalerweise sei der Mensch von Stimmungen beeinflusst, in Zeiten der Liebe empfinde er die Schönheit einer Frau oder eines Kunstwerks mit »unbeschreiblichen Genuß«, in »stimmungslosen« Zeiten bleibe er gegenüber allen äußeren Anregungen gleichgültig und unempfänglich.[19] Dieser Zustand löse zuweilen Depressionen aus. Diese psychischen Mechanismen und Reaktionsweisen führte Urbantschitsch auf eine Abschwächung der hormonellen Reizung zurück. Denn nicht die Welt und Wirklichkeit hatte sich verändert, sondern allein die hormonelle Disposition, die mit dem »Glücksgefühl« verbunden war.[20] Die spannende Frage war nun, wodurch die Hormonbildung angeregt werden konnte. Wie ließ sich die Zelltätigkeit erhöhen, dass »Unlustgefühle« und »Lebensüberdruß«[21] verschwanden? Eine entscheidende Rolle schienen jene Zellen zu spielen, die untätig und ungenutzt waren, sie sollten durch Reizung der Nervenfasern aktiviert werden. Das konnte auf natürliche Weise geschehen, durch Anregung der »Sinnespforten«: »Farbenspiele, Musik, Gerüche, Tastempfindungen usw.«[22] Doch die Möglichkeiten einer solchen Behandlung waren begrenzt. Sehr viel wirksamer erschienen die künstlichen Mittel: bei Männern die Unterbindung der Samenleiter nach Steinach, bei Frauen die Röntgenbestrahlung der Ovarien; daneben Transplantationen (insbesondere der Hoden). Anregend konnten aber auch Medikamente und Gifte wie Alkohol, Kaffee, Haschisch, Opium und Kokain wirken.[23] All diese Mittel regten die Zelltätigkeit an, sie wirkten stärkend und kräftigend.

Freud hatte in seinen Kokain-Studien bereits den Weg eröffnet, den sein Schüler nun, ausgestattet mit neuen Erkenntnissen und weitaus radikaler, beschritt. Der Gründer der Psychoanalyse blieb davon nicht unbeeindruckt. Im Frühjahr 1923 diagnostizierten seine Ärzte ein bösartiges Geschwulst am Gaumen, es kam zu einer ersten Operation, Röntgenbestrahlungen und Radiumbehandlungen folgten.[24] Freuds Schmerzen nahmen im Sommer zu, er war arbeitsunfähig und niedergeschlagen. An Ferenczi schrieb er: »Ich habe noch nie eine Depression gehabt, aber das muß jetzt eine sein.«[25] Im Oktober musste in einer weiteren Operation so viel Gewebe am Oberkiefer entfernt werden, dass er in Zukunft auf eine speziell angefertigte Prothese angewiesen war, die sein Sprachvermögen einschränkte und ihn beim Essen behinderte. In dieser Situation folgte er dem Rat zweier Freunde und willigte in eine Steinach-Operation ein. Die beiden Freunde waren Rudolf von Urbantschitsch und der Analytiker Paul Federn.

Urbantschitsch machte zu dieser Zeit bei Federn eine Analyse und ließ sich zum Therapeuten ausbilden. Am 17. November 1923 unterzog sich Freud dem Eingriff, in der Hoffnung, auf diese Weise seine Körperkräfte zu mobilisieren, den Krebs zu besiegen und die alte Elastizität und Leistungsfähigkeit zurückzugewinnen. Ein Dreivierteljahr nach der Operation, im Sommer 1924, äußerte er sich in einem Brief an Ferenczi skeptisch über den Erfolg der Behandlung. Zunächst wohl nur bezogen auf seinen eigenen Fall, denn in einem Radiointerview mit einem englischen Sender im Juli 1927 verteidigte er die Verjüngungslehren seines Wiener Kollegen: »Steinach macht keinen Versuch, das Leben zu verlängern. Er bekämpft nur das Alter. Die Steinach-Operation fixiert ungünstige biologische Ereignisse in ihren frühen Entwicklungsstufen. Sie macht das Leben erträglicher (lebenswerter).«[26]

Fakt ist, dass bis 1936 keine Krebswucherungen bei Freud mehr entdeckt wurden, allerdings zahlreiche Leukoplakien, die behandelt und ausgeschnitten werden mussten.[27] Fakt ist auch, dass die Steinach-Methode Ende der zwanziger Jahre weltweit Anerkennung fand. Immer mehr Menschen ließen den Eingriff vornehmen und schwärmten von seiner angeblich verjüngenden Wirkung. Ein prominentes Beispiel ist William Butler Yeats, der Anfang der dreißiger Jahre eine Phase tiefer Depression durchlitt und das Versiegen seiner Kreativität befürchtete. Für viele Kritiker hatte sein lyrisches Schaffen längst den Höhepunkt überschritten. Nach der Operation, die er im Alter von 69 Jahren vornehmen ließ, kam er erneut zu Kräften und zu neuer Kreativität. Das Spätwerk des irischen Dichters gilt heute als das eigentliche Vermächtnis, das vor allem die neue Dichtergeneration um Wystan Hugh Auden beeinflusste.

Was Freud betrifft, so hatte es mit dem einmaligen Eingriff im November 1923 keineswegs sein Bewenden. Die Hormon-Visionen Urbantschitschs und die Verjüngungslehre Steinachs hatten ihn beeindruckt und wirkten nach. Von seinem Leibarzt

Max Schur, der im März 1929 die Behandlung übernahm, erhielt Freud Hormoninjektionen. Schur schreibt in seiner Biographie: »Er [Freud] erhielt in regelmäßigen Abständen Injektionen eines männlichen Hormons, hauptsächlich wegen dessen aufbauender Wirkung (die damals verfügbaren Androgenextrakte besaßen schon einige Wirksamkeit, wenn sie auch nicht so standardisiert waren wie heute). Wie es auch um die pharmakologische Wirkung der Injektion bestellt gewesen sein mag, Freud reagierte jedenfalls recht gut auf sie.«[28]

Es war die Zeit, in der die chemische Isolation und Synthese von Androgenen gelang und der Siegeszug des Testosterons (gr. testis, ›Hoden‹) einsetzte. Die Forschungen zeigten, dass dieses Sexualhormon zwar bei beiden Geschlechtern vorkam, sich in Konzentration und Wirkungsweise aber unterschied. Die Frau verfügte nur über geringe Mengen des Hormons, eine künstliche Zufuhr hatte eine eher negative Wirkung. So stand das Testosteron vor allem für die Ausbildung des männlichen Typus. Dass dafür ein spezielles Sexualhormon zuständig war, wusste man schon vorher, nur konnte man jetzt, nach der Isolierung, die Wirkungsweise genauer beschreiben und machte sich Hoffnungen, in Zukunft regulierend in die hormonellen Prozesse eingreifen zu können.

Mit dem Testosteron hatte man ein Hormon identifiziert, das mit dem Leistungskörper und der Aktivgesellschaft in unmittelbarem Zusammenhang stand. Es beeinflusste nicht nur die Entwicklung der Geschlechtsorgane, sondern auch den Muskelaufbau und die Knochenbildung. Ein hoher Testosteronspiegel steigerte das sexuelle Verlangen und erhöhte auch ganz allgemein die Antriebe, er stärkte das Durchsetzungsvermögen und die Selbstdisziplin, erzeugte Glücksgefühle und intensivierte die Lebenslust. Doch schon früh waren die Gefahren bekannt: Ein zu hoher Testosteronspiegel führe zu aggressivem und egoistischem Verhalten, außerdem sei das Hormon auch dafür verantwortlich, dass Männer früher stürben als Frauen.

Unstrittig ist, dass das Testosteron in der richtigen Dosierung ein Lebenselixier ist und Leistungen freisetzt; Körper und Geist werden über ihre natürlichen Grenzen getrieben. Deutlich wird, dass es diese Grenzen im objektiven Sinn nicht gibt, sondern nur Schwellen, die durch künstliche Mittel hinausgeschoben werden können. Der Grenzzustand ist gewissermaßen das, was man als Fiktion des Natürlichen bezeichnen könnte.

Ernähre ich mich richtig?

Die Fleischfresser sind im Allgemeinen stärker, kühner, kriegerischer als pflanzenfressende Thiere, die ihre Beute werden; in gleicher Weise unterscheiden sich die Nationen, welche von Vegetabilien leben, von denen, deren Hauptnahrungsmittel aus Fleisch besteht. [...] Die Völker, die sich von Weizen und Roggen ernähren, sind in diesem Sinne stärker als die Reis- und Kartoffelesser, und diese stärker als die Couzcouz-, Maniok-, Cassave-, Taro-essenden Neger.

Justus von Liebig, *Chemische Briefe (1844)*

Was die Nahrung aus dem Menschen macht, das beherrscht den Verkehr und geistigen Charakter des Volkes, wie des Einzelnen.

J. F. G. Moleschott, *Lehre der Nahrungsmittel (1850)*

Wir essen Salat, ja wir essen Salat
Und essen Gemüse von früh bis spat.
Auch Früchte gehören zu unsrer Diät.
Was sonst noch wächst, wird alles verschmäht.
Wir essen Salat, ja wir essen Salat
Und essen Gemüse von früh bis spat

Erich Mühsam, *Der Gesang der Vegetarier. Ein alkoholfreies Trinklied. (1. Strophe)*

Die Frage der »*Ernährung*«, so Nietzsche, sei wichtiger für das »Heil der Menschheit« als irgendeine »Theologen-Kuriosität«. Wie muss man sich ernähren, um zu einem »Maximum von Kraft, von *virtù* im Renaissance-Stile, von moralinfreier Tugend zu kommen?«[1] In Zeiten von industrieller Lebensmittelproduktion und Fleischfabriken suchen wir mehr denn je das Heil in der Ernährung. Die Frage heißt nicht mehr: Lebe ich richtig?, sondern: Ernähre ich mich richtig? Mit der Ernährung hängt auch das Ethos des modernen Menschen zusammen. Ernährungsfragen sind Weltanschauungsfragen.

Im 19. Jahrhundert vollzog sich der Aufstieg der Ernährungsphysiologie, und mit ihm zusammen entfaltete sich eine leidenschaftliche Debatte um Nährwerte. Zum Ende des energieverliebten Jahrhunderts fragte man mit zunehmender Heftigkeit, welche Nahrungsmittel die beste Energiebilanz aufwiesen. Die damals herrschende wissenschaftliche Auffassung favorisierte eine gemischte Ernährung, wobei – energetisch gesehen – vor allem das Fleisch von allergrößter Bedeutung war. Unter den Bedingungen der Arbeitsgesellschaft galt es als Energiequelle schlechthin. Richtige Ernährung hieß, einen möglichst hohen Anteil an Fleisch zu verzehren. Gegen diese Position formierte sich die Vegetarierbewegung, die aus energetischen, aber auch aus ethischen Gründen eine pflanzliche Kost propagierte.

Blickt man auf die frühen Verfechter der Reformdiät, sieht man entschlossene Führungsfiguren, selbsternannte Retter und Erleuchtete, die Manifeste verfassten, Anhänger um sich scharten, Schulen gründeten und Bewegungen initiierten. Zu ihnen gehörte der Amerikaner Sylvester Graham, ein charismatischer Prediger, der in den 1830er Jahren eine spezielle Diät erfand; einer ihrer Bestandteile war das bekannte Grahambrot. Vegetarische Ernährung sollte in Verbindung mit hygienischen Maßnahmen den Menschen vor den Anfechtungen des Lebens schützen, vor den zivilisatorischen Gefahren, insbesondere vor Alkohol und sexuellen Begierden. Fleisch und Gewürze reizten den Organismus, regten ihn an, brachten den Körper in Ungleichgewicht und erzeugten Krankheiten.

Grahams Überzeugungen wirkten in seinem Landsmann John Harvey Kellogg weiter. In den 1870er Jahren trat der zu den Adventisten gehörende Kellogg erstmals mit einer Schrift über die richtige Ernährung des Menschen an die Öffentlichkeit (»Proper Diet for Man«). Wenig später folgte ein Traktat über sexuelle Enthaltsamkeit. Ernährung und Sexualität stellte er in direkten Zusammenhang, er sah darin die Grundlage einer Zivilisation, die er im Niedergang wähnte. Bekanntlich fühlte sich Kellogg schon früh berufen, die verdorbene Welt zu retten mit Hilfe einer neuen Ernährung, die vor allem eins sein sollte: rein. Denn alle Krankheiten gingen von einer Selbstvergiftung des Körpers aus: Fleisch, Alkohol, Kaffee, Gewürze schwächten den Organismus. Kelloggs größter Feind aber war die Sexualität, die, begünstigt von einer falschen Kost, den Menschen alle Energien raubte und ihn zu einer müden, hilflosen Kreatur degradierte. In seinem Sanatorium praktizierte er eine Entgiftungskur mit Einläufen aus einem Wasser- und Joghurtgemisch, mit Hydrotherapie und Massage, mit kollektiven Leibesübungen und natürlich auch mit den berühmten Cornflakes, die Ende des 19. Jahrhunderts noch im brüderlichen Einvernehmen von John Harvey und Will Keith produziert wurden – bissfest und zu dieser Zeit selbstverständlich noch zuckerfrei.

Kelloggs rigides Regime ist weitgehend bekannt, seine drastischen Mittel (Darmoperationen, Beschneidung, chemische Behandlungen der Klitoris) sind oft kritisiert worden,[2] sie boten zudem Stoff für Groteske und Satire, wie etwa in T. C. Boyles Roman »The Road to Wellville« (1993). Das Heilsversprechen war aber alles andere als skurril und verschroben, es passte durchaus zu einer sich Anfang des 20. Jahrhunderts rasant entwickelnden Hygiene und Eugenik.[3] Getrieben von der Sehnsucht nach dem großen Heil, kamen zu Kellogg die Ausgebrannten und Ermatteten. Organisch Kranke wurden hingegen gar nicht erst aufgenommen und behandelt. Kellogg wollte keine Krankheiten kurieren, er wollte Zivilisationsflüchtige und Gesunde zu einer neuen Gesundheit führen. Der Zulauf von Patienten, die sich von der radikalen Therapie Vitalisierung und Erneuerung versprachen, war groß, unter ihnen befanden sich berühmte Namen wie Henry Ford, Sarah Bernhardt, Thomas Alva Edison. Das Sanatorium in Battle Creek war bis Ende der zwanziger Jahre eine Pilgerstätte – dann schwand sein Ruhm. Nachhaltiger war der Erfolg des ungeliebten Bruders Will Keith, der – gegen John Harveys Willen – die Cornflakes versüßte und mit der Kellogg-Company ein Produkt kreierte, das keine Reformdiät mehr sein wollte, sondern Ernährung für die Massen.

In den späten 1860er Jahren gründeten sich in Deutschland die ersten Vegetariervereine.[4] Auch hier traten Visionäre in den

Vordergrund, die sich als Inspirierte und Erneuerer verstanden. Sie waren erfüllt von naturreligiösen und frühsozialistischen Ideen und geprägt vom Scheitern der bürgerlichen Revolution von 1848. Eduard Baltzer, einer der Gründerväter der vegetarischen Bewegung, war zunächst evangelischer Theologe, wandte sich später vom Protestantismus ab und wurde schließlich zum Führer der Freireligiösen. Er saß im Vorparlament der Deutschen Nationalversammlung in der Frankfurter Paulskirche und wurde schließlich Abgeordneter der Preußischen Nationalversammlung in Berlin. In einem Artikel der »Gartenlaube« von 1866 heißt es über ihn, er gehöre zu den »Rittern vom Geist«, mit seinen pädagogischen Ideen strebe er »nach vollständiger Lebenseinheit, nach Neugestaltung und höherer Entwickelung des ganzen Menschenlebens«.[5]

Im selben Jahr begann er sich für vegetarische Ideen zu interessieren. Inspirierend wirkten auf ihn die Schriften des Heilpraktikers Theodor Hahn, eines Pioniers der Naturheilkunde und kämpferischen Verfechters einer strikt vegetarischen Ernährung. 1867 gründete Baltzer den Deutschen Verein für natürliche Lebensweise – es war der Beginn der vegetarischen Bewegung in Deutschland.

Die Vegetarier sahen in der Ernährung eine politische Frage, einen neuen Weg, um Veränderungen zu erreichen. Auf gesellschaftlicher Ebene waren die Träume der Liberal- und Radikaldemokraten gescheitert, nun sah man die einzige Möglichkeit einer Erneuerung darin, dass man an sich selbst arbeitete und das eigene Leben verbesserte. Mit der Umstellung der Ernährung ging man gewissermaßen in Fundamentalopposition zu den restaurativen Verhältnissen in Politik und Kultur.

Baltzer schlug jedoch keine spezielle Reformdiät oder medizinischen Anwendungen vor. In seiner 1864 erschienenen Schrift »Von der Arbeit oder die menschliche Arbeit in persönlicher und volkswirthschaftlicher Beziehung« propagierte er vielmehr die Idee einer genossenschaftlich organisierten Gesellschaft. Das

Traktat war eine Antwort auf den »Arbeiterkatechismus« von Hermann Schulze-Delitzsch, der Arbeit noch instrumentell als »planmäßige Thätigkeit«[6] definiert hatte, als Mittel zur Bedürfnisbefriedigung. Baltzer machte aus der Arbeit ein allgemeines Bildungs- und Erziehungsmittel – er idealisierte und erhöhte sie und sah in ihr ein universales Prinzip, dem sich niemand entziehen durfte, der soziale Anerkennung finden wollte: »*Alles arbeitet, denn Leben ist Arbeit, Arbeit ist Leben*; das Gegentheil der Arbeit ist Ruhe, und wenn die Ruhe vollkommen ist, so ist sie der Tod, der Eintritt des Nichtseins.«[7] Gefordert waren nicht allein Tätigkeit, Bewegung und Anstrengung, sondern immer auch die »Steigerung der Leistung«[8] und die Anspannung aller Kräfte: »Mit schlaffen Kräften ›arbeiten‹ verdient nicht Arbeit zu heißen.«[9] Viele »arbeitsfähige Menschen« wüssten gar nicht, »was Arbeit in dieser Hinsicht ist«.[10]

Diese enge Verbindung zwischen Vegetarismus und Arbeitsethos gab der deutschen Entwicklung ein besonderes Gepräge. Arbeit und Leben sollten eins werden und verschmelzen, denn Arbeit sei außerhalb der bewussten Tätigkeit ein inhärentes Prinzip des organischen Lebens, das den Menschen mit der Natur verbinde: »Unsere Pulse gehen, sogar wenn wir schlafen, unsere Verdauung geht fort, ohne daß wir eine Willensthätigkeit ausüben; unsere Nerven telegraphieren die auf sie geschehenen Eindrücke durch unseren Organismus selbst unsern Willen. Es arbeitet ohne Unterlas, und in demselben Augenblick wo es aufhören würde in uns zu arbeiten, wären wir – todt. Dieses ›Es‹ – was da in uns arbeitet sind nicht ›wir selbst‹, nicht unser bewußtes Ich, sondern die Natur allein, die unbewußte, es ist die Arbeit, das natürliche (physische) Leben in uns, das wir mit der Gesamtnatur gemein haben.«[11] Wer sich der Arbeit verweigerte, floh nicht nur vor dem Leben,[12] er wendete sich auch gegen die eigene Natur.

Der Vegetarismus war also ein Selbsterziehungsprogramm, und Arbeit galt als das entscheidende Medium zur Selbstwerdung. Vordergründig ging es um Bescheidung, um Entsagung und

Verzicht, dahinter stand aber der Versuch, die menschliche Natur, die nicht nur durch Erschöpfung gefährdet war, sondern auch einen ausgeprägten Eigenwillen hatte, zu formen und sie letztlich zu unterwerfen. Mit der Pflanzenkost sollte der Mensch, so Baltzer, »vom Leib aus«[13] erzogen werden. Das Ziel sei, »die leibliche Seite unseres Ichs zu beherrschen und richtig zu führen«.[14] Lange Zeit habe man den Körper vernachlässigt und ihn nur als Raum gesehen, in dem der Geist wohnt, er sei aber ein »Tempel«[15], den man heiligen und an dem man täglich arbeiten müsse. Die Ernährung – im weitesten Sinn des Wortes – war dafür der Schlüssel.

Baltzer verwarf sein bisheriges Leben als Irrweg. In der Ernährung zeigte sich der Abfall des Menschen von der Natur, er hatte sich von den eigenen Grundlagen entfernt, war verdorben und unrein geworden. Das »Natürliche« musste durch Übung und Selbstdisziplinierung wiedergewonnen werden. Wie Graham und Kellogg wollte Baltzer den Menschen mit einer pflanzlichen Kost nicht nur zu einer neuen Gesundheit führen, er wollte ihn zunächst einmal vor sich selbst schützen, vor einem pervertierten Triebleben, das in »geschlechtlichen Extravaganzen«[16] zum Ausdruck kam. Sexualität führe nicht zur Entfaltung des Menschen, sondern zum frühzeitigen »Verleben«[17] und zur Ermattung. Das einzige Mittel, um dem in der modernen Gesellschaft stetig wachsenden Bedürfnis nach Sinnesgenuss Einhalt zu gebieten, war die »Entsagung«.

Die Devise hieß Umkehr. Ein flammendes Plädoyer lieferte Wilhelm Zimmermann mit seinem bereits 1846 erschienenen Buch »Der Weg zum Paradies«.[18] Die Schrift trug den Untertitel: »Ein zeitgemäßer Aufruf an Alle, denen eignes Glück und Menschenwohl am Herzen liegt«. Angesichts »des physisch-moralischen Verfalls der Culturvölker« müsse der Mensch zum »natürlichen Leben«[19] zurückkehren. Europa sei zum »Hospital« geworden, seine Bewohner geschwächt, so dass sie gar nicht mehr wüssten, was »wahre Gesundheit«[20] bedeute: »Was wir gewöhnlich hin Gesundheit nennen, ist in der Regel nur ein schwankender, unsicherer Zustand unseres Befindens, der sich in seinem Wesen mehr dem Siechthum nähert.«[21] Zimmermann sah nur noch Menschen, die verängstigt, verlebt und erschöpft herumliefen: »Leichengesichter und Kreidehälse sind zur Mode geworden!«[22] Ausschweifungen und Lustseuchen breiteten sich aus, viele Ehen waren unfruchtbar, die Geburten rückläufig. Wenn Kinder geboren wurden, waren sie krank und unansehnlich: entweder »Gerippe« oder »Dickbäuche auf dünnen Beinen«.[23] Der gesunde Mensch war die Ausnahme: »Die halbe civilisierte Welt hat das Gehen verlernt und ist der Nervenschwäche [...] anheimgefallen.«[24]

Zimmermann beschreibt eine Gesellschaft, die in ihren Wurzeln vergiftet ist und kurz vor dem Kollaps steht. Die Einbruchstelle ist die körperliche Schwäche, die der Autor nicht nur beklagt, sondern auch in Zahlen dokumentiert: So seien 1841 im Königreich Sachsen von 16000 Militärpflichtigen 11000 »unbrauchbar« gewesen, »7.000 wegen Körpergebrechen und 4.000 wegen zu geringen Maßes!«.[25] Dieser körperliche Verfall ergriff in einem späteren Stadium auch Geist und Gemüt, Moral und Sitte. Das »alte Europa«, das einmal für die »Liebe zur Wahrheit und Freiheit«, für »Treue und Keuscheit«[26] stand, sei von den »Furien des Lasters« befallen: vom Branntwein, »der Schlemmerei, der Medicinvergiftung, der Unzucht, der Verweichlichung«[27]. Längst waren auch andere Länder angesteckt, es gab kein Entkommen mehr, selbst die Völker der Südsee waren bereits infiziert.

Alle Phänomene des Verfalls führte Zimmermann auf eine fehlerhafte Ernährung zurück, speziell auf den Fleischkonsum, denn in ihm erkannte er den »Abfall vom Naturgesetz«, zivilisatorisch habe er als »Zerrüttungsmittel der ursprünglichen Menschennatur« gewirkt.[28] Wie bereits erwähnt, hatte der Franzose Jean-Antoine Gleïzès 1840 in seinem von Richard Wagner hochgeschätzten Buch »Thalysia, oder das Heil der Menschheit« ganz ähnlich argumentiert. Wie Gleïzès, so machte auch Zimmermann bei der Erörterung der Frage, ob der Mensch ursprünglich zu den Fleisch-

oder zu den Pflanzenessern gehörte, zunächst das anatomische Argument stark. Der Mensch habe weder Klauen noch Krallen, er besitze keine Fangzähne, verfüge nur über einen kurzen Darm und habe nur einen Magen, mithin sei er nicht zum Fleischverzehr bestimmt, sondern gehöre der Spezies der Pflanzenfresser an.[29] Diese anatomischen Merkmale wurden in den folgenden Jahrzehnten immer wieder herbeizitiert, um den Bruch des Menschen mit der eigenen Natur zu belegen.

Ein weiteres Argument kam nun hinzu, der »Genuß von Thierfleisch«, so heißt es bei Zimmermann, sei »unmoralisch«[30]. Durch nichts sei bewiesen, dass der Mensch das Recht habe, Tiere zu töten und zu verzehren. Zimmermann prangerte die »tägliche Praxis der Thierschlachtereien«[31] an und geißelte die »Thiermorde« als eine »Vorschule für Menschenmord«[32]. Diese ethische Dimension wurde zwar innerhalb der Vegetarierbewegung des 19. Jahrhunderts genannt, sie stand aber keineswegs im Vordergrund. Auch Zimmermann bezieht sich nur kurz auf diesen Aspekt. Sein 300-seitiges Opus handelte vor allem von der Wiedererlangung einer »ungestörte[n] Gesundheit«,[33] die er auch als »Normalgesundheit«[34] bezeichnete.

Die Einstellung des Menschen zum Tier wurde – damals wie heute – vor allem von einer kritischen bürgerlichen Öffentlichkeit thematisiert. Und es waren diese Schichten, in denen sich die Einstellung zum Tier veränderte. Dass dabei die steigende Zahl der Haustiere in den bürgerlichen Familien von nicht geringer Bedeutung war, ist betont worden.[35] Mit der Frage, was das Tier ist und welche Beziehung es zum Menschen hat, wurde ein alter Streit wiederbelebt. Der eine Bezugspunkt war Descartes, der die Tiere als Sache definiert hatte, über die der Mensch frei verfügen könne. Auf der anderen Seite stand Rousseaus Forderung, die Tiere in das Naturgesetz einzubeziehen. Im 19. Jahrhundert wurden die Ansichten Descartes' zunehmend kritisch gesehen, das hing auch mit Darwins Evolutionstheorie zusammen, die bewies, dass das Tier dem Menschen näher stand, als man lange Zeit gedacht hatte.

Mitte des 19. Jahrhunderts wurde der Streit auf eine neue Ebene gehoben. Man billigte dem Tier eine Seele zu: Der als Tierfreund bekannte Schopenhauer sprach vom »ewigen Wesen«, das in Tier und Mensch gleichermaßen walte.[36] Carl Gustav Carus schrieb eine vergleichende Psychologie über die Menschen- und Tierseele[37]; der Zoologe Maximilian Perty rief 1865 in seiner Studie »Ueber das Seelenleben der Thiere« zu einer »gerechtere[n] Würdigung der Thiere« auf. Die Überzeugung, »daß die Thiere nicht bloß für den Menschen, sondern auch für sich selbst da seien, daß ihr Seelenwesen dem menschlichen viel verwandter sei, als die Vorzeit wußte, daß es den Menschen verwildere und entehre, schuldlose Geschöpfe zu mißhandeln«,[38] diese Überzeugung, so Perty, breche sich immer mehr Bahn. Wenn der Mensch schon Tiere opfern müsse, um sich selbst zu erhalten, so solle das »auf eine Weise geschehen [...], welche ihnen die Leiden des Todes möglichst wenig fühlbar macht«.[39] Perty und viele andere stellten die christliche Vorstellung, dass der Mensch die Krone der Schöpfung sei und sich alles nur um ihn drehe, in Frage. Nicht zuletzt die experimentelle Physiologie und Psychologie hätten gezeigt, dass Tiere eine Sprache haben und über Aufmerksamkeit verfügen.

Wilhelm Wundt machte 1863 in seinen »Vorlesungen über die Menschen- und Thierseele« noch ein anderes Argument stark. Die Tierwelt, so behauptete er, sei ganz ähnlich organisiert wie die bürgerliche Welt, es bestünden viele Parallelen. Tiere würden nach sittlichen Grundsätzen handeln, sie hätten ein Gewissen und könnten zwischen Gut und Böse unterscheiden.[40] Im Tierreich seien Strukturen zu erkennen, die in der bürgerlichen Gesellschaft auch existierten, hier wie dort gäbe es Ehe, Familie und Staat. Die leitenden Werte und die sozialen Prinzipien seien in gewisser Weise vergleichbar. Viele Tierarten würden ihren Partner frei wählen, sie seien treu und lebten in Monogamie.[41] Und wie in der bürgerlichen Gesellschaft herrsche auch im Tierreich das hierarchische Prinzip.[42]

Es entsprach nicht länger dem Zeitgeist, das Tier als Sache zu betrachten. Das Töten und der Verzehr von Tieren, insbesondere auch die Vivisektion, wurden Gegenstand einer ethischen Debatte. In Zeiten wachsenden Fleischkonsums blieb sie allerdings auf einen engen Kreis begrenzt. Die Wissenschaft rückte die pflanzliche und fleischliche Kost aus anderen Gründen in den Mittelpunkt, sie fragte nach den Vor- und Nachteilen für Leistung und Fitness. Autoritäten in Chemie, Medizin und Physiologie nahmen damals in populären Büchern zur richtigen Ernährung Stellung, und sie plädierten nahezu unisono für die fleischliche Kost.

Der Arzt und Physiologe Jakob Moleschott veröffentlichte 1850 eine »Lehre der Nahrungsmittel. Für das Volk«. Mit Nahrung, schreibt er einleitend, könne man eine »wilde Katze zur Hauskatze« machen.[43] In der Ernährung erkannte er das entscheidende Mittel, um den Menschen zu einem sozialen Wesen zu formen. Nicht nur die Kräfte und Energien seien von ihr abhängig, sondern auch Temperament und Charakterzüge. Natürlich plädierte auch er für eine fleischliche Kost, auf der alles Übrige aufbaue. Fleisch ersetze »die verlorenen Theile unserer Muskeln«,[44] vitalisiere den gesamten Organismus, kräftige das Herz, aktiviere den Kreislauf, steigere die Blutbildung und wirke nicht zuletzt auch positiv auf den Geschlechtstrieb.[45] Es sei ein Nahrungsmittel, das den Menschen anrege, Reize aussende und ihn in Tätigkeit versetze.[46] Eindringlich warnte er vor einer einseitigen pflanzlichen Ernährung, die den Menschen schwäche und antriebslos mache. Der Pflanzenesser sei in der westlichen Zivilisation nicht überlebensfähig, er gehöre in eine andere Kultur.

Ernährung wurde Ende des 19. Jahrhunderts unter vornehmlich energetischen Gesichtspunkten betrachtet, und in dieser Hinsicht hatte die Wissenschaft Fortschritte zu verzeichnen. Justus von Liebig versuchte in seinen berühmten »Chemischen Briefen«, dem Volk die neuen Erkenntnisse zu vermitteln. Die Entdeckungen der Chemie hätten Licht ins Dunkel der Ernährung gebracht, vieles sei nun entzaubert: »Es läßt sich jetzt mit mathematischer Sicherheit beweisen, daß eine Messerspitze voll Mehl in Beziehung auf die Blutbildung nahrhafter ist, als fünf Maß des besten bairischen Biers, daß ein Individuum, welches im Stande ist, täglich fünf Maß Bier zu trinken, in einem Jahr im günstigsten Falle genau die nahrhaften Bestandtheile von einem fünfpfündigen Laib Brod oder von drei Pfund Fleisch verzehrt.«[47] Ernährung hieß vor allem Ausgleich und Steigerung von Energie. Ihre Aufgabe sei es, den Wärmeverlust im Körper auszugleichen; zu einem gewissen Prozentsatz könne man das auch durch wärmere Kleidung erreichen, sie seien »Aequivalente für die Speisen«: »Je wärmer wir uns kleiden, desto mehr vermindert sich bis zu einem gewissen Grade das Bedürfnis zu essen«.[48] Jeder Wärmeverlust müsse ausgeglichen werden und treibe den Menschen zur Nahrungsaufnahme – alles im Organismus und in der Umwelt könne zum Einflussfaktor werden: »Die Menge der zu genießenden Speisen richtet sich, nach den vorhergehenden Auseinandersetzungen, nach der Anzahl der Pulsschläge und Athemzüge, nach der Temperatur der Luft und nach dem Wärmequantum, das wir nach außen hin abgeben.«[49] Schon »starkes und anhaltendes Sprechen und Singen, das Schreien der Kinder, feuchte Luft«[50] wirkten sich auf die Nahrungsaufnahme aus. Um die Frage der richtigen Ernährung zu beantworten, mussten die natürlichen und klimatischen Bedingungen, die Lebensweise der Menschen und die sozialen Verhältnisse berücksichtigen werden. Die Ernährungswissenschaft wurde zu einer neuen Universalwissenschaft, die das Leben auf eine völlig andere Grundlage stellte. Unterschiede in der Ernährung wurden mit den menschlichen Anlagen in Verbindung gebracht, aber auch mit aktuellen Fähigkeiten und Fertigkeiten: »Gewiß ist es, daß drei Menschen, von denen der eine sich mit Ochsenfleisch und Brod, der andere mit Brod und Käse oder Stockfisch, der dritte mit Kartoffeln gesättigt hat, eine ihnen entgegenstehende Schwierigkeit unter ganz verschiedenen Gesichtspunkten betrachten; je nach gewissen, den verschiedenen Nahrungsmitteln eigenthümlichen Bestandtheilen ist ihre Wirkung auf Gehirn und Nervensystem verschieden.«[51]

Nichts sollte mehr dem Zufall überlassen bleiben, alles schien im Prinzip berechen- und beherrschbar. Eine bestimmte Kost, so nahmen von Liebig und andere an, schuf aus sich heraus physische und psychische Dispositionen. Zur Ernährung gehörte ein Reglement, das auf die unterschiedlichen Bedingungen und Menschentypen abgestellt war. Man ging ins Detail und entwarf nicht nur Regeln für geistig und körperlich arbeitende Menschen, sondern auch für Frauen und Männer, für Kinder, Jünglinge und Greise, für Handwerker, Künstler und Gelehrte.[52]

Bei allen Unterschieden waren sich die Experten in einem Punkt einig. Der Mensch war »naturgesetzlich« auf den Fleischverzehr festgelegt, und die Wissenschaft hatte die Aufgabe, wie von Liebig schreibt, dieses »Naturgesetz zu Bewußtsein zu bringen«[53]. Fleisch, so argumentierte er, enthalte Stoffe, die in der pflanzlichen Nahrung völlig fehlten,[54] und gerade diese Stoffe bewirkten eine »Hebung der erschöpften Kräfte«[55] – wie eine »Arznei«[56]. Von Liebig bringt in diesem Zusammenhang seinen berühmten Fleischextrakt ins Spiel, der ab 1852 zunächst nur in Apotheken erhältlich war und zehn Jahre später auch für den allgemeinen Markt produziert wurde. Eigentlich war er für die armen Leute gedacht, weil er aber zu teuer war, wurde er meist von bürgerlichen Schichten gekauft.

Liebig reflektierte nicht im engen Sinn über Ernährungsfragen, sondern über den Weg der Moderne. Mitte des 19. Jahrhunderts machte er auf die Kosten der Leistungsgesellschaft aufmerksam. Auf lange Sicht würde die energiehungrige Gesellschaft nicht ohne Ersatzstoffe auskommen. Der sich immer weiter steigernde Fleischkonsum sei letztlich nicht zu befriedigen, er führe zu einer Verschlechterung der Umwelt und einer Verknappung des Bodens. Wie schon Alexander von Humboldt wies er darauf hin, dass der »fleischfressende Mensch« immer größere Gebiete zu seiner Erhaltung benötigte. »Eine Nation Jäger auf einem begrenzten Gebiete ist der Vermehrung durchaus unfähig; der zum Athmen unentbehrliche Kohlenstoff muß von den Thieren genommen werden, von denen auf der gegebenen Fläche nur eine begrenzte Anzahl leben kann.«[57]

Der Glaube an die Wissenschaft, die mit den Problemen der Ernährung schon fertigwerden würde, war freilich groß und kaum zu erschüttern. Wobei die Wirkungen der tierischen Nahrung durchaus nicht nur positiv eingeschätzt wurden. So hielt von Liebig es für zweifellos erwiesen, dass sie den Menschen nicht nur erregte, sondern auch aggressiv machte. Es sei wie im Tierreich, die Pflanzenfresser seien immer die Beute der anderen. In der modernen Gesellschaft und unter den Völkern herrsche das Konkurrenzprinzip, und in diesem Machtkampf seien die Fleischesser im Vorteil, sie seien stärker, entschlusskräftiger und zäher.

Von Liebig hatte auch den geschwächten und kranken Körper im Blick, sein eigentliches Ziel war aber die Hebung der allgemeinen Gesundheit, er träumte davon, den Menschen zu neuer Stärke und Kraft zu führen. So entwickelte er die Vision, dass in Ländern, wo Fleisch besonders günstig war, Fabriken entstehen sollten, die Fleischextrakt in verschiedener Konzentration herstellten, und Ärzte sollten dann die entsprechende Dosis verordnen.[58] Jedermann sollte in den Genuss eines Stärkungsmittels kommen, das die Widerstandskräfte erhöhte. Der Pflanzenesser habe nicht nur zu wenig Abwehrkräfte, er könne sich mit seiner speziellen Energieform auch nicht an die moderne Gesellschaft anpassen. Die Stoffe, die er mit der Nahrung aufnähme, verbrauchten sich schnell und müssten häufig ersetzt werden. Was die modernen Arbeits- und Lebensbedingungen angehe, so sei er geradezu dysfunktional, vom Wesen her sei er passiv und keine Kämpfernatur.[59]

Die Vegetarier fühlten sich durch diese Thesen herausgefordert und versuchten nun ihrerseits, die energetischen Vorteile der Pflanzenkost zu belegen. Sie verwiesen auf das Pferd, das durch die Fütterung mit Heu eine große Leistungsfähigkeit erreicht und zugleich unbändige Kraft und Wildheit besitzt.[60] Alle Zug- und Lasttiere seien Pflanzenfresser und verfügten im hohen Maße über Ausdauer. Der Löwe dagegen bringe es zu keiner dauerhaften Leistung, nach der plötzlichen Kraftanstrengung bei der Jagd und der anschließenden Fleischmahlzeit sei er erschöpft und ruhebedürftig.

Um die Leistungsfähigkeit der pflanzlichen Kost unter Beweis zu stellen, dienten oftmals die eigenen Erfahrungen als Demonstrationsobjekt. Die vegetarische Lebensweise, betonte Gustav Struve, »verlieh mir eine Arbeitskraft, wie ich sie früher nie besessen hatte«.[61] Struve gehörte neben Baltzer zu den wichtigsten Propagandisten der Reformdiät. Bereits seit den 1830er Jahren lebte er vegetarisch. Später machte er die Pflanzenkost, wie der Titel seiner 1869 erschienenen Schrift lautete, zur »Grundlage einer neuen Weltanschauung«. Der Rechtsanwalt und Publizist stand zusammen mit Friedrich Hecker an der Spitze der Märzrevolution 1848/49 im Großherzogtum Baden. Nach der Niederschlagung des gewaltsamen Aufstands wurde er gefangen genommen, später gelang ihm die Flucht nach Amerika. Hier kämpfte er für Abraham Lincoln und schrieb an seiner opulenten, sechsbändigen »Weltgeschichte«. Dass er all die Strapazen seines Lebens überstanden hatte, führte er auf seine vegetarische Lebensweise zurück – sie habe ihn »gestählt«: »Die Pflanzenkost hatte sich an mir bewährt in Tagen des Friedens und des Krieges, der Freiheit und der Gefangenschaft. Sie hatte mir die Kraft gegeben, die stärksten Anstrengungen, die anhaltendste Arbeit im Studierzimmer, auf der Rednertribühne und im Feld zu bestehen.«[62]

Die Vegetarier wetteiferten mit den Ernährungsphysiologen, wessen Diät den stärksten und widerständigsten Leistungskörper hervorbrachte. Es war ein Wettstreit zwischen zwei gänzlich unterschiedlichen Kulturkonzepten. Struve sah in seinen Gegnern Repräsentanten eines Zeitalters der Nervosität und des Materialismus, die weder Festigkeit noch Geistigkeit besaßen. Durch ihre Ernährung waren sie den Reizen der modernen Zivilisation völlig ausgeliefert, Einfachheit und Mäßigkeit waren ihnen fremd,[63] sie gierten nach immer neuen und immer stärkeren Reizen. Ihr Fleischkonsum stachelte insbesondere die »niederen Leidenschaften«[64] an, die Folgen waren eine Neigung zu Gewalt und Zerstörung und ein enthemmter »Geschlechtstrieb«[65]. Die »unnatürliche Lebensweise« führte zur Vertierung des Menschen und zu einer Gesellschaft, in welcher der Mensch unmittelbar und direkt seine Triebe auslebte. Der Pflanzenesser besaß hingegen nicht nur stärkere Nerven und einen gesünderen Willen,[66] er hatte Macht über seine eigene Natur gewonnen, denn er folgte nicht bedenkenlos den Reizen und Genüssen.[67] In einer vegetarischen Gesellschaft würden die Verbrechen »seltener und die Armuth [...] gänzlich verschwinden«.[68] Die durch die fleischliche Kost erzeugte Aggressivität trete in der menschlichen Natur zurück, so dass Kriege nicht mehr nötig seien.[69] Der Verzicht auf Fleisch beseitige aber auch die Krankheitskeime,[70] denn nahezu alle Krankheiten seien auf tierische Nahrung zurückzuführen.

Wie ein rotes Band zieht sich durch die Schriften der Vegetarier der Kampf gegen das Unreine. Paul Andries schrieb 1893 in einem Plädoyer für die vegetarische Ernährung, die Menschen seien »von tierischem Dufte imprägniert«,[71] alle, die Fleisch oder tierische Produkte essen würden, erkenne man schon am Duft als »Unreine«[72]. Die Männer seien stärker »vertiert«[73] als die Frauen, die von Natur aus mehr zu »süssen Speisen«[74] neigten. In der Tat aßen zu der damaligen Zeit Frauen sehr viel weniger Fleisch, was aber eher ökonomische Gründe hatte. Der Mann bekam als Familienoberhaupt die »bessere«, eiweißhaltigere Kost. Seine stärkere »Vertiertheit« hing freilich mit dem Ausleben der Sexualität zusammen, die ihm in Grenzen erlaubt war.

Mit dem Unreinen war nicht nur die Lust auf Fleisch, sondern immer auch und insbesondere die Fleischeslust gemeint. »Reinlichkeit«, schreibt Struve, sei »eine der wichtigsten Voraussetzungen der natürlichen Lebensweise.«[75] Und Reinlichkeit hieß, sich gleichermaßen der tierischen Nahrung wie der unreinen Sexualität zu enthalten. Während die bürgerlichen Tierschützer und -freunde die Gemeinsamkeiten zwischen Mensch und Tier betonten und – wie an den Haustieren zu sehen sei – das Animalische vermenschlichten, ging es den konsequenten Vegetariern gerade um eine Abgrenzung zum Animalischen. In ihm sahen sie eine Gefahr, und die Sexualität galt ihnen als das Tierische schlechthin. Die pflanzliche Ernährung bildete das stärkste »Gegengewicht«, so Struve, »gegen das wilde Toben der thierischen Triebe«.[76] Kurzum, die Vegetarier waren nicht, wie man meinen könnte, »konsequente Tierfreunde« (Jost Hermand), sie wollten sich von allem Animalischen, das ihnen Furcht einflößte, befreien, um den Traum von Reinheit zu leben. Schon in Zimmermanns »Weg zum Paradies« war von Entartung und reiner Rasse die Rede.

Der Kreis der Vegetarier blieb, rein zahlenmäßig, klein, es war eine bürgerliche und zum Teil subkulturelle Elite. Ihre Schriften erschienen in wenigen hundert Exemplaren im Selbstverlag. In ihrer rigorosen asketischen Haltung wurden sie – auf den Vegetarier-Sympathisanten Richard Wagner ist bereits hingewiesen worden – mit Bewunderung, aber auch mit einiger Verstörung wahrgenommen. Die Vegetarier waren die neuen Heiligen, die sich zum Ahnherrn Pythagoras, »den Weisen von Samos«,[77] auserkoren hatten. Dieser hatte bekanntlich die Enthaltsamkeit, Einfachheit und Mäßigung gepredigt.[78] Er wollte durch Diät zur Tugend erziehen, er aß kein Fleisch und trank keinen Wein. Sein ganzes Leben war auf Reinheit abgestellt, so mied er selbst den Kontakt zu Menschen, die Fleisch aßen oder zubereiteten. In jeder Schrift der Vegetarier tauchte die Forderung auf, sich vom gewohnten Leben loszusagen, die Vergangenheit abzustoßen und neu anzufangen. Mit pflanzlicher Kost war es nicht getan, das Leben sollte einem neuen Regime unterstellt werden.

In der Lebensreform um 1900 erhielt der Vegetarismus neuen Auftrieb. In den bekannten Siedlungsprojekten, wie der Obst-

Abb. 12: Lebensreformer auf dem Monte Verità, um 1910

baugenossenschaft Eden und den Reformern auf dem Monte Verità, bildeten die Vegetarier so etwas wie den harten Kern. Ob Nacktkultur, Ausdruckstanz oder Körperkultur – keine andere Richtung war von so großer Bedeutung für die Erneuerungsbewegung wie die Ernährungsreformer. Die Ideen zur Gründung der Siedlungsprojekte stammten von Vegetariern, sie wollten naturnah leben und priesen vor allem die heilsame Wirkung der

Arbeit. Als Erich Mühsam 1905 die Siedlung auf dem Monte Verità besuchte, kam er, wie er schrieb, aus der »Lasterhöhle« Berlin und dachte, er träfe dort Menschen, die nach dem Prinzip »Dolce far niente« lebten und sich um gesellschaftliche Zwänge nicht kümmerten.[79] Doch weit gefehlt! Stattdessen fand er sich in einer genossenschaftlichen Arbeitskommune wieder, die nach strengen Prinzipien organisiert war und ein äußerst frugales Leben führte. Ihre Mitglieder waren, wie Mühsam berichtet, stolz, sich »durch ihrer eignen Hände Arbeit« zu ernähren und alles »selbst herzustellen«.[80] Überall traf er auf entschlossene Asketen, die vor allem eins wollten, die eigene Natur in den Griff bekommen. Die Vegetarier, schreibt Mühsam, seien von ihrer Arbeit und von ihrem »Verdauungsapparat«[81] eingenommen. Wofür schon Baltzer plädiert hatte, den Reizmitteln zu entsagen, wurde hier in rigider Form praktiziert. Man arbeitete rund um die Uhr und wohnte in selbstgezimmerten Behausungen. Die Ehen seien bis auf eine Ausnahme kinderlos, schreibt Mühsam. Und er fragt sich, ob die vegetarische Kost nicht vielleicht zu Unfruchtbarkeit und Impotenz führe. Der Grund für die Kinderlosigkeit sei aber vermutlich ein ganz anderer: »viele Vegetarier zählen das Prinzip der Geschlechtsenthaltung zu ihren ethischen Grundsätzen«.[82] Einige von ihnen, berichtet Mühsam, essen selbst keine Weintrauben mehr, weil sie auf die »Geschlechtsnerven« wirken würden.[83]

Die Lebensreform, die heutzutage gern als libertäre Aufbruchsbewegung verklärt wird, wollte die Moderne zu einer neuen Gesundheit führen und eine Gesellschaft heilen, die in ihren Augen von der Natur abgefallen war. Es ging, wie Zimmermann im »Weg zum Paradies« proklamierte, um eine »Reorganisation der Culturvölker«[84], eine »Reorganisation durch die Verdauungsorgane vermittelst naturgemäßer Speisen und Getränke«[85].

Heilmittel und Heilslehren

> Heilkunst ist ja auch eine Art Kriegsdienst gegen Gesundheitsfeinde und gegen den Tod.
>
> Max Bircher-Benner

Am Ende des 19. Jahrhunderts rührten sich auch in den Reihen der Mediziner Zweifel, ob Fleisch denn wirklich nährreicher und gesünder sei. Max Bircher-Benner hatte im Jahr 1900 unter dem lebhaften Protest seiner Kollegen seine Thesen zur Rohkost-Ernährung verkündet. Seine Behauptung, dass die roh verzehrte, pflanzliche Kost wertvoller sei als das Gekochte, war damals geradezu umstürzlerisch. Wer sich von rohen Früchten und rohem Gemüse ernähre, so Bircher-Benner, nehme die Energie des Sonnenlichts in reiner und direkter Form auf: »Licht ist der Triebstoff des Lebens.«[1] Die für den Menschen wichtige »nährende Energie« bestehe »aus Kompositionen von Lichtquanten«, nicht aber aus Wärmeeinheiten, das heißt aus Kalorien.[2] Bircher-Benner kritisierte die herrschende Ernährungslehre, die allein den quantitativen Aspekt in den Vordergrund rückte. Vieles von der Kalorienmenge sei jedoch gar nicht für den Körper nutzbar. Entscheidend sei daher auch nicht der Energiebetrag, sondern das »Wirkungsvermögen der Nahrung«,[3] das von den Lichtquanten, den Quellen des Lebens, bestimmt werde. Die höchste Energie sei in den Pflanzen zu finden, während sich im Tierkörper die Energien der pflanzlichen Nahrung schon weitgehend abgebaut hätten, so dass Fleisch nur einen geringen Nährwert besitze.

In den Augen Bircher-Benners besaß also das Rohe den höchsten Wirkungsgrad. Mit jeder Zustandsveränderung, ob Lagerung,

Abb. 13: Max Bircher-Benner, Mitte der 1930er Jahre

Trocknung, Backen, Braten, verringerte sich der Nährwert. Die pflanzliche Rohkost musste freilich unverfälscht und ganz verzehrt werden – wie der Apfel, der nur ungeschält und mit Gehäuse ins berühmte Müsli durfte. Bircher-Benner war überzeugt, dass diese energetische Kost ein gesünderes, kraftvolleres und vor allem längeres Leben garantierte. Um dies unter Beweis zu stellen, führte er zahlreiche Leistungstests mit Versuchspersonen durch, die seine Form der Ernährung praktizierten. »Energetisch« hieß aber auch, dass der Mensch widerstandsfähiger und weniger anfällig für Krankheiten war. Noch waren die Vitamine nicht entdeckt; kurz vor dem Ersten Weltkrieg wurde nach ersten Forschungserfolgen ihre Bezeichnung eingeführt, der große Durchbruch in der Analyse der Vitamine erfolgte aber erst in den zwanziger und vor allem dreißiger Jahren. Wie sich nun zeigte, lag Bircher-Benner mit seinen Behauptungen grundsätzlich ganz richtig: Rohes Obst und Gemüse waren reich an Vitaminen, dienten der Energiegewinnung und stärkten das Immunsystem.

Die Konsequenzen jedoch, die er aus seinen Thesen zog, waren weitreichend: In der pflanzlichen Rohkost sah er nicht nur eine »Schutznahrung«, sondern eine »Heilnahrung für jede Erkrankung, heiße sie, wie sie wolle.«[4] Während die tradierte Diätetik die Lebensumstände und Lebensweise des Einzelnen bedachte und ein komplexes System von Bedingungen und Regeln erstellte, das den Menschen gesund erhalten sollte, spitzte Bircher-Benner alles auf eine Frage zu: die Ernährung. In ihr sah er die Ursache aller Erkrankungen, und aus ihr würden sich alle anderen Faktoren ergeben und ableiten.

Eine auf den ersten Blick ähnliche Auffassung vertrat sein Dresdner Kollege Heinrich Lahmann, den Bircher-Benner im Sommer 1897 aufsuchte, kurz bevor er sich selbständig machte und in Zürich sein eigenes Sanatorium eröffnete. Lahmann hatte in seinem 1891 erschienenen Buch über »Die diätetische Blutentmischung als Grundursache aller Krankheiten« behauptet, dass eine falsche Ernährung zu einer veränderten Zusammensetzung des Blutes führe. Diese »Blutentmischung« würde den menschlichen Organismus so schwächen, dass er anfällig für Krankheiten würde. Rilke, der, wie erwähnt, von Lahmann und seinen Theorien fasziniert war, machte sich diese Auffassung ganz zu eigen. So leitete er aus ihr einige Zeit alles Mögliche ab, seine

Mattigkeit und Schwäche, aber auch seine »fortwährende innere Zerstreutheit«, sie käme, schreibt er Lou Andreas-Salomé, von einer »Dünnheit des Blutes«.[5]

Ernährung war freilich für Lahmann und Bircher-Benner ein weites Feld, sie verstanden darunter nicht nur das Essen im engeren Sinn.[6] Im Grunde zählten sie alles, was mit dem menschlichen Organismus in Verbindung steht, dazu: Luft, Wasser und auch das Licht. Darauf waren ihre Kuren und therapeutischen Maßnahmen abgestellt. Insbesondere Lahmann war ein eifriger Befürworter der Luftbäder, er definierte den Menschen als »Luftgeschöpf«[7], der in ungelüfteten Räumen nicht überlebensfähig war. Er wetterte gegen Menschen, die in beheizten Zimmern schliefen und sich in einem fort vor Zugluft ängstigten, vor allem wetterte er gegen dicke, undurchlässige Kleidung, die verhinderte, dass die giftigen Zerfallsprodukte des Körpers durch die Haut entweichen und frische Substanzen aufgenommen wurden.[8] Dem Luftbad kam nicht nur eine physische, sondern auch eine »moralische Wirkung« zu, es förderte die seelische Gesundheit und stärkte »das Selbstvertrauen verzärtelter Menschen«.[9]

Was die Nahrung anging, so kritisierte Lahmann die herkömmliche Kost als zu säurereich, sie verfüge über zu wenig basische Mineralstoffe (Nährsalze).[10] In seinem Sanatorium wurden aber keineswegs nur Rohkost und vegetarisches Essen angeboten, es gab auch gedämpftes und schonend gekochtes Gemüse, Fleisch und Genussmittel. Je nach Patient und Krankheitsbild erstellte man eine bestimmte Diät.

Bircher-Benner setzte sich mit seinen Auffassungen von dem eher vorsichtigen und traditionellen Naturheilkundler Lahmann ab und nahm eine geradezu fundamentalistische Position ein. Es ging ihm nicht mehr darum, besondere Krankheiten mit einer speziellen Diät zu behandeln – darin sah er den Irrweg der bisherigen Diätetik, die an der Erkrankung ansetzte und den Menschen durch ein ausgefeiltes Regime von therapeutischen Maßnahmen wieder in eine Balance bringen wollte. Falsche Ernährung

Abb. 14: Heinrich Lahmann, um 1900

im Sinne Bircher-Benners meinte keinen Mangel, kein Zuviel oder Zuwenig, sie meinte vielmehr einen durch die Zivilisation herbeigeführten Bruch mit der Natur. Der eigentliche Sündenfall des modernen Menschen war die Abkehr von einer natürlichen

Nahrung und ihren kosmischen Energien. Der menschliche Organismus war mit gesundheitsschädlichen Schlacken belastet, die ihn erkranken ließen, ihn kraftlos und müde machten.

Mit seinen Behandlungsmethoden zielte Bircher-Benner auf die menschliche Natur insgesamt, sein Ansatz war einfach und radikal: »Für jede Krankheit, jede Ungesundheit die *eine* und die *gleiche* Heilnahrung, welche dem Gesamtorganismus und jedem einzelnen seiner Teile die höchste Vitalität und die höchste Kampfkraft bei maximaler Ökonomie verleiht.«[11] Die Wortwahl macht es deutlich: Hier ging es nicht um ein wohlschmeckendes Müsli, um Rohkost und Licht-Luft-Bäder, es ging um den neuen Menschen, den effizienten Körper in der entstehenden Massengesellschaft. Anders als Lahmann, anders aber auch als der Naturheiler Schweninger, der an den Bedürfnissen des Einzelnen ansetzte, sah Bircher-Benner von der Individualität des Körpers ab, ja er sah in der Individuation des modernen Menschen eine Gefahr. Mit Berufung auf Nietzsche sagte er später, das Ich sei ein »Phantom«,[12] die Individualität beruhe auf Täuschung und Einbildung und käme »auf falschem Wege«[13] zustande: »Was aus dem Ich kommt, stammt aus dem Kleinlichen, dem Engen, dem Gegenständlichen, dem Trugvollen, aus der Begrenzung und Isolierung.«[14] Die neue Ernährung sollte von dieser Last der Individualität befreien, und war der Mensch erst einmal davon erlöst, konnte er auch wieder zu sich und dem als heilkräftig angerufenen »*einen* grossen Lebenstrieb«[15] zurückfinden.

Hinter der Rohkost, die so manchem als bloßes Heilmittel erschien, steckte eine Heilslehre. Bircher-Benner hat sie als »Ordnungstherapie«[16] beschrieben. Nicht die Nahrung entscheidet letztlich, sondern die Ordnung. Aus ihr nämlich entstehe Gesundheit – aus der »Unordnung« hingegen Erkrankungen und Gesundheitsstörungen.[17] Der Kranke muss, wenn er genesen will, »sein Leben in allererster Linie neu ordnen«.[18] Die Kur im Sanatorium Lebendige Kraft verstand sich als Willenserziehung, sie sollte eine Umkehr einleiten. Bircher-Benner, der das militärische Vokabular liebte, wollte seine Patienten zu Kämpfern ausbilden, zu Kämpfern gegen das Leben, das sie bisher geführt hatten.

Von solcher Konsequenz waren gerade diejenigen begeistert, die ein eher zärtliches Verhältnis zu ihren körperlichen Befindlichkeiten pflegten, die aufmerksam in sich hineinhorchten und im Chaos ihrer zahlreichen Leiden nach Ordnung suchten. Zu ihnen gehörte Rilke. Der Dichter, der in einem berühmten Vers das Motto »Du mußt dein Leben ändern« fand, war von der Haltung, die Bircher-Benner von seinen Patienten forderte, nachhaltig beeindruckt. Angeblich war er auch der Namensgeber der 1923 gegründeten Hauszeitschrift »Wendepunkt«. Er soll Bircher-Benner anlässlich seines Aufenthalts im Sanatorium 1919 erzählt haben, dass jeden Morgen beim Aufwachen »es in seinem Inneren klar und deutlich tönte: Dies ist der Wendepunkt in deinem Leben«.[19] Die suggestive Formel gefiel dem Herrn des Hauses, und er machte sie zum Slogan. Thomas Mann, der sich 1909 im Sanatorium aufhielt, sprach ironisch vom »hygienischen Zuchthaus«[20], doch er bewunderte die Härte und Entschiedenheit, mit der man hier zu Werke ging: »Während der ersten fünf Tage stand ich beständig mit trotzigen Entschlüssen ringend vor meinem Koffer.«[21] Es wurde nicht nur Ordnung gepredigt, sie wurde auch durchgesetzt und praktiziert, es herrschte strenge Disziplin vom Aufstehen in der Früh bis zum zeitigen Ins-Bett-Gehen. Die Tage waren angefüllt mit Behandlungen und Vorträgen, mit strikt einzuhaltenden Essens- und Ruhezeiten. Ein »Lotterleben«[22] wie im »Zauberberg« gab es hier nicht; die Lebendige Kraft war alles andere als ein »Lustort«, an dem man sich in seiner Krankheit einrichten konnte.

Thomas Mann hielt bei Bircher-Benner durch, und er bekam, wie alle Patienten, zwei Dinge ans Herz gelegt: »gesunde Lebensordnung« und »heroische Selbstbeherrschung«.[23] Viele Intellektuelle und Künstler unterwarfen sich der Therapie und öffneten sich den Heilslehren des Doktors, unter ihnen Hermann Hesse,

Bruno Walter, Wilhelm Furtwängler, Elly Ney und die Tänzerin Suzanne Perrottet.[24]

Bircher-Benner war alles andere als ein schrulliger Rohköstler und hinterwäldlerischer Lebensreformer, der zu rhetorischen Übertreibungen neigte. Er wollte nicht zurück, er hatte die Moderne, ihre Auswüchse und Verfallserscheinungen fest im Blick. Das Überleben der Kulturmenschheit hing von der Ernährungsfrage ab, er war überzeugt, dass die »zivilisatorischen Veränderungen der Nahrung«[25] die menschliche Natur vergiftet hatten und die Gefahr einer Regression bestand, durch die das Animalische Oberhand gewinnen und die »Sprache des Triebes in ein wütendes, gieriges Geschrei«[26] umschlagen konnte. Der Moderne drohe ein Zustand »dauernder, ungesättigter Gier«, den Bircher-Benner als »›*Tantalismus*‹«[27] bezeichnete, der vor allem in der »Ueber-Sexualisierung«[28] der Gesellschaft zum Ausdruck komme. Durch falsche Ernährung würde schon früh der Sexualtrieb überreizt und die »natürlichen Hemmungen«[29] geschwächt. Wo aber die »Macht des Geschlechtstriebes«[30] herrschte, da verfiel der Mensch der »Verpöbelung«[31] und dem »Lustleben«[32].

Bircher-Benner wollte eine Zeitenwende einläuten und die Kultur von Grund auf erneuern, der Mensch sollte an eine Energieform angeschlossen werden, die ihm übermenschliche Kräfte verlieh. Man hat die großen Sympathien, die Bircher-Benner zunächst für Mussolini und später auch für Hitler bekundete, damit zu erklären versucht, dass er sich die politische Umsetzung seiner Ideen erhoffte.[33] Wie so viele Reformer sei er naiv gewesen, es habe ihm geschmeichelt, dass ihm die Nazis gleich 1934 die Leitung einer Klinik für Naturheilkunde in Dresden anboten – Bircher-Benner sagte zunächst zu, machte dann aber einen Rückzieher. Und Hitler habe er schon allein wegen seiner vorbildlichen vegetarischen Ernährung bewundert, als er dann noch erfuhr, dass der »Führer« in Berchtesgarden über seinen Arzt Werner Zabel – einem Anhänger der Rohkost – seinen Köchen die Bircher-Küche ans Herz legte,[34] hätte sich der Schweizer Reformer nobilitiert gefühlt. In Wirklichkeit seien nicht Mussolini und Hitler, sondern Mahatma Gandhi sein großes Vorbild gewesen.

Dieses auch in anderen Fällen angewandte Erklärungsmuster verdeckt, dass es bei Bircher-Benner von Anfang an eine große Faszination am Totalitären gab und die Berührungspunkte grundsätzlicher Natur waren. Nicht persönliche Bewunderung stand hinter dieser Allianz, sondern das, was Joachim Fest in seiner »Hitler«-Biographie als »Epochensehnsucht«[35] bezeichnet hat. Hitler symbolisierte, wofür Bircher-Benner mit seiner Ernährungsreform auch stand, das »Verlangen nach Utopie und Aufbruch«, die »radikale Wendung«[36] gegen die bürgerliche Welt und die tiefe Verachtung der Zivilisation.

Rennpferde und neue Menschen

Es ist das Wunderbare, daß man wie ein Pferd ist; aber man soll nicht glauben, dies sei der Übermensch.

Robert Musil, *Nachlass (Durch die Brille des Sports)*

Psychotechnik ist keine bloße Verfallsform der Psychologie, sondern ihrem Prinzip immanent.

Theodor W. Adorno, *Minima Moralia*

Am Anfang seines Romans »Der Mann ohne Eigenschaften« beschreibt Robert Musil einen grundlegenden Wechsel in der kulturellen Wahrnehmung von Person und Persönlichkeit um 1900. Ein »neuer Geist«[1] hatte sich in allen Bereichen bemerkbar gemacht und vor allem das Bild der Männlichkeit verändert: »[...] es ist noch gar nicht lange her, daß man sich unter einem bewunderungswürdigen männlichen Geist ein Wesen vorgestellt hat, dessen Mut sittlicher Mut, dessen Kraft die Kraft einer Überzeugung, dessen Festigkeit die des Herzens und der Tugend gewesen ist«.[2] Doch nun waren Eigenschaften gefragt, auf die man zuvor herabgeschaut hatte und die mit der Würde der Persönlichkeit nicht vereinbar waren: Schnelligkeit, Beweglichkeit und Schwung.

Musil hat – es ist vielfach darauf hingewiesen worden[3] – dem Körper und der sportlichen Fitness eine Schlüsselstellung in der Entwicklung des modernen Menschen zugewiesen. Sein Protagonist Ulrich sieht bereits »ein Zeitalter der Körperkultur«[4] heraufziehen, in dem die veralteten metaphysischen und moralischen Begriffe ausgedient haben. Das frühe 20. Jahrhundert war in der Tat geprägt von einer Faszination des Körpers. Während sich die Lebensreformer nach seiner Natürlichkeit sehnten und die ursprünglichen Rhythmen und die verborgenen Triebkräfte des Lebens suchten, richtete sich die Faszination mehr und mehr auf einen Körper, der den technischen und industriellen Metaphern der Moderne gehorchte: Ausdauer, Kraft, Disziplinierung, Leistung.[5] Es waren Attribute, die das neue Leitbild der vitalen Person ausdrückten, das auch im »Mann ohne Eigenschaften« eine Rolle spielt. Über Ulrich heißt es, dass er »die Wissenschaft als eine Vorbereitung, Abhärtung und Art von Training betrachtet«.[6] Er liebt »die geistige Entbehrung« und hasst »die Umkehrenden, Verzagten, Weichlichen«[7] – ein Asket, der im bürgerlichen Leben und in der väterlichen Tradition keinen Halt mehr findet und seine existentielle Verunsicherung mit Disziplin und Anstrengung bekämpft.

Im späten 19. Jahrhundert setzte eine Entzauberung des Geistigen ein, die alten Vorstellungen von Genie und Größe hatten in der modernen Welt keinen Bestand mehr. Ein neues Denken brach sich Bahn. Mit ihm sieht sich Musils Held konfrontiert, als er in der Zeitung vom »genialen Rennpferd«[8] liest. Ulrich, der bekanntlich ein bedeutender Mensch werden wollte, ohne allerdings zu wissen, wie man das wird und »was ein bedeutender Mensch ist«,[9] sieht sich nun vom Pferd überholt. Ein tragischer Fall – denn Ulrich hatte diesem einst als Kavallerist die Sporen gegeben, als Ingenieur ließ er sich von den »Pferdestärken« faszinieren, und als Mathematiker schließlich glaubte er an die »Kraft des Geistes«[10] und betrieb die Wissenschaft als eine Art Rennsport, bei der es um Rekorde und Siege geht. Die Kraft, die er zu beherrschen meinte, hatte sich unversehens selbständig gemacht und das erreicht, was er vergebens erstrebte: Genialität. Er ahnt, dass sich eine »Umwertung der Werte« anbahnt. Genial konnten in der modernen Gesellschaft offenbar auch Rennpferde sein – ebenso wie Fußballer und Boxer. Was aber, so fragt er sich, bleibt da noch für die »Rettung der Eigenheit«[11] übrig? Ulrich nimmt sich »ein Jahr Urlaub von seinem Leben«,[12] um über die Frage nachzudenken.

Musil beschreibt eine Welt, in der sich die Eigenschaften vom Menschen abgelöst und ihren exklusiven Bezug eingebüßt haben. Nach der oft zitierten Formel gab es in der neuen Zeit nur noch

Abb. 15: Eadweard Muybridge: Bildfolge eines galoppierenden Pferds, Serienfotografie (Erstveröffentlichung 1887)

»Eigenschaften ohne Mann«: »Hat man nicht bemerkt, daß sich die Erlebnisse vom Menschen unabhängig gemacht haben? [...] Es ist eine Welt von Eigenschaften ohne Mann entstanden, von Erlebnissen ohne den, der sie erlebt.«[13] Hofmannsthal hat vom »unheimlichen Eigenleben«[14] gesprochen, Ernst Mach von der Flüchtigkeit und Unbeständigkeit aller festen Entitäten.[15] Das Gefühl, dass die Wirklichkeit ungreifbar geworden war und es keine festen Zuordnungen mehr gab, war weit verbreitet.

Die altehrwürdigen Begriffe der bürgerlichen Welt führten ein gespenstisches Dasein;[16] was sie einst bezeichnet hatten, verflüchtigte sich nun. In den Vordergrund rückte die funktionale Beziehung, die Leistung. Der »neue Geist« machte aus dem Genie das »Geniale« – und »genial« konnte, wie Ulrich schmerzlich erkennt, alles und jedes sein. Im modernen Sinn, so Musil, drücke Genie eben nichts weiter aus als »das Unvergleichliche«[17]. Und dieser Begriff »läßt sich natürlich auf Geschwindigkeiten, Muskeln, körperliche Treffsicherheit und dergleichen viel eindeutiger anwenden als auf geistige Leistungen. Andre Bestandteile, wie Kampfmut, Genauigkeit der Arbeit, Ehrgeiz, Konzentration, Wendigkeit, richtige Kombinationsgabe vor auftauchenden Hindernissen, das heißt Urteilsfähigkeit und Assoziationsgeschwindigkeit, finden sich in Brust und Gehirn eines genialen Rennpferdes genau so entwickelt wie in denen eines Dichters.«[18]

Die Entmystifizierung des Geistigen ging mit einer tiefen Kränkung des bürgerlichen Selbstbewusstseins einher. Lange Zeit hatte das Geistige einen besonderen Nimbus gehabt, es war mehr als Bildung und Wissen. Doch nun drückten sich in ihm allgemeine »Tugenden und Fähigkeiten«[19] aus, die prinzipiell auch, wie es im »Mann ohne Eigenschaften« heißt, ein »berühmtes Hürdenpferd« haben konnte: »denn man darf nicht unterschätzen, wieviele bedeutende Eigenschaften ins Spiel gesetzt werden, wenn man über eine Hecke springt«.[20]

Der Ingenieur Musil kannte sich mit den Methoden der Leistungsmessung und Leistungsoptimierung aus[21] und verfolgte mit großer Faszination den neuen, wissenschaftlichen Zugriff auf den Menschen. Er glaubte an die Sachlichkeit, er sprach mit Emphase vom »Realistischwerden des Lebens«[22] und von einer Zukunft, in der »die planvolle Bewirtschaftung der menschlichen Kräfte«[23] möglich sein würde. Letztlich, so seine Überzeugung, werde es gelingen, die menschliche Natur immer besser an die Umwelt anzupassen. Er setzte dabei auf die wissenschaftlichen Methoden, auf eine »steigende Tendenz« zur Rationalisierung. Die Menschen versuchten, die Belastung der Muskeln zu verändern, sich auf die natürliche Rhythmik zu beziehen oder überflüssige Bewegungen zu vermeiden. Das alles vollziehe sich jedoch bisher noch »mehr oder minder unterbewusst«.[24] Die Wissenschaft mache daraus nun eine »bewusste Fragestellung«, sie analysiere die Bewegungsabläufe und gestalte sie im rationellen Sinne um. Der Mensch sollte von falschen und überflüssigen Bewegungen und

Anstrengungen entlastet werden, um seine Vitalität zu erhöhen. Musil spricht von der »Steigerung der Leistungsfähigkeit«, die »unbedingt im Interesse der Gesamtheit«[25] liege – die Interessen des Einzelnen müssten zunächst dahinter zurückstehen.

Zwei Konzepte der Rationalisierung und Anpassung beflügelten[26] Anfang des 20. Jahrhunderts die Diskussion um den neuen Menschen: die Studien von Frederick W. Taylor zur Anwendung der menschlichen Arbeitskraft und die psychotechnischen Konzepte von William Stern und Hugo Münsterberg. Das grundlegende Werk von Taylor erschien 1911 unter dem Titel »The Principles of Scientific Management«. Das Buch ging aus Vorträgen und Artikeln hervor, es sollte zunächst – sehr viel allgemeiner und weniger apodiktisch – »Philosophy of Management« heißen.[27] Der veränderte Titel erwies sich als wichtiger Schachzug, denn der Begriff »Scientific Management« wurde zum geflügelten Wort einer Bewegung, die sich zwar die Steigerung der Leistung auf die Fahnen geschrieben hatte, aber ebenso entschieden mit dem Anspruch der Neutralität auftrat. Nicht ökonomische Effizienz allein, sondern wissenschaftliche Kriterien sollten für die Leistungsmessung maßgeblich sein. Gleich nach der Veröffentlichung wurde allerdings diese Wissenschaftlichkeit in Zweifel gezogen. Nach Streiks und Protesten wurde in den USA eine Kommission eingesetzt, die das »Taylor-System« untersuchte und seine Anwendung (Stoppuhr und Prämienlohn) teilweise untersagte.

Taylor zitiert in der Einleitung zu seinem Werk einen Aufruf Roosevelts, in dem der Präsident die ökonomische Ausnutzung aller Werte der Nation fordert. Zu diesen Werten rechnet Taylor auch die menschliche Arbeitskraft, mit der ebenso rationell und sparsam verfahren werden muss wie mit den natürlichen Ressourcen. Neben der effizienten Ausnutzung der Kräfte forderte er den planvollen Einsatz der Arbeiter gemäß der Devise: »den rechten Mann am Platz«.[28] Dabei ging es nicht um kurzfristige Optimierungserfolge, sondern um einen grundlegenden Umbau und eine Neudefinition des gesellschaftlichen Leistungskörpers, um die »Schaffung von ›tauglichen Menschen‹«.[29] Nur wenn es gelang, »erstklassige Menschen«[30] zu schulen, konnte die Arbeitsgesellschaft überleben. Und erstklassig im Sinn des neuen Systems war allein der disziplinierte und normierte Mensch, der sich unterschiedlichen Arbeits- und Lebensbedingungen anpassen konnte. Der Leistungskörper war auf den Arbeitsablauf abgestimmt, er war geformt und von jeder subjektiven Verfügung abgetrennt. Körper und Maschine sollten zu einer funktionellen Einheit verschmelzen. Das Ziel war die Eliminierung des menschlichen Körpers als einer eigenständigen und widerständigen Realität – das Persönliche war dysfunktional. Taylor forderte einen radikalen Paradigmenwechsel: »Bisher stand die ›Persönlichkeit‹ an erster Stelle, in Zukunft wird die Organisation und das System an erste Stelle treten.«[31] Wie im Kampfsport sollte der Mensch auch bei der Arbeit »alle seine Kräfte anspannen, um seiner Partei zum Siege zu verhelfen«.[32] Vorbild war nicht nur der Sport, sondern auch die militärische Disziplin. Im Ersten Weltkrieg wurde wenig später sichtbar, dass die neuen Kriegsmaschinen einen soldatischen Körper forderten, der sich mechanisch einfügte und verkoppeln ließ wie der Leistungskörper in der industriellen Arbeitswelt.

Das Taylor-System stellte alle naturwüchsigen Abläufe auf den Prüfstand. Unter rationalen Gesichtspunkten waren viele Bewegungen, wie der Arbeitswissenschaftler meinte, nutzlos, zeitraubend und unproduktiv, sie führten zur Verlangsamung der Arbeitsleistung. Und alles, was die Produktion behinderte, war für Taylor Ermüdung, ein Widerstand, den man beseitigen oder zumindest zurückdrängen musste. Die technologisch-industrielle Entwicklung um 1900 zeigte, dass der Körper nicht Schritt halten konnte, dass er hinter den Erfordernissen zurückblieb. Taylor wollte die Produktivität durch Optimierung der Bewegungen steigern, aber auch durch die Verbesserung des Materials, der Werkzeuge, Maschinen und betrieblichen Interaktionsstrukturen.

Dem Ziel der Leistungsoptimierung hatte sich Anfang des 20. Jahrhunderts auch die Psychotechnik verschrieben. Der Psychologe William Stern – auf den der Begriff zurückgeht[33] – bezeichnete in seiner 1900 erschienenen Studie über »Individuelle Differenzen« die »Individualität« als das »Problem des zwanzigsten Jahrhunderts«.[34] Die bisherige Wissenschaft habe »Gesetze und Allgemeingültigkeiten« gesucht, jetzt müsse sich der Blick auf die »Verschiedenheit des menschlichen Seelenlebens«[35] richten. Gerade hier fehle es an genauen Kenntnissen – im Individuum zeigen sich bestimmte Gesetzmäßigkeiten und Typen, aber darin gehe es nicht auf.[36] Das Individuum als Ganzes sei ein Grenzbegriff, da es in seiner vollständigen Eigenart nicht zu erfassen sei. Die differentielle Psychologie müsse sich deshalb auf besondere Eigenarten beziehen, auf charakteristische Merkmale.[37] Stern ging es darum, sicheres Wissen über Individualität zu gewinnen. Die praktische Menschenkenntnis sollte wissenschaftlich fundiert werden.

Das Bedürfnis nach einem solchen Orientierungswissen wurde in einer Gesellschaft zwingend, die sich nicht mehr über Hierarchien und tradierte Bindungen definierte. Der moderne Mensch fiel aus allen Schablonen und Typisierungen heraus, er wurde als Individualität sichtbar, und das hieß – im Sinne Sterns – immer auch als Problem. Die komplexer werdenden Lebenswelten forderten bisher unbekannte Anpassungsleistungen. In den Bildungseinrichtungen diskutierte man um 1900 nicht nur die »Überbürdung« der Schüler, sondern auch ihre mangelnde Konzentration und Aufmerksamkeit. Das moderne Individuum schien in besonderer Weise anfällig für Reize, Ablenkungen und Störungen zu sein.

Im 19. Jahrhundert verloren die übergreifenden Strukturen und einheitlichen Lebensformen ihre bindende Kraft – losgelöst von der Tradition, bekam das Individuum ein anderes Gewicht. Man betonte die Differenz, den individuellen Unterschied. Individualität erschien als eine neue Ressource, mit der man, wie Stern betont, vorsichtig und besonnen umgehen muss.[38] Und so nahm er in seiner Studie die Verschiedenheit in den Blick und vermaß den Menschen neu. Er untersuchte die Sinnesempfindlichkeit, das Gedächtnis, die Assoziationsfähigkeit, die Auffassungsgabe, die Aufmerksamkeit, die Kombinationsfähigkeit, die Reaktionen und Gefühle. Erst das exakte Wissen über die Unterschiede schaffe die Möglichkeit, differenziert auf die Individuen einzugehen und sie im Sinne pädagogischer oder psychologischer Strategien zu beeinflussen.

Wissenschaftlich ausdifferenzierte Menschenkenntnis und Psychotechnik hingen unmittelbar zusammen. Anders als Taylor konzentrierte sich die Psychotechnik anfänglich nicht allein auf Arbeitsabläufe, sie wollte alle gesellschaftlichen Lebensbereiche mit ihren Methoden erfassen und rationalisieren.

Hugo Münsterbergs 1914 erschienene Schrift »Grundzüge der Psychotechnik« beginnt mit dem Satz: »Die Psychotechnik ist die Wissenschaft von der praktischen Anwendung der Psychologie im Dienste der Kulturaufgaben.«[39] Ihr Gebiet sei, wie er mehrfach betont, »unbegrenzt«.[40] Alle menschlichen Beziehungen und alle gesellschaftlichen Bereiche – angefangen von der Gesundheit über Wirtschaft und Technik bis hin zur Kunst – seien unter psychotechnischen Gesichtspunkten analysierbar und ließen sich mit den Methoden der neuen Wissenschaft optimieren. Die Psychotechnik gab, ihrem eigenen Anspruch nach, keine Ziele vor: »Das psychologische Wissen kann immer nur besagen, daß, wenn wir dieses Ziel wollen, wir diesen Weg einschlagen müssen.« Der Psychologe, so Münsterberg weiter, kann den »Mechanismus der Aufmerksamkeit oder des Gedächtnisses oder der Hemmung verstehen [...]. Aber die Psychologie kann niemals sagen, was unserer Aufmerksamkeit wert ist, oder welches Ideal sich zur Nachahmung empfiehlt, oder welche Art des Gedächtnisses für die Lebensaufgabe am wertvollsten ist.«[41]

Münsterberg, ein Schüler Wilhelm Wundts, war 1892 nach Harvard gegangen und hatte dort ein Labor für seine Experi-

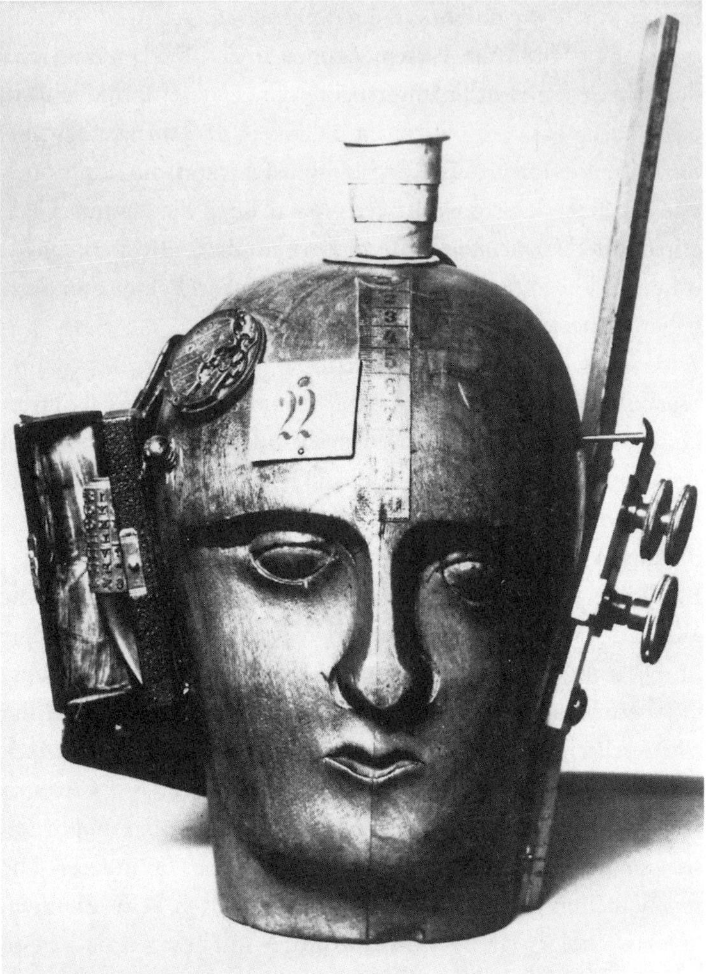

Abb. 16: Raoul Hausmann, »Mechanischer Kopf - Der Geist unserer Zeit«, 1919

mente aufgebaut. Schon früh beschäftigte er sich mit beruflichen Eignungsprüfungen. Er zog Daten über die individuelle Lebensgeschichte heran und entwickelte standardisierte Testverfahren. Das Ziel bestand darin, eine Prognose über die erwartbaren Leistungen, vor allem über die betriebliche Anpassungsfähigkeit abzugeben. Münsterberg interessierte sich für die Ermüdbarkeit und Belastbarkeit des Menschen, für die Folgen von Monotonie und Arbeitsdruck.

In der Anfangszeit sah er in der »angewandten Seelenlehre«[42] ein Projekt, das dem modernen Menschen Methoden und Strategien an die Hand geben sollte, um das Leben besser zu bewältigen. Bislang hatte sich der Mensch auf seinen natürlichen Instinkt verlassen. Münsterberg sah diese Sicherheit in der modernen Gesellschaft nicht mehr als gegeben an. Zumal der Mensch – und darin lag das eigentliche Problem – sich selbst und seine Leistungen nicht mehr einschätzen konnte. Es sei ein »populäres Mißverständnis, daß jeder sich selber kenne und daß jeder somit auch am besten wissen müsse, wie er seine seelischen Leistungen verrichten soll«[43]. Der Mensch verfüge zwar immer noch über Instinkte, die mehr oder weniger gut funktionierten, um sich aber in einer unübersichtlich gewordenen Welt zu orientieren, benötigte er zunehmend wissenschaftliche Techniken und Methoden. Münsterberg nennt ein Beispiel aus der Physiologie: die Ernährung. Der Mensch habe lange Zeit instinktiv die richtige Nahrung gewählt, in der modernen Lebenswelt sei jedoch der »wissenschaftliche diätetische Rat«[44] unentbehrlich geworden. Auch die Psyche müsse als entscheidende Schnittstelle zur Außenwelt den veränderten Bedingungen angepasst werden. Im Psychischen seien die Probleme jedoch wesentlich komplizierter, man müsse nicht nur die eigene, sondern auch die fremde Persönlichkeit im Blick behalten.[45] In der Psyche würden alle Konflikte des Lebens bearbeitet, sie sei also das entscheidende »Organ«, um sich in der Massengesellschaft behaupten zu können. Doch bedürfe es dazu immer mehr der »reflektierten Leistung«[46] und einer »logischen Bearbeitung des Lebens«[47].

Das grundlegende methodische Prinzip der Psychotechnik ist die sorgsame Zerlegung der »psychophysischen Vorgänge«,[48] die Reduktion auf »psychische Einzelvorgänge«[49]: »Solange die Kompliziertheit der Erscheinungen, wie sie das Leben darbietet, unaufgelöst vor uns liegt, fehlt es der psychotechnischen Wissenschaft an jeder Handhabe.«[50] Erst in der Analyse werden die unvergleichlichen Größen vergleichbar. Psychotechnisch »aufgelöst« treten dann – wie der Münsterberg-Leser Musil gezeigt hat – der »große Geist« und der »Boxlandesmeister« in Beziehung.

Bei Taylor steht nicht mehr der einzelne Mensch, »die ›Persönlichkeit‹, an erster Stelle«, bei Münsterberg löst sich der Mensch in seiner Ganzheit auf. Die Psychotechnik war die radikale Antwort auf eine Gesellschaft, der es nicht mehr um den Gehalt ging, sondern um Wirkung. Münsterberg verwies beispielhaft auf die Kunst: Psychotechnisch spiele das ästhetische Produkt keine Rolle, es ginge allein um die Frage, »durch welche Eigenschaften gewisse psychische Wirkungen erreicht werden können«[51]. Das Kunstwerk war als Auslöser bestimmter psychischer Erlebnisse bedeutsam, es sollte innere Erregungen hervorrufen und Genuss ermöglichen, sein ästhetischer Wert stand dabei nicht zur Debatte.

Die industrielle Anwendung der Psychotechnik setzte sich mit Beginn des Ersten Weltkriegs mehr und mehr durch. In den zwanziger Jahren, als viele Betriebe unter einem verstärkten Rationalisierungsdruck standen, erlebte die neue Wissenschaft eine Hochkonjunktur. Im Mittelpunkt stand nun die Frage, wie man die psychische Disposition des Einzelnen beeinflusst, seine Motivation stimuliert, seine Konzentration und Leistung erhöht. In Deutschland legten dazu vor allem Walther Moede und Fritz Giese Studien vor.[52] Über Giese kam die Psychotechnik sogar in die Psychoanalyse. 1924 veröffentlichte er in der »Imago« den Aufsatz »Psychoanalytische Psychotechnik«. Er sprach sich für eine Synthese aus und forderte die Analytiker als »Menschenkundler« mit »reichen Erfahrungen«[53] auf, sich den Fragen der Ökonomie und Rationalisierung zu öffnen, um sich so ein neues Klientel zu erschließen. Langwierige Analysen seien jetzt fehl am Platz, er schlug stattdessen »psychoanalytische Schnelldiagnostik-Verfahren«[54] vor. Viele Analytiker fanden das so abwegig nicht, das zeigte auch die Entwicklung in den USA, wo ähnliche

Verfahren angewandt wurden. Giese plädierte außerdem für eine »fraktionierte Analyse«,[55] die störende Mechanismen untersuchte, ohne eine »Totallösung« zu intendieren. Neurotische Komplexe könnten – psychotechnisch gesehen – zur Anpassung des Menschen durchaus nützlich sein. Außerdem brauchten viele Menschen, »rein biologisch, ihren Komplex; sind komplexfrei unglücklicher – beziehungsweise unmöglich, da sie sogleich neue Ersatzkomplexe produzieren«.[56] Gegen »Schnelldiagnostik« und »fraktionierte Analyse« hatte Freud einiges einzuwenden, was aber die Komplexe anging, so teilte er Gieses Skepsis. An Ferenczi schreibt er am 17. November 1911: »Der Mensch soll seine Komplexe nicht ausrotten wollen, sondern sich ins Einvernehmen mit ihnen setzen, sie sind die berechtigten Dirigenten seines Benehmens in der Welt.«[57]

Unter der Bezeichnung »Psychotechnik« wurden bald die wildesten Methoden angewandt. Zahlreiche Institute und Laboratorien gründeten sich und bildeten Ingenieure aus, die in die Fabriken gingen, um im Trial-and-Error-Verfahren psychologische Techniken zur Leistungssteigerung auszutesten. Der Begriff verlor wissenschaftlich immer mehr an Validität. Ende der zwanziger Jahre sprach man mehr und mehr von Angewandter Psychologie oder Betriebs- und Arbeitspsychologie – die Betrachtungsweisen differenzierten sich, ohne dass sich die Ziele verändert hätten. Um die Vitalität und Leistungsfähigkeit zu steigern, galt es, die Psyche zu beeinflussen. Sie wurde zum Ort einer bemerkenswerten Mobilmachung, mit der sich eine Vielzahl von Disziplinen beschäftigte.

Eine neue Philosophie des Leibes

Bericht aus dem innersten Deutschland

> Die Verweichlichung der heutzutage lebenden Menschen hat einen hohen Grad erreicht. Die Schwächlichen und Schwächlinge, die Blutarmen und Nervösen, die Herz- und Magenkranken bilden fast die Regel, die Kräftigen und Kerngesunden die Ausnahme.
>
> Sebastian Kneipp, *Meine Wasser-Kur*

Bis heute gilt die Befreiung des Körpers als die eigentliche Errungenschaft der Lebensreform. Ihre Zivilisationskritik entzündete sich am geschwächten, funktionalisierten, ungesunden und entsinnlichten Körper, den sie im Zeichen von Natürlichkeit rehabilitieren und aufwerten wollte.[1] Einhellig war man der Meinung, dass der Leib vernachlässigt worden war und es um die Gesundheit eines ganzen Volkes schlecht stand, insbesondere aber um die der Jugend.

Der Reformpädagoge Ludwig Gurlitt kämpfte mit missionarischem Eifer gegen eine vergeistigte Bildung und für eine Erziehung, die vom Körper ausging und sich in Licht, Luft und Freiheit abspielen sollte. Er kritisierte die »Gelehrtenkasernen«[2] und die deutsche »Stuben-Erziehung«[3]. Ins Visier geriet die »geistige Ueberfütterung«[4] und das »Vielwissen«[5]: »Unsere ganze Bildung beschränkt sich auf die Seite des Verstandes«.[6] Gurlitt forderte eine »Entlastung von dem Vielerlei des Stoffes«.[7] Das Wissen würde vor allem in Deutschland überschätzt. Dagegen fehle es vor allem »an Muskel- und Nervenkraft. Unser Blut ist verdickt, unser Kopf benommen, unsere Augen sind trübe.«[8]

Im Tenor ähnlich, aber im Ton sarkastisch und humorvoll beschreibt Hans Paasche die Zustände im »zivilisierten« Deutschland. Paasche, ein ehemaliger Marine- und Kolonialoffizier, der sich zum Pazifisten und Lebensreformer entwickelte und 1920 von der Schwarzen Reichswehr ermordet wurde, schrieb im Stil der »Lettres Persanes« von Montesquieu fingierte Briefe, die 1912/13 in Fortsetzungen erschienen und die westlich zivilisierte Lebensart aus der Perspektive einer exotischen Kultur schilderten. In der bald berühmten »Forschungsreise des Afrikaners Lukanga Mukara ins innerste Deutschland« berichtet ein junger afrikanischer Naturmensch seinem König über ein Land, in dem die Menschen ohne jedes Augenmaß leben und wirtschaften: »Sie arbeiten alle, weil sie Geld haben wollen. Und wenn sie Geld haben, benutzen sie es nicht dazu, sich Glück zu verschaffen, was ja nichts kosten würde, sondern sie lassen sich von anderen, die Geld gewinnen wollen, einreden, sie müßten, um glücklich zu sein, alle möglichen Dinge kaufen, Dinge, die ganz unnütz sind. Und da gemacht werden, wo der Rauch aufsteigt. Ich glaube, ein Mann, der mit wenigem auskommt und nichts kauft, ist in Deutschland nicht angesehen.«[9] Der gesundheitliche Zustand ist katastrophal, schlechte Luft, Alkohol, Nikotin, Fettsucht – die Menschen sind überreizt und häßlich: »Durch den Mangel an Bewegung verändert sich ihr Körper so sehr, daß sie sich nackt nicht mehr zeigen könnten, selbst wenn es Sitte wäre, ohne Kleider zu gehen, und viele Männer sehen aus wie gemästete Hunde oder wie die Flußpferde von Ukonse.«[10] Die Frauen sind missgestaltet, ihre Körper zwängt man in ein starres Korsett: »Hätten die Frauen das Gerüst nicht, so würden sie zusammenklappen und könnten nicht aufrecht gehen. [...] Der Leib wird an der Stelle, wo er sich ausdehnen soll, fest zusammengehalten, und ein Teil der Lunge fault innen und stirbt, weil er gehindert wird, zu leben. Es fehlt ihr nämlich der tiefe Atem. Infolgedessen kann die Frau nicht laufen und keine Bewegung ausführen. [...] Die Frauen bewegen sich in ihren Leibgerüsten wie aufrechtgehende Schildkröten.«[11] Der zentrale Angriffspunkt von Paasches Zivilisationskritik ist eine zur Religion gewordene Wachstumsideologie, die – einmal in Gang gesetzt – zu einem irrationalen System auswuchert. Die Stadt wächst und vergrößert sich, »dann«, so Lukanga Mukara in seinem Bericht, »müssen mehr Wagen fahren und immer mehr. Dann braucht man Häuser, in denen die Wagen untergestellt werden und wieder Menschen, die diese Häuser bauen, bewachen, zählen und darüber schreiben. Weil aber die Menschen in solcher Stadt und bei solcher Beschäftigung verrückt werden, muß man große Häuser außerhalb der Städte bauen, in die man die Verrückten einsperrt. Dadurch entsteht wieder Arbeit und neues wirtschaftliches Leben. Die aber, die noch nicht ganz verrückt sind, müssen, um nicht völlig verrückt zu werden, sehr oft aus der Stadt hinausfahren, um in der Steppe und im Urwald zu schreien, Blumen abzureißen, Tiere aufzuspießen oder zu verscheuchen. Deshalb fahren wieder sehr viele Wagen mit Menschen hin und her.«[12]

Paasches Kritik am destruktiven Fortschritt traf sich mit der Ludwig Klages', der zur selben Zeit »Mensch und Erde« schrieb – allerdings in weniger originellem, ernst-anklagendem Ton und im Gestus eines ökologischen Fundamentalismus, der unverhohlen mit der Lust am Untergang sympathisierte. Auch Klages zitiert das vermeintlich intakte Leben der Naturvölker herbei, um es mit den Exzessen einer Zivilisation zu konfrontieren, in der die Menschen nur noch als ausgepowerte, seelenlose Masken vegetieren: »Die meisten leben nicht, sondern *existieren* nur mehr, sei es als Sklaven des ›Berufs‹, die sich maschinenhaft im Dienste großer Betriebe verbrauchen, sei es als Sklaven des Geldes, besinnungslos anheimgegeben dem Zahlendelirium der Aktien und Gründungen, sei es endlich als Sklaven großstädtischen Zerstreuungstaumels; ebenso viele aber fühlen dumpf den Zusammenbruch und die wachsende Freudlosigkeit.«[13]

Klages' »Mensch und Erde« war als Grußwort an die Jugend auf dem Hohen Meißner 1913 gerichtet. Mit dem »Fest der Jugend« im Oktober 1913 enden auch die Reiseberichte Lukanga Mukaras, die einen versöhnlichen Ausklang finden, denn der afrikanische Berichterstatter sieht die Anfänge eines neuen Deutschlands: junge Männer, sonnengebräunt, athletisch gebaut;

die Mädchen schön, »kein Leibgerüst«, keine »Zwangsschuhe«.[14] Der Blick geht ins Weite und Visionäre, in eine Zeit, in der die Ideale der Jugendbewegung Wirklichkeit geworden sind: »Ich sah die Gestalten von jungen Männern und Mädchen. Ich sah ihre Augen, und Feuerglanz darin. Ich sah, als Fremder, die Zukunft eines Menschenvolkes.«[15]

Die Vernachlässigung des Leibes wurde natürlich in jedem der zahlreichen Hygienebücher der Zeit zum Thema. Besorgt äußerte man sich in vielen Publikationen über die Zunahme der Fettleibigkeit und eine Erschlaffung der Muskeln, die insbesondere bei Jugendlichen zu beobachten sei und die die Energie und Leistungsfähigkeit herabsetze. Die körperlichen Verfallserscheinungen sah man als direkte Folge des modernen Lebens. Der Mediziner Siegfried Weissbein schrieb 1910 in dem von ihm herausgegebenen Standardwerk über »Hygiene und Sport«: »Die menschlichen Kräfte werden immer mehr durch Maschinen verschiedenster Art ersetzt, die Eisenbahn hat ihre Netze nach allen Richtungen hin ausgebreitet, so daß das Reisen ohne besondere körperliche Inanspruchnahme leicht vor sich gehen kann. Es ist deshalb kein Wunder, daß der Mangel an Bewegung in frischer Luft die Muskeln erschlaffen läßt, daß Blutarmut und Nervosität immer weiter um sich greifen, daß die Stoffwechselerkrankungen sich im ständigen Zunehmen befinden. Wenn man in diesen Fällen nur mit Medikamenten eine Heilung zu erstreben sucht, so wird man kaum jemals einen dauernden Erfolg zu erzielen vermögen. Man muß da, abgesehen von einer regelmäßigen geeigneten Ernährung und sonstigen Körperpflege, auch für entsprechende Leibesübungen Sorge tragen, die am besten in Gottes freier Natur vorgenommen werden und den Stoffwechsel viel mehr wie jedes Medikament anzuregen imstande sind.«[16]

Es galt den Körper durch Leibeszucht von den Schlacken der Zivilisation zu reinigen. Das Ziel war der aktive, schöne Körper, den die Lebensreformer mit Natürlichkeit und Gesundheit gleichsetzten, der aber letztlich ein Produkt aus Dressur und Zurichtung war. Unter Maßgabe des neuen Regimes sollte er selbsterzieherisch geformt und gestaltet werden. In der von Ferdinand Avenarius herausgegebenen Zeitschrift »Der Kunstwart« konnte man lesen, dass moderne Körpererziehung nach »Schönheit und Anmut«[17] im Ausdruck streben und alles »Gezwungene« vermeiden müsse, nur so erhielten die Bewegungen und Haltungen »den Stempel des Natürlichen und Wahren, des von innen heraus Geschehenden, im Gegensatz zum Angedrillten«[18]. Der programmatische Aufsatz trug den Titel »Körper-Kultur« – damit propagierte man das Schlagwort der Epoche. Nicht nur die geistig-sittlichen Eigenschaften des Menschen sollten künftig zur Kultur gehören, sondern auch die körperlichen. »Unser Ideal von Körperbildung [...] soll eine psycho-physische ästhetische Kultur sein; Bewußtwerden des Körpers und seiner Bewegungen als eines Spiegels, eines Symbols der Seele; als eines Teils unseres Selbst, wert, erzogen und gebildet zu werden zu freier Beherrschung seiner Glieder, zu harmonischer Schönheit all seiner Lebensäußerungen.«[19] Wer nur nach geistigen Werten strebte, ohne die körperliche Bildung zu beachten, hatte das Kulturideal verfehlt. Im 19. Jahrhundert hatte man intensiv über Degeneration und Entartung räsoniert und die Symptome einer sich im Niedergang befindlichen Kultur beschrieben. Anfang des 20. Jahrhunderts vollzog sich eine Wende zum Positiven, in den Vordergrund rückte der Begriff einer »*Aufartung*« – einer Veredelung der menschlichen Natur.

»Der Durst nach Schönheit ist ein nicht minder göttliches Gesetz in uns als der Trieb zur Bekämpfung der Erdenqualen«,[20] lässt Frank Wedekind seinen Titelhelden im Drama »Karl Hetmann, der Zwerg-Riese« (1905) sagen. Hetmann ist Sekretär und treibende Kraft eines »Internationalen Vereins zur Züchtung von Rassemenschen«. Aufgenommen werden nur Menschen von außergewöhnlicher Schönheit – und um der Schönheit willen müssen sie bereit sein, sich über die bürgerlichen Auffassungen von Moral und Sitte, von Ehe und Familie hinwegzusetzen und sich jedem geeigneten Geschlechtspartner bedingungslos hinzugeben. Einziges Kriterium ist die Veredelung der Rasse im Sinne der Schönheit, weder »Hab und Gut« noch »Leib und Leben«[21] dürften höhergestellt werden. Für die Zuchtwahl setzt Hetmann zunächst auf die Elite, die mit ihren guten Erbanlagen geeignet erscheint, den neuen Menschen hervorzubringen. Seine Ideen haben zunächst großen Erfolg und finden begeisterte Anhänger, Hetmann scheitert aber schließlich an einer Intrige.

Das Stück über den phantastischen Aufstieg und tiefen Fall eines Menschenzüchters nimmt skurrile Formen an. Am Ende ist Hetmann der dumme August im Zirkus – eine lächerliche Figur, die im Leben strauchelt. Wedekind zieht die Lehre von der Züchtung ins Grotesk-Komische, er karikiert den Möchtegern-Propheten und seine große Idee. Mit dem Gedankengut von Zucht und Züchtung hat er sich freilich immer wieder beschäftigt; und man tut ihm nicht unrecht, wenn man darauf hinweist, dass dieses Denken, bei aller kritischen Distanz, eine gewisse Faszination auf ihn ausgeübt hat: Lulu geht bekanntlich an ihrer Triebhaftigkeit und ihrer animalischen Natur zugrunde, die sich jeder Zucht entzieht. In der Erzählung »Mine-Haha« (1901) wird die Dressur des Körpers zum eigentlichen Thema. Wedekind entwirft ein utopisches Reich, in dem junge Mädchen durch die Zurichtung ihres Körpers zur vollkommenen Schönheit geführt werden. Bei den Übungen, so die Erzählerin, wurde vor allem darauf geachtet, »daß wir beim Gehen die Hüften straff gespannt hielten. Wenn eins sich in den Hüften gehen ließ oder gar einknickte, bekam es eins hinten auf. Sie sagte, man dürfe beim Gehen keinen Boden mehr unter den Füßen fühlen, man dürfe seine Beine überhaupt nicht mehr spüren, man dürfe nur noch fühlen, daß man Hüften habe. Die Hüften, das sei der Mittelpunkt; der müsse unbeweglich und ruhig bleiben. Aber alle anderen Bewegungen im Oberkörper sowohl wie in den Beinen bis in die Zehenspitzen müßten von den Hüften ausgehen und von ihnen aus gewollt und dirigiert werden.«[22] Sinn und Zweck der Dressur ist die

Abb. 17: Wilhelm Prager/Nicholas Kaufmann, »Wege zu Kraft und Schönheit«, 1925

»Schönheit der Bewegung«. Geschildert wird eine Welt der Exerzitien, in der Strenge und Disziplin herrschen. Das Geistige spielt keine Rolle, die Mädchen sollen, wie es heißt, »mit den Hüften denken lernen«.[23] Wedekinds Utopie traf sich auf bemerkenswerte Weise mit den pädagogischen Reformideen der

Zeit, die – wie oben dargestellt – den Vorrang des Wissens und verstandesmäßigen Denkens in der Erziehung kritisierten und die Bedürfnisse des Körpers zu rehabilitieren suchten. Ganz in diesem Sinn ist in »Mine-Haha« der Schulalltag von Körperertüchtigung geprägt, von Tanz, Musik und Schwimmübungen. Der Körper wird geformt und trainiert, bis er dem Ideal einer natürlichen Bewegungsschönheit entspricht.

Anfang des 20. Jahrhunderts standen sich die Wirklichkeit und ästhetisierter Idealkörper mehr oder weniger unvermittelt gegenüber. Die immer wieder konstatierte Hässlichkeit der wilhelminischen Gesellschaft mit ihrem aufgesetzten Pomp drückte sich nicht zuletzt auch im Körper aus. Doch tatsächlich war nicht der gestählte, sondern der verweichlichte Körper das Signum dieser Kultur.[24] Heinrich Mann hat im »Untertan« diese Zurichtung des Körpers beschrieben. Der Roman beginnt mit dem Satz: »Diederich Heßling war ein weiches Kind, das am liebsten träumte, sich vor allem fürchtete und viel an den Ohren litt.«[25] Auf den ersten Seiten schildert Mann den empfindsamen und kränklichen Knaben, der noch ungeformt und verletzlich erscheint. Er hasst alles Schwache, nicht zuletzt sich selbst, und identifiziert sich durch Unterwerfung mit dem Starken und den Autoritäten. So entwickelt er sich zum Untertan, der in seiner Anpassung bis zur Lächerlichkeit und Selbstzerstörung geht, gleichzeitig gebärdet er sich als Tyrann gegenüber allen, die unter ihm stehen und schwächer sind.

Heinrich Mann hat das reale Vorbild für diese sich nach Stärke verzehrende Figur bei einem Aufenthalt in einer Kuranstalt entdeckt, und zwar – wohl nicht zufällig – während einer Abhärtungs- und Ertüchtigungskur. Im Jahre 1906 absolvierte Mann eine solche Therapie in der Naturheilanstalt Jungborn im Harz. Dort sei ihm, wie er später berichtete, in einem Luftbad ein unbekleideter Mann aufgefallen, der die Vorstellungen und Bilder eines Untertans ausgelöst hätte.[26]

Der Wunsch nach einem starken und widerstandsfähigen Körper korrespondierte mit den Bestrebungen der Reformer, die ein neues Körperbild und Körperbewusstsein propagierten – kraftvoll, gesund und vor allem auch schön sollte der neue Mensch sein. Zahlreiche Publikationen nahmen sich der Frage an und diskutierten die Schönheit der Frau und den idealen Körperbau des Mannes. Es gründeten sich Zeitschriften wie »Kraft und Schönheit« oder die von Karl Vanselow herausgegebene Monatsschrift »Die Schönheit«. Hier publizierten die wichtigen Autoren und Künstler der Moderne: Henry van de Velde, Hermann Bahr, Paul Schultze-Naumburg, Wilhelm Bode, Isadora Duncan.[27] Im Editorial des ersten Heftes von 1902 heißt es: »Alles wollen wir pflegen, was das Dasein reizvoll, würdig und sonnig macht: Schönheit des Leibes, der Kleidung, der häuslichen und öffentlichen Umgebung, Liebe und Freude, Tanz und Spiel, Kunst und schöne Bildung, Gesundheit und Natürlichkeit, sittliche und gesellschaftliche Verjüngung. Wir wollen das gesunde sinnliche Denken veredeln und verfeinern.«[28]

Man orientierte sich an den Idealen antiker Schönheit und zitierte die klassischen Vorbilder. Die Abbildungen zeigten Menschen, die wie antike Statuen inszeniert wurden,[29] auf diese Weise nahm man ihnen die unmittelbar sinnliche Ausstrahlung, entrückte sie in den idealisierten Raum einer mystifizierten Antike – in das Paradies unbeschwerter Körperlichkeit, das die Lebensreformer wiedergewinnen wollten.

Im falschen Körper

Es gibt fast nur fette oder magere Menschen, normal hagere nach dem Muster einer antiken Apollostatue, bei der die Rippen angedeutet sind, oder nach dem einer Venusstatue, bei der die etwas eckigen apollinischen Formen durch ein ca. 5–10 mm dickeres Unterhautgewebe schöner gerundet erscheinen, sind die grösste Seltenheit.

Heinrich Lahmann, *Die diätetische Blutentmischung (Dysämie) als Grundursache aller Krankheiten*

Die Literaten wurden um 1900 durch Lebensreform und Sportkult auf unsanfte Weise daran erinnert, dass sie nicht nur in einem Körper gefangene Geistmenschen waren, sondern einen Körper hatten, der im Sinne des reformerischen Ideals der Ertüchtigung und Übung bedurfte. Kafka war zeitlebens geradezu besetzt von seinem Körper.[1] Das »Körper-Haben«[2] erfuhr er als eine einzige Demütigung. In seinen Briefen und Tagebuchaufzeichnungen ist oft von »Verzweiflung«[3] die Rede. Besorgt fragt er sich, ob er mit diesem Körper überhaupt eine »Zukunft« habe.[4] Wie man weiß, lebte Kafka ziemlich gesundheitsbewusst, ernährte sich vegetarisch und trainierte seinen Körper, um ihn zu kräftigen und zu stählen: »Ich rudere, reite, schwimme, liege in der Sonne. Daher sind die Waden gut, die Schenkel nicht schlecht, der Bauch geht noch an, aber schon die Brust ist sehr schäbig«,[5] notierte er im Mai 1910 in sein Tagebuch.

Der taxierende Blick auf den eigenen Körper ist nicht losgelöst zu sehen vom Körper des anderen, der überlegen, ja zuweilen übermächtig erscheint. Im literarisierten »Brief an den Vater«, den Kafka 1919 schrieb, aber nicht abschickte, heißt es: »Ich war ja schon niedergedrückt durch Deine bloße Körperlichkeit. Ich erinnere mich zum Beispiel daran, wie wir uns öfter zusammen in einer Kabine auszogen. Ich mager, schwach, schmal, Du stark, groß, breit. Schon in der Kabine kam ich mir jämmerlich vor, und zwar nicht nur vor Dir, sondern vor der ganzen Welt, denn Du warst für mich das Maß aller Dinge.«[6] Durch den Vater, so der Vorwurf, wurde ihm »das Nächste, der eigene Körper unsicher«.[7] Auf diese Verunsicherung führte er zahlreiche gesundheitliche Probleme zurück: »Verdauung«, »Haarausfall«, »Rückgratsverkrümmung«,[8] im Tagebuch nennt er noch »Neurasthenie« und »Ausschlag«[9]. Man könnte diese Liste seiner Symptome noch erweitern. Vor dem Ausbruch der Lungentuberkulose im August 1917 hatte Kafka keine ernsten Gebrechen. Er selbst notiert am 24. Oktober 1911 in sein Tagebuch, dass er »zwar immer krank« sei, »niemals aber eine besondere Krankheit habe«.[10]

Der Vater dagegen verfügt über eine unerschütterliche Gesundheit und »Lebenstüchtigkeit«[11], die den Sohn provoziert. Am 8. Februar 1912 schreibt er in sein Tagebuch: »So wenig Körperkraft! Sogar diese paar Worte sind unter der Beeinflussung der Schwäche geschrieben.«[12] Die Notiz steht im Zusammenhang einer Bemerkung über den Dichterheros Goethe, die Kafka kurz zuvor macht: »Goethes schöne Silhouette in ganzer Gestalt. Nebeneindruck des Widerlichen beim Anblick dieses vollkommenen menschlichen Körpers«.[13] Zu Kafkas Zeiten galt Goethe als kraftstrotzender Olympier, der, wie sein Intimus Eckermann versicherte, bis zu seinem Lebensende bei fester Gesundheit blieb. Das war freilich ein Klischee. In Wirklichkeit war Goethe ein Hypochonder, der – ähnlich wie Kafka – seinen nicht sehr widerstandsfähigen Körper mit Reiten, Schwimmen und Schlittschuhlaufen trainierte.

Goethe – und darin lag für Kafka ein weiteres Ärgernis – reklamierte Kraft und Gesundheit nicht nur für die eigene Person, sondern auch für sein Werk, das natürlich das »Gesunde« repräsentierte. Kafkas Texte entstanden im Zustand der Übermüdung und Überarbeitung, sie waren der Erschöpfung abgerungen. Am 23. September 1912 heißt es im Tagebuch: »Diese Geschichte ›das Urteil‹ habe ich in der Nacht vom 22 zum 23 von 10 Uhr abends bis 6 Uhr früh in einem Zug geschrieben. Die vom Sitzen steif gewordenen Beine konnte ich kaum unter dem Schreibtisch hervorziehn. Die fürchterliche Anstrengung und Freude, wie sich die Geschichte vor mir entwickelte wie ich in einem Gewässer vorwärtskam. Mehrmals in dieser Nacht trug ich mein Gewicht auf dem Rücken.«[14] Als er im Februar 1913 die Korrekturfahnen des »Urteils« liest, benutzt er für die Erschöpfung, die mit dem Akt des Schreibens verbunden ist, noch ein anderes Bild. Im Tagebuch heißt es: »die Geschichte ist wie eine regelrechte Geburt mit Schmutz und Schleim bedeckt aus mir herausgekommen«.[15]

Immer wieder ist von Mattigkeit und Kraftlosigkeit die Rede, insbesondere mit seinem äußeren Erscheinungsbild ist Kafka unzufrieden. Er fürchte sich, schreibt er am 21. November 1912 in sein Tagebuch, »vor Spiegeln, weil sie mich in meiner Meinung nach unvermeidlichen Häßlichkeit«[16] zeigen. Alles, was mit seinem Körper zusammenhängt, versetzt ihn in nervöse Unruhe. Noch bevor er zu Bett geht, fragt er sich: »wie werde ich schlafen können?«[17] Er schreibt im Tagebuch von der »Arbeit des Einschlafens«,[18] zu der er verschiedene Rituale und Techniken benutzt: »Um möglichst schwer zu sein, was ich für das Einschlafen für gut halte, hatte ich die Arme gekreuzt und die Hände auf die Schultern gelegt, so daß ich dalag wie ein bepackter Soldat.«[19]

Vor allem aber sorgte sich Kafka um seine Verdauung. Zeitweise wurde er zum Anhänger des Ernährungsreformers Horace Fletcher, der das gründliche Kauen bis zur Verflüssigung der Nahrung empfahl. Die Kaubewegungen mussten gezählt werden – 32 galten als Richtzahl. Das sogenannte »Fletchern« sollte der Vorverdauung dienen, was sich nicht verflüssigen ließ, durfte nicht heruntergeschluckt werden – auch Getränke mussten vor dem Herunterschlucken gekaut werden. Ein wichtiger Effekt des »Fletcherns« war die Eindämmung des Hungergefühls. Fletcher selbst hatte die Methode erfunden, um sein Übergewicht zu reduzieren. Aus dem diätetischen Mittel entwickelte sich eine Gesundheits- und allgemeine Glückseligkeitslehre, die den Menschen zu mehr Lebensfreude und zur Harmonie mit der Natur bringen sollte.

Kafka hoffte durch die Methode des »Fletcherns« seine Magenprobleme und seine Verstopfung in den Griff zu bekommen. Er dachte aber auch über andere Mittel nach, um die gefürchteten Giftstoffe aus dem Körper zu leiten. Wie sehr ihn dieses Thema beschäftigte, zeigen zahlreiche Tagebuchnotate. Am 26. September 1911 heißt es: »Der Zeichner Kubin empfiehlt als Abführmittel Regulin, eine zerstampfte Alge die im Darm aufquillt ihn zum Zittern bringt, also mechanisch wirkt zum Unterschied von der ungesunden chemischen Wirkung anderer Abführmittel, die bloß den Koth durchreißen ihn also an den Darmwänden hängen lassen.«[20] Der Wunsch, sich von allem Ballast zu befreien und die Nahrung sogleich auszuscheiden, korrespondierte mit einem anderen Verlangen, das sich immer dann einstellte, wenn sich der Magenkranke gesund fühlte: Kafka träumte davon, Speisen in sich anzuhäufen, insbesondere Wurst- und Fleischwaren. Augenblicklich überkam ihn eine unbändige Ess- und Fleischeslust, die sadomasochistische Züge trägt: »Die langen Schwarten von Rippenfleisch stoße ich ungebissen in den Mund und ziehe sie dann von hinten den Magen und die Därme durchreißend wieder heraus. [...] Fülle mich mit Häringen, Gurken und allen schlechten alten scharfen Speisen an. Bonbons werden aus ihren Blechtöpfen wie Hagel in mich geschüttet.«[21]

In der später entstandenen Erzählung vom »Hungerkünstler« hungert der Protagonist, weil er im Leben nicht die Speisen finden konnte, die ihm schmeckten, deshalb *muss* er hungern. Sein Hungern ist, wie er betont, keine Kunst, sondern ganz einfach Widerwille gegen alle Nahrungsmittel.[22] Hätte er die Speise gefunden, er hätte sich gern wie alle anderen »vollgegessen«.[23]

Kafka sah sich im falschen Körper – einem, der nicht zu seinem Inneren passte.[24] Er spricht von der »Unvollkommenheit« seines Körpers, die jedoch nicht angeboren sei, sondern allein durch Erziehung verursacht wurde.[25] Sie hatte ihn »verdorben«:

»Außen schaue ich wie jeder andere aus; habe Beine Rumpf und Kopf, Hosen, Rock und Hut; man hat mich ordentlich turnen lassen [...].«[26] Doch sein Körper verfügt, wie er später notiert, über »zuwenig Kraft [...] für das, was ich erreichen will«.[27] Diese Kraftlosigkeit wird zum Dreh- und Angelpunkt seines Werks. Kafka stilisiert sich geradezu als Erschöpfungskünstler, der die Literatur, die ihm, wie nichts anderes, am Herzen lag, seiner schwachen Physis abringen muss.

Sein ganzes Leben versuchte er, seine Konstitution mit Übungen und einer Reihe von hygienischen Maßnahmen zu stärken, sich abzuhärten und widerstandsfähiger zu machen. Im Herbst 1909 lernte Kafka das System des dänischen Gymnastiklehrers J. P. Müller kennen und trainierte nun jeden Tag – das sogenannte »Müllern« erfreute sich damals großer Beliebtheit. Zur Förderung seiner körperlichen Fitness hielt sich Kafka immer wieder auch in verschiedenen Sanatorien auf. 1912 besuchte er die bereits erwähnte Kuranstalt Jungborn, im Harz, am Fuße des Brocken. Adolf Just, der Gründer, propagierte den Weg zurück zur Natur – »Kehrt zur Natur zurück« hieß das Buch, mit dem er bekannt wurde. Unter den Naturheilern machte er sich einen Namen als »Lehmdoktor«, der nahezu alle Krankheiten mit dem Heilmittel Erde zu behandeln pflegte. Das Sanatorium, das zu Kafkas Zeiten bereits von dem Sohn des Gründers, Rudolf Just, geleitet wurde, bot ansonsten die klassischen Naturheilverfahren an: Luftbäder, Barfußgehen im Gras, Wasseranwendungen, gymnastische Übungen, pflanzliche Ernährung – auf dem Programm stand aber auch morgendliches Singen von Chorälen (Adolf Just war ein Mann von tiefer Frömmigkeit) sowie eine landwirtschaftlich ausgerichtete Arbeitstherapie. Kafka wurde während seines Aufenthalts zur Heuernte und zum Kirschenpflücken eingesetzt. Nach dem Reglement hatte das im unbekleideten Zustand zu geschehen: »Ganz nackt«,[28] wie Kafka im Reisetagebuch notiert. Anfangs scheint er sich nicht daran gehalten zu haben. Als er am 8. Juli seine Lichtlufthütte »Ruth« bezieht, ist er im

Abb. 18: Kafkas Lichtlufthütte »Ruth« in der Kuranstalt Jungborn

Kreis der Nackten, die vor seiner Tür liegen, der Einzige mit Schwimmhosen.[29]

Die »gänzlich Nackten« erzeugen bei Kafka »Übelkeiten«,[30] vor allem wenn sie ihm zu nah kommen: »Jetzt ist an meiner Tür ein ganz fremder Nackter stehen geblieben und hat mich langsam und freundlich gefragt, ob ich hier in meinem Hause wohne, woran doch kein Zweifel ist. – Sie [die Nackten] kommen auch so unhörbar heran. Plötzlich steht einer da, man weiß nicht, woher er gekommen ist. [...] In der Nacht, als ich durch die Wiese nach dem Kloset wandere, schlafen drei im Gras.«[31] Kafka hat sich schließlich doch in die Gemeinschaft eingefügt, er absolvierte seine Übungen, nahm seine Luftbäder, machte Bekanntschaften, kletterte in hohe Bäume, besuchte Vorträge über Gesundheitserziehung, hörte das Konzert einer Militärkapelle aus Goslar und verfolgte – ironisch, distanziert und natürlich schweigend – eine Debatte über das Christentum. Eine Woche nach seiner Ankunft, am 15. Juli 1912, notiert er in sein Tagebuch: »Ohne Schwimmhosen. Exhibitionistisches Erlebnis. [...] Die große Beteiligung des nackten Körpers am Gesamteindruck des Einzelnen.«[32]

Ein Jahr später, am 22. September 1913, fuhr Kafka in das Sanatorium Hartungen in Riva am Gardasee – bereits im September 1909 war er zusammen mit Max Brod und seinem Bruder Otto in Riva gewesen, damals allerdings noch nicht als regulärer Gast des Sanatoriums. Das komfortable Etablissement am Gardasee richtete sich mit seinem naturheilkundlichen Angebot an eine betuchte Klientel. In der Villa Christoforo war man an den Umgang mit Künstlern und Gelehrten gewöhnt: Heinrich Mann gehörte zu den Stammgästen, auch Bruder Thomas und Schwester Carla logierten hier; zu den Kurgästen zählten ferner Hermann und Clara Sudermann, Christian Morgenstern, Peter Rosegger, Eugen d'Albert, Franz von Defregger, Max Oppenheimer, Rudolf Steiner und Cesare Lombroso.[33] Die Kur umfasste ein breites Spektrum therapeutischer Mittel und Maßnahmen: Wassertherapien, Massage, Nacktgymnastik, Sonnenbäder, Rudern, aber auch Luftbäder und Beschäftigungstherapien wie Gartenarbeit wurden angeboten. Kafka war in einer Lufthütte am Seeufer untergebracht, die er in einem Brief an Oskar Baum despektierlich als »Bretterbude« bezeichnete. Wenn von seinem Aufenthalt in Riva die Rede ist, dann richten sich die Blicke vor allem auf ein Liebesabenteuer. Am 28. September 1913 erwähnt Kafka in einem Brief an Max Brod die amouröse Geschichte, und am 29. Dezember teilt er die Sache auch Felice Bauer mit: »Ich habe mich im Sanatorium in ein Mädchen verliebt, ein Kind, etwa 18 Jahre alt, eine Schweizerin, die aber in Italien bei Genua lebt, im Blut mir also möglichst fremd, ganz unfertig, aber merkwürdig, trotz Krankhaftigkeit sehr wertvoll und geradezu tief.«[34] Im Tagebuch spricht Kafka bedeutungsvoll von der »große[n] Wichtigkeit«, die der Aufenthalt gehabt habe. »Ich verstand zum ersten Mal ein christliches Mädchen und lebte fast ganz in seinem Wirkungskreis.«[35]

Über das therapeutische Programm, das der Schriftsteller im Sanatorium Hartung zu absolvieren hatte, ist hingegen wenig bekannt. Seine gesundheitliche Verfassung war in diesem Jahr besonders prekär. Am 2. Mai 1913 notiert er in sein Tagebuch: »Mein unsicherer Kopf, Felice, der Verfall im Bureau, die körperliche Unmöglichkeit zu schreiben und das innere Bedürfnis danach.«[36] Irgendwann in diesem Frühjahr hatte er die Idee, dass er sich nur durch körperliche Arbeit heilen könne. Er findet schließlich eine Tätigkeit in einer Gärtnerei, die er stundenweise ausübt. Am 7. April schreibt er an Felice Bauer, er habe »heute zum erstenmal beim Gärtner draußen in Nusle, einer Vorstadt, gearbeitet, im kühlen Regen nur in Hemd und Hosen. Es hat mir gut getan.«[37] Nach vier Tagen berichtet er, dass sich sein Körperempfinden langsam zu verändern beginnt: »Die Muskeln werden natürlich etwas gespannt, die ganze Figur etwas schwerer und aufrechter und das Selbstgefühl erhöht sich dadurch ein wenig.«[38] Der durch sein Doppelleben – Büroarbeit und Literatur – angegriffene und erschütterte Körper soll nun selbst angreifen und erschüttern. So stellt sich Kafka seine Therapie vor, sein Konzept heißt: Vitalisierung, Anstrengung und Stimulierung der Kräfte. »Aber die Grenzen solcher Wirkungen sind schon zu sehn«[39], schreibt er an Felice Bauer. Ein paar Tage später folgt das Eingeständnis: »Ich war am Ende meiner Kraft, dort bin ich zwar in der letzten Zeit fast immer gewesen, aber nun hing ich schon fast vornüber.«[40]

Das Ziel bestand darin, den Körper mittels Dressur und Zucht zu beherrschen. In einem Brief vom 23. Mai 1913 an Felice Bauer heißt es dazu: »Seit 10 Jahren etwa fühle ich mich in immer zunehmender Weise nicht ganz gesund, das Wohlgefühl des Gesundseins, das Wohlgefühl eines in jeder Hinsicht gehorchenden Körpers, auch ohne ständige Aufmerksamkeit und Sorge arbeitenden Körpers, dieses Wohlgefühl, aus dem die ständige Lustigkeit und vor allem Unbefangenheit der meisten Menschen hervorgeht – dieses Wohlgefühl fehlt mir.«[41] Der Körper sollte funktionieren und gehorchen, er durfte keinen Widerstand leisten, dann erst war das Gefühl des Gesundseins erreicht.

Gemessen an der von ihm selbst empfundenen Schwächlichkeit seines Körpers vollbrachte Kafka Höchstleistungen – jedenfalls versuchte er das seiner Briefpartnerin zu vermitteln. So offenbart er seinen desolaten körperlichen Zustand, seine »schwache Natur«[42]; aber er schildert auch seine Büroarbeit und das »Schreiben-Müssen«, zu dem er, wie er Felice Bauer erklärt, verurteilt ist: »Ich habe kein literarisches Interesse, sondern bestehe aus Literatur, ich bin nichts anderes und kann nichts anderes sein.«[43] Also muss er seinen Leib quälen und kasteien, es gibt keine Alternative. Kafkas ständige Rede von seinem geschwächten Körper und seiner unsicheren Gesundheit richtet sich immer auch an den anderen, den er mit seiner Selbstdisziplinierung beeindrucken will. So vergisst er nie, auf seine Leistungen hinzuweisen, auf die ganz und gar sakrosankte Literatur, die er schreibt: »Das ›Urteil‹ ist nicht zu erklären«,[44] teilt er Felice Bauer apodiktisch mit. Weder Nachfragen noch Kritik sind erlaubt, nur Anerkennung und Bewunderung: »Heute schicke ich Dir den ›Heizer‹. Nimm den kleinen Jungen freundlich auf, setze ihn neben Dich nieder und lob' ihn, wie er es sich wünscht.«[45] Vor allem aber vergisst Kafka nicht, auf die Opfer hinzuweisen, die er der Literatur bringt: Schlaflosigkeit, Kopfschmerzen, Nervosität, Erschöpfung. Er weist auf seinen geschundenen Körper hin, den er zum Schauobjekt macht: »Mir geht es nicht gut, mit dem Kraftaufwand, den ich brauche, um mich am Leben und bei Besinnung zu erhalten, hätte ich die Pyramiden aufbauen können.«[46] Felice Bauers Antworten sind verlorengegangen, aber wie aus Kafkas Briefen zu schließen ist, reagierte sie wohl eine ganze Weile so, wie er es erwartete und wünschte, sie sorgte sich um den herkulisch Arbeitenden, der Nacht um Nacht schlaflos am Schreibtisch saß und morgens ins Büro ging. Offenbar machte sie aber auch immer wieder Vorschläge, mahnte ihn zur Rücksicht auf seine Gesundheit. Während Kafka seinen Körper durch Anstrengung und Anspannung ertüchtigen wollte, dachte Felice Bauer an Ruhe und Erholung. Auch Kafkas Arzt war dieser Meinung. Im Sommer 1913 konsultierte er ihn wegen immer mal wieder aufgetretener Herzschmerzen. An Felice Bauer schreibt er: »Heute war ich wieder beim Arzt. Organisches findet er, wie er sagt, nichts, wenn ihm auch an irgendeiner Stelle der Herzton nicht ganz rein scheint. Ich möge aber am besten gleich auf Urlaub gehn (das geht nicht), ich möge etwas einnehmen (das geht auch nicht), ich möge gut schlafen (das geht auch nicht), ich möge nicht nach dem Süden gehn, nicht schwimmen (das geht auch nicht) und ich möge mich ruhig verhalten (das geht erst recht nicht).«[47] Es gibt keinen Bewegungsspielraum. Von der selbstauferlegten Prüfung kommt Kafka nicht los – will er nicht loskommen. Er ist auf die Rolle des heiligen Franz festgelegt, der seine Wundmale braucht, seinen malträtierten Körper, der Zeugnis ablegt von der Kraftanstrengung, die ihn Literatur und Leben kosten.

Der Aufbau eines neuen Ichs

> Die Elenden von heute sind vielmehr jene, deren Nervensystem zu differenziert und sensibel geworden ist, um sich dem groben Mechanismus der Betriebe anpassen zu können. Erscheinen auch ihre Nöte oft mehr grotesk und lächerlich als tragisch, unter ihnen ist das Salz der Erde zu suchen.
>
> Oscar A. H. Schmitz, *Psychoanalyse und Yoga*

Auch Rilke gehörte zu den Weichen und Empfindsamen, die sich nach Härte sehnten, nach einem Körper, der, wie er an Lou Andreas-Salomé schrieb, die »immensen Übertreibungen der Kunst« auffängt, der standhält, mit dem man »rechnen« kann, der nicht »nachäfft und präzise ist«, nicht »übertreibt«.[1] Doch es erging ihm wie seinem Kollegen Kafka: Sein Körper brachte ihn in einem fort in Verlegenheit, er verursachte Spannungen, erzeugte Überempfindlichkeiten, Zerrungen an Kopf und Hals, er unterminierte seine künstlerische Existenz, sein Ich,[2] das er nicht mehr als Konstante wahrnahm, sondern als etwas Schwankendes, Unsicheres und Unkontrollierbares.

Der Fall des Dichters, der über permanente körperliche Schwäche und Mattigkeit klagte und sich als Leidensmann der Moderne gerierte, ist in diesem Buch bereits erzählt worden. Er soll noch einmal erwähnt werden, weil er in vielem symptomatisch ist für die Suche nach Wandlung und Vertiefung, die vor dem Ersten Weltkrieg und in den zwanziger Jahren eine Reihe von Künstlern ergriff. Der Wunsch nach einem neuen Ich, nach Balance in einer vitalistischen Gesellschaft, war jedoch keineswegs auf Künstler und Intellektuelle beschränkt, er reichte weit ins Bürgertum.

Im Frühjahr 1905 sieht sich Rilke in seiner, wie er sie nennt, »Kur-Arbeit« in Lahmanns Sanatorium am Scheideweg. Seine Bemühungen um eine gesunde Lebensweise haben sich über die

Abb. 19: Rainer Maria Rilke am Schreibtisch, Westerwede 1901

Jahre zu einem eigenständigen Projekt gewandelt, sie sind, wie er resigniert feststellt, »Pflicht, Kraft- und Zeitverbrauch, Beruf«[3] geworden: »Ich denke«, schreibt er an Andreas-Salomé, »ich muß eines Tages dieses fortwährende Arbeiten an der Gesundheit beiseite lassen. Es ist wie ein fortwährendes Kostümieren und Vorbereiten, während man doch schon auf der Bühne steht und der Vorhang aufgezogen ist. Bleibt da nicht nur eines übrig: zu spielen so wie man ist?«[4] Dieser, wenn man so will, neue Realismus, dieser nüchterne Blick auf das Leben lässt sich um diese Zeit auch an Rilkes Werk beobachten.

Die Entwicklung vom »Stundenbuch« (1905) zu den »Neuen Gedichten« (1907/08) ist in der Forschung als eine zunehmende Abwendung von der Innerlichkeit hin zu einer Wahrnehmung gedeutet worden, die sich von den Erfahrungen der äußeren Dinge leiten lässt. Aber Rilke nimmt keineswegs eine rein phänomenologische Perspektive ein, es geht ihm nicht um das Sosein der Dinge und um Unmittelbarkeit, sondern um den Versuch, die gegenständliche Welt durch Sprache zu verwandeln und in ihrer Bedeutung zu steigern. Dem Dichter obliegt es, die Dinge aus ihrer Fassung zu nehmen, sie auf ein Höheres hin zu betrachten, auf einen übergeordneten Zusammenhang. Er öffnet mit seiner Kunst einen neuen Weg zur Welt, zu Heil und Ganzheit.

Dass es zu dieser Vermittlung innerlich gefestigte Naturen braucht, Einsame, die Stärke aus sich selbst heraus finden, ist eine Erkenntnis, die Rilkes Leben umgreift. An Ellen Key schrieb er 1904: »Darum ist alles was in mir Vertrauen ist, Vertrauen auf Einsame [...]. Von den Einsamen, die sich nicht verwirren lassen, von den Propheten, die nicht verkündigen, von denen, die schwer sind von ihrem Schweigen und süss von ihrer unvergossenen Sehnsucht: wird das Heil ausgehen.«[5] Rilke hatte bekanntlich schon in dieser Zeit ein historisches Vorbild im Sinn, mit dem er sich nachdrücklich identifizierte: Franz von Assisi.[6] Der Heilige aus Umbrien hinterließ in seinem Werk zahlreiche Spuren und wurde in den Briefen vor dem Ersten Weltkrieg immer wieder als Retter herbeigerufen.

Im Vorfeld des »Stundenbuches« las Rilke die Franziskus-Biographie von Paul Sabatier. Wenn er in der zitierten Briefstelle von Einsamkeit und Schweigen schreibt, dann nahm das Bezug auf das von Sabatier entworfene Heiligenbild: »Im Schweigen der Einsamkeit gewann Franz die geistigen Kräfte, die ihm not waren; denn, ob er auch mutig im Weltgetriebe das Schwert des Wortes zu schwingen wußte, um die Menschen für den Glauben zu begeistern, so drängte es ihn doch oft, wie Celano sagt, dem Vogel gleich die Fittiche zu regen und sich ein Nest in den Bergen zu bauen.«[7] Nichts war bezeichnender für Rilkes Existenz als diese viele Jahre pendelnde Bewegung zwischen Einsamkeit und Weltgetriebe oder, genauer, Einsamkeit und Literaturbetrieb; eine Bewegung, die sich dann immer weiter in Richtung des eremitisch lebenden Mönchs und Dichter-Propheten verschob.[8]

Ein ums andere Mal schwärmt Rilke von der heiligen Größe, der »strahlenden Armuth«[9] und Einfachheit, die für sein Dichtertum und für seinen Lebensentwurf zur Folie werden sollte. Franziskus verkörperte für ihn die schmerzlich vermisste Einheit und Ganzheit, die Rilke verloren zu haben glaubte und wiedergewinnen wollte. »Ach wie war ich in meiner Jugend Eines«, schreibt er im Juni 1914 an Lou Andreas-Salomé.[10] Jetzt aber sei er von einer allgemeinen »Lebenszersetzung«[11] ergriffen.

Auf den Rat seiner Freundin, die 1912/13 in die »Schule Freuds« ging und sich zur Analytikerin ausbilden ließ, erwog Rilke einige Zeit, sich einer Psychoanalyse zu unterziehen, doch er fürchtete das »Aufgeräumtwerden«. Am Ende bliebe »eine desinfizierte Seele«[12] zurück, die ihm all seine Schöpferkraft nehme: »[...] mich aufgeräumt zu finden eines Tages, wäre vielleicht noch aussichtsloser als diese Unordnung.«[13] Die aufbauenden, synthetisierenden Kräfte, die er in der Psychoanalyse vermisste, hoffte er beim heiligen Franz zu finden.

In dem bereits zitierten Brief von 1914 formuliert Rilke den Dreischritt einer von Franziskus inspirierten Neuschöpfung: »Erneuerung, Verwandlung, Heiligung«.[14] Schon früh definiert er die innere Reinheit als Basis dieser Umkehr. Er lebe »von Gemüse,« schrieb er Ellen Key 1903, »um dem einfachen, durch nichts fremdes gesteigerten Lebensbewusstsein nahe zu sein; darum geht auch kein Wein in mich ein: weil ich will, dass nur meine Säfte reden und rauschen sollen und Seligkeit haben sollen, wie in Kindern und Thieren, tief aus sich selbst.«[15]

Auch viele Zeitgenossen wählten Franz von Assisi zu ihrer geistigen Leitfigur. Die Franziskus-Konjunktur erlebte um 1900 einen Höhepunkt und setzte sich in den zwanziger Jahren fort: Rudolf Kassner nannte den Heiligen den »freiesten Menschen«,[16] ebenso fasziniert äußerte sich Ellen Key; zu den großen Bewunderern zählten aber auch Hermann Hesse und Harry Graf Kessler. Letzterer sah in Franz von Assisi den »Revolutionär«, der angetreten war, einen »neuen Menschen« zu schaffen, er sei nur daran gescheitert, dass er die gesellschaftlichen Verhältnisse nicht grundlegend zu ändern vermochte.[17] Nach dem Ersten Weltkrieg sah Kessler die Welt zertrümmert, er hoffte auf einen Neuanfang und auf die Wiederkehr eines Franziskus: Die Welt musste »auf ganz neue Grundlagen gestellt und *gleichzeitig* ein neuer Mensch geschaffen«[18] werden. Während Kessler den Heiligen zu einer charismatischen Führerfigur stilisierte, legte Hesse den Akzent auf innere Umkehr und ethische Erneuerung. Seine Franziskus-Biographie entwirft das Bild eines genialen Ausnahmemenschen, der nicht durch einzelne Werke, durch Reden oder Künste faszinierte, sondern durch sein »ganzes Leben«, seine vorbildliche Lebensführung.[19] Franziskus symbolisiert die Wahrhaftigkeit eines jugendlichen Aufbruchs, wie ihn Hesse 1904 in seinem Roman »Peter Camenzind« darstellt: Bereits in seinen Jünglingsjahren, so Hesse über Franziskus, beginnt die »Sehnsucht [...], ihn zu bewegen, als müßte er etwas Absonderliches und Gewaltiges tun und aus sich machen«.[20] Für Hesse repräsentiert Franziskus den Typus eines Menschen, der nicht in die Oberflächenwelt passt, der sich, wie Jesus, dem er nachfolgen wollte, aller Fesseln entledigt und alle Bande zerschnitten hat. Wer sich ihm anschließen will, muss es ihm gleichtun. Hesse hat besonders den antiautoritären Gestus von Franz von Assisi hervorgehoben, der sich mit aller Konsequenz nach dessen Rückkehr aus Rom zeigte: Franziskus beschloss, sein ganzes früheres Leben hinter sich zu lassen, weder Eltern noch Besitz sollten ihn zukünftig binden. Er scheute nicht den Konflikt mit dem Vater, er begehrte im Namen eines höheren Rechts auf und fühlte sich allein dem Vater im Himmel verpflichtet.[21]

Die Modernen, die sich zerrissen und schwach fühlten, schlossen sich an das Kraftzentrum »Franziskus« an. Für viele wurde er mit seiner radikalen Zurückweisung des Bestehenden zum Hoffnungsträger eines neuen Menschentums. So schreibt Sabatier in seiner damals von vielen Franziskus-Anhängern gelesenen Biographie: Für Franz von Assisi »bedeutet die Bekehrung eine Umwandlung von Grund aus, einen Willensakt, Kraft dessen man sich der Knechtschaft der Sünde entreißt.«[22] Eine ganze Reihe moderner Künstler und Intellektueller war von dieser Radikalität und Entschlossenheit beeindruckt. Nur ein Heiliger hatte die Kraft, die auseinanderdriftende Gesellschaft noch zu retten und zusammenzuführen. Der Heilige, so formulierte es Rudolf Kassner, ist der, für den es kein Maß gibt, der nichts vom »Geistmenschen« an sich hat, sondern mit der »Götter- und Kräftewelt« in Verbindung steht und aus sich heraus Gehorsam und Gefolgschaft fordert.[23]

Für andere wurde Franziskus zum Modell einer Selbstrettung durch Askese. Der Mönch stand – wie bei Rilke zu sehen ist – für das Versprechen von Heil und Heilung, für die Sehnsucht nach Ganzheit, nach einem göttlichen Ich. Die Epoche war nicht nur vom Körper, sie war auch vom Ich besessen. Dieses Ich aber schien zunehmend an Einfluss zu verlieren und auf schwankendem Grund zu stehen. Freud hatte 1923 in »Das Ich und das Es« die verunsichernde Erkenntnis gewonnen, dass Teile des Ichs unbewusst sind und sich der souveränen Verfügung entziehen: »Das Ich ist vom Es nicht scharf getrennt, es fließt nach unten hin mit ihm zusammen.«[24] Die Triebe und Leidenschaften waren dem Ich, das »Vernunft und Besonnenheit« repräsentierte, näher, als man vermutet hatte. Vor allem gab es keine klaren Grenzen, keine gesicherten Positionen mehr: »Das Ich«, schreibt Freud, ist »die eigentliche Angststätte.«[25] Es ist äußeren Bedrohungen ausgesetzt, insbesondere aber auch der »Libidogefahr«,[26] die vom Es ausgeht, von der das Ich überwältigt und vernichtet zu werden droht. Das Ich reagiere darauf mit Fluchtreflexen und Ersatzbildungen.

Die Frage nach der Einheit der Persönlichkeit rückte bereits um 1900 in den Mittelpunkt des psychiatrischen Diskurses[27]: Die multiple und gespaltene Persönlichkeit wurde zu einem beherrschenden Thema. Freuds Schweizer Kollege Eugen Bleuler prägte für einen gewissen Teil dieser Ich-Störungen 1911 den Begriff

»Schizophrenie«. Er ging von einer Schwächung und Dissoziation des Ichs aus, das nicht mehr fähig war, eine klare und fest umrissene Identität auszubilden. Die Phänomene waren an sich nicht neu, sie wurden zuvor nur unter anderem Namen zusammengefasst: Von Kraepelin stammte der Terminus »Dementia praecox«; 1890 führte Max Dessoir den Begriff »Doppel-Ich« ein. Die damit bezeichneten Krankheitsbilder, die schon durch die Literatur eine gewisse Vorprägung erfahren hatten – man erinnere sich an »Dr. Jekyll and Mr. Hyde«, an Edgar Allan Poes »William Wilson« oder an die phantastischen Geschichten E.T.A. Hoffmanns –, waren hochinteressant, kamen aber in der Realität nicht so häufig vor. Vor dem Ersten Weltkrieg änderte sich die Situation: In Bleulers Klinik Burghölzli nahm die Diagnose Schizophrenie – natürlich beflügelt durch die neue Namensgebung – in inflationärer Weise zu. Die diagnostizierten Fälle verwiesen darüber hinaus auch auf die zeittypischen Krisensymptome moderner Subjektivität. Die Problematik des Ichs war darin allgegenwärtig, der Verlust von Ganzheitlichkeit und Einheitlichkeit in den Lebensbedingungen stellte die Vorstellung von einem inneren Zentrum, von Autonomie und Selbstbesitz zunehmend in Frage. Schon Ernst Mach hatte die »Unrettbarkeit des Ichs« postuliert, die jetzt zur greifbaren Realität geworden war. Mach sah im Ich nur noch einen Punkt der Verknüpfung, einen Behelf, um Empfindungen und Vorstellungen temporär zu ordnen.

Diese Krisenphänomene spielten nun nicht mehr nur im wissenschaftlichen Diskurs eine Rolle, sie kamen im öffentlichen Bewusstsein an. Der deutsche Film, der sich in den zwanziger Jahren zu einem Massenmedium entwickelte, hatte ein beherrschendes Thema: »die Grundlagen des Ichs«[28]. Schon der 1913 auf die Leinwand gekommene Film »Der Student von Prag« behandelte das Problem der Persönlichkeitsspaltung. In dem berühmten expressionistischen Filmdrama »Caligari« fand das Thema eine Fortsetzung: Das depotenzierte und geschwächte Ich (Cesare) wird zum Medium und Instrument eines machtbeses-

Abb. 20: Robert Wiene, »Das Cabinet des Dr. Caligari«, 1920. Der Hypnotiseur Dr. Caligari (Werner Krauß) und sein Medium Cesare (Conrad Veidt)

senen und wahnsinnigen Psychiaters. 1922 griffen Fritz Lang und Thea von Harbou das Sujet in den überaus erfolgreichen »Mabuse«-Verfilmungen erstmals auf. »Dr. Mabuse, der Spieler« zeigt den Titelhelden als intelligenten und skrupellosen Maskenspieler, als Übermenschen, der eine Gesellschaft terrorisiert, die sich in dekadenten Vergnügungen erschöpft und nur noch den Massenmenschen, aber kein Ich mehr kennt.

Spätestens nach dem verlorenen Krieg wurde die Suche nach einem neuen Ich und neuen Heilswegen dringlich. Salomo Friedlaender fing mit seinem Buch »Schöpferische Indifferenz«, das im Juli 1918 erschien, das Lebensgefühl der ästhetischen Moderne ein: die Empfindung einer Entzweiung, einer Polarität, die für das Ich zur Herausforderung wird, und die Suche nach einem Nullpunkt. »Um Null zu sein«, so Friedlaender, »muß man Positivität und Negativität in gleicher Gewalt haben.«[29] Das Ich muss Herr werden über die Differenzen, die sich nicht abschaffen, sondern nur ausbalancieren lassen: »Die Existenz ist weder schwer noch leicht, sondern das Kunststück der Balanße.«[30] Von einer solchen Kunst des Gleichgewichts träumten damals viele. In der Indifferenz sah man Rettung und Zuflucht vor den »differenzierten Gewalten«.[31] Nicht mehr Widerstand und Widerstreben hieß die Devise, sondern Indifferentismus, an ihm sollte sich Festigkeit und Stärke zeigen.

Unter dem direkten Einfluss Friedlaenders stand auch der Dandy Oscar A. H. Schmitz. Er suchte im Verein mit Hermann Graf Keyserling und dessen Schule der Weisheit nach Halt und neuer Energie. In seinem Buch über »Psychoanalyse und Yoga« sprach er 1923 davon, dass der »noch dominierende Trieb- und Muskelmensch« demnächst von der Bühne abtreten werde: »Sein Reich geht zu Ende. Seine letzte Rolle hat er im Krieg gespielt, den er verloren hat.«[32] Die Intellektuellen seien von der Revolution enttäuscht, sie wollten und könnten aber auch nicht zum Bürgertum zurück. Sie benötigten neue Heilswege: »Ein neuer Weltsinn muß geboren werden. Selbst der fragwürdigste Sinn«, so Schmitz, »ist besser als keiner.«[33] Denn jeder Sinn stärke die inneren Kräfte. Ziel sei es, jenen »Indifferenzpunkt im Selbst«[34] zu finden, der gegen alle Anfeindungen der Außenwelt immunisiere. Von dort aus war es für Schmitz dann nur noch ein Schritt zur heiligen Existenz, zur »wahren Selbstheit«, in der »wir mit dem göttlichen Selbst der Welt identisch«[35] werden.

Angesichts der geistigen Situation seiner Zeit hatte Georg Lukács 1920 von einer »transzendentalen Obdachlosigkeit«[36] gesprochen. Siegfried Kracauer knüpfte zwei Jahre später an diese These an. Der geistige Mensch von heute sei von »dem Mangel eines hohen Sinnes in der Welt«[37] geprägt. Kracauer sprach von einem »metaphysischen Leiden«, das er auf ein »*Vertriebensein* aus der religiösen Sphäre«[38] zurückführte. »Der Glaube, ja beinahe die Fähigkeit des Glaubens ist ihnen abhanden gekommen und die religiösen Wahrheiten sind für sie zu farblosen Gedanken geworden, die sie höchstens noch zu *denken* vermögen.«[39] Die Menschen seien mit einem »grund- und wurzellosen Leben« konfrontiert und vom »Schrecken vor der Leere« beherrscht.[40] Nicht das Leiden an sich, sondern das »Leiden an Sinnlosigkeit«[41] war die zeittypische Krankheit der Künstler und Intellektuellen.

Das traf auch auf den zwischen Dada, Katholizismus und mönchischem Asketentum schwankenden Hugo Ball zu.[42] In seinen Notizen zum Vorwort für das »Byzantinische Christentum« bekennt er, dass es ihm in seiner kurz nach dem Krieg veröffentlichten »Kritik der deutschen Intelligenz« nicht gelungen sei, »ein neues Ideal erkennbar und deutlich darzustellen«[43]. Das Destruktive und Negative habe beim Aufriss der deutschen Geschichte zu sehr im Vordergrund gestanden. Mit der 1923 veröffentlichten »Heiligenlehre« wollte er nun ein »positives System« aufbauen[44] und dieses Vakuum füllen. Die Hinwendung zu den frühchristlichen, byzantinischen Heiligen und der mönchisch-asketischen Tradition war jedoch alles andere als ein strategischer Schritt; dahinter verbarg sich nicht allein das Bemühen um eine Ergänzung, sondern um eine grundlegende Wandlung und Neuschaffung des eigenen Selbst. Nicht von ungefähr verweist Ball in den Notizen zum Vorwort auf die jahrelange Arbeit an der »eigenen Person«[45].

Im Mönch fand er das heroische Vorbild, das dem modernen Ich neuen Halt geben und zu vereinheitlichten Formen des Lebens führen sollte. Nachdem der deutsche »Heldenbegriff«[46] im Krieg diskreditiert worden war, stiegen die Heiligen zu neuen Helden auf, die obendrein willensstärker waren als ihre Vorgänger: Ihr geistiger Heroismus war dem »Naturheroismus«[47] bei weitem überlegen.

Fasziniert schaute Ball im »Byzantinischen Christentum« auf eine Askese, die sich mit dem Geist gegen die Natur des Triebes zur Wehr setzte und so die Widerständigkeit des Körpers beherrschte. »Wer sein Fleisch besiegt«, so zitiert er seinen Protagonisten Johannes Klimax, »besiegt die Natur und ist über der Natur.«[48] In einem Brief an Joseph Englert schrieb er im Juni 1921 erklärend: »Die Todkrankheit ist das Ich, der Eigenwille, die Leidenschaft.«[49] Ähnlich äußerte er sich kurz darauf in einem Brief an Hermann Hesse: Ich, Ego und »alles was ›Welt‹« ist, seien für Johannes Klimax »Perversionen«.[50] Ball selbst hat sich diese Position über die Jahre zu eigen gemacht. In dem 1925 veröffentlichten Essay über »Die religiöse Konversion« bezeichnet er die Sexualität als »Atavismus«,[51] sie stifte »Unordnung«[52] und ziele lediglich »auf eine persönliche und egoistische Befriedigung«[53]. Die Kämpfe und Triumphe der Heiligen hätten gezeigt, dass man die Macht der Triebregungen brechen, die menschliche Natur reinigen und von Grund auf erneuern könne. »Nur der Heilige«, heißt es in seinem Tagebuch, »überwindet den Trieb, und nur er ist der sichtbare Beweis für die Freiheit.«[54]

Aus vielen Briefen geht hervor, dass der abgeschieden im Tessin lebende Hugo Ball sich mehr und mehr in ein Projekt verstrickt sah, das eine mächtige Eigendynamik entwickelte. Im März 1921 schreibt er an Englert: »Mir wird mein eigenes Unternehmen immer seltsamer. Das Buch ist für mich ein Abenteuer, von dem ich nicht absehe, wohin es mich führt. Dass ich darin mit Früherem völlig breche, und eigentlich eine Konversion schreibe, mag der Grund sein, weshalb ich mich gerade gegenwärtig so isoliert fühle und es wohl auch bin ...«[55] Ball schränkte in den nächsten Jahren die Verbindung zur Welt immer weiter ein[56] und berichtete von abgehobenen und rauschhaften Zuständen. In einem Brief an Hesse vom Juli 1922 heißt es: »Ich bin lebendig und tot, beides zu gleicher Zeit.«[57] Wie Rilke, Hesse, Kassner, Schmitz und viele andere war er von der Idee der Umkehr und Erneuerung fasziniert; es ging nicht mehr um Kritik und Analyse, sondern um Synthese, um die Wiedergewinnung eines inneren Zentrums,[58] einer Selbstheit, in der das Einzel-Ich, vor dem man sich ängstigte, aufgehoben war.

Wirkliche Freiheit war nur einem Heiligen möglich, der die eigene Natur in heroischen Kämpfen überwunden hatte, diese Meinung teilte auch Gustav Meyrink. Unter den Literaten, die sich mit Askese beschäftigten und an ihrem göttlichen Ich arbeiteten,

Abb. 21: Maria Theresia Englert, Hermann Hesse, Emmy und Hugo Ball, Agnuzzo-Strand, Sommer 1921

ist er ein besonders bemerkenswerter Fall: Nicht nur weil er bereits seit den 1890er Jahren Yoga praktizierte und es offenbar – unter Anleitung der Theosophin Annie Besant – zu großer Kunstfertigkeit und Professionalität in den unterschiedlichen Techniken und Übungen brachte, sondern weil er sein Schreiben und seine Yogaübungen in enger Beziehung sah, ja er behauptete sogar, dass ihn erst die Askese zum Schriftsteller gemacht hätte.[59]

Bevor er Literat wurde, gehörte Meyrink zu den Multitalenten: Bankier und Börsenspekulant, Dandy in der Prager Boheme, erfolgreicher Rennruderer, aber auch Geisterseher, Okkultist, Mystiker und Theosoph, der in allen möglichen geheimen Gesellschaften und Zirkeln verkehrte. Man sah ihm das offenbar auch an. Alfred Kubin berichtete seiner Frau: »Du frägst wie Meyrink aussieht, sehr aristokratisch, dünnknochig von meiner Figur aber ganz graues Haar, ich dachte ihn mir 10 Jahre jünger. Augen wie

Abb. 22: Gustav Meyrink, um 1918 (Fotografie von Hanns Holdt)

ein Geisterseher, hie und da aber hat er einen gemeinen verschlagenen Ausdruck. – auf jedenfall geistig hoch bedeutend ein bißchen Abenteuerlich schwindlerisch.«[60] Nicht ganz so zwielichtig und ambivalent hat ihn Karl Wolfskehl beschrieben: Meyrink »war eine völlig neuzeitliche Erscheinung, ein soignierter Yogi, ein Eremit mit guten Manieren, ein profunder Kenner und Begreifer verschollener Weisheit«.[61]

Am Anfang seiner phantastischen Geschichten, so erzählt Meyrink in dem postum erschienenen Aufsatz »Meine Erweckung zur Seherschaft«, standen »visionär erblickte Bilder, Situationen oder Gestalten«,[62] die er durch Yogapraktiken stimulierte. Mit bestimmten Übungen habe er sich in »ein intensives Gefühl abnormen Wachseins«[63] versetzt, in einen Zustand, in dem er seinen Körper »gebändigt« und allein seinem Geist unterstellt habe. In diesem Moment äußerster Konzentration sei er durchlässig geworden und habe Zugang gefunden zum inneren Schauen.

Meyrink sieht in seinen Übungen den Versuch, »sich selbst von Grund aus zu wandeln«,[64] Macht über die eigene Natur zu gewinnen. In seiner Schrift über Askese bezieht er sich vor allem auf das Hatha-Yoga, das sich aus körperlichen Übungen, Atemübungen und Meditation zusammensetzt. Es stellt – Meyrink zufolge – »das Entsetzlichste an asketischem Training« dar.[65] »Hatha« bedeutet Kraft, Anstrengung, Unterdrückung – die Übungen sollen der Reinigung des Körpers dienen. Meyrink hat eine ganz eigene, radikalere Interpretation, er spricht von der »Bändigung des Atems« und sieht den Zweck der Übungen darin, »die Übermacht des Körpers zu brechen«.[66]

Nach eigenen Angaben setzte er vor dem Krieg längere Zeit mit dem Yoga aus. 1914 nahm er seine Übungen wieder auf und intensivierte sie. Äußerer Anlass war das Zusammentreffen mit einem Brahmanen,[67] der ihn auf bisher nicht gekannte Weise in die Praktiken und Exerzitien des Yogas einführte. Von nun an war Yoga nicht mehr nur Mittel, sondern Zentrum seines Lebens. An den Autor Will Scheller schreibt er am 30. Januar 1920: »Yoga betreibe ich, eher noch als sonst. Gehe ganz darin auf. Alles andere scheint mir Spreu.«[68] Mit Yoga wollte er sich erheben, Abstand gewinnen von den Kriegsereignissen und seinen habituellen Schreibkrisen, insbesondere aber von seinen Ängsten, die nachts in bedrohlichen Bildern über ihn kamen und ihn nicht zur Ruhe kommen ließen. An Wolfskehl schreibt er im Mai 1915, dass er von »einer ›Flut‹ magischer Erlebnisse überschwemmt«[69] werde. Da erschien es natürlich verlockend, mit Yogaübungen die Macht der alptraumhaften Bilder zu brechen und auf die Phasen von Schlaf und Wachheit Einfluss zu nehmen. Meyrink schreibt später von Experimenten, mit denen er den Schlaf durch Willensanstrengung fernhalten und überwinden wollte.[70] Er versuchte auch seine Probleme beim Einschlafen in den Griff zu bekommen – was offenbar nicht gelang: »Es ist außerordentlich schwer, auf Kommando einzuschlafen, wenn man es nicht sehr lang geübt hat; immer wieder wandern die Gedanken und verdrängen das Vorhaben, das man sich gesteckt hat.«[71] 1914 diagnostizierten die Ärzte eine Zuckerkrankheit[72], die Meyrink nicht nur mit Diät und Medikamenten, sondern vor allem auch mit Yoga heilen wollte – was sich als fataler Irrweg erwies.

Er begann 1914 mit Übungen im Anhalten des Atems und brachte es »auf mehr als 2½ Minuten«.[73] In der »Verwandlung des Blutes« berichtet er von Versuchen, das Atemanhalten auszudehnen, nach »wahnwitziger Anstrengung« tritt bald ein »Todesrütteln« ein: »Unfähig, die Luft länger in den Lungen zu behalten, wollte ich ausatmen, da stellte sich einen Augenblick lang eine merkwürdige Leichtigkeit des Gefühls ein und zu meinem größten Erstaunen *konnte* ich gar nicht ausatmen, sondern mußte – *ein*atmen!: die Luft war in meiner Brust vollkommen verschwunden! Wie absorbiert oder aufgesogen von andern Organen! Dabei war mein Brustkorb jedoch keineswegs eingezogen oder eingesunken [...], sondern aufgeblasen – besser gesagt: nach außen gedrückt – wie bei Beginn.«[74] Ein ekstatisches Gefühl der Befreiung stellte sich ein, Meyrink glaubte einen Augenblick, Macht über den eigenen Körper zu erlangen und den Eigenwillen gebrochen zu haben.

Offenbar konnten diese Atemübungen die geistigen Prozesse aber nicht beflügeln – im Gegenteil: »Alsbald trat so auffallende Phantasielosigkeit und Mangel an Fähigkeit, schriftstellerisch zu schaffen, ein, daß ich mir vorkam wie ein Beraubter im Geist. Lange konnte ich überhaupt nicht mehr schreiben.«[75]

Eine andere Übung, die er lange Zeit weiterführte und perfektionierte, war das bewegungslose Stehen auf einem Bein – eine Gleichgewichtsübung. Er hatte sie im Buch von Richard Schmidt »Fakir und Fakirtum im alten und modernen Indien« gefunden.[76] »Selbstverständlich«, so Meyrink, »schwankte ich dabei hin und her. Dann aber – anfangs kaum merklich – trat das Gefühl einer schwer zu schildernden ›Vereinigung‹ ein – einer Vereinigung – ich habe kein anderes Wort dafür – mit mir selbst!!«[77] Das »Verbindungsgefühl« habe er später auch ohne die Übung hervorrufen können. Diese Balanceübungen setzte er gegen seine Angstgefühle ein: »Ich beobachtete, sooft die Übung gelang, meinen Herzschlag: er verlangsamte sich jedesmal von selbst!«[78] Den Begriff der Balance, den Friedlaender noch ins Philosophische gehoben hatte, überführten Meyrink, Kubin, Schmitz und viele andere in die Praxis. In der Ich-Entzweiung sah man das Grundübel der Zeit, man suchte nach Überwindung der Spaltung, nach einer Verbindung, »nicht mit einem Gott«, wie Meyrink betont, sondern mit etwas »Gottähnlichem«: »mit Dem, der jeder sein sollte; mit Dem, der man eigentlich ist«.[79]

Meyrink wollte mit dem Yoga ein Heiliger werden. Am 7. August 1930 schreibt er in sein Tagebuch: »Heute [...] morgens um 10 Uhr nach langer qualvollster Nacht, fiel es mir plötzlich wie Schuppen von den Augen und ich weiss nun, was der Zweck alles Daseins in Wahrheit ist. Nicht sollen wir durch Yoga uns selbst verändern, sondern wir sollen quasi einen Gott bauen, oder christlich gesprochen: wir sollen nicht Christi nachfolgen, sondern ihn vom Kreuz abnehmen.«[80] In den letzten Lebensjahren war er immer mehr vom Yoga besessen, er schrieb kaum noch und verbrachte ganze Tage mit Konzentrationsübungen, insbesondere aber mit Exerzitien. Er sprach vom »Prozeß des Abtötens«[81] und sah sich in der Rolle des Fakirs, der dem Körper Qualen zufügt, um ihn »unter seinen Willen zu beugen«[82].

Die zentrale Dimension des Hatha-Yoga war Ermächtigung über den eigenen Körper: »Herr werden« – »über sein Schicksal«[83], »über den Herzschlag«[84], über den »Schlaf«[85]. Am Ende sollte die Überwindung des gespaltenen Bewusstseins stehen. Durch bewusstes Denken und Verstandesarbeit sei eine solche Vereinigung nicht zu erreichen. Yoga war für ihn ein »Erziehungssystem«, um sich »Zugang zum Übermenschentum«[86] zu verschaffen. Askese sollte – wie bei Franziskus – die Macht des Körpers brechen, dazu musste die widerständige Natur mit Kasteiungen und Peinigungen bekämpft werden. Das Ziel war die Überwindung des Körpers – die Entkörperung.

Die Kritik hat Meyrinks Literatur – insbesondere den »Golem« – dafür gelobt, dass sie Wirklichkeit, Traum, Phantasie und Vision auf wunderbare Weise vermische. Nicht anders verhält es sich mit Meyrinks Selbstdeutungen zu seinen Yogaübungen und Körperexerzitien. Man kann seine Askese darum auch als literarische Performance lesen, doch sollte man nicht verkennen, dass die Literatur für ihn nur eine Ablenkung vom eigentlichen Ziel war: die »Übermacht des Körpers zu brechen«[87], um an der »Grenze des Jenseits« einen siderischen Leib, ein göttliches Ich zu erlangen.

Zivilisation als Spannung

Spannung ohne den kosmischen Takt, der sie durchseelt, ist der Übergang zum Nichts. Aber Zivilisation ist nichts als Spannung.

Oswald Spengler, *Der Untergang des Abendlandes*

»Wenn wir jetzt nicht Europäer werden«

Mein geheimster Gedanke ist, daß das alte Europa am Anfang seines Endes ist. Ich werde, entschlossen mit ihm unterzugehen, meine Pflicht zu tun wissen. Das neue Europa ist anderseits noch im Werden; zwischen Ende und Anfang wird es ein Chaos geben.

Fürst von Metternich-Winneburg

Die Krise Europas war bereits im 19. Jahrhundert ein großes Thema. Die Romantiker hatten sie propagiert, und ihre Blicke richteten sich sehnsuchtsvoll in den spirituell erleuchteten Osten. Hier vermuteten sie den reinen, ursprünglichen Menschen, der noch nicht mit der Welt entzweit war. Vor allem Indien, das immer wieder als »Wiege der Menschheit« bezeichnet wurde, spielte im romantischen Diskurs eine bedeutende Rolle. Schon früh setzte auch die wissenschaftliche Beschäftigung ein: August Wilhelm Schlegel wurde 1818 auf den neueingerichteten Lehrstuhl für Indologie in Bonn berufen; 1823 gab er die erste kritische Ausgabe der »Bhagavadgita« in Originalschrift heraus, begleitet mit einer lateinischen Übertragung. Von der indischen Lebensweisheit fühlten sich auch Schopenhauer und Fechner angeregt. Im »tat twam asi« erkannten sie die erlösende Formel einer Entlastung, das Selbst war Teil des Ganzen, wesensgleich mit dem Absoluten. In einer Welt, die Gott für tot erklärt hatte, vermochten die östlichen Weisheitslehren zu faszinieren. Es setzte eine intellektuelle Wiederverzauberung ein, die ihre Phantasie an einem imaginären Orient entzündete. Nicht nur Indien, auch Japan und China gerieten bei der Suche nach neuen Impulsen für eine westlich-abendländische Kultur ins Visier. Vom Fernöstlichen erhoffte man sich die Rückkehr zum Ursprung, die Auffrischung erschöpfter spiritueller Energien.

Anfang des 20. Jahrhunderts war der Ferne Osten nicht mehr nur etwas für Pioniere und Abenteurer. Zusammen mit den Reisenden aus diplomatischen Kreisen und adeligen Häusern brachen auch zahlreiche Schriftsteller und Künstler auf, um – von Europa ermüdet und vom zivilisatorischen Fortschritt abgestoßen – nach Heilswegen zu suchen: Waldemar Bonsels (1904), Max Dauthendey (1905/06), Rudolf Kassner (1908), Stefan Zweig (1908/09), Melchior Lechter, dem sich anfangs auch Karl Wolfskehl anschloss (1910/11), Hermann Hesse (1911), Hermann Graf Keyserling (1911), Ernst Weiß (1912/13), René Schickele (1913).

»Der Mensch Europas muß stets von neuem zum Leben gereizt werden mit dem Anderen, dem Fremden, dem Unbekannten, und es müssen ihm immer wieder Fragen gestellt werden, die er nicht beantworten, und Taten auferlegt werden, die er nicht leisten kann.«[1] So schrieb Rudolf Kassner in seiner 1913 erschienenen Abhandlung »Der indische Gedanke«, die im Anschluss an seine Indienreise entstand. Er sprach darin aus, was viele Schriftsteller und Künstler damals empfanden, dass der europäische Mensch »seinen Ursprung verloren« habe und »inmitten eines Walles von Angst«[2] lebe. Der europäische Mensch suche nach »Originalität«, er wolle »besonders« und »interessant« sein. Dem Inder aber sei das alles fremd: »Der Inder ist religiös, und das will sagen: er ist nicht ›interessant‹. Er ist von Anbeginn an da und also ohne Angst.«[3] Kassner zufolge ist der abendländische Mensch ein grundlegend anderer Typus als der fernöstliche, er muss sein eigenes Selbst erobern, ist der »Gereizte« und »Überanstrengte«,[4] während der Inder ein »Dasein a priori«[5] führe.

Die Intellektuellen der Vorkriegszeit waren von Meditation und Askese fasziniert. Viele berichteten, wie Kassner, von ihren Begegnungen mit Heiligen, Priestern und Yogis, doch längst nicht alle kamen mit dem indischen Leben und der gesellschaftlichen Realität zurecht. Stefan Zweig bewunderte zwar die Tempel, Paläste und den Himalaya, aber das Land blieb ihm fremd, ja stieß ihn ab: »Indien wirkte auf mich unheimlicher und bedrückender, als ich es gedacht hatte. Ich war erschrocken über das Elend der ausgemergelten Gestalten, den unfreudigen Ernst in den schwarzen Blicken, die oft grausame Monotonie der Landschaft, und vor allem über die starre Schichtung der Klassen und Rassen.«[6]

Nicht weniger irritiert von den realen Verhältnissen zeigte sich Hermann Hesse, der zwar ein Tagebuch mit dem Titel »Aus Indien. Aufzeichnungen von einer indischen Reise« (1913) veröffentlichte, tatsächlich jedoch das Festland nie erreichte. Er besuchte Sri Lanka und Indonesien, brach aber schließlich frustriert die Reise ab. Hesse kannte die Religion aus Erzählungen und Büchern, die praktischen Erfahrungen enttäuschten ihn. Doch so kritisch er die Realität der östlichen Lebenswelt sah, so sehr hielt er doch an der Einsicht fest, dass der europäische Mensch zu seinen Ursprüngen zurückfinden müsse. Und diese lagen in der ostasiatischen Welt.

Für viele Intellektuelle war der Krieg eine erneute Bestätigung der Krise. Dringlicher als je zuvor stellte sich ihnen die Frage nach einer Erneuerung und Regeneration der kulturellen und spirituellen Wurzeln des Abendlandes. Bei Ausbruch des Krieges 1914 suchte man noch nach fernen Kraftzentren, später sah man im Krieg selbst die Möglichkeit einer kulturellen Selbstreinigung. So schrieb Franz Marc im November 1914, dieser Krieg sei »ein *europäischer Bürgerkrieg, ein Krieg gegen den inneren, unsichtbaren Feind des europäischen Geistes*«.[7] Es ging darum, ein vereintes Europa zu schaffen und einen neuen Menschen, Marc sprach von der »Helligkeit des europäischen Typus«, den es zu erobern gelte. »Der Europäer«, meinte er, »kämpft in diesem Kriege um seine Gesundung und Zukunft.«[8]

Die Europa-Idee war freilich alles andere als neutral und übernational. Deutschland – da waren sich die meisten deutschen Intellektuellen einig – sollte als überragende Kulturnation bei der Überwindung nationalstaatlicher Strukturen die Führungsrolle übernehmen. In einem offenen Brief an Romain Rolland hatte Karl Wolfskehl im September 1914 die Vision eines kulturell geeinten Europas unter Führung Deutschlands entworfen. Ähnlich äußerte sich auch Friedrich Gundolf: Deutschland sei es mit diesem Krieg auferlegt, die »Wiedergeburt Europas« einzuleiten und ein »neues Reich europäischer Werte« zu begründen.[9] Auch Rudolf Borchardt setzte in seiner im Dezember 1914 in Heidelberg gehaltenen Rede »Der Krieg und die deutsche Selbsteinkehr« die Werte der deutschen Kultur gegen Materialismus und Dekadenz der europäischen Zivilisation. Nach einem künftigen Sieg, der außer Frage stand, sollte Deutschland in Europa jene Position einnehmen, die Rom im Altertum zugefallen war: Das Staatengebilde sollte unter deutscher Führung zu einem einheitlichen Kulturgebiet verbunden werden.

Viele sahen in Deutschland den einzig verbliebenen Statthalter der Kultur, den Garanten einer europäischen Wiedergeburt. Thomas Mann positionierte das Deutschtum als Bollwerk gegen ein Europa, das er verächtlich als »Zivilisationsimperium«[10] bezeichnete. Wie ein schleichendes Gift habe sich in den Vorkriegsjahren der Prozess der Zivilisierung in Europa ausgebreitet und zu einem »moralisch-politisch-biologischen«[11] Niedergang geführt. Als sich Deutschland noch auf der Siegerstraße befand, schrieb Mann in den »Betrachtungen eines Unpolitischen«, dass er nicht weiterleben wolle, »wenn Deutschland vom Westen geschlagen« und die »Feinde« mit ihrer »Vernunft« und »ratio« gesiegt hätten: »das Ergebnis wäre ein Europa gewesen – nun, ein wenig drollig, ein wenig platt-human, trivial-verderbt, feminin-elegant, ein Europa, schon etwas allzu ›menschlich‹, etwas preßbanditenhaft und großmäulig-demokratisch, ein Europa der Tango- und Two-Step-Gesittung, ein Geschäfts- und Lusteuropa à la Edward the Seventh, ein Monte-Carlo-Europa, literarisch wie eine Pariser Kokotte.«[12] Diesem »Entente-Europa« galt Manns ganze Verachtung, es repräsentierte jenen »Geist des Westens«[13] – eine Mischung aus Rationalismus, Utilitarismus und dekadenter Lebenshaltung –, der keine sittlichen Maßstäbe mehr besaß und in Rausch und Hedonismus aufging; ein »ungesundes«

Europa,[14] das den Menschen immer stärkeren Reizen aussetzte und zugleich seine Widerstandskräfte lähmte. Dagegen sollte ein vom deutschen Geist geprägtes Europa asketisch, ernst, gesittet, willens- und leistungsstark sein. Sollten sich diese Tugenden nicht durchsetzen, prophezeite Mann, würde es unweigerlich zu einer Entkräftung des ganzen Kontinents kommen. Deutschland sei für diese Auseinandersetzung zum geistig-seelischen Schlachtfeld geworden: »In Deutschlands Seele werden die geistigen Gegensätze Europas ausgetragen – im mütterlichen und im kämpferischen Sinne ›ausgetragen‹.«[15] Nur in einem »deutschen Europa«[16] konnte der unheilvolle Einfluss der Zivilisation zurückgedrängt werden.

Je länger allerdings der Krieg dauerte, desto stärker setzte sich auch unter den Intellektuellen die Ansicht durch, dass Deutschland doch nicht die Lösung, sondern Teil des Problems war. Drängender denn je wurde die Kritik am Materialismus und an der okzidentalen Rationalität. Der Blick richtete sich jetzt wieder gen Asien. Theodor Lessing beendete seine 1916 veröffentlichte »Geschichte als Sinngebung des Sinnlosen« mit dem Paragraphen 101: »Der Weg ins Freie«.[17] Das »neue Leitbild« war nun eine Synthese aus Buddhismus und okzidentaler Welt. Die europäische Zivilisation war hingegen am »Geist« erkrankt: »Der Verstand ist nicht nur der Versteller; Vernunft nicht nur der feindliche Widerdämon, welcher eindringt in das ›Leben‹ damit es zur ›Welt‹ vergletschere und verglase, vereise und vergreise.«[18] Lessing plädierte für die »Einheit von Asien und Europa«.[19] Bereits 1915 hatte er ein Buch geschrieben, das von der Militärzensur verboten wurde und erst 1918 erscheinen konnte: »Europa und Asien«. Darin kritisierte er die europäische Leistungsethik, den Materialismus und Rationalismus. Der Mensch sei lediglich durch Tätigkeitsworte definiert: »Er werkt, schafft, verfertigt, schuftet, kann, leistet.«[20] Auch den Ausbruch des Krieges führte Lessing auf die mechanistische Geistigkeit zurück. Das morgenländische Denken versprach in dieser Krise Erlösung, denn es sei »nicht abstrakt, nicht ›intentionales Denken‹. Nicht mechanisch, nicht gegenständlich, sondern es denkt in Symbolen, wo wir als Begriffler und Geistler uns durch Analogien verständigen.«[21] Nur aus dem Morgenland konnte also die »Wiedergeburt« und »Verjüngung«[22] der europäischen Kultur kommen.

Ähnliche Hoffnungen hegte auch Hermann Hesse. In der 1917 veröffentlichten Erzählung »Der Europäer« kritisierte auch er die abendländische Vernunft, die mit ihrem logozentrischen Denken nicht in der Lage sei, das Glück der Menschheit zu fördern. Gleich nach dem Krieg begann er mit der Niederschrift von »Siddhartha« – dem Buch vom richtigen Leben, das die Reden und das Leben Buddhas nachstellte. »Siddhartha« war als Lebenshilfe gedacht, nicht zuletzt für den Autor selbst, der das Heil in der Einheit allen Seins suchte, im Zustand des Nichthaftens. Anlässlich der 1921 erschienenen Neuauflage der »Reden Gotamo Buddhos« in der Übertragung von Karl Eugen Neumann schrieb Hesse von der »Sehnsucht Europas nach der seelischen Kultur des alten Ostens«: »Europa beginnt an mancherlei Verfallserscheinungen zu spüren, daß die hochgetriebene Einseitigkeit seiner geistigen Kultur [...] einer Korrektur bedarf, einer Auffrischung vom Gegenpol her.«[23]

Als Hugo von Hofmannsthal unter Mitwirkung seines Freundes Rudolf Borchardt am 31. März 1917 in Bern seinen Vortrag »Über die europäische Idee« hielt, war der Boden für die Formel bereitet, die Europa aus der Krise retten sollte: »Hinstreben zu Asien«.[24] Der Ferne Osten wird vor dem Hintergrund einer allgemeinen Zivilisationskritik zum Wunschbild. Unter dem Stichwort »Gehalt des letzten Europa« geißelt Hofmannsthal die »Allmacht des Mammon welcher in Continenten denkt, anarchisch ist[,] ›Europa‹ auflöst«[25]. Borchardt hatte in dem Exposé, das Hofmannsthal zur Vorbereitung seiner Rede benutzte, vom »weltbeherrschenden Mammon«[26] gesprochen, der sich als der wahre geschichtlich Handelnde offenbart, in dem er gesellschaftliche Ordnungen zerstört, Völker in den Krieg hetzt und den alten Erdteil in unversöhnliche Parteien spaltet. Alles, was sich diesem »Mammonismus« widersetzt, wird vernichtet oder usurpiert. Kultur, Wissenschaft und Künste erweisen sich als willfährige Diener. Am Ende des Krieges, so Borchardt, werden die Menschen vor der »eiskalten Entwertung Europas«[27] stehen.

In der materialistischen Lebenseinstellung, in Gier und Geld, lag die eigentliche Bedrohung der europäischen Idee. Hofmannsthal äußerte bereits vor dem Krieg die Überzeugung, dass das Geld alle menschlichen Beziehungen beherrscht und die wirklichen Werte vernichtet: »Was wir besitzen sollten, das besitzt uns, und was das Mittel aller Mittel ist, das Geld, wird uns in dämonischer Verkehrtheit zum Zweck der Zwecke.«[28] So formulierte es Hofmannsthal 1911 – im Jahr der spektakulären Uraufführung des neubearbeiteten »Jedermann« durch Max Reinhardt im Berliner Zirkus Schumann. Wie der Frühromantiker Novalis glaubte auch Hofmannsthal, dass Europa nur durch einen erneuerten Glauben, ein »Wiedererwachen des religiösen Geistes«,[29] gerettet werden konnte.

Asien schien all das zu besitzen, was Europa fehlte, eine selbstbewusste Einheit, ein reiches Erbe, insbesondere aber ein tiefes religiöses Denken.[30] Von Asien aus gesehen, so Hofmannsthal, errege Europa Grauen, Grauen »vor dem Individualismus, Mechanismus, Mercantilismus«.[31] Als Gewährsmann zitiert er den Chinesen Ku Hung-Ming, damals einer der bedeutenden Vermittler zwischen Orient und Okzident. Hofmannsthal preist ihn als Kritiker des »europäischen Wesens«.[32] Von Ku Hung-Ming erschien 1916 eine Schrift, die ganz nach dem Geschmack der zunächst kriegsbegeisterten und mittlerweile enttäuschten Intellektuellen war. Schon der Titel setzte positive Signale: »Der Geist des chinesischen Volkes und der Ausweg aus dem Krieg«. Um den Konflikt zu beenden, müsse man die »Verbindung von Selbstsucht und Feigheit, den Geist des Kommerzialismus in uns überwinden«.[33] Die europäische Kultur sei verpöbelt, es herrsche der Geschmack der Masse und das Prinzip des Eigennutzes. Was den

Asiaten auszeichne, vornehme Gesinnung und die Fähigkeit, wahre Autorität anzuerkennen, sei dem Europäer mittlerweile fremd.

Genau hier knüpften Borchardt und Hofmannsthal mit ihren Überlegungen an, die »Erneuerung« der europäischen Idee konnte nicht aus Politik und Ökonomie, sondern nur »aus dem Individuum kommen«[34] – freilich nur aus dem erneuerten Individuum. Es bedurfte eines Menschen, der den Geist Asiens in sich aufgenommen und die Zivilisation überwunden hatte. Denn Europa verstand sich nicht aus sich selbst heraus, es war, wie Hofmannsthal in seiner Rede bemerkte, ein prekäres Projekt, das sich als einheitlicher Begriff »nirgends verankern«[35] ließ: Die Einheit Europas sei »keine *geographische* (wie etwa Australien)«, auch »keine rassenmässige ethnische. Die weisse Rasse des Occidentes greift über Europa hinaus, fremde greift in sie hinein.«[36] Im »Wesen« sei der Begriff »ideologisch u. spirituell: transscendent[,] er schichtet sich den Realitäten über, worin seine Ungreifbarkeit u. Unangreifbarkeit liegt«.[37] Bei Borchardt heißt es, für die Masse habe der Begriff Europa nie eine Bedeutung gehabt, er lebe nur »in Einzelnen und einer übernationalen Gemeinschaft Einzelner«.[38]

Hofmannsthals Rede endete hoffnungsvoll: Ein »neues europäisches Ich« könne Wirklichkeit werden, denn der europäische, insbesondere aber der deutsche Charakter besitze – und er zitiert Novalis – ein hohes Maß an »energischer Universalität«.[39] Die Skizze zum Vortrag schließt mit der Formel: »Wir sind nichts als dies Ringen um Europa.«[40]

Dieses Ringen kam auch in einem Buch zum Ausdruck, das ebenfalls 1917 erschien und Hofmannsthal in diesen Jahren wie kein zweites beeinflusste: »Die Krisis der europäischen Kultur« von dem Privatgelehrten Rudolf Pannwitz. Bei Pannwitz fand Hofmannsthal viele seiner Lieblingsideen wieder: den Europa-Gedanken, die Einheit der Kultur, die Kritik an der materialistischen Zivilisation, den Entwurf eines neuen europäischen Men-

Abb. 23: Rudolf Pannwitz in Astano bei Lugano (Tessin), um 1960

schen. Das Werk schwankte zwischen Wissenschaft und Dichtung. Schon in der Form lag etwas Eigenwilliges und Geniales. Mit Kleinschreibung und Interpunktion lehnte sich sein Autor an Stefan George an, er verzichtete, wie er eingangs schrieb, »auf die üblichen ausleger- und schulmeisterzeichen«: »eine dem gemäsze sprache wird ähnlich der welt zuerst verschlossen scheinen alsdann rein aus sich selbst verständlich werden.«[41] Mitten im Krieg plädierte Pannwitz für das »übernationale«,[42] für eine »europäische libertinage des denkens«[43] und gegen den überkommenen »nationalismus«, bei dem »jedes völkchen groszmacht«[44] sein möchte.

»Wir europäer«, hieß es, »sind heute an den rand der grösze und des abgrundes gelangt wir müssen zunächst zurück ob wir nun sicher stehen oder ob wir noch vorwärts dringen wollen.«[45] »Zurück«, das hieß zuallererst, die geistige Tradition von der Renaissance bis zur Gegenwart zu vermessen, um die Linien für ein neues Europa zu ziehen, es hieß aber vor allem auch Kritik am Zeitgeist, am zivilisatorischen Fortschrittsdenken und der Dominanz wirtschaftlicher Interessen, von dem das europäische Projekt bestimmt war. Europa sei nicht, wie es sich einige Politiker vorstellten, »nach dem muster von konsumvereinen«[46] zu organisieren. Nicht im Handel und in der Wirtschaft liege die »bahn der freiheit«, sondern in der »kultur«.[47]

Geld und Kapitalmarkt, die sich heute als die eigentliche Macht zeigen, standen schon 1917 als zersetzende Elemente im Zentrum der Kritik. Das alte Europa, so Pannwitz, hatte sich dem Geld verschrieben, genauer, dem, was er als »Geldhandel« bezeichnete. Im spekulativen Handel sei eine Entwicklungsstufe erreicht, die sämtliche menschlichen Beziehungen entwerte und alles zum Mittel degradiere: »wo der staat überwiegt ist mensch und volk wertlos geworden wo der handel überwiegt ist ding und ware wertlos geworden wo der geldhandel überwiegt ist alles gemein geworden.«[48]

Der geschichtliche Scheitelpunkt war für Pannwitz das Zeitalter der Aufklärung. In dieser Epoche setzte »ein wirbel der herrschenden werte«[49] ein, doch es wurden keine neuen Werte geschaffen. In der Zwischenzeit sei zwar einiges geschehen – der Zusammenbruch der Französischen Revolution, das Scheitern Napoleons und, in seiner Folge, ein kleinstaatliches Europa – weltgeschichtlich betrachtet sei dies jedoch alles belanglos. Nach dem Sturz Napoleons konstatiert Pannwitz eine »allgemeine erschöpfung«[50] der Kultur. Die europäische Geschichte verlaufe seitdem ziel- und orientierunglos: »wohl rückte der schwerpunkt von frankreich nach deutschland aber deutschland brauchte mehr als ein halbes jahrhundert um sich selbst zu einigen und kennt heute minder als vor 1813 eine gemeineuropäische aufgabe.«[51]

Die Krise der europäischen Kultur manifestierte sich – da denkt Pannwitz ganz modern und ganz nah an der heutigen Kritik – in einer Politik, die vom Menschen abstrahiert und sich Gruppeninteressen unterwirft. Das eigentliche Ziel der Kultur aber sei der nach Vollendung strebende Mensch. Doch genau den habe man aus den Augen verloren: »die menschheit mag es geben den menschen gibt es noch nicht«,[52] so die einprägsame Wendung. Es gab nur einen Ausweg aus der Krise, nämlich den neuen Menschen zum Kulturziel zu machen und ihn aus der Überlieferung neu zu begründen. Dabei wollte sich Pannwitz vor allem auf die fernöstlichen Weisheitslehren stützen, auf Buddha, Konfuzius, Laotse – nur vom Orient her konnte das taumelnde Europa gerettet werden: »wenn wir jetzt nicht europäer werden so müssen wir schliesslich chinesen werden und grosze schichten europäer wollen und müssen chinesen werden auf alle fälle.«[53]

Pannwitz berief sich auf Nietzsche, der das kranke Europa bereits mit der Kultur Asiens kurieren wollte. So käme endlich wieder »reinere Luft in das alte, jetzt übervölkerte und in sich brütende Europa«. Die Chinesen, so Nietzsches Hoffnung, sollten mit ihrer »Denk- und Lebensweise« helfen, »dem unruhigen und sich aufreibenden Europa etwas asiatische Ruhe und Betrachtsamkeit und – was am meisten wohl not tut – asiatische *Dauerhaftigkeit* ins Geblüt zu geben«.[54]

Nach dem Krieg scharte sich ein Teil der zivilisationskritischen Europa-Visionäre um den Österreicher Karl Anton Rohan, der mit dem 1922 gegründeten »Europäischen Kulturbund« gegen Technisierung und Rationalisierung Front machte und eine geistig-kulturelle Erneuerung Europas forderte, die von den Eliten aus Kultur und Wirtschaft getragen werden sollte. Das geeinte Europa brachte sich als Alternative zur westlichen Zivilisation und zum Bolschewismus in Stellung. Die europäische Idee segelte jetzt unter der Flagge einer »konservativen Revolution« – ein Begriff, den Rohan prägte und den Hofmannsthal, der zu den Unterstützern dieses konservativ-antidemokratischen Programms zählte,[55] 1927 in seiner Münchener Rede aufgriff. Für den »Kulturbund« war allerdings das geeinte Europa nicht viel mehr als eine Hülse, die Nationalkulturen, insbesondere natürlich die deutsche Kultur, sollten ihren Status behalten. Hierin unterschied man sich strikt von der ebenfalls nach dem Krieg entstandenen Pan-Europa-Initiative Richard Coudenhove-Kalergis, die man als antinational ablehnte.

Dass die Erneuerung des europäischen Menschen von den Eliten ausgehen müsse und dass das geistige Deutschland dabei eine Sonderrolle zu spielen habe, dieser Auffassung war auch Hermann Graf Keyserling, der gleich nach dem Krieg mit seiner Programmschrift zur Gründung der »Schule der Weisheit« aufwartete. Vertiefung war die Devise: Weg vom alten Glauben, von Technisierung und Intellektualismus, hin zu einem lebendigen Wissen, das im Sein wurzelt und in der Selbstverwirklichung des Einzelnen fruchtbar wird.

Viele Ideen, die Keyserling propagierte, basierten auf seinem bereits vor dem Krieg geschriebenen, aber erst 1919 erschienenen »Reisetagebuch eines Philosophen«, das ihn berühmt machte. Das opulente Werk erreichte schnell eine Auflage von 50 000 Exemplaren. Hinter dem Verkaufserfolg stand ein Publikum, das, wie der Autor, von der Erschöpfung der eigenen Kultur überzeugt war. »Europa fördert mich nicht mehr«, heißt es eingangs im »Reisetagebuch«: »Zu vertraut ist mir schon diese Welt, um meine Seele zu neuen Gestaltungen zu zwingen. Und dann ist sie an sich auch zu beschränkt. Ganz Europa ist wesentlich eines Geistes. Ich will in Breiten hinaus, woselbst mein Leben ganz anders werden muß, um zu bestehen, wo das Verständnis eine radikale Erneuerung der Begriffsmittel verlangt, wo ich möglichst viel von dem vergessen muß, was ich ehedem wußte und war.«[56]

Im Europäer sah Keyserling den modernen »Zweckmenschen«,[57] der in der Arbeit das Eigentliche erkennt; das Unmögliche begehrt, die Welt verbessert und ergründet und dabei auf die »Ausbildung des Innerlichen«[58] verzichtet. Der Europäer habe keine Tiefe, er strebe nach Erfolg und Fortschritt – der Orientale hingegen folge dem Ideal der Vollendung.[59] Vollendung ist schließlich auch das Zauberwort im »Reisetagebuch«, es enthält das Heilsversprechen einer zukünftigen Ganzheit. Strebt der Mensch erst einmal nach ihr, »dann ergibt sich das weitere von selbst; dann kommt es mit Unvermeidlichkeit, je nach den Umständen, zur ›Erneuerung‹, zur ›Bekehrung‹, zur ›Wiedergeburt‹«[60].

Für dieses Projekt hatte Keyserling schon vor dem Krieg ein Vorbild gefunden: Rabindranath Tagore, der 1913 als erster Asiat den Nobelpreis für Literatur erhielt. Seine Besuche in Deutschland, in den Jahren 1921, 1926 und 1930, sind legendär. Vor allem bei seinem ersten Aufenthalt wurde er von vielen, die nach dem verlorenen Krieg Orientierung suchten, wie ein Erlöser gefeiert. Ein Höhepunkt war die Darmstädter Tagore-Woche vom 9. bis 14. Juni 1921. Tagore war Gast des Großherzogs und wurde von Keyserling als erleuchteter »Seher« vorgestellt, der Deutschland eine verheißungsvolle Zukunft prophezeien würde: Tagore sei überzeugt, dass nur in Deutschland die »geistig-seelische Wiedergeburt Europas erfolgen« könne. »Amerika sei materialisierter als je zuvor, die Siegerstaaten seien mit Blindheit geschlagen. In Deutschland könne und werde das neue Menschentum entstehen.«[61]

Im Park des großherzoglichen Neuen Palais konnte man den Dichter täglich bewundern, der in der Pose eines Messias auftrat: »eine hohe Gestalt, in grauseidenem, langfaltig niederrauschendem Gewand, das Silbergrau der leicht gelockten Haare und des Bartes. Die Hautfarbe ist die eines europäischen Südländers [...]; ausdrucksvoll groß die Augen, die Züge regelmäßig und edel.«[62] Tagore strahlte nicht Intellektualität, sondern – da war man sich in allen Berichten einig – »Tiefe« aus.[63] Und eben zu dieser »Tiefe« gehörte es, dass er im eigentlichen Sinn »wenig Neues«[64] zu sagen hatte. Im Unterschied zu der europäischen Geistigkeit, die sich dem Neuen und Modernen verschrieben hatte, sprach Tagore auf faszinierende Weise die alten, einfachen Weisheiten aus. »Zu allen Zeiten«, so Keyserling, »haben die ganz Tiefen grundsätzlich Gleiches gelehrt.«[65] Ob Jesus, Buddha, Sokrates, Franz von Assisi, Goethe oder eben Tagore, sie lieferten sachlich nichts Neues und seien doch wahre Erneuerer der Menschheit.[66]

Tagore traute man zu, die verletzte deutsche Seele zu neuer Gesundheit zu führen, um auf diese Weise die Wiedergeburt Europas einzuleiten.[67] Mit seiner charismatischen Erscheinung und seiner Forderung nach einer Synthese des östlichen und westlichen Denkens verkörperte er die Hoffnung vieler Intellektueller. Natürlich war nicht die gesamte deutsche Geistigkeit von dem indischen Dichter und seinen Auftritten begeistert, es gab auch kritische Stimmen, zumal angesichts der völlig überzogenen Erwartungen und der von Keyserling in Szene gesetzten Stilisierung. So äußerten sich Rilke und Thomas Mann eher skeptisch und gingen merklich auf Distanz – Rilke lehnte auch eine Übertragung der Gedichte Tagores entschieden ab. Gleichwohl kamen zu den Vorträgen der neuen Lichtgestalt die Menschen in Scharen. Die Zeitungen berichteten von vollen Sälen und einem ergriffen lauschenden Publikum.[68] Am 11. Juni 1921 fand im Wald bei Darmstadt ein kultisches Fest mit vielen hundert Teilnehmern statt. Einige haben ihre Eindrücke geschildert, die im Keyserling-Archiv aufbewahrten Texte zeigen, dass man in Tagore nichts Geringeres als eine Heilsgestalt sah, die in einer Zeit des Unglücks und Elends Erlösung versprach.

Stefan Zweig urteilte über Tagore, dieser würde keine Weltanschauung vermitteln, sondern eine »Weltpredigt«[69]; vor allem den Europäern, »die er für Abgeirrte« halte, wolle er den richtigen Weg weisen.[70] Und der richtige Weg, die Erneuerung, konnte nur von innen kommen. In »Sādhanā«, seinem populären Bekenntnisbuch, schreibt Tagore: »Wir leben im Elend, weil wir Geschöpfe des Ichs sind, des Ichs, das kein Licht zurückstrahlt, das für das Unendliche blind ist.«[71] Nur wenn der Mensch sich von der Last der Individuation, die ihn an ein falsches Leben kettet, befreit, wenn er sich »enthaftet«, kann er sich selbst besitzen und findet zu eigener Stärke zurück.

Nach dem Ersten Weltkrieg waren alle Sicherheiten dahin, alle gesellschaftlichen Heilserwartungen enttäuscht, Geschichte erschien als »Sinngebung des Sinnlosen« (Theodor Lessing), der Einzelne war auf sich selbst zurückgeworfen und suchte den eigenen Kern. Die östliche Meditation und Askese eilte dem erschöpften europäischen Ich mit einer Mischung aus Katharsis und Aufrüstung zu Hilfe. Wer zur eigenen Mitte finden wollte, musste sich zunächst von seinem Selbst lösen und von einem tiefverankerten Zweckdenken befreien. Die europäische Adaption dieses – bis heute geschätzten – heilkräftigen Mittels war und ist freilich eine ganz eigene Mischung von Projektion und Erwartung.[72] Dafür steht auch das nach dem Zweiten Weltkrieg in zahlreichen Auflagen verbreitete und in viele Sprachen übersetzte Kultbuch des Neukantianers Eugen Herrigel: »Zen in der Kunst des Bogenschießens« (1948).

Herrigel studierte vor dem Ersten Weltkrieg in Heidelberg bei Wilhelm Windelband und Emil Lask, er habilitierte sich 1922 mit einer Arbeit über »Urstoff und Urform«. Als Privatdozent sah er sich in der Wirtschaftskrise einer hoffnungslosen Lage gegenüber. Der Japan-Begeisterte nutzte seine Kontakte und erhielt 1924 für fünf Jahre eine Stelle als Gastprofessor an der Kaiserlichen Universität Tōhoku in Sendai. In Japan fand der von der europäischen Geisteskultur enttäuschte Philosoph nicht nur einen Arbeitsplatz, sondern einen Weg zu neuer Spiritualität. Im Bogenschießen erkannte er – fälschlicherweise – eine praktische Kunst des Zen-Buddhismus. Die ursprüngliche Kriegstechnik hatte sich in Japan zur ästhetisierten Kriegskunst entwickelt, die mit dem mythisierten Geist der Samurai und des Bushido verknüpft war. Herrigel nahm ab 1926 Unterricht in der Kunst des Kyūdō bei Meister Awa Kenzō, der das Bogenschießen zur Religion überhöhte. Schwierigkeiten bei der Vermittlung und Einübung der Kunst ergaben sich schon daraus, dass Schüler und Meister sich nur über einen Dolmetscher verständigen konnten. Wie man heute weiß, sind viele Weisheiten, die der Lehrer seinem Schüler anvertraute und die sich im Buch zum Teil in wörtlicher Rede wiederfinden, mehr eine Interpretation Herrigels als ein originärer Bestandteil der Lehre Kenzōs. Die in diesem Zusammenhang häufig zitierte und für Herrigel zentrale These, dass nicht das Ich, sondern das »Es«[73] schießen muss, wenn die Kunst gelingen soll, ist vermutlich ein Übersetzungsfehler bzw. eine Deutung, die Herrigel bei der Niederschrift des Textes nachträglich vorgenommen hat. Wie dem auch sei, die inneren Kräfte, die im Wiederfinden des »Ursprungs«[74] liegen, sind das durchgängige Thema der Schrift. Kenzō will seinen Schüler zur »unbewegten Mitte«[75] führen und ihn gegen die Welt der Reize immunisieren. Der Schütze muss »absichtslos und ichlos«[76] werden. Herrigel sieht darin eine Loslösung und Befreiung. Erst wenn ein Zustand erreicht ist, »in dem nichts Bestimmtes mehr gedacht, geplant, erstrebt, erwünscht, erwartet wird«,[77] stehe der Mensch wirklich über den Dingen, sei er frei – frei auch, wie Herrigel später betont, von »Todesfurcht«[78].

Nach seiner Rückkehr aus Japan kam Herrigel zu der Erkenntnis, dass die Selbstlosigkeit und das mythisierte Ethos der Samurai nicht nur in das nationalsozialistische Weltbild passten, sondern auch als Tugendkanon bei der Erziehung des deutschen Volkes taugten. Als Professor der Philosophie stieg er in den Jahren des Nationalsozialismus zum Prorektor und schließlich zum Rektor der Universität Erlangen auf. 1936, ein Jahr bevor er der NSDAP beitrat, schrieb er über »Die ritterliche Kunst des Bogenschießens« und pries die Haltung der Japaner, die sich willig »in die gewachsene Ordnung« des »völkischen Daseins« einfügten und bereit seien, »um ihretwillen das Opfer der eigenen Existenz« zu bringen.[79] Für den Japaner sei »der Tod, ja sogar der Freitod um des Vaterlandes willen« eine »erhabene Weihe«,[80] eine Einstellung, die er dem deutschen Volk zur Nachahmung empfahl. Noch 1944 schwärmte er vom Ethos und Opfermut der Samurai, der im deutschen Soldaten wiederauferstehen sollte.

Der phänomenale Erfolg seines Buches in der Nachkriegszeit zeigt, wie ungebrochen dieses Ethos fortlebte und wie ungebrochen das Bedürfnis nach einem Heilsversprechen war.

»Keine Wurzeln im Leben«

> Die Neger erobern Paris. Sie erobern Berlin. Sie erfüllen bereits den ganzen Kontinent mit ihrem Geheul, mit ihrem Lachen. Und wir sind nicht erschrocken, wir sind nicht erstaunt: im Gegenteil, die Alte Welt bietet ihre letzten Kräfte auf, um ihnen zuzuklatschen.
>
> Yvan Goll, *Die Neger erobern Europa (1926)*

In der ersten Hälfte des 20. Jahrhunderts machte ein Begriff Karriere, der wie kein anderer für das zunehmende Unbehagen am Individualismus und der wachsenden Atomisierung der Gesellschaft stand: Wurzellosigkeit. 1897 schrieb Hofmannsthal in seinem »D'Annunzio«-Essay: »Wir haben gleichsam keine Wurzeln im Leben und streichen, hellsichtige und doch tagblinde Schatten, zwischen den Kindern des Lebens umher.«[1]

Die Erschöpfung des modernen Menschen führte man auf seine fundamentale Entwurzelung und Heimatlosigkeit zurück, welche man wiederum für die nervöse Hast und das Getriebensein verantwortlich machte. Der Mensch war aus den natürlichen Bedingungen gerissen und von seinen Ursprüngen abgeschnitten. Im Geist der Mechanik sah man das herrschende Prinzip, welches das ganze Leben erfasst und tief in die biologischen Grundlagen des Menschen eingegriffen hatte. In seiner einflussreichen Studie über »Arbeit und Rhythmus« schrieb Ende des 19. Jahrhunderts der Ökonom Karl Bücher: »Der arbeitende Mensch ist nicht mehr Herr seiner Bewegungen, das Werkzeug sein Diener, sein verstärktes Körperglied, sondern das Werkzeug ist Herr über ihn geworden; es diktiert ihm das Maß seiner Bewegungen; das Tempo und die Dauer seiner Arbeit ist seinem Willen entzogen; er ist an den toten und doch so lebendigen Mechanismus gefesselt.«[2] Der

Mensch wurde immer mehr zum »Teil des Mechanismus«, den er zu »ergänzen«[3] hatte, seine ganze Natur war einem fremden Regime unterworfen, einem Takt, der die Gestaltung der Arbeit vorgab und für die Entfaltung der eigenen Natur keinen Spielraum mehr ließ.

Die These von der Entwurzelung und der Auflösung natürlicher Bande wurde Anfang des 20. Jahrhunderts vor allem in der Lebensphilosophie zum Thema. Walther Rathenau hatte kurz vor dem Krieg zwei Veröffentlichungen vorgelegt, die schnell populär wurden: »Zur Kritik der Zeit« (1912) und »Zur Mechanik des Geistes« (1913). In der mechanisierten Welt, hieß es zunächst, »ist keine Handlung und kein Gegenstand Selbstzweck; jedes Organ dient dem Gesamtprozeß, und der Gesamtprozeß dient dazu, neue Organe zu schaffen.«[4] Sosehr Rathenau die Mechanisierung kritisierte, so sehr sah er in ihr auch die wirtschaftliche Notwendigkeit und letztlich ein unentrinnbares Schicksal der Moderne. Der Mensch sei jedoch nicht bereit, dies so ohne weiteres zu akzeptieren, es graue ihm vor einer Welt, die sich in »Zweckgedanken« erschöpft und keine transzendente Orientierung mehr bietet.[5] Hier genau setzt die ein Jahr später erschienene »Mechanik des Geistes« an, die ab der zweiten Auflage 1916 den ergänzenden Untertitel »Vom Reich der Seele« erhielt. Rathenau fokussierte seine Analyse jetzt auf das mechanische Denken und den intellektuellen Geist.

Mit der Seele glaubte er einen Gegenpol zur Mechanisierung gefunden zu haben. Schon auf phänomenologischer Ebene seien Intellekt und Seele durch unterschiedliche Eigenschaften definiert: »das Intellektuelle erscheint nüchtern, hastig, widersprechend, absichtlich, kompliziert und mühsam, das Seelenhafte klingend und farbig, selbstverständlich und einfach«.[6] Wie viele Denker der Zeit kritisierte auch Rathenau den Intellekt als eine negative Potenz, die sich den Werten des Lebens gegenüber gleichgültig verhält. »Der Intellekt wirbt und streitet, die Seele empfängt und schafft.«[7]

Die Seele soll zum Antidot einer entfesselten Moderne werden, denn sie ist zweckfrei und denkt nicht, »sie schaut«, so Rathenau, »und ist des Irrtums nicht fähig«.[8] Anders als der Intellekt verleiht sie dem Menschen Kraft und Energie, sie hat zeugende und schöpferische Fähigkeiten. Während das Mechanische nur das Zweckhafte und das begrenzte Verstandesdenken kennt, repräsentiert das »Reich der Seele« die übergeordneten, zeitlosen Werte. Dass die »seelenlose Geistigkeit der Mechanisierung«[9] überwunden werden muss und das »Reich der Seele« kommen wird, davon war Rathenau kurz vor Ausbruch des Krieges überzeugt: »Das erste, was geschieht und was geschehen muß, ist, daß die Welt sich ihrer seelischen Armut bewußt wird, daß sie aus der Benommenheit, dem Lärm und der Blendung ihrer Berechnungen, Produktionen, Transporte und Schaustellungen aufatmet, um innere Stimmen zu vernehmen; daß sie die Dinge der Seele ernst nimmt, ernster als ihre Tageswünsche, ernster als ihr tägliches Brot.«[10]

Die Seele stand als regulatives Sinnschema der mechanischen Welt hoch im Kurs. 1911 erschien »Die Seele und die Formen« von Georg Lukács. Wie ein rotes Band zieht sich durch die Aufsatzsammlung das Motiv des entwurzelten Menschen, dem eine abstrakte mechanische Existenz aufgezwungen ist: »Das Leben ist das Unwirklichste und Unlebendigste alles denkbaren Seins; nur verneinend kann man es beschreiben.«[11] Doch es gibt noch so etwas wie eine ursprüngliche Kraft, die in der Seele angelegte Sehnsucht des Menschen nach Selbstheit,[12] die augenblickshaft zur Erscheinung kommt und die es wiederzuerwecken gilt.

Ein Jahr zuvor war die Essaysammlung »Von der Seele« von Carl Ludwig Schleich erschienen. Sie beginnt mit einer Betrachtung zum Rhythmus – einem Begriff, der mehr und mehr die Diskussion um den entwurzelten Menschen bestimmte. Das Rhythmische sei, so heißt es, »ein heiliges Land, ein stiller Hort der letzten Geheimnisse«.[13] Während die Seele eine »verschlossene

Kammer«[14] ist, ist der Rhythmus der Beweger allen Lebens, und als solcher versprach er eine neue Harmonie. Denn für Schleich stand außer Frage, dass sich der natürliche Rhythmus auf irgendeine Weise mit dem »Welttakte« verbinden muss, dass Takt und Rhythmus nicht getrennt existieren und das Rhythmische sich im »Widerspiel zwischen Aktion und Hemmung«[15] dem Weltganzen anpasst. Die menschliche Natur ist flexibel, sie schmiegt sich den technischen Entwicklungen an, nur vollzieht sich der Prozess mit zeitlicher Verzögerung.

Seele und Rhythmus waren Umschreibungen für die verborgenen Triebkräfte, die man nun dechiffrieren und befreien wollte, um den Menschen mit den natürlichen Ursprüngen erneut in Beziehung zu bringen. Schon Karl Bücher hatte in seiner Studie auf ihre kulturfördernden Potentiale verwiesen. Es sei der Rhythmus, der den Naturvölkern die Arbeit erträglich mache und gewissermaßen vom Stress, der in der willensmäßigen Anstrengung und Anspannung liegt, entlaste.[16] Der Naturmensch würde einen hohen Grad körperlicher Ermüdung ertragen, ja geradezu darin aufgehen; die Arbeit sei ihm nur dann verhasst und würde Unlustgefühle wecken, wenn sie eine rhythmische Gestaltung nicht zulasse.

Rhythmus war also eine energetische Kraft, die in der biologischen Natur des Menschen lag. Rhythmische Bewegungen waren ein inneres Bedürfnis, sie wirkten entlastend, machten den »Geist frei« und gewährten der »Phantasie Spielraum«.[17] Doch die moderne Arbeit war weitgehend arrythmisch. Der Mensch drohe mehr und mehr seinen ursprünglichen Rhythmus zu verlieren, weil er tagtäglich gezwungen sei, die eigenen Körperbewegungen einem künstlichen Mechanismus anzupassen.

Die vor dem Ersten Weltkrieg entstandene Rhythmusbewegung,[18] die sich aus der Lebensreform entwickelte, wollte den zivilisierten Menschen zur natürlichen Bewegung zurückführen. Rhythmus sollte zum Heilmittel gegen eine vergeistigte und nervöse Moderne werden. Er sollte nicht nur Selbstfindung ermöglichen, sondern durch Überwindung des Individualismus auch eine neue Gemeinschaft schaffen. Der Musikpädagoge Émile Jaques-Dalcroze und sein Schüler Rudolf Bode arbeiteten unterschiedliche Konzepte aus, die sie in einem 1910 eigens eröffneten Lehrinstitut in der Gartenstadt Hellerau bei Dresden umzusetzen versuchten. Zum Rhythmus befreien wollten auch Isadora Duncan und Rudolf von Laban, der in seiner Schule für Bewegungskunst vor allem die schöpferischen Kräfte des Unbewussten wecken wollte. So verschieden die Ideen waren, in einem Punkt war man sich weitgehend einig: Die angestrebte Natürlichkeit konnte nur durch Disziplin, durch strenge Körperbildung und gymnastische Schulung erreicht werden. Als eines der größten Hindernisse galt die Übermacht des Geistes. Nur wenn sich der moderne Mensch von Intellektualismus und Verstandesdenken befreite, konnte er Zugang zu den verschütteten Ressourcen finden. Diese Auffassung teilte vor allem Rudolf Bode, der den Ideen Ludwig Klages' nahestand und scharf zwischen Rhythmus und Takt trennte. Rhythmus – das war Seele, Intuition und Schauung; Takt war Geist, lebensfeindlich, fremd, festgefügt und metrisch. Klages hat in den zwanziger Jahren die Differenz auf den Punkt gebracht: »Der Takt wiederholt, der Rhythmus erneuert.«[19]

Man träumte von der Wiederrhythmisierung des Lebens, einer Erneuerung aus dem Unbewussten. Dabei spielte das Vorbild des primitiven Menschen eine bedeutsame Rolle. Klages verwies auf Tanz, Rausch und Ekstase als Elemente der Entfesselung, und er nahm an, dass im Primitiven der Sinn für den Rhythmus noch rein und unverstellt vorhanden sei, während der vergeistigte Mensch vom Lebensdrang des Rhythmus weitgehend abgeschnitten sei und erst wieder sensibilisiert werden müsse.

Die Rhythmusbewegung stand mit ihrer Faszination für den primitiven Menschen nicht allein. Vor und nach dem Ersten Weltkrieg entwickelte sich bekanntlich eine ausgesprochene Vorliebe für das Primitive. So machte Wilhelm Wundt 1912 den primitiven Menschen zum Thema seiner »Völkerpsychologie«. Im selben Jahr trat Sigmund Freud mit den ersten beiden Teilen seiner Abhandlung über »Totem und Tabu« an die Öffentlichkeit. Er wollte, wie es im Untertitel heißt, »Einige Übereinstimmungen im Seelenleben der Wilden und der Neurotiker« aufzeigen, insbesondere aber galt es den Primitiven als »Vorstufe unserer eigenen Entwicklung«[20] kenntlich zu machen. Dabei kam Freud den Rhythmikern und ihrem Bild vom gesunden Urmenschen erstaunlich nah: »Der Primitive ist ungehemmt, der Gedanke setzt sich ohneweiters in Tat um, die Tat ist ihm sozusagen eher ein Ersatz des Gedankens.«[21] Das war auch der entscheidende Unterschied zum Neurotiker, der letztlich ein intellektuelles, vergeistigtes Wesen ist; »im Handeln gehemmt«,[22] lebt er seine Taten in Gedanken aus.

Zur selben Zeit wie Wundt und Freud startete Carl Gustav Jung mit der Studie über die »Wandlungen und Symbole der Libido« (1912) seinen Vorstoß in die Welt der Primitiven. Es war ein Weg zurück – zurück zu den Wurzeln und den Ursprüngen des Selbst, die tiefer reichten »als das Wissen des Bewußtseins«.[23] Wer die Einheit seiner Person wiederfinden wolle, müsse in die Welt der Primitiven eintauchen, denn »unsere Bewußtseinswelt« sei nur »eine Art Illusion«, eine »scheinbare, zu einem bestimmten Zweck hergestellte, Wirklichkeit«.[24] Wie kein anderer hat Jung das Wurzelhafte der menschlichen Existenz in seiner Psychologie zum Thema gemacht. Nur wenn der moderne Mensch sich wieder der »Macht des Erdhaften«[25] bewusst werde, könne er zur Ganzheit kommen und heil werden.

Wenn vom Einfluss des Primitiven in der ästhetischen Moderne die Rede ist, dann wird zumeist auf die Kunst der Avantgarde verwiesen, die in der Tat eine bemerkenswerte Rolle gespielt hat. Im Primitivismus sahen die Neuerer eine von aller Intellektualität befreite Kunst, die sie mit Ursprünglichkeit und Zeugungskraft in Verbindung brachten. Erinnert sei an die

Beziehung der Expressionisten zum Primitiven. Franz Marc schwärmte 1912 im Subskriptionsprospekt zum Almanach des »Blauen Reiters« von den »feinen Verbindungsfaden« der neuen Kunst mit »den Primitiven, mit Afrika und dem großen Orient«[26]. Auch Kubin, Kirchner, Nolde und Schmidt-Rottluff fühlten sich in diesen Jahren den Primitiven nah. Carl Einstein stellte 1915 in seiner Studie zur »Negerplastik« die Reinheit dieser Kunst heraus: Die europäische Kunst sei auf Wirkung, Effekt und Bedeutung bedacht, das »Negerkunstwerk« sei Kunst im absoluten Sinn: »Es bedeutet nichts, es symbolisiert nicht; [...], ist kategorisch und besitzt ein prägnantes Sein, das jede Einschränkung ausschließt.«[27] Solche Zuschreibungen hatten freilich wenig mit den Werken selbst zu tun, sie standen vielmehr mit dem empfundenen Mangel an Tiefe und Unmittelbarkeit in der eigenen Kultur im Zusammenhang. Die Avantgarde entdeckte nicht eigentlich die primitive Kunst, sie projizierte das Unbehagen an einer akademischen, intellektualisierten Ästhetik auf den Primitivismus der Naturvölker, deren Kunst lange Zeit als minderwertig angesehen worden war. Nun feierte man das Primitive als authentisch und suchte in ihm die eigenen Ursprünge.

Die erschöpften Intellektuellen waren der Komplexität der modernen Welt überdrüssig, sie wollten den Pathologien ihres Zeitalters entfliehen, der kopflastigen Geisteskultur und einem übersteigerten Ego, das nur noch um sich selbst kreiste. Man sehnte sich nach gesunden Instinkten und intuitiver Gewissheit. Als Rudolf Kassner vor dem Ersten Weltkrieg Nordafrika bereiste, war er geradezu elektrisiert vom Anblick des Naturmenschen: »Ich habe den Barbaren gesehen«,[28] rief er begeistert aus. Der Barbar, das war »der Mensch von anderer Art, mit einem anderen Lebensrhythmus, einem anderen Gefühl für Gegenwart, mit einer anderen Tiefe«.[29] Was Kassner besonders auffiel, der Barbar schien völlig eins mit seiner Welt zu sein, und er führte das auf den Umstand zurück, dass dieser »kein Ich« habe.[30] Er spricht vom »magischen Menschen« und »magischen Leib«, der

»zerrissen oder zerteilt werden kann und trotzdem ganz bleibt und heil«.[31] Der Barbar besitzt »nicht unser vorwändiges, schwieriges Ich, sondern statt dessen eben Mitte«.[32] Das Leiden am Ich war dem modernen Menschen eingeschrieben. Das Ich stand für Zerrissenheit, Entwurzelung und Individuation. »Der magische Mensch«, so Kassner, »ist ohne Gegensatz in sich«,[33] er »sieht Geist und Seele, Seele und Körper als eines«[34] an und kann aus der Mitte wirken. Kurzum, er hatte, was der moderne Mensch nicht mehr besaß, Wurzeln im Leben.

In der großstädtisch geprägten Kultur der Weimarer Republik entwickelte sich die Entwurzelung mehr und mehr zum politischen Kampfbegriff. Man wird den »wurzellosen« Menschen nicht frei von antisemitischen Klischees lesen und verstehen können. Denn in vielem erinnerte er an die Figur des umherschweifenden, ewig wandernden Juden. Angesichts der herausgehobenen Stellung, die viele Juden in Wirtschaft und Kultur einnahmen, stellte die Soziologie Anfang des 20. Jahrhunderts verstärkt die Frage, ob nicht die besonderen Eigenschaften und erzwungenen Eigenarten Erfolg und Aufstieg der Juden in der Moderne erklärten. Werner Sombart veröffentlichte 1911 seine Untersuchung über »Die Juden und das Wirtschaftsleben«. Das darin entworfene Bild des Juden kulminiert im Typus des Nomaden. Der Jude sei fremd und heimatlos, er komme, so Sombart, »von fernher«, bringe andere Sitten und Gebräuche mit; um Fuß zu fassen, müsse er besser sein und eine höhere »wirtschaftliche Energie«[35] aufwenden als die etablierte Mehrheit. Sein Handeln und Verhalten orientiere sich nicht an Traditionen, sondern an »Zweckmäßigkeitserwägungen«[36]. Sombart nennt eine Reihe von Eigenschaften, die dem Juden in besonderer Weise zukommen würden: Geistigkeit, Intellektualität, Rastlosigkeit, am bedeutsamsten sei jedoch die hohe »Beweglichkeit und Anpassungsfähigkeit«.[37] Das aber seien eben jene »beiden Haupteigenschaften, über die auch der ›Nomade‹ verfügen muß, wenn er im Daseinskampfe obsiegen will, während der seßhafte Bauer mit diesen Tugenden nichts anzufangen wüßte«.[38] Sombart erkennt in dieser Wurzellosigkeit des Juden ein beförderndes und befruchtendes Ferment. Das Leben sei nicht wie das des seßhaften Nordmenschen auf Sicherheit angelegt. So liege die Stärke des Juden in »Wüste und Wanderung«,[39] das mache ihn freilich zum Fremden. Vor allem in seinem rationalistischen Weltverständnis käme die Fremdheit zum Ausdruck. Er gehe »an alle Dinge gleichsam von außen heran. Was er ist, ist er nicht, weil er es blutsmäßig sein muß, sondern weil er es verstandesmäßig einrichtet, so zu sein. Eine Anschauung ist nicht aus seinem innersten Wesen heraus *gewachsen*, sondern vom Kopfe aus *gemacht*. Sein Standpunkt ist nicht die ebene Erde, sondern ein künstlicher Bau in der Luft. Er ist nicht organisch-original, sondern mechanisch-rational. Die Wurzelung im Mutterboden der Empfindung, des Instinktes fehlt.«[40]

Der Jude stand für den Typus des modernen Menschen, gleichzeitig repräsentierte er aber auch die negativen Seiten der Zivilisation, er verkörperte die Gefahren und Krisensymptome. Sombart hat in den zwanziger Jahren seine Thesen noch einmal zugespitzt: »Es fehlt dem Juden der Sinn für das Gewachsene, Gewordene, Organische, für die historische Gesellschaft und ihren Träger, das konkret-individuelle Volk mit seiner einzigartigen Geschichte. Er kennt nur abstrakte Individuen und eine abstrakte Menschheit. Er sieht statt eines lebendigen Volkes nur dessen geistige Erzeugnisse und knüpft denn auch das, was er Patriotismus nennt, an diese an.«[41]

Wurzellose Kultur und jüdische Kultur wurden in den Weimarer Jahren immer mehr zu Synonymen. Ob Musik, Kunst oder »Neues Bauen«, die Moderne wurde in Deutschland erst jetzt international und löste sich aus den Verwurzelungen und tradierten Bindungen. Das Gros der Bildungsbürger geriet mit seinem Kulturverständnis ins Abseits und stand der neuen Kunst ziemlich fremd gegenüber. Man betrachtete sie als Symptom einer aus den Fugen geratenen Welt, unübersichtlich, aufreizend, einzig auf Zerstreuung angelegt. Im Fokus der Kritik stand bekanntlich Berlin. Thomas Mann sprach schon während des Ersten Weltkriegs verächtlich von »der preußisch-amerikanischen Weltstadt«,[42] die in seinen Augen nichts genuin Deutsches mehr hatte. In den zwanziger Jahren verschärfte er noch einmal seine Kritik, die Berliner Kultur sei bestimmt durch den »Jazz-Band-Charakter, deren Helden der Preisboxer und der Kinostar sind, und in der Verrohung und Verflachung ungeahnte Orgien feiern«.[43]

Nicht nur antipreußische Ressentiments wurden hier geschürt, sondern auch Modernisierungsängste. In den Augen der Kritiker hatten sich in der Metropole die Kulturen auf gefährliche Weise vermischt. Berlin galt als Moloch, in dem die hochgehaltene Melange von Kunst und Bürgerlichkeit längst anachronistisch geworden war und in dem die bildungsbürgerlichen Eliten ihre Stellung weitgehend eingebüßt hatten. In dieser Kritik an der wurzellosen Kultur waren sich Bürgertum und Nationalsozialisten auf bemerkenswerte Weise einig, nur betonten jene stärker die verhängnisvolle Rolle des Judentums. Alfred Rosenberg schrieb Ende der zwanziger Jahre in seinem Opus vom »Mythus des 20. Jahrhunderts« über den »Leichengeruch«, der von den großen Städten ausgehe, hier würden sich die Juden »mit dem Abhub aller Völker«[44] mischen. Die Berliner Kultur diffamierte er als Sündenbabel der Moderne: »Bastarde sind die ›Helden‹ der Zeit, die Huren- und Nackttanzrevue unter Niggerregie«[45] gelten als Kunstform. Er zeichnete das Bild einer dem Untergang geweihten Stadt, in der ausschließlich Geld und Triebe regierten.

In den zwanziger Jahren kam der Primitivismus und vor allem die Afrika-Mode mit »Negermusik« und »Negertänzen« in der populären Kultur an. Schon die Dadaisten hatten dieses Spektakel vorbereitet: Richard Huelsenbeck trat während des Ersten Weltkriegs mit einer großen Trommel auf und rezitierte in wilder Ekstase seine »Negergedichte«. Für Yvan Goll war der in Mode gekommene Urmensch das Menetekel einer erschöpften Kultur. In seinem 1926 veröffentlichten Text »Die Neger erobern Europa« zeigt er sich, wie viele andere, insbesondere von den skandalisierten Auftritten Josephine Bakers schockiert und doch zugleich stark beeindruckt: »Ihre Revue ist eine einzige Herausforderung an das moralische Europa. Acht wunderschöne Mädchen, deren Körperform die stilisierteste Reinheit vorzaubert, an Rehe und Griechenknaben gemahnt. Und ihnen voran, der Star: *Josephine Baker*. Sie haben alle ihr kreppiertes Wollhaar nach einer neuen in New York kürzlich gemachten Erfindung ölglatt gestrichen. Und auf diese runden Köpfe stülpen sie Hüte aus allen Moden, aus 1830, 1900 oder von Lewis. Diese Mischung ist von einer glühenden Ironie. In einem brokatenen Kleid von Poiret wird der Bauchtanz aufgeführt. Vor einer Kirche, die von Chagall gemalt sein könnte, tanzen sie in bürgerlichen Röcken, wie Weiber, die auf den Markt gehen, um einen weißbebrillten Pastor, der das Banjo bläst (die amerikanischen Neger sind fromme und gläubige Christen, man höre sich nur ihre modernen Lieder an!) einen Tanz, den man im Hof eines weiblichen Tollhauses erwarten könnte.«[46]

Von den Auftritten Josephine Bakers fühlte sich auch Theodor Lessing herausgefordert – der im August 1933 in Marienbad von nationalsozialistischen Attentätern ermordet wurde. Ihm erscheint Josephine Baker als wurzellos und degeneriert, sie erinnere ihn auf fatale Weise an »fremde Tier- und Pflanzenwelten«, insbesondere aber an seine »liebe Freundin, an Missi, eine Schimpansin im Zoologischen Garten.«[47] Lessing spricht nicht nur wie Goll von Erschöpfung, sondern von der Pathologie der gesamten Kultur und prophezeit den Untergang der »weißhäutigen Zivilisationsmenschheit«.[48]

Was die entartete Kultur anging, so war man sich, über alle politischen Lager hinweg, bemerkenswert einig. Unter breiter Zustimmung gelang es mittels diffamierender Gesellschatfskritik und Elendspropaganda, die Erschöpfung der deutschen Kultur und des deutschen Volkes zum Politikum zu machen. Wer erschöpft ist, braucht Hilfe, einen Arzt oder einen Therapeuten. Die Nazis konnten sich als Fitnesstrainer gerieren, die durch

Abb. 24: Josephine Baker, 1928

»Kraft und Freude« ein geistig und körperlich geschwächtes Volk zu einer neuen, großen Gesundheit führen wollten. Nichts hat die Massen so bewegt und begeistert wie das Versprechen auf Gesundung und Stärkung. Das »Heil«, das die Nazis zum deutschen Gruß erhoben, hat darin eine tiefere Bedeutung: Es war Weckruf und Heilsversprechen zugleich.

Der neue Nomade

Die Futuristen entwarfen um 1910 das verheißungsvolle Bild eines Menschen, der nicht mehr mit der Erde in Verbindung stand, sondern mit der Technik. »Menschliches Fleisch« sollte nicht länger »vom Metall der Motoren« getrennt sein, sondern in einem neuen Typus, dem »MECHANISCHEN MENSCHEN MIT ERSATZTEILEN« verschmelzen.[1] Es war das Versprechen einer Neuschöpfung, die das moderne Subjekt von seinen Lasten befreien sollte: Tradition und Bindung, Ich und Seele, Müdigkeit und Ermattung, nicht zuletzt Angst und Todesgedanken.[2] Die Futuristen erträumten einen Menschen, der nicht mehr an einen Ort gebunden war und überall zu Hause sein konnte, einen Menschen, der sich flexibel auf eine ständig wandelnde Welt einstellte, einen Menschen, der keine festen Beziehungen und keine angestammte Umwelt benötigte.

Richard Sennett hat vor einigen Jahren diesen Menschen, unter negativen Vorzeichen, als Idealtypus eines neuen Kapitalismus beschrieben, der die Subjekte zu Anhängseln seiner dynamischen Entwicklung degradiert.[3] Der »flexible Mensch« ist dazu verurteilt, immer kurzatmiger hinter den Entwicklungen herzulaufen, immer mobiler zu werden, und er verliert dabei mehr und mehr an Substanz und Energie. Er ist das gänzlich entwurzelte, haltlose Ich, das alle konkreten, handwerklichen Fähigkeiten und Kompetenzen eingebüßt hat. Bevor der von Sennett beschriebene Typus hier näher erläutert wird, soll mit Oswald Spengler ein Zeitdiagnostiker zu Wort kommen, der wie kein anderer das bindungslose Ich der Moderne beschrieben hat.

Spengler spricht vom »neuen Nomaden«, den er als Figur einer untergehenden abendländischen Kultur entwirft und in den neuen Metropolen aufspürt. Der moderne Stadtbewohner sei »der reine, traditionslose, in formlos fluktuierender Masse auftretende Tatsachenmensch, irreligiös, intelligent, unfruchtbar, mit einer tiefen Abneigung gegen das Bauerntum«.[4] Der ursprüngliche Nomade, der am Beginn der Menschheitsgeschichte steht, sei »ein *schweifendes* Tier«, das sich »ruhelos durch das Leben tastet, ganz Mikrokosmos, ortsfrei und heimatlos, mit scharfen und ängstlichen Sinnen, immer darauf bedacht, der feindlichen Natur etwas abzujagen«.[5] Für den »neuen Nomaden« hat sich die Art der Anspannung geändert, aber auch er ist heimatlos, ruhelos, auch er muss auf der Hut sein, die Umwelt und Mitmenschen ständig taxieren, doch seine Aufmerksamkeit ist durch den Geist gelenkt. Gleichwohl ist er wie sein Vorgänger ein hoch angepasstes Wesen, er bewegt sich mit einem gesunden »kühlen Tatsachensinn« in der Welt, er schätzt das Geld als »anorganische, abstrakte Größe«,[6] er ist ein Pragmatiker, der nicht mehr »nach dem Wann und Warum« fragt, sondern nur »nach dem Wo und Wie«[7].

Zum Schicksal unterhält er keine Beziehung mehr, er lebt nicht in stabilen Bindungen und intimen Lebenswelten, notwendig ist ihm allein das städtische Milieu, aber nicht im Sinne eines bestimmten Ortes. Dieser intellektuelle Nomade verspürt, so Spengler, allenfalls Heimweh nach der nächsten großen Stadt, doch die ist im Grunde austauschbar: »Man kann gehen, wohin man will, man trifft Berlin, London und New York überall wieder.«[8] Einen ähnlichen Erfahrungsverlust hat Paul Virilio beschrieben. Die Orte verschwinden, alles ist nah und schließt sich zusammen: »Etwa so wie man gestern die bürgerliche Wohnung in Zimmer teilte (Speisezimmer, Salon, Rauchzimmer etc.), werden heute die riesigen Gebiete unbedenklich instrumentalisiert: man übernachtet in Honolulu, während man auf das Flugzeug nach London wartet, man macht seine Einkäufe in New York, bevor man nach Frisco startet ...«[9] Dem städtischen Raum ist jede Realität abhandengekommen, die neue Stadt ist die »Transitstadt«[10].

So weit wollte Spengler nicht gehen, seine Weltstädte sind noch wirkliche Orte, doch es gibt auch in ihnen keine Öffentlichkeit mehr, keinen bürgerlichen Lebensstil, denn der Nomade besitzt kein Haus mehr, das »seine Wurzeln tief in den ›eigenen‹ Boden«[11] senken könnte. Er kennt nur noch »bloße Behausungen, welche nicht das Blut, sondern der Zweck, nicht das Gefühl, sondern der wirtschaftliche Unternehmungsgeist geschaffen hat«.[12] Die Metropolen sind für ihn die letzte Zufluchtsstätte, auf dem Land würde er untergehen, er kann nur auf »künstlichem Boden«[13] existieren. Alles, was ursprünglich zum Sein gehörte, hat keine Bedeutung mehr. Als Einzelner fürchtet er sich vielleicht vor dem Tod, aber der Gedanke ans Aussterben, der den sesshaften, den »echten Bauern« noch heimsuchte, lässt den Nomaden völlig kalt, er will nicht »als Typus, als Menge«[14] überleben. So empfindet er »das Los, der Letzte zu sein«,[15] auch nicht mehr als Verhängnis.

Als Spengler im Ersten Weltkrieg den Untergang des Abendlandes verkündete, zeichnete sich der Typus des Nomaden erst in Konturen ab. Heute ist er längst die beherrschende Figur einer globalen Aktivgesellschaft. Die Manager, die Wissenschaftler und Techniker bewegen sich nomadisierend um die Welt, sie sind, wie Spengler es ausgedrückt hat, »Schlafgäste« geworden und führen »ein irrendes Dasein von Obdach zu Obdach [...], wie die Jäger und Hirten der Vorzeit«.[16] Regressive Elemente sind dem neuen Urmenschen eingeschrieben,[17] er lebt in ständiger Spannung zu seiner Umwelt. Die Welt des Nomaden ist für Spengler Vorbild und Folie, um den Typus moderner Subjektivität zu beschreiben, die er sich nur als ein fortwährendes Gespanntsein[18] vorstellen kann. Entspannung ist für ihn Zerstreuung – Kontemplation gibt es nicht. Müdigkeit ist das Relikt einer untergehenden Kultur, in der Zivilisation zählt nur Wachsein.

Das »Dasein«, so Spengler, wird »immer wurzelloser«, gleichzeitig wird »das Wachsein immer angespannter«.[19] Wachsein und Anspannung, das sind die zivilisatorischen Eigenschaften, die das Leben des neuen Nomaden prägen. Dieses Wachsein wird von keiner Macht mehr gehemmt oder gebunden, es ist »rein geistig und rein extensiv«.[20] In den Steinwüsten der großen Städte lebt der Nomade im Zustand dauernden Gereiztseins, einer latenten Aufmerksamkeit, die auf Erregung und Impuls eingestellt ist. Spengler beschreibt ein Lebensgefühl, das uns allzu bekannt ist: Wachsein, so meint er, hat weder Takt noch Richtung, es fordert vom Menschen, ständig im Bilde sein zu müssen, immer »eingestellt auf einen Sinn«.[21] Es sind nicht nur die sozialen Milieus, die sich verändern; gefordert ist eine grundsätzlich andere Lebenshaltung. Der moderne Nomade lebt in einer Welt, die ihm permanente Aufmerksamkeit auferlegt, denn sein Grundbedürfnis ist – erinnert sei an den ursprünglichen Nomaden – die Kontrolle seiner Umwelt. Kontrollverlust bedeutet Gefahr, Angst und Bedrohung.

Der neue Nomade – und damit kehren wir zu Richard Sennett zurück – ist heute zum »flexiblen Menschen« mutiert. Dieser verliert immer mehr an Substanz und Widerstandskraft, mit Haut und Haaren ist er an den neuen Kapitalismus angepasst, und so lebt er in einem Zustand, den der Soziologe als »Drift« bezeichnet, einen »Zustand des Dahintreibens«.[22]

Der neue Kapitalismus, so meint Sennett, braucht und schafft den flexiblen Menschen, der keine festen Charaktereigenschaften hat, der über keine langfristigen Ordnungen oder über starke soziale Bindungen verfügt, ein Mensch, der den Wert »schwacher Beziehungen«[23] und flüchtige Formen von Gemeinsamkeit schätzt, ein »nachgiebiges Ich«, das bereit ist, sich ständig zu wandeln und sich immer neuen Erfahrungen zu öffnen.[24] Während

Spengler die Zivilisation als Spannung definiert und den Nomaden in steter Bereitschaft und Erregung sieht, ist bei Sennett der flexible Mensch weitgehend Opfer eines dynamischen Kapitalismus – und einer radikalen Entwurzelung. Die Stadt – sein bevorzugter Lebensraum – ist uniformiert und entwirklicht.[25] Spenglers Nomade kennt zwar, wie erwähnt, kein Zuhause mehr, doch die Stadt als Ganzes hat für ihn noch »die Bedeutung einer menschlichen Wohnung«.[26] Für den flexiblen Menschen hat sich alle Lebenskohärenz aufgelöst, er besteht nur noch aus Fragmenten und folgt blindlings einer dynamischen Gesellschaft, die Akteure einfordert, die ihre eigenen Erfahrungen negieren und ihr gespieltes Ich ironisieren können.[27] Die Arbeit bildet in diesem Szenario für Sennett so etwas wie den letzten Fixpunkt, um den das Leben (Familie, Wohnung und Lebensort) gruppiert werden muss.[28]

Die neueren Veröffentlichungen Sennetts (»Handwerk«, 2008; »Zusammenarbeit: Was unsere Gesellschaft zusammenhält«, 2012) sind von der Erkenntnis getragen, dass ein solch flexibles und weitgehend passives Wesen auf Dauer nicht zu existieren vermag.[29] Sennett führt uns nun zurück zu den Wurzeln und lenkt den Blick auf Ressourcen, die in der modernen Gesellschaft verschüttet, aber nichtsdestotrotz noch vorhanden sind: die Fähigkeit zu sozialer Kooperation, zur Zusammenarbeit und der handwerkliche Geist. Beides sind Potentiale, die den Menschen von innen her entfalten können, sie existieren aber auch in der Welt der Dinge. Es gibt ein tief verwurzeltes Bestreben, eine Sache um ihrer selbst willen gut zu machen. Diese Tugend beschreibt Sennett mit dem Begriff »Handwerk«, der sich nicht auf die Tätigkeit im engeren Sinn bezieht, sondern auf eine geschickte Form des Umgangs mit den Dingen. Etwas gut zu machen, das liegt in uns[30] – Sennett sagt, es sei »in unseren Genen angelegt«[31]. Die Moderne negiert diese Anlage, dequalifiziert und schwächt den Menschen. Die handwerkliche Einstellung kann den Einzelnen zu sich selbst zurückführen und ihn in ein neues

Verhältnis zur Welt setzen. Sennett reformuliert seinen flexiblen Menschen mit dem, was er als »Homo-Faber-Projekt« bezeichnet. Es geht darin »um die ethische Frage, in welchem Maße wir Herren unserer selbst werden können«.[32] Die Arbeit, soziale Kompetenzen und Fähigkeiten sind uns entzogen, wir müssen sie wieder erobern und dabei den Dingen und uns selbst nahekommen.

An beiden Konzepten, am neuen Nomaden und am flexiblen Menschen bzw. am Homo Faber, wird ein Aspekt deutlich, der in der heutigen Diskussion um das erschöpfte Selbst eine bedeutsame Rolle spielt: das bereits erwähnte Bedürfnis nach Kontrolle. Spenglers Nomade macht uns darauf aufmerksam, dass wir dieses urzeitliche Bedürfnis in uns tragen, in der modernen, digitalen Welt haben wir aber mit einem stetig wachsenden Kontrollverlust zu kämpfen. Der moderne Mensch ist mit der beunruhigenden Tatsache konfrontiert, dass das Denken und sogar die Emotionalität nicht nur in unseren Köpfen und Sinnen stattfindet, sondern auch außerhalb von uns, in elektronischen Maschinen, in einer Umwelt, die sich jeder Kontrolle entzieht. Das Empfinden, nicht mehr über unser Leben und unsere Zeit verfügen zu können, erzeugt Verunsicherung und Ohnmachtsgefühle. Aber ist die nomadische Angst, die uns befällt, überhaupt noch als ein Verhältnis von Ich und Umwelt zu beschreiben?

Innen ist immer schon außen!

Was ist es denn mit den Gehirnen?
Gottfried Benn, *Gehirne*

In seinem vielzitierten Buch über die Folgen der digitalen Revolution geht Nicholas Carr der Frage nach, wie das Internet unser Denken verändert. Er richtet sein Augenmerk dabei, wohlgemerkt, nicht auf den Einfluss elektronischer Medien und die Anpassungsleistung, die sie von uns fordern, ihm geht es darum, wie unser Denkapparat durch die Nutzung des Internets sukzessive umgebaut wird. Die digitale Welt mit ihrer Reiz- und Informationsüberflutung, ihrer Beschleunigung und kognitiven Belastung stellt nicht einfach eine Überforderung dar, sie versucht vielmehr den Menschen in Besitz zu nehmen. Der Angriff richtet sich in erster Linie auf die Steuerungszentrale des Menschen, das Gehirn: »Während der letzten paar Jahre beschlich mich immer wieder das unangenehme Gefühl, dass irgendjemand oder irgendetwas an meinem Gehirn herumgepfuscht, die neuronalen Schaltkreise neu vernetzt und mein Gedächtnis umprogrammiert hatte. Mein Gedächtnis schwindet nicht – zumindest, soweit ich das beurteilen kann. Aber es verändert sich. Ich denke nicht auf dieselbe Weise wie früher.«[1]

Frank Schirrmacher teilt dieses Unbehagen. Auch er spricht davon, dass sich durch die »Informationsexplosion« nicht nur »unser Gedächtnis, unsere Aufmerksamkeit und unsere geistigen Fähigkeiten verändert« haben, sondern auch »unser Gehirn physisch verändert wird«.[2] Gleichwohl stehen bei Schirrmacher weniger die Ergebnisse der Gehirnforschung im Vordergrund als die Symptome einer geistigen Überforderung: »Mein Kopf kommt nicht mehr mit. [...] ich bin unkonzentriert, vergesslich und mein Hirn gibt jeder Ablenkung nach.«[3]

Über diese Symptome klagt auch Carr, doch hält er sich dabei nicht lange auf und widmet sich den neuronalen Netzen. Seine Argumentation, die er mit Aussagen einiger Neurowissenschaftler belegt, beruht auf der Voraussetzung, dass unser Gehirn nicht, wie man es früher angenommen hat, starr, sondern veränderbar ist und durch geistige Aktivität beeinflusst werden kann. Das Gehirn ist wandlungs- und anpassungsfähig, es kann sich sogar in bestimmten Grenzen selbst reorganisieren. Neue Erfahrungen und neue Formen der geistigen Arbeit schreiben sich in ihm ein. So sei es auch mit dem Nutzungsverhalten im Internet, es hinterlasse Eindrücke im Gehirn, die nicht leicht zu korrigieren sind. »Unsere Nervenbahnen schnalzen nicht wie ein Gummiband in ihren vorherigen Zustand zurück.«[4]

Die neuronale Anpassung ist daher ein zweischneidiges Schwert, sie kann brachliegende Potentiale aktivieren und zu einer Höherentwicklung führen, aber auch zum »geistigen Verfall«[5]. Was das Internet betrifft, so stellt sich für Carr die Sache ambivalent dar. Es werden zwar »zahlreiche Hirnfunktionen in Anspruch«[6] genommen und in Bewegung gesetzt, was durchaus positiv zu bewerten ist, aber diese Hirnaktivität führt nur zu einer oberflächlichen Wahrnehmung: Man liest nicht mehr ganze Seiten, sondern nur noch kurze Textpassagen, das heißt, man tastet sie visuell ab, klickt die Links zu anderen Seiten an, reagiert auf Reize und Impulse. Auch die Art unseres Denkens hat sich verändert, es geht nicht mehr in die Tiefe, es fehlt die Konzentration, die Reflexion und die Nachdenklichkeit.

Ähnlich argumentiert Schirrmacher in »Payback«. In das Denken wird nicht nur eingegriffen, es »wandert buchstäblich nach außen; es verlässt unser Inneres und spielt sich auf digitalen Plattformen ab«.[7] Wir verlieren zusehends die Kontrolle, weil es keine klare Unterscheidung mehr zwischen Innen und Außen gibt: »Die innere Stimme wird eine äußere«[8] – die Grenzen verwischen: »Bald wird nicht mehr auseinanderzuhalten sein: Wo hört der Computer auf – und wo fängt das Hirn an.«[9] Mensch und Maschine, so Schirrmacher, drohen in der digitalen Welt immer ununterscheidbarer zu werden; man weiß nicht mehr, wo das eine anfängt und das andere beginnt. Das Innere des Menschen wird kolonialisiert – durch die Technik oder, wie es in seinem Buch »Ego« heißt, durch eine »neue Ökonomie«, die »Gedankenmodelle« entwickelt hat, die den inneren Menschen genauso behandelt »wie Aktien oder Waren«[10]. Die neue Qualität besteht darin, dass es nicht um eine Verhaltensanpassung geht, wie sie Riesman in den fünfziger Jahren mit seinem außengeleiteten Charakter beschrieben hat, sondern um eine radikale Enteignung des Inneren. Das Subjekt wird zum Spielball in einer Gesellschaft, die den Einzelnen als Individuum und Persönlichkeit nicht mehr braucht. Das Innere wird in dem Äußeren übereignet, und zurück bleiben »Scheinidentitäten«[11] – ein seiner Souveränität beraubtes Ich.

Die Auflösung des Subjekts hat die Moderne bereits in ihren frühen Anfängen beunruhigt und in Schrecken versetzt. Erinnert sei nur an die Romantiker, die dieses Unbehagen in Literatur verwandelt haben. In Tiecks »Blondem Eckbert« weiß der Held am Schluss nicht mehr zwischen Ich und Welt zu unterscheiden, sein Inneres ist außen und das Außen ist innen – und er selbst »keines Gedankens, keiner Erinnerung mächtig«.[12] Wirklichkeit und Wahn vermischen sich in E.T.A. Hoffmanns Erzählung »Der Sandmann«. Für den Helden, Nathanael, tritt das Innen nach außen, das Verborgene und Heimliche gewinnt in der Wirklichkeit Gestalt. Darin besteht, wie Freud uns in seiner Deutung der Geschichte belehrt, der Effekt des Unheimlichen, die Gegensätze fallen in sich zusammen.

Knapp hundert Jahre später hat Rilke das beunruhigende Sujet in den »Aufzeichnungen des Malte Laurids Brigge« wieder aufgegriffen. Er nimmt dabei zunächst die umgekehrte Perspektive ein, er beschreibt die Einwanderung der Außenwelt in das Innere. Der zentrale Passus ist bekannt: »Ich lerne sehen. Ich weiß nicht, woran es liegt, es geht alles tiefer in mich ein und bleibt nicht an der Stelle stehen, wo es sonst immer zu Ende war. Ich habe ein Inneres, von dem ich nicht wußte. Alles geht jetzt dorthin. Ich weiß nicht, was dort geschieht.«[13] Der Roman schildert ein strukturelles Problem der Moderne: Das Außen kann in das Innere eindringen, weil die Reize auf immer weniger Widerstand stoßen, es gelingt nicht mehr, die Wirklichkeit auf Distanz zu halten. Das Subjekt ist in Rilkes Roman nur noch eine durchlässige Membran – schutz- und wehrlos den Bildern von Elend, Krankheit und Tod ausgesetzt. Die Eindrücke greifen den empfindsamen Protagonisten an. Anfangs fühlt er sich abgestoßen und angeekelt. Schließlich aber wird ihm gewiss, dass das Außen sich gar nicht vom Innen unterscheidet, wie er anfangs noch annahm: »Ich erkenne das alles hier, und darum geht es so ohne weiteres in mich ein: es ist zu Hause in mir.«[14] In Rilkes Roman ist nachzulesen, wie diese Durchlässigkeit den Protagonisten schließlich immer offener und schutzloser macht. Aus seinem Inneren dringt nach außen, was lange Zeit verschlossen war – Kindheitserinnerungen und Daseinsängste, die ihn ins Taumeln bringen: »Ich war erschöpft nach alledem, man kann wohl sagen angegriffen.«[15] Um sich zu retten, schottet sich der Held mehr und mehr ab. Doch vergeblich. Das Ich erlebt sich als fremd, steht seinem Inneren wie etwas Äußerem gegenüber: »Hätte man doch wenigstens seine Erinnerungen. Aber wer hat sie?«[16]

Rilke hat das Schicksal seines Helden im Dunkeln gelassen – der Roman blieb Fragment. Einige Jahre später beschrieb Gottfried Benn in dem Novellenzyklus »Gehirne« (1915/16) eine Figur, die durch die Unmöglichkeit, Innen und Außen noch in Einklang zu bringen, in den Zustand einer totalen Erschöpfung getrieben wird. Der junge Arzt Rönne, der die Vertretung eines Kollegen übernehmen soll, fühlt sich nach einiger Zeit außerstande, seinen Dienst zu absolvieren, schon die geringste Anstrengung überfordert ihn und versetzt ihn in Panik: »namentlich [...], wenn er sich gesprächsweise zu dem Verwalter oder der Oberin über irgendeinen Gegenstand äußern sollte, wenn er fühlte, jetzt sei es daran, eine Äußerung seinerseits dem in Frage stehenden Gegenstand zukommen zu lassen, brach er förmlich zusammen.«[17] Zuletzt liegt Rönne reglos im Zimmer. Im »Lebensweg eines Intellektualisten« hat Benn diese Erschöpfung als Lähmung und Paralyse bestimmt: Rönne sei ein Mann, der »keine Wirklichkeit ertragen konnte, aber auch keine mehr erfassen«.[18]

Was ihn quält und handlungsunfähig macht, ist in der Literatur vielfach beschrieben und hervorgehoben worden: Es gibt keine klare Grenze zwischen Innen und Außen mehr. »Er sei«, so heißt es, »keinem Ding mehr gegenüber; er habe keine Macht mehr über den Raum.«[19] Benn selbst schreibt, es fehle Rönne nicht nur an Kraft und Energie, es fehle ihm vor allem »eine kontinuierliche Psychologie«.[20] Es gibt nur wechselhafte Zustände ohne wirkliche Kohärenz. Rönne hat, wie Nicholas Carr, das »unangenehme Gefühl«, dass da etwas in seinem Inneren passiert, dass er »neu vernetzt« und »umprogrammiert« wird, denn was sich vorher zu einem Kontiniuum formte, ist jetzt zerbrochen. Die Wirklichkeit greift ihn an, bis er erschöpft zusammensinkt. Fragmentierung, der schnelle Fluss des Erlebens, die mangelnde Kohärenz – dafür findet Rönne im Gedächtnis keine Entsprechung mehr und daraus resultiert seine Verunsicherung im Erleben.

Im 19. Jahrhundert hatte man die Großhirnrinde zum zentralen Steuerungsorgan des psychischen Geschehens erklärt, davon war zu Benns Zeiten nicht mehr die Rede. »Was ist denn mit den Gehirnen?«[21], heißt es in der ersten Novelle. Wie man weiß, ließ sich der Dichter von der neurowissenschaftlichen Forschung inspirieren, um seiner künstlerischen Arbeit ein neues Fundament zu geben. Nicht mehr im Ich, sondern im Gehirn sah er das wirklichkeitserzeugende und -konstruierende Organ. Doch dieses Gehirn war offenbar alles andere als ein intimer und geschützter

Denkapparat. Rönnes Reflexionen machen das deutlich: »Diese fremden Gebilde, seine Hände hätten sie gehalten. [...] sie lebten in Gesetzen, die nicht von uns seien und ihr Schicksal sei uns so fremd wie das eines Flusses, auf dem wir fahren.«[22] Mit anderen Worten: Das Gehirn ist eine fremde Macht, es unterliegt »Gesetzen, die nicht von uns« sind. Benn weist darauf hin, dass wir das Mechanische in uns tragen. Wenn also die Maschinen zu Bewusstsein kommen, wie es der Kybernetiker Gotthard Günther in den fünfziger Jahren formulierte, dann auch deshalb, weil das Innen in die Objektwelt transformierbar ist und die Subjektivität, an die wir glauben, so einzigartig nicht ist. Im »intelligenten Robot«, so Günther, trete »dem Menschen seine eigene vergangene Geistigkeit«[23] entgegen, eine »Geistigkeit«, die ihm nun als etwas Fremdes erscheint.

Anfang der neunziger Jahre hat Paul Virilio darauf insistiert, dass die klassische Unterscheidung zwischen Innen und Außen angesichts der Kolonialisierung des Körpers mit technischen Prothesen obsolet ist. Die »Eroberung des Körpers« hat die Beziehung des Menschen zu seiner Umwelt radikal verändert: »*Außen ist immer schon innen*, erklärte einst der Architekt Le Corbusier. Mit den Spezialisten der Neurowissenschaften muß es jetzt heißen: *Innen ist immer schon außen!*«[24]

Der Umstand, dass Innen und Außen immer mehr verschwimmen, führt in der digitalen Welt freilich zu einer fatalen Konsequenz: Der Mensch verliert seine Hintergründe. Wie Spenglers Nomade muss er wach sein: er liegt auf der Lauer, stets erreichbar und in Bereitschaft. Wo aber das Innen allenfalls in der Ästhetisierung von Lebensstilen überlebt, wird Erschöpfung zum Dauerzustand.

Weltlosigkeit

Nachwort

Wo bin ich, wenn ich überall bin?
Paul Virilio, *Rasender Stillstand*

Hannah Arendt hat in ihrem Buch über die »Vita activa« (1958) eine Gesellschaft beschrieben, die den Menschen zum Animal laborans degradiert. Die Neuzeit beginnt für sie mit einer »unerhört vielversprechenden Aktivierung aller menschlichen Vermögen und Tätigkeiten« und sie mündet schließlich in »der tödlichsten, sterilsten Passivität«.[1] So wie Erschöpfung nicht Ruhe, sondern lähmende Unruhe ist, so verbirgt sich hinter der von Arendt befürchteten Passivität kein kontemplatives Dasein, sondern eine Wirklichkeit, in der geradezu exzessiv gearbeitet wird. Die Arbeitsgesellschaft verwandelt sich in ihrem »letzten Stadium«, so meint sie, »in eine Gesellschaft von Jobholders«,[2] die abstraktes Tätigsein fordert – reibungsloses Funktionieren, das nicht mehr dem natürlichen Kreislauf von Anspannung, Müdigkeit und Regeneration folgt, sondern zwischen Ermattung und Langeweile pendelt.

Der emanzipatorische Gehalt, den das aktive Leben einmal versprach, erweist sich in der fortgeschrittenen Moderne als Schimäre, denn in der Gesellschaft des Animal laborans triumphiert mit der Arbeit ein menschliches Vermögen, das nur der Erhaltung dient und im Kern bloße Wiederholung ist, die ermüdet, weil sie weder Anfang noch Ende kennt. Das Vermögen des Herstellens und Handelns ist nur noch auf wenige beschränkt, und diese wenigen (Arendt denkt an Staatsmänner, Wissenschaftler,

Manager und Künstler), die dem »Erfahrungshorizont der Welt«[3] noch nahestehen, entziehen sich immer mehr der »durchschnittlichen menschlichen Existenz«.[4] Sie, die einst als die »unpraktischsten Mitglieder der Gesellschaft«[5] angesehen wurden, setzen nun die Maßstäbe, und sie besitzen das Privileg, sich der drohenden Sterilität zu entziehen. Allen anderen aber wird der Boden entzogen, sie müssen ihre Individualität aufgeben und sehen sich einer enthemmten Mobilisierung gegenüber, die sie radikal entwurzelt. Man braucht sie lediglich als Träger, als geistig-physische Entität. Ihre Individualität ist dysfunktional, ein Störfaktor. Wo der Körper sich als Widerstand erweist, wo er sich nicht verkoppeln oder verschmelzen lässt, verschwindet er zunehmend aus den Arbeitsprozessen. Das zeigt sich heute wie schon zu Arendts Zeiten. Dass diese Tendenz, die von der Funktionalisierung zur Eliminierung führt, vor geistigen Prozessen und Fähigkeiten nicht haltmacht – auch das war in den fünfziger Jahren absehbar. Der Mensch, sagt Arendt, ist kein Animal rationale, seine Intelligenz ist nicht einzigartig, sie unterscheidet ihn nicht von anderen Tieren.[6] Der Verstand – von Hobbes einst als größte menschliche Fähigkeit gefeiert – entschleiert sich als ein Potential, das im Mechanischen wurzelt und als künstliche Intelligenz implementierbar wird. So kommt Arendt zu dem Schluss: Arbeit ist »für das, was man tut oder zu tun glaubt, gleichsam zu hoch gegriffen«.[7]

Als die »Vita activa« erschien, war die Arbeitsgesellschaft noch intakt und weitgehend homogen, gegenwärtig haben wir es eher mit einer »Aktivgesellschaft«[8] zu tun. Aber haben sich die grundlegenden Mechanismen, die Arendt beschreibt, verändert? Ist die sterile Passivität nicht eben jenes Bedrohungsszenario, das wir heute mit dem Begriff der Erschöpfung bezeichnen?

Das entscheidende Argument für Arendt ist ja nicht die Arbeit, die den Menschen zum Tier degradiert, sondern die »Weltlosigkeit«,[9] die in all unseren Tätigkeiten zum Ausdruck kommt. Sie ist es, die uns auf uns selbst zurückwirft und uns in unserem Tun und Machen isoliert. Denn an die Stelle der Welt ist ein

Selbst getreten, das immer weniger mit einer Wirklichkeit im übergreifenden Sinn in Verbindung steht. Mit Verweis auf Max Webers Entdeckung der kapitalistischen Ursprünge meint Arendt, der entscheidende Punkt sei der Nachweis, dass Menschen offenbar eine »ungeheure Aktivität« entfalten können, ohne sich »am Diesseits zu orientieren« – »ohne Sorge für die Welt«, allein bestimmt durch das Interesse am »eigenen Selbst und der Sorge um das Seelenheil«.[10] Doch dieser weltlose Aktivismus der Moderne führt in die Irre. Am Ende kann sich das Animal laborans an nichts mehr halten, es hat die Gewissheit des Jenseits verloren, und es weiß weder ob sein Selbst noch ob die diesseitige Welt wirklich ist. Nicht die »ungeheure Aktivität« lässt den Menschen ermatten und treibt ihn in ein steriles Dasein, sondern der Verlust an Welt.

Arendts Buch hat an vielen Beispielen gezeigt, dass die Moderne einen Aktivismus freisetzt, den sie selbst nicht mehr zähmen und beherrschen kann, der also – um mit Arendt zu sprechen – weltlos geworden ist, das heißt, außerstande, aus sich selbst heraus Grenzen zu setzen und eine Welt zu begründen. So ging es schon früh um An- und Einpassung des vermeintlichen »Mängelwesens« (Arnold Gehlen) Mensch und schließlich um den Umbau der menschlichen Natur. Wie sagte schon Taylor: »In der Zukunft muss das System an erster Stelle stehen.« Es ist offensichtlich, dass dieses Denken gescheitert ist.

Anpassung und Umbau der menschlichen Natur haben seit dem späten 19. Jahrhundert die Erschöpfung auf den Plan gerufen. Sie ist kein neues Phänomen, sondern der stete Begleiter einer Moderne, die über sich selbst hinauswill und dabei kein Risiko und kein Opfer scheut. Deutlich wurde aber auch, dass Erschöpfung nicht eine irgendwie objektiv messbare Größe ist. Natürlich gibt es Ermattung und Müdigkeit, doch sie hängen – auch das haben viele Beispiele gezeigt – nicht so sehr mit der Erschlaffung der Muskeln und der Aufmerksamkeit zusammen. Schon Angelo Mosso musste feststellen, dass Erschöpfung nicht proportional zur vollbrachten Arbeit wächst – sie folgt anderen Gesetzen, Gesetzen, die offenbar nicht im Physischen und Biologischen liegen, sondern mit entkoppelten Lebensprozessen zu tun haben, die das Individuum als Enteignung erfährt. Nicht zu halten ist die weitverbreitete Ansicht, dass am Anfang der Moderne die Erschöpfung noch eine körperliche war und sie erst heute das Denken und das Ich ergreift. Die hier vorgestellten Fallstudien (Bismarck, Nietzsche, Cosima Wagner und Max Weber) zeigen ein anderes Bild, weder eine Schwäche des Körpers noch des Willens löst die Krise aus, sondern das tätige Ich, das sich in einem repetitiven Mechanismus eingespannt wähnt.

Der weltlose Mensch, der um 1900 zu einer Figur der Zeitgeschichte wird, leidet nicht – wie wir an Rilke, Thomas Mann und Kafka gesehen haben – an den gesellschaftlichen Verwerfungen, er leidet auch nicht an organischen oder psychosomatischen Krankheiten, seine Hypochondrien wurzeln in der Sinnlosigkeit. Dieses »falsche« Leiden hat ihn zur Suche nach Auswegen und Surrogaten geführt, die das Ich stabilisieren sollten. Die empfindsamen Geister der Moderne flüchteten bevorzugt ins Innere oder ins Werk und stilisierten sich als mönchische Asketen oder professionelle Hungerkünstler. Dass aber ihre Kunst nichts mit einem Mangel an Nahrung zu tun hatte, darauf hat nicht zuletzt Kafka hingewiesen.

Erschöpfung ist heute, wie allerorts zu lesen, eine »Volkskrankheit«. Doch die Therapieangebote richten sich auf das Selbst, auf das Innenleben, sie verfehlen damit schon im Ansatz ihr Ziel. Denn das Zeitalter der Erschöpfung ist im Kern nichts anderes als das Zeitalter einer zunehmenden Weltlosigkeit. Die aber ist kein Fall für Mediziner und Therapeuten.

Anhang

Anmerkungen

Die unheimliche Erschöpfung oder Das Seelenleben des modernen Menschen

Vorwort

1 Vgl. u. a.: Ehrenberg: Das erschöpfte Selbst. Depression und Gesellschaft in der Gegenwart (2004); Han: Müdigkeitsgesellschaft (2010); Klute: Wir Ausgebrannten. Vom neuen Trend, erschöpft zu sein (2012); Grünewald: Die erschöpfte Gesellschaft. Warum Deutschland neu träumen muss (2013).
2 Vgl. Derrida: Von einem neuerdings erhobenen apokalyptischen Ton in der Philosophie (1985).
3 Lohmann-Haislah: Fazit. In: Stressreport Deutschland 2012, S. 178.
4 Vgl. ebd.
5 Reich: Die Funktion des Orgasmus, S. 18.
6 Ebd., S. 20, 26.
7 Han: Müdigkeitsgesellschaft, S. 60.
8 Ebd., S. 61.
9 Ebd., S. 58.
10 Vgl. Silberer: Bericht über eine Methode, gewisse symbolische Halluzinations-Erscheinungen hervorzurufen und zu beobachten (1909).
11 Han: Müdigkeitsgesellschaft, S. 58.
12 Vgl. dazu und zur medizingeschichtlichen Entwicklung der Erschöpfung das empfehlenswerte Buch von Morschitzky: Somatoforme Störungen. Diagnostik, Konzepte und Therapie bei Körpersymptomen ohne Organbefund. Wien 2007.
13 Bekanntlich geht Freud im Zusammenhang mit dem »primären Krankheitsgewinn von einer Motivation aus, einer Befriedigung im Symptom. Dass die Erschöpfung eine solche Befriedigung ermöglicht, hat jüngst Stephan Grünewald behauptet: »Die erschöpfte Gesellschaft«. Deutschland ist vollkommen erschöpft – und auch noch stolz darauf, so der Psychologe in einem Interview. (Stefan Locke: Interview mit Stephan Grünewald: »Wir brauchen Träume als Korrektiv zum Alltag«, FAZ, 3. April 2013); vgl. dazu auch Klute, der von der Lust an der Erschöpfung spricht (Wir Ausgebrannten, München 2012, S. 11 ff.).

14 Vgl. Freud: Das Unheimliche, S. 154.
15 Dieser Begriff stammt von Sloterdijk: Du mußt dein Leben ändern, S. 331.
16 Simmel: Die Großstädte und das Geistesleben, S. 187.
17 Ebd.
18 Ebd., S. 188.
19 Ebd.
20 Ebd., S. 189.
21 Ebd.
22 Ebd., S. 193f.
23 Ebd., S. 195.
24 Ebd.
25 Ebd., S. 189.
26 Horkheimer und Adorno: Dialektik der Aufklärung, S. 49.
27 Adorno: Minima Moralia, S. 307f.
28 Vgl. ebd., S. 69.
29 Ebd., S. 176.
30 Vgl. hierzu Schirrmacher: Payback, S. 171.
31 Sascha Lobo: S.P.O.N. – Die Mensch-Maschine: Die Burnout-Partei. In: Kolumne, Spiegel Online, 12.02.2013.
32 Vgl. Strässle: Gelassenheit. Über eine andere Haltung zur Welt (2013).
33 Rosa: Das Beschleunigungsregime. Warum wir in einer veloziferischen Ära leben, Orf, 15.06.2010, www:\\oe1_ORF_at Gesellschaft.htm.
34 Nietzsche: Aus dem Nachlaß der Achtzigerjahre. In: ders.: Werke und Briefe, Bd. 3, S. 828.
35 Marinetti, zit. n. Virilio: Die Eroberung des Körpers, S. 141.
36 Freud: Das Unheimliche, S. 156.
37 Ebd., S. 143.
38 Ebd., S. 154.
39 Ebd.
40 Nietzsche: Nachgelassene Fragmente 1887–1889, S. 430.
41 Mann: ›Geist und Kunst‹, Notiz 91, S. 189.
42 Ebd., Notiz 103, S. 198.
43 Benn: Genie und Gesundheit, S. 352.
44 So schreibt etwa Schirrmacher, dass die Erschöpfung auch um 1900 ein großes Thema gewesen sei, »allerdings nicht die Ich-Erschöpfung, sondern die des Körpers«. (Payback, S. 171)
45 Adorno: Jargon der Eigentlichkeit, S. 417.

Am Limit

»Arbeiten muß ich lernen«

1 Rilke – Lou Andreas-Salomé: Briefwechsel, S. 90.
2 Ebd., S. 51.
3 Ebd., S. 115.
4 Ebd., S. 121.
5 Vgl. ebd., S. 114.
6 Vgl. ebd., S. 45.
7 Vgl. ebd., S. 83.
8 Vgl. Kopp: Rilke und Rodin, S. 81.
9 Rilke – August Rodin: Der Briefwechsel und andere Dokumente, S. 85.
10 Rilke – Lou Andreas-Salomé: Briefwechsel, S. 45f.
11 Ebd., S. 46.
12 Kopp: Rilke und Rodin, S. 181.
13 Schreber: Aerztliche Zimmer-Gymnastik, S. 5.
14 Ebd.
15 Ideler: Die allgemeine Diätetik für Gebildete, S. 209.
16 Ebd.
17 Ebd.
18 Vgl. Brown: System der Heilkunde, S. 12.
19 Lassalle: Das Arbeiter-Programm, S. 156.
20 Rilke: Briefe in zwei Bänden. 1. Bd. 1896 bis 1919, S. 269.
21 Wittgenstein: Geheimes Tagebuch, S. 13.
22 Ebd., S. 73.
23 Ebd., S. 24.
24 Vgl. Monk: Wittgenstein. Das Handwerk des Genies, S. 108ff., 213ff. und 254ff.
25 Rilke – Lou Andreas-Salomé: Briefwechsel, S. 166.
26 Ebd., S. 149.
27 Ebd., S. 207.
28 Ebd., S. 150.
29 Ebd., S. 191.
30 Rilke: Briefe an die Mutter, 1. Bd., Brief vom 5. Mai 1901, S. 249.
31 Ebd., S. 249f.
32 Ebd., S. 295, Brief vom 16. Dezember 1901.
33 Ebd., S. 257, Brief vom 28. Mai 1901.
34 Zit. n. Mendelssohn: Der Zauberer, 1. Teil: 1875–1918, S. 772.
35 Ebd., S. 773.
36 Kafka: Tagebücher 1912–1914, S. 34.
37 Ebd., S. 175.

38 Ebd., S. 32.

39 Ebd., S. 182.

40 Möbius: Neurologische Beiträge. II. Heft: Zur Lehre von der Nervosität. Leipzig 1894, S. 76.

41 Vgl. ebd., S. 84.

42 Ebd.

43 Ebd., S. 82.

44 Ebd., S. 86.

45 Vgl. dazu auch: Roelcke: Krankheit und Kulturkritik. Psychiatrische Gesellschaftsdeutungen im bürgerlichen Zeitalter (1790–1914). Frankfurt a. M., New York 2001.

46 Kraepelin: Psychiatrie, I. Bd., S. 297.

47 Kraepelin: Psychiatrie, II. Bd., S. 53.

48 Zur Degeneration und Entartung um 1900 vgl. Kraepelin: Psychiatrie, I. Bd., S. 297ff.; Möbius: Ueber Entartung (1900), S. 93–123; Bumke: Über nervöse Entartung (1911) und ders.: Kultur und Entartung (1922).

Eine rätselhafte Schwäche

1 Vgl. Heinrich: Die unfassbare Schwäche. In: Die Zeit (2010), Ausg. 12, 19.03.2010.

2 Sontag: Krankheit als Metapher, S. 10.

3 Ebd.

4 Vgl. zur Vorgeschichte des Erschöpfungssyndroms Roelcke: Krankheit und Kulturkritik. Psychiatrische Gesellschaftsdeutungen im bürgerlichen Zeitalter (1790–1914). Frankfurt a. M., New York 2001.

5 Vgl. dazu auch Morschitzky: Somatoforme Störungen, S. 23ff.

6 Griesinger: Die Pathologie und Therapie der psychischen Krankheiten, S. 143.

7 Vgl. Beard: American Nervousness, S. 11.

8 Vgl. Beard: Nervenschwäche, S. 92.

9 Ebd., S. 118.

10 Ebd.

11 Beard: American Nervousness, S. 11.

12 Ebd., S. 103f.

13 Ebd., S. 26.

14 Ebd.

15 Beard: Nervenschwäche, Vorrede zur ersten Aufl., S. XIII.

16 Ebd., S. 4.

17 Ebd.

18 Ebd.

19 Ebd.

20 Ebd.
21 Ebd., S. 90.
22 Ebd.
23 Ebd., S. 12.
24 Ebd., S. 16f.
25 Vgl. zu diesem Begriff: Foucault: Die Geburt der Klinik, S. 166.
26 Beard: Nervenschwäche, S. 76f.
27 Vgl. Rabinbach: Motor Mensch, S. 13 u. S. 78.
28 Beard: Nervenschwäche, S. 70.
29 Ebd., S. 55.
30 Ebd., S. 57.
31 Marx: Das Kapital, 1. Bd., S. 86.
32 Dazu: Asendorf: Batterien der Lebenskraft, S. 123ff.
33 Strindberg: Inferno. Legenden, S. 287.
34 Ebd., S. 16.
35 Griesinger: Die Pathologie und Therapie der psychischen Krankheiten, S. 55.
36 Strindberg: Inferno. Legenden, S. 399.

Das Menetekel der Ermüdung

1 Kubin: Die andere Seite, S. 18.
2 Ebd., S. 54.
3 Ebd., S. 158.
4 Ebd., S. 168.
5 Ebd.
6 Ebd.
7 Vgl. ebd., S. 170.
8 Ebd., S. 171.
9 Griesinger: Die Pathologie und Therapie, S. 99.
10 Ebd., S. 99f.
11 Jaspers: Allgemeine Psychopathologie, S. 388.
12 Silberer: Symbolik des Erwachens und Schwellensymbolik (1911), S. 622.
13 Vgl. zu den Selbstversuchen Silberers: Nitzschke: Herbert Silberer. Der Selbstmord eines Psychoanalytikers. In: ders.: Das Ich als Experiment, S. 27ff.
14 Silberer: Bericht über eine Methode (1909), S. 516.
15 Ebd., S. 517.
16 Ein schönes Beispiel, wie Ermüdung auf die bewussten Kräfte wirkt, liefert der Film »Insomnia« (Schlaflosigkeit): Al Pacino spielt einen Polizisten (Will Dormer), der zusammen mit seinem Partner (Hap Eckart) von Los Angeles nach Alaska fährt, um einen Mordfall aufzuklären. Gleich am Anfang erzählt ihm sein Partner, dass er sich mit den Vorgesetzten verständigt habe und in einer

polizeiinternen Ermittlung gegen sich selbst und Dormer aussagen werde. Als wenig später der Mörder in eine Falle gelockt wird, kommt es im Nebel zu einem Schusswechsel, in dem Dormer seinen Partner erschießt. Der Mörder hat die Tat beobachtet und kann entkommen, mit seinem Wissen erpresst er Dormer, der sich immer mehr in den Fall verstrickt. Die Mitternachtssonne und die permanente Helligkeit lassen ihn nicht zur Ruhe kommen, er ist müde und findet keinen Schlaf. Benommen und wie in Trance bewegt er sich. In traumartig-halluzinativen Bildern erzählt der Film, wie Dormer, durch tagelange Müdigkeit gezeichnet, seine Ermittlungen führt. Vor dem finalen Showdown offenbart er sich einer Kollegin und gesteht seine Schuld. Ob er seinen Partner absichtlich oder aus Versehen erschossen hat, bleibt ungeklärt. Dormer sagt, er wisse es selbst nicht.

17 Kraepelin: Psychiatrie, I. Bd., S. 30f. – Kraepelin, Möbius und andere beriefen sich auf die Untersuchungen des Turiner Physiologen Angelo Mosso, der die Ermüdung auf eine chemische Reaktion des Körpers zurückführte, einer Intoxikation, die der Körper selbst produziert. Mosso schreibt in seiner Studie über »Die Ermüdung«: »Der Mangel an Energie in den Bewegungen eines ermüdeten Menschen rührt, wie bei den Fröschen, daher, daß der Muskel beim Arbeiten schädliche Substanzen hervorbringt, die ihn allmählich verhindern, sich zusammenzuziehen.« (Mosso: Die Ermüdung, S. 106) Er verweist auf eines seiner Experimente: »Injizierte ich das Blut eines ermüdeten Hundes einem anderen nicht ermüdeten, so konnte ich beobachten, wie sich auch bei den letzteren Atemnot und Herzklopfen einstellten.« (Mosso: Der Mensch auf den Hochalpen, S. 13) Von Mossos These ließ sich auch der Physiologe Wolfgang Weichardt inspirieren, der Anfang des 20. Jahrhunderts an einem Impfstoff forschte, der die Ermüdung verhindern sollte. In der beschleunigten Moderne zählten vor allem Wachsein und Gegenwärtigsein, Ermüdung und Erschöpfung galten nicht mehr als »gesunde« Reaktionen des Körpers, sie wurden zunehmend unter pathologischen Kategorien wahrgenommen. Zu Weichardt vgl. auch: Rabinbach: Motor Mensch, S. 171f.

18 Vgl. ebd., S. 31.

19 Kraepelin: Psychiatrie, II. Bd., S. 46.

20 Ebd.

21 Kraepelin: Psychiatrie, I. Bd., S. 296.

22 Ebd.

23 Mosso: Die Ermüdung, S. 93.

24 Ebd.

25 Vgl. ebd., S. 83ff.; vgl. dazu auch Felsch: Laborlandschaften. Physiologische Alpenreisen im 19. Jahrhundert, S. 32f.

26 Mosso: Die Ermüdung, S. 95.

27 Ebd., S. 156.

28 Ebd., S. 168.

29 Ebd., S. 159.
30 Vgl. dazu Jaspers: Allgemeine Psychopathologie, S. 173ff.
31 Kraepelin zit. n. Jaspers: Allgemeine Psychopathologie, S. 175.
32 Kraepelin: Psychiatrie, I. Bd., S. 180.
33 Sloterdijk: Du mußt dein Leben ändern, S. 14.
34 Ähnlich argumentiert auch Sloterdijk, der sich mit seiner Definition des Übungsbegriffs nicht vom modernen Optimierungsdenken entfernt: »Als Übung definiere ich jede Operation, durch welche die Qualifikation des Handelnden zur nächsten Ausführung der gleichen Operation erhalten oder verbessert wird, sei sie als Übung deklariert oder nicht.« (Sloterdijk: Du mußt dein Leben ändern, S. 14)
35 Kraepelin: Psychiatrie, I. Bd., S. 181.
36 Möbius: Zur Lehre von der Nervosität, S. 72.
37 Kraepelin: Psychiatrie, I. Bd., S. 200.
38 Ebd.
39 Ebd., S. 182.
40 Vgl. Kraepelin: Psychiatrie, II. Bd., S. 367.
41 Kraepelin: Psychiatrie, I. Bd., S. 70.
42 Vgl. ebd. S. 200.
43 Ebd., S. 199.

Der reizsame Mensch

1 Nietzsche: Menschliches, Allzumenschliches. In: ders.: Werke und Briefe, Bd. 1, S. 620.
2 Ebd.
3 Krafft-Ebing: Ueber gesunde und kranke Nerven, 1885, S. 1.
4 Ebd., S. 4.
5 Ebd.
6 Ebd., S. 6.
7 Ebd., S. 7.
8 Ebd.
9 Ebd., S. 3.
10 Ebd., S. 8.
11 Erb: Ueber die wachsende Nervosität unserer Zeit, 1893.
12 Ebd., S. 18.
13 Vgl. Hellpach: Soziale Ursachen und Wirkungen der Nervosität. In: Politisch-anthropologische Revue – Monatsschrift für das soziale und geistige Leben der Völker (1902), Teil I, S. 43ff. u. Teil II, S. 126ff.
14 Erb: Ueber die wachsende Nervosität unserer Zeit, S. 26.
15 Ebd.

16 Ebd., S. 30.
17 Ebd.
18 Vgl. ebd., S. 31.
19 Ebd.
20 Ebd., S. 37.
21 Vgl. Ladendorf: Historisches Schlagwörterbuch, S. 217ff.
22 Vgl. ebd., S. 218.
23 Vgl. Schivelbusch: Geschichte der Eisenbahnreise, S. 51ff.
24 Benjamin: Charles Baudelaire. Ein Lyriker im Zeitalter des Hochkapitalismus, S. 630f.
25 Nordau: Entartung, 1, S. 72.
26 Vgl. ebd., S. 102ff.
27 Ebd., S. 104.
28 Ebd.
29 Ebd., S. 105.
30 Sombart: Der moderne Kapitalismus. Zweiter Band: Die Theorie der kapitalistischen Entwicklung, 1902, S. 86.
31 Ebd.
32 Ebd.
33 Ebd.
34 Ebd.
35 Ebd., S. 87.
36 Spengler: Der Untergang des Abendlandes, S. 1186.
37 Vgl. Pinner: Emil Rathenau und das elektrische Zeitalter. Leipzig 1918.
38 Vgl. Asendorf: Batterien der Lebenskraft, S. 115.
39 Ebd., S. 112.
40 Um 1800 hatte bereits die Romantik auf die energetischen Kräfte und Reizungen aufmerksam gemacht. Die Nerven galten als ein nur schwer beherrschbares und überaus anfälliges Medium der Erregung, das die strömende Energie bündelt und leitet. Man erkannte insbesondere den inneren Reiz als eigentliches Gefährdungspotential. In den Leidenschaften und im sinnlichen Begehren sah man faszinierende und zugleich angstbesetzte Kräfte, die das Ich bedrohten. Die romantische Novellistik beschreibt den Menschen als Getriebenen, als einen zur Ruhelosigkeit Verurteilten. Konnte man den äußeren Reizen noch ausweichen, so war man den inneren Reizen hemmungslos ausgeliefert, es gab kein Entrinnen.
41 Vgl. Sarasin: Reizbare Maschinen, S. 227ff.
42 Vgl. Freud: Entwurf einer Psychologie, S. 321ff.
43 An Wilhelm Fließ, 6. Dezember 1896. In: ders.: Briefe an Wilhelm Fließ, S. 217.
44 Vgl. Freud: Die Traumdeutung, S. 516.
45 Ebd.

46 Freud: Entwurf einer Psychologie, S. 305.
47 Freud: Traumdeutung, S. 513.
48 Freud: Entwurf einer Psychologie, S. 306.
49 Ebd., S. 316.
50 Freud: Die Traumdeutung, S. 514.
51 Ebd., S. 513f.
52 Ebd., S. 519.
53 An Martha Bernays, 10. Februar 1886, In: ders.: Briefe 1873–1939, S. 205.
54 An Martha Bernays, 16. Januar 1884, In: ders.: Briefe 1873–1939, S. 87.
55 Freud: Über die Berechtigung, von der Neurasthenie einen bestimmten Symptomkomplex als ›Angstneurose‹ abzutrennen (1895).
56 Freud: Die Sexualität in der Ätiologie der Neurosen, S. 92.
57 Ebd., S. 95.
58 Ebd., S. 96.
59 Freud: Die ›kulturelle‹ Sexualmoral und die moderne Nervosität, S. 124.
60 Ebd., S. 125.
61 Die Auffassung, dass die Neurasthenie keine Krankheit, sondern ein Anpassungsproblem an die beschleunigte Modernisierung ist, setzte sich Anfang des 20. Jahrhunderts allenthalben durch. Der Arzt und Autor Carl Ludwig Schleich schreibt: »Die Neurasthenie ist auch vielleicht keine beschreibbare Krankheit, sondern ein Anpassungsvorgang an eine zu schnelle kulturelle Entwicklung. Die Nerven müssen sprungbereit werden, um dem Bewegungswahn der Zeit mit allen seinen nervenreizenden Konsequenzen gewachsen zu bleiben. Die Folge ist ein beinahe für unsere Zeit typisches größeres Herz und eine Unzahl von quengligen, nörgligen und lamentierenden Quälgeistern, die leiden, ohne je ernstlich krank zu werden. Die Sprungbereitschaft der Nerven erhöht aber die Abstoßung und das Fortniesen von ernsteren Krankheitserregern.« (Schleich: Vom Schaltwerk der Gedanken, S. 254f.)
62 Freud: Die ›kulturelle‹ Sexualmoral und die moderne Nervosität, S. 133.
63 Vgl. ebd., S. 137.
64 Zur Degeneration und Entartung um 1900 vgl. Kraepelin: Psychiatrie, I. Bd., S. 297ff.; Möbius: Ueber Entartung (1900), S. 93–123; Bumke: Über nervöse Entartung (1911) und ders.: Kultur und Entartung (1922).
65 Roelcke: Krankheit und Kulturkritik, S. 107.
66 Freud: Zur Geschichte der psychoanalytischen Bewegung, S. 143.
67 Stekel: Nervöse Angstzustände und ihre Behandlung, S. 12.
68 Nunberg/Federn (Hrsg.): Protokolle der Wiener Psychoanalytischen Vereinigung. Bd. I: 1906–1908, S. 234.
69 Adler: Über den nervösen Charakter, S. 3.
70 Ebd.
71 Ebd., S. 7.
72 Ebd., S. 14.

73 Ebd., S. 24.
74 Ebd.
75 Ebd., S. 34.
76 Ebd., S. 49.
77 Ebd., S. 194.
78 Ebd., S. 51.
79 Ebd., S. 42.
80 Ebd., S. 74.
81 Vgl. dazu auch Eckart: »Die wachsende Nervosität unserer Zeit«. Medizin und Kultur um 1900 am Beispiel einer Modekrankheit, S. 207.
82 Lamprecht: Deutsche Geschichte. Erster Ergänzungsband: Zur jüngsten deutschen Vergangenheit. Erster Band: Tonkunst – Bildende Kunst – Dichtung – Weltanschauung, S. 36.
83 Ebd., S. 59.
84 Ebd.
85 Ebd., S. 31.
86 Ebd.
87 Ebd.
88 Ebd.
89 Ebd., S. 31.
90 Ebd., S. 32.
91 Ebd., S. 34.
92 Ebd., S. 32.
93 Nietzsche: Nachgelassene Fragmente: 1887–1889, S. 411.
94 Ebd., S. 412.
95 Nietzsche: Werke und Briefe: Der Fall Wagner. In: ders: Werke, Bd. 2, S. 913.
96 Lamprecht: Deutsche Geschichte, S. 21.
97 Ebd., S. 22.
98 Ebd., S. 26.
99 Ebd., S. 58.
100 Ebd., S. 388.
101 Ebd.
102 Mehring: Das Zeitalter der Reizsamkeit, zit. n. Eckart: Die wachsende Nervosität unserer Zeit, S. 222.
103 Simmel: Soziologische Ästhetik, 216.
104 Virilio: Die Eroberung des Körpers, S. 134.
105 Rathenau: Zur Kritik der Zeit, S. 82f.
106 Mann: Der Tod in Venedig, S. 357.
107 Sarasin: Reizbare Maschinen, S. 20.
108 Vgl. Marinetti: Technisches Manifest der futuristischen Literatur. In: Asholt/Fähnders (Hrsg.): Manifeste und Proklamationen der europäischen Avantgarde (1909–1938), S. 26.

109 In jüngerer Zeit hat Virilio darauf aufmerksam gemacht, dass die Verkopplung des Menschen mit der Maschine sich zunehmend auch auf das Innere erstreckt. Die implantierte Technik und chemische Stimulanzien hätten den Körper erobert und in Besitz genommen. Am Ende stehe nicht der von den Futuristen erträumte Übermensch, sondern der »überreizte Mensch«, der sein Lebendigsein allein technischen Impulsen verdankt. Virilio verweist in diesem Zusammenhang auf den Herzschrittmacher, der den »Rhythmus des Lebens« nicht nur erzeugen, sondern ersetzen würde. Er spricht von einem »*fremden Rhythmus*, der dazu dient, den Körper im Gleichklang mit der Maschine vibrieren zu lassen«. (Virilio: Die Eroberung des Körpers, S. 112f.)

Die Erhabenen oder Vom Glanz der Erschöpfung

1 Hofmannsthal: Gabriele D'Annunzio, S. 147.
2 Ebd., S. 148.
3 Ebd.
4 Ebd., S. 149.
5 Bahr: Die Décadence, S. 121.
6 Ebd.
7 Ebd., S. 20.
8 Ebd., S. 23.
9 Ebd.
10 Bahr: Satanismus, S. 30.
11 Ebd., S. 37.
12 Vgl. Huysmans: Gegen den Strich, S. 8.
13 Ebd., S. 85.
14 Für Victor Klemperer ist Des Esseintes »ein echter Don Quijote«, eine tragische Figur, die den Kontakt zum Realen verloren hat und gegen die Übermacht der eigenen Phantasmen kämpft. (Klemperer: Dekadenz, S. 348)
15 Mann: Betrachtungen eines Unpolitischen, S. 38.
16 Mann: Der Tod in Venedig, S. 364.
17 Vgl. Inge Jens: Thomas Mann. Auszeichnung durch Krankheit, S. 233–251.
18 Vgl. ebd., S. 246.
19 Mann: Der Tod in Venedig, S. 364.
20 Mann: Einführung in den Zauberberg, S. 17.
21 Sontag: Krankheit als Metapher, S. 34.
22 Mann: Einführung in den Zauberberg, S. 17.
23 Mann: Buddenbrooks, S. 588.
24 Ebd., S. 586.
25 Ebd.
26 Ebd., S. 587.

27 Vgl. dazu Han: Müdigkeitsgesellschaft, S. 33ff.
28 Mann: Betrachtungen eines Unpolitischen, S. 126.
29 Ebd., S. 126f.
30 Ebd., S. 127.
31 Ebd.
32 Sombart: Der Bourgeois, S. 194.
33 Ebd., S. 195.
34 Sombart: Das europäische Wirtschaftsleben, S. 28.
35 Sombart: Der Bourgeois, S. 218.
36 Ebd.
37 Ebd., S. 218f.
38 Ebd.
39 Ebd., S. 254.
40 Ebd., S. 257f.
41 Ebd., S. 258.
42 Ebd., S. 254.
43 Ebd., S. 256.
44 Ebd., S. 254.
45 Ebd., S. 253.
46 Vgl. ebd., S. 259.
47 Ebd., S. 265.
48 Vgl. Koopmann: Krankheiten der Jahrhundertwende im Frühwerk Thomas Manns, S. 123.
49 Diesen Begriff benutzt auch Mann in: Betrachtungen eines Unpolitischen, S. 120. Zur Diskussion über Entartung vgl. Nordau: Entartung. Bd. 1. Berlin 1892, Bd. 2. Berlin 1893.
50 Koopmann: Krankheiten der Jahrhundertwende im Frühwerk Thomas Manns, S. 123.
51 Jens: Thomas Mann. Auszeichnung durch Krankheit, S. 246.
52 Sombart: Der Bourgeois, S. 256.
53 Ebd., S. 257.
54 Mann: Betrachtungen eines Unpolitischen, S. 120.
55 Ebd., S. 38.
56 Ebd.
57 Mann: Buddenbrooks, S. 636.
58 Ebd., S. 661.
59 Mann: Notizbuch I, S. 116.
60 Zum Begriff des Heilsversprechens vgl. Bolz: Vorwort. In: Bolz, van Reijen (Hrsg.): Heilsversprechen, S. 8.
61 Mann: Buddenbrooks, S. 630.
62 Schopenhauer: Die Welt als Wille und Vorstellung, 2. Bd., S. 1044.
63 Ebd.

64 Ebd., S. 1045.
65 Ebd., S. 1046 f.
66 Ebd., S. 1084.
67 Ebd., S. 1085.
68 Mann: Buddenbrooks, S. 631.
69 Ebd., S. 630.
70 Mann: Der Tod in Venedig, S. 365.
71 Ebd.
72 Ebd.
73 Ebd., S. 357.
74 Ebd.
75 Ebd., S. 363.
76 Mann: Betrachtungen eines Unpolitischen, S. 130.
77 Vgl. Mann: Der Tod in Venedig, S. 363.
78 Ebd., S. 397.
79 Zur Beziehung Geist – Natur, Körper vgl. Türcke: Askese und Performance, S. 36.
80 Mann: Der Tod in Venedig, S. 418.
81 Mehr noch als Thomas Mann hat Visconti in der Verfilmung der Novelle gezeigt, dass Aschenbach, um diesen Zustand zu erreichen, alle seine Sinne unterwerfen und vergeistigen muss. Visconti sah darin nicht allein eine Pathologie Aschenbachs, sondern der gesamten Kultur. Die opulente Ausstattung des Films, die schwelgerischen Arrangements im Stil der Belle Époque, zeigen, dass sich das sinnliche Leben in die Dingwelt verlagert hat, während der Mensch immer lebloser wird. Was dem Menschen bleibt, was ihn allein noch fesselt, ist die Augen-Lust, der Reiz; der aber löst – wie an Aschenbach zu sehen ist – einen Taumel aus, er führt zu Müdigkeit und Erschöpfung. Die letzte Szene am Lido ist im Film mit dem Schlaflied Mussorgskijs untermalt.

Eine geheimnisvolle Zeitkrankheit

Die Willenskultur in der Krise

1 Spengler: Der Untergang des Abendlandes, S. 394.
2 Ebd., S. 436.
3 Ebd., S. 402.
4 Ebd., S. 403f.
5 Ebd., S. 394.
6 Ebd., S. 400.
7 Ebd., S. 584f.

8 Ebd., S. 549.

9 Ebd., S. 438.

10 Ribot: Der Wille. Pathologisch-psychologische Studien. Berlin 1893.

11 Hofmannsthal: Das Tagebuch eines Willenskranken, S. 109 f.

12 Hofmannsthal: Gabriele D'Annunzio, S. 148.

13 Ebd., S. 150.

14 Vgl. Rilke: Lou Andreas-Salomé: Briefwechsel. Brief vom 8. August 1903: »Ist mein Wille krank? Ist es der Traum in mir, der alles Handeln hemmt?« (S. 90); vgl. »Arbeiten muß ich lernen«, S. 23.

15 Vgl. Krafft-Ebing: Ueber gesunde und kranke Nerven, S. 100.

16 Vgl. Beard: Die Nervenschwäche, S. 25; Krafft-Ebing: Ueber gesunde und kranke Nerven, S. 125; Hösslin, Symptomatologie, S. 106.

17 Vgl. Nordau: Entartung, Bd. 1, S. 104 ff.

18 Weininger: Geschlecht und Charakter, S. 259.

19 Vgl. ebd., S. 251.

20 Ebd., S. 250.

21 Vgl. ebd., S. 453.

22 Ebd., S. 448.

23 Spengler: Der Untergang des Abendlandes, S. 445.

Umkehr und Erneuerung: Bismarcks Exerzitien

1 Pflanze: Bismarck. Der Reichsgründer, S. 557.

2 Steinberg: Bismarck. Magier der Macht, S. 16.

3 Pflanze: Bismarck. Der Reichsgründer, S. 557.

4 Vgl. ebd., S. 567.

5 Christoph von Tiedemann zit. n. Pflanze: Bismarck. Der Reichsgründer, S. 566.

6 Ebd.

7 Schwarz: Schweninger, S. 86.

8 Ebd., S. 84.

9 Ebd., S. 82.

10 Bismarck: Gedanken und Erinnerungen, S. 490.

11 Schweninger: Der Arzt, S. 55.

12 Maximilian Harden an Ernst Schweninger, 7. September 1892 (Bundesarchiv).

13 Scheffler: Die fetten und die mageren Jahre, S. 151 f.

14 Zur Behandlung des Grafen Wilhelm von Bismarck vgl. Schwarz: Schweninger, S. 41 ff.

15 Ebd., S. 43.

16 Schweninger: Verehrtester Herr Graf!, Widmung an Graf Wilhelm von Bismarck, in: [Ernst Schweninger:] Gedanken und Gespräche aus Schweningers Aerzteschule. Leipzig 1900, S. IV.

17 Ebd.
18 Banting: Offener Brief über Korpulenz, an das Gesamte Publikum gerichtet. Abgedruckt in: Maas: Die Schweninger-Kur, S. 24ff.
19 Näheres zur Kur von Ebstein und Oertel findet sich bei Maas: Die Schweninger-Kur, S. 39ff. und S. 42ff.
20 Vgl. Maas: Die Schweninger-Kur, S. 42.
21 Ebd., S. 43.
22 [Ernst Schweninger:] Gedanken und Gespräche aus Schweningers Aerzteschule. Leipzig 1900, S. 18.
23 Ebd., S. 19.
24 Schweninger zit. n. Schwarz: Schweninger, S. 137.
25 [Schweninger:] Magen und Magengymnastik, in: Schweninger: Gedanken und Gespräche aus Schweningers Aezteschule, S. 19.
26 Ebd., S. 6.
27 Zur Körperkultur um 1900 und die Ziele der Lebensreformbewegung vgl. Wedemeyer-Kolwe: »Der neue Mensch«, S. 65ff.
28 [Ernst Schweninger:] Gedanken und Gespräche aus Schweningers Aerzteschule, S. 6.
29 Poschinger (Hrsg.): Fürst Bismarck. Neue Tischgespräche und Interviews, S. 140.
30 Schweninger: Dem Andenken Bismarcks. Zum 1. April 1899, S. 34f.
31 Vgl. Schwarz: Schweninger, S. 55.
32 Vgl. Schweninger: Dem Andenken Bismarcks, S. 35ff.
33 Vgl. Radkau: Das Zeitalter der Nervosität, S. 60ff.
34 Johanna von Bismarck an Ernst Schweninger, 24. Oktober 1882 (BA, N 2281/9).
35 Johanna von Bismarck an Ernst Schweninger, 25. Oktober 1882 (BA, N 2281/9).
36 Ebd.
37 Ebd.
38 Johanna von Bismarck an Ernst Schweninger, 3. Oktober 1883 (BA, N 2281/9).
39 Vgl. Schwarz: Schweninger, S. 64 f.
40 Johanna von Bismarck an Ernst Schweninger, 25. Oktober 1882 (BA, N 2281/9).
41 Johanna von Bismarck an Ernst Schweninger, 5. November 1882 (BA, N 2281/9).
42 Schweninger: Dem Andenken Bismarcks. Zum 1. April 1899, S. 36.
43 Ebd., S. 37.
44 Ebd., S. 37f.
45 Johanna von Bismarck an Ernst Schweninger, 26. Oktober 1883 (BA, N 2281/9).
46 Ebd.
47 Johanna von Bismarck an Ernst Schweninger, 20. November 1883 (BA, N 2281/9)
48 »Kladderadatsch« zit. n. Schwarz: Schweninger, S. 97.
49 Fürst Philipp zu Eulenburg-Hertefeld zit. n. Schwarz: Schweninger, S. 94.

50 Poschinger (Hrsg.): Fürst Bismarck. Neue Tischgespräche und Interviews, S. 344.
51 Bismarck: Gedanken und Erinnerungen, S. 490.
52 Zahlreiche Briefe, Notizen und Entwürfe zum »schwimmenden Sanatorium« werden im Nachlass von Ernst Schweninger im Bundesarchiv Berlin (N 2281, 172) aufbewahrt.

»Nein! an Ihren Nerven liegt's nicht«: Nietzsches Minimum

1 Colli: Nachwort (zu Band 12 und 13). In: Nietzsche: Nachgelassene Fragmente 1887–1889, S. 663f.
2 Nietzsche: Nachgelassene Fragmente 1887–1889, S. 629.
3 Ebd.
4 Ebd.
5 Ebd.
6 Ebd.
7 An Georg Brandes, 10. April 1888. In: Nietzsche-Werke, Bd. 3, S. 1286f.
8 Brief vom 29. Nov. 1881, Nietzsche: Gesammelte Briefe, 5. Bd., 2. Teil, S. 469.
9 An Georg Brandes, 10. April 1888. In: Nietzsche-Werke, Bd. 3, S. 1284.
10 Brief vom 29. Nov. 1881, Nietzsche: Gesammelte Briefe, 5. Bd., 2. Teil, S. 469.
11 Nietzsche: Nachgelassene Fragmente, 1887–1889, S. 631.
12 Ebd.
13 Nietzsche: Der Fall Wagner. In: ders.: Nietzsche-Werke, Bd. 2, S. 903.
14 Ebd.
15 Brief: Winter 1884/85, Nietzsche: Gesammelte Briefe, 1. Bd., S. 465.
16 Nietzsche: Nachgelassene Fragmente, 1887–1889, S. 631.
17 Ebd., S. 630.
18 Ebd., S. 632.
19 An Dr. Otto Eiser, Januar 1880. In: Nietzsche: Gesammelte Briefe, 1. Bd., S. 445f.
20 An die Mutter, 26. Juni 1885. In: Nietzsche: Gesammelte Briefe, 5. Bd., 2. Teil, S. 622.
21 An die Mutter, 21. Juli 1879. In: Nietzsche: Gesammelte Briefe, 5. Bd., 2. Teil, S. 411.
22 Cornaro: Vorstellung von dem Nutzen eines nüchtern und mäßigen Lebens, S. 13.
23 Ebd., S. 35.
24 Ebd., S. 3.
25 Ebd., S. 2.
26 Ebd., S. 3.
27 An die Mutter, 26. Juni 1885. In: Nietzsche: Gesammelte Briefe, 5. Bd., 2. Teil, S. 622.

28 An die Schwester, 20. Dezember 1885. In: Nietzsche: Gesammelte Briefe, 5. Bd., 2. Teil, S. 651.
29 An die Mutter, 26. Juni 1885. In: Nietzsche: Gesammelte Briefe, 5. Bd., 2. Teil, S. 621.
30 Ebd.
31 An die Schwester, 12. März 1886. In: Nietzsche: Gesammelte Briefe, 5. Bd., 2. Teil, S. 666f.
32 An Overbeck, 4. Juli 1888. In: Nietzsche: Briefwechsel mit Franz Overbeck, S. 424.
33 Ebd.
34 Ebd.
35 Nietzsche: Nachgelassene Fragmente, 1887–1889, S. 250.
36 Ebd., S. 411.
37 Ebd., S. 412.
38 Nietzsche: Menschliches, Allzumenschliches. In: ders.: Nietzsche-Werke, Bd. 1, S. 597.
39 Colli: Nachwort, in: Nietzsche: Nachgelassene Fragmente, 1887–1889, S. 664.
40 An Carl Fuchs, 11. Dezember 1888. In: Nietzsche: Gesammelte Briefe, 1. Bd., S. 537.
41 An die Mutter, 27. Mai 1888. In: Nietzsche: Gesammelte Briefe, 5. Bd., 2. Teil, S. 779f.
42 An Carl Fuchs, 14. April 1888. In: Nietzsche: Gesammelte Briefe, 1. Bd., S. 498.
43 An die Mutter, 10. Juni 1888. In: Nietzsche: Gesammelte Briefe, 5. Bd., 2. Teil, S. 782.
44 An Peter Gast, 30. Oktober 1888. In: Nietzsche-Werke, Bd. 3: Briefe, S. 1326.
45 Ebd., S. 1327.
46 Colli: Nachwort, in: Nietzsche: Nachgelassene Fragmente, 1887–1889, S. 668.
47 Vgl. Brief an Meta von Salis, 3. Januar 1889, zit. n. Janz. In: Nietzsche-Werke, Bd. 3, S. 27f.
48 An August Strindberg, 7. Dezember 1888. In: Nietzsche-Werke, Bd. 3: Briefe, S. 1337.
49 An Franz Overbeck, 28. Dezember 1888, zit. n. Janz. In: Nietzsche-Werke, Bd. 2, S. 665.
50 An Jacob Burckhardt, 6. Januar 1889. In: Nietzsche-Werke, Bd. 3: Briefe, S. 1351.
51 An Peter Gast, 2. Dezember 1888. In: Nietzsche-Werke, Bd. 3: Briefe, S. 1335.
52 Nietzsche: Der Fall Wagner. In: ders.: Nietzsche-Werke, Bd. 2, S. 903.
53 Ebd.
54 Freud: Der Witz und seine Beziehung zum Unbewußten, S. 117.
55 Nietzsche: Der Fall Wagner. In: ders.: Nietzsche-Werke, Bd. 2, S. 903.
56 An Cosima Wagner, Anfang Januar 1889. In: Nietzsche-Werke, Bd. 3: Briefe, S. 1350.
57 Zit. n. Janz: Nietzsche-Werke, Bd. 3, S. 88.

58 Binswanger: Die Abgrenzung der progressiven Paralyse. In: Berliner Klinische Wochenschrift, 1894, 31, S. 1104, (S. 1103–1105, 1137–1139, 1180–1186).
59 Binswanger: Die Pathologie und Therapie der Neurasthenie, S. 47.
60 Ebd.
61 Ebd.
62 Ebd., S. 2.
63 Ebd., S. 19 f.
64 Ebd., S. 48.
65 Ebd., S. 49.
66 Ebd.
67 Simchowitz: Der kranke Nietzsche. In: Frankfurter Zeitung, 7. August 1900: http://www.thenietzschechannel.com/correspondence/ger/nilettersg.htm.
68 Binswanger: Die Pathologie und Therapie der Neurasthenie, S. 49.
69 Vgl. ebd. S. 111.
70 Ebd., S. 233.
71 Ebd., S. 49 ff.
72 Nietzsche: Nachgelassene Fragmente, 1887–1889, S. 503.
73 Ebd., S. 504.
74 Ebd., S. 427 f.
75 Ebd., S. 429.
76 Ebd., S. 431.
77 Ebd., S. 429.
78 Ebd., S. 430.

»Eine wirkliche Transfusion von Lebenskraft«: Cosima Wagners Regeneration

1 Kessler: Eintragung vom 20. Juli 1897. In: ders.: Das Tagebuch. 3. Bd., S. 71.
2 Ebd.
3 Ebd.
4 Philipp Fürst zu Eulenburg-Hertefeld zit. n. Hilmes: Herrin des Hügels, S. 298.
5 Vgl. dazu auch Hilmes: Herrin des Hügels, S. 267.
6 Vgl. ebd., S. 234 ff.
7 Vgl. dazu Schwarz: Schweninger, S. 217.
8 Wagner: Deutsche Kunst und deutsche Politik, S. 9.
9 Chamberlain: Richard Wagners Regenerationslehre, S. 141.
10 Wagner: Religion und Kunst, S. 239.
11 Ebd., S. 238.
12 Ebd.
13 Ebd., S. 232.
14 Ebd., S. 233.
15 Ebd.

16 Ebd.
17 Wagner: Offenes Schreiben an Herrn Ernst von Weber, Verfasser der Schrift: »Die Folterkammern der Wissenschaft«. Leipzig o. J., S. 248–264.
18 Chamberlain: Richard Wagners Regenerationslehre, S. 133.
19 Ebd.
20 Ebd., S. 141.
21 Ebd.
22 Was den Kampf gegen die Vivisektion betrifft, so hat Cosima Wagner, zunächst durch die Vermittlung von Hermann Levi, Schweninger auf ihre Seite gezogen und schließlich auch zu einer öffentlichen Stellungnahme gebracht. Am 19. Februar 1898 schreibt sie an ihn, es läge ihr »unendlich daran [...], von einer ärztlichen Autorität ein Mal ein Wort öffentlich im Sinne der Menschlichkeit ausgesprochen zu hören. Ihnen traute ich den Muth zu dies mit Wärme zu thun.« Die Verrohung der Menschheit würde sich am deutlichsten in unserem Verhältnis zu den Tieren zeigen. »Für mich beginnt die religiöse Empfindung bei diesem Mitgefühl.« (Cosima Wagner an Ernst Schweninger, BA, N 2281)
23 Briefwechsel: Cosima Wagner – Chamberlain, S. 350.
24 Cosima Wagner an Ernst Schweninger, 31. Oktober 1893 (BA, N 2281).
25 Ebd.
26 Ebd.
27 Cosima Wagner an Ernst Schweninger, 3. Januar 1894 (BA, N 2281).
28 Eva Wagner an Ernst Schweninger, 30. April 1908 (BA, N 2281).
29 Eva Wagner an Ernst Schweninger, 9. Mai 1908 (BA, N 2281).
30 Cosima Wagner an Ernst Schweninger, 14. Mai 1894 (BA, N 2281).
31 Chamberlain an Ernst Schweninger, 29. März 1911 (BA, N 2281).
32 Chamberlain an Ernst Schweninger, 14. April 1911 (BA, N 2281).
33 Chamberlain an Ernst Schweninger, 25. Juni 1912 (BA, N 2281).
34 Cosima Wagner an Ernst Schweninger, 14. Mai 1894 (BA, N 2281).
35 Eva Wagner an Ernst Schweninger, 9. Januar 1907 (BA, N 2281).
36 Briefwechsel: Cosima Wagner – Chamberlain, 25. August 1894, S. 383.
37 Cosima Wagner an Ernst Schweninger, 5. September 1894 (BA, N 2281).
38 Cosima Wagner an Konrad Fiedler, 6. September 1894, in: Mack: Cosima Wagner. Das zweite Leben, S. 382.
39 Vgl. Brömsel: »Wir leben unter sehr dummen Menschen.« Der Kontakt zwischen Houston Stewart Chamberlain und Maximilian Harden, S. 111–124.
40 Eva Wagner an Ernst Schweninger, 3. Juni 1895 (BA, N 2281).
41 Eva Wagner an Ernst Schweninger, 7. Juli 1895 (BA, N 2281).
42 Ebd.
43 Ebd.
44 Eva Wagner an Ernst Schweninger, 18. Dezember 1907 (BA, N 2281).
45 Binswanger: Die Pathologie und Therapie der Neurasthenie, S. 20.
46 Ebd.

1 Vgl. Jörg u. Sabine Frommer: Max Webers Krankheit, S. 162.
2 Jaspers zit. n. Radkau: Max Weber. Die Leidenschaft des Denkens, S. 312.
3 Weber: Die protestantische Ethik, S. 166.
4 Ebd., S. 167.
5 Ebd., S. 169.
6 Ebd., S. 171.
7 Vgl. ebd., S. 201.
8 Vgl. u. a.: Marianne Weber: Max Weber. Ein Lebensbild. Tübingen 1926; Jörg u. Sabine Frommer: Max Webers Krankheit, S. 161–171; Radkau: Max Weber. Die Leidenschaft des Denkens. München, Wien 2005.
9 Weber, Marianne: Ein Lebensbild, S. 240.
10 Ebd.
11 Vgl. ebd., S. 246.
12 Ebd., S. 247.
13 Ebd., vgl. S. 248.
14 Ebd., S. 252.
15 Ebd., S. 253.
16 Ebd.
17 Ebd., S. 248.
18 Ebd., S. 246.
19 Vgl. dazu auch: Radkau: Max Weber, S. 232.
20 Weber, Marianne: Ein Lebensbild, S. 214f.
21 Weber: Wirtschaft und Gesellschaft, S. 20.
22 Weber: Der Nationalstaat und die Volkswirtschaftspolitik (1895), S. 12.
23 Vgl. Radkau: Max Weber, S. 231.
24 Weber, Marianne: Ein Lebensbild, S. 164.
25 Max Weber an Marianne Weber, 20. Juli 1894, zit. n. Radkau: Max Weber, S. 214.
26 Vgl. Jörg u. Sabine Frommer: Max Webers Krankheit, S. 162; Radkau: Max Weber, S. 213.
27 Radkau: Max Weber, S. 213.
28 Jörg u. Sabine Frommer (Max Webers Krankheit) sprechen von einer »neurotisch-depressive[n] Erkrankung« (S. 168); Radkau (Max Weber) macht den Nervendiskurs stark (S. 214).
29 Ehrenberg: Das erschöpfte Selbst, S. 14.
30 Radkau: Max Weber, S. 214.
31 Lombroso: Der geniale Mensch, Einleitung, S. XVI.
32 Ebd.
33 Vgl. ebd., S. 161.
34 Vgl. ebd., S. 288.
35 Vgl. ebd., S. 81.

36 Zur Degeneration vgl. auch Radkau: Max Weber, S. 33f.

37 Vgl. Weber: Zur Psychophysik der industriellen Arbeit (1908/09). Zu erwähnen ist, dass Marianne Weber diese Perspektive ihres Mannes in ihrem »Lebensbild« übernommen hat, bevor sie zum »Absturz« und zur Lebenskrise kommt, beschreibt sie ausführlich die degenerativen Merkmale der Vorfahren – auch ihrer eigenen. (Ein Lebensbild, S. 22ff.)

38 Vgl. Lombroso: Der geniale Mensch, S. 407.

39 Weber, Marianne: Ein Lebensbild, S. 215.

40 Lombroso: Der geniale Mensch, S. 396.

41 Ebd., S. 386.

42 Weber, Marianne: Ein Lebensbild, S. 42.

43 Vgl. Radkau: Max Weber, S. 63f.

44 Weber, Marianne: Ein Lebensbild, S. 38.

45 Alfred Weber an Else Jaffé, zit. n. Radkau: Max Weber, S. 64.

46 Nach dem Krieg schrieb Erich Fromm in einem Brief an Alfred Weber: »Das Studium bei Ihnen war für mich eine der fruchtbarsten Erfahrungen in meinem Leben; nicht nur im Hinblick auf das, was ich lernte, sondern eben so sehr durch den Eindruck und das Vorbild Ihrer Persönlichkeit. Ich habe Sie in allen diesen Jahren immer lebendig vor mir gesehen, und in den Jahren der Hitler-Diktatur standen Sie, mehr als jeder andere, vor meinen Augen als der Repräsentant des Deutschlands, an das ich immer glaubte.« (Brief vom 23.12.1955, zit. n. Eberhard Demm: Lernen durch das ›diskutative Prinzip‹.)

47 Alfred Weber an Else Jaffé, 9. Februar 1912, zit. n. Demm: Lernen durch das ›diskutative Prinzip‹).

48 Vgl. Schluchter: Max und Alfred Weber – zwei ungleiche Brüder, S. 42.

49 Weber: Die Wirtschaftsethik der Weltreligionen, S. 249.

50 Türcke: Askese und Performance, S. 36.

51 Weber: Die protestantische Ethik, S. 116.

52 Musil: Der Mann ohne Eigenschaften, S. 58.

53 Foucault: Die Geburt der Klinik, S. 166.

Die große Gesundheit

Schöne neue Welt

1 Vgl. hierzu die Debatte um Thilo Sarrazins Thesen »Deutschland schafft sich ab«, 2010.

2 Sloterdijk: Regeln für den Menschenpark. Ein Antwortschreiben zu Heideggers Brief über den Humanismus. Frankfurt/M. 1999. [Peter Sloterdijk Regeln für den Menschenpark – Die Rede, die ominöse, die böse_com-]

3 Platon: Politeia, Bd. V, S. 375.
4 Vgl. ebd., S. 361.
5 Ebd., S. 371.
6 Benn: Züchtung III, S. 237.

Die Erzeugung der Besten

1 Conrad: Einleitung, In: ders.: Zur Wiedergeburt der Kulturmenschheit!, S. I.
2 Ebd., S. II.
3 Ebd., S. IV.
4 Ebd.
5 Ebd., S. V.
6 Ebd., S. V.
7 Max Seiling: Die Regeneration des Menschengeschlechts. In: Conrad: Zur Wiedergeburt der Kulturmenschheit!, S. 28.
8 Vgl. Weismann: Die Continuität des Keimplasma's als Grundlage einer Theorie der Vererbung, S. 5.
9 Ploetz: Die Tüchtigkeit unserer Rasse und der Schutz der Schwachen, S. 1.
10 Später hat Galton seine eigenen Annahmen in Weismanns Keimplasmatheorie bestätigt gefunden und sich darauf berufen.
11 Galton: Genie und Vererbung, Einleitung zur Ausgabe 1892, S. XVI.
12 Ebd., S. XXVII.
13 Ebd., S. 1.
14 Vgl. ebd., S. 15.
15 Ebd., S. 39f.
16 Ebd., S. 40.
17 Ebd., S. 44.
18 Vgl. ebd., S. 44.
19 Ebd., S. 64f.
20 Ebd., S. 65.
21 Ebd., Einleitung zur Ausgabe 1892, S. XXVIf.
22 Ebd., S. 85.
23 Vgl. ebd., S. 87.
24 Ebd., S. 87.
25 Ebd., S. 399.
26 Ebd., S. 378.

Das kommende Geschlecht

1 Meike Sophia Baader / Juliane Jacobi / Sabine Andresen (Hrsg.): Ellen Keys reformpädagogische Vision. »Das Jahrhundert des Kindes« und seine Wirkung. Weinheim u. Basel 2000.

2 Key: Das Jahrhundert des Kindes, S. 2.
3 Ebd., S. 2f.
4 Vgl. Key: Über Liebe und Ehe, S. 53.
5 Vgl. ebd., S. 31.
6 Key: Das Jahrhundert des Kindes, S. 19.
7 Vgl. dazu Key: Über Liebe und Ehe, S. 173.
8 Vgl. Galton: Genie und Vererbung, S. 373.
9 Ebd., S. XX.
10 Ebd., S. XXVI.
11 Key: Das Jahrhundert des Kindes, S. 18.
12 Vgl. hierzu insbesondere Key: Über Liebe und Ehe.
13 Key: Das Jahrhundert des Kindes, S. 6.
14 Ebd., S. 5.
15 Ebd., S. 12f.
16 Ebd.
17 Ebd., S. 5.
18 Ebd., S. 50.
19 Key: Über Liebe und Ehe, S. 51.
20 Key: Das Jahrhundert des Kindes, S. 20.
21 Ebd., S. 31.
22 Ebd., S. 32.
23 Ebd., S. 44.
24 Key: Über Liebe und Ehe, S. 179.
25 Key: Das Jahrhundert des Kindes, S. 44.
26 Vgl. ebd., S. 19.
27 Ebd., S. 44.
28 Key: Über Liebe und Ehe, S. 9.
29 Ebd., S. 16.
30 Vgl. ebd., S. 32.
31 Ebd.
32 Ebd., S. 35.
33 Rilke (Rez.): Das Jahrhundert des Kindes, S. 584.
34 Ebd., S. 585.
35 Ebd., S. 586.
36 Ebd.
37 Ebd., S. 587f.
38 Ebd., S. 585.
39 Ebd., S. 592.

1 Vgl. Nordau: Entartung, Bd. 2, S. 521.
2 Ebd.
3 Ebd., S. 526.
4 Ebd.
5 Ebd.
6 Ebd.
7 Vgl. Schulte: Psychopathologie des Fin de siècle. Der Kulturkritiker, Arzt und Zionist Max Nordau. Frankfurt/M. 1997.
8 Nordau: Entartung, Bd. 2, S. 527.
9 Ebd.
10 Ebd., S. 528.
11 Ebd., S. 534.
12 Ebd., S. 557.
13 Ebd., S. 555.
14 Ebd., S. 559.
15 Ploetz: Die Tüchtigkeit unserer Rasse und der Schutz der Schwachen, Vorwort, S. V.
16 Ebd., S. 4.
17 Ebd., S. 5.
18 Die Redaktion (Editorial): Archiv für Rassen- und Gesellschafts-Biologie, einschließlich Rassen- und Gesellschafts-Hygiene. Hrsg. von Alfred Ploetz u.a. 2. Jg. 1905, unpaginiert.
19 Grotjahn: Soziale Pathologie, S. 412.
20 Grotjahn; Geburten-Rückgang und Geburten-Regelung, Vorwort, S. III.
21 Ebd., Vorwort, S. V.
22 Ebd.
23 Ebd., S. 253.
24 Ebd., S. 184.
25 Ebd., S. 182.
26 Ebd., S. 185.
27 Vgl. ebd., S. 182.
28 Ebd., Vorwort, S. IV.
29 Ebd., S. 185.
30 Ebd., S. 191.
31 Vgl. ebd., S. 241.
32 Ebd., S. 248.
33 Ebd., S. 198.
34 Ebd., S. 268.
35 Ebd., S. 282.
36 Vgl. ebd., S. 294.
37 Grotjahn: Soziale Pathologie, Vorwort, S. IV.

38 Ebd., S. V.
39 Ebd., S. 338.
40 Ebd.
41 Ebd., S. 343.
42 Ebd., S. 339.
43 Ebd., S. 341.
44 Ebd.
45 Ebd., S. 346.
46 Ebd.
47 Ebd., S. 347.
48 Ebd., S. 348.
49 Ebd., S. 8.
50 Ebd., S. 11.
51 Ebd., S. 9.
52 Ebd.
53 Rosenberg: Bauerntum und Kultur. In: ders.: Blut und Ehre. Ein Kampf für deutsche Wiedergeburt, S. 188.
54 Ebd.
55 Rosenberg: Deutsche Wiedergeburt. In: ders.: Blut und Ehre. Ein Kampf für deutsche Wiedergeburt, S. 261.
56 Rosenberg: Der Mythus des 20. Jahrhunderts, S. 508.
57 Ebd., S. 596.
58 Ebd.

Die Optimierung des Menschen

Ausblick

1 Vgl. Sloterdijk: Du mußt dein Leben ändern, S. 518.
2 Kirchner: Diätetik des Geistes, S. 6.
3 Ebd.
4 Vgl. dazu Cowan/Sicks: Technik, Krieg und Medien, S. 15.

Gefährlich gesund

Der Traum vom langen Leben

1 Hufeland: Makrobiotik oder Die Kunst, das menschliche Leben zu verlängern, S. IV (Vorrede).
2 Ebd.

3 Ebd., S. V (Vorrede).
4 Ebd., S. 199.
5 Ebd., S. 4.
6 Ebd., S. 8.
7 Ebd., S. 20.
8 Ebd., S. 30.
9 Ebd., S. 47.
10 Ebd., S. 37.
11 Ebd., S. 211.
12 Ebd., S. 218f.
13 Ebd., S. 227.
14 Ebd., S. 303.
15 Ebd.
16 Ebd., S. 333.
17 Ebd., S. 369.
18 Ebd., S. 498.
19 Ebd.
20 Vgl. ebd., S. 199.
21 Ebd., S. VI (Vorrede).

Die richtige Dosis

1 Kraepelin: Ueber die Beeinflussung einfacher psychischer Vorgänge durch einige Arzneimittel. Experimentelle Untersuchungen. Jena 1892.
2 Ebd., S. 227.
3 Ebd., S. 193.
4 Ebd., S. 195.
5 Ebd., S. 205.
6 Vgl. ebd., S. 230.
7 Ebd.
8 Ebd., S. 205.
9 Ebd., S. 206.
10 Ebd.
11 Ebd.
12 Kraepelin an August Forel, 9. Dezember 1891. In: Forel: Briefe, S. 268.
13 Kraepelin: Psychiatrie. Ein Lehrbuch für Studierende und Aerzte. II. Bd., S. 30ff.

Von wunderbaren Kräften: Sigmund Freud und das Kokain

1 Aschenbrandt, Theodor: Die physiologische Wirkung und Bedeutung des Cocain. muriat. auf den menschlichen Organismus, zit. n. Bernfeld: Freuds Kokain, 1884–1887. In: Bernfeld/Cassirer Bernfeld: Bausteine der Freud-Biographik, S. 199.

2 Freud an Martha Bernays, 12. April 1884. In: Freud: Briefe 1873–1939, S. 106.
3 Vgl. Hirschmüller: Einleitung. In: Freud: Schriften über Kokain, S. 10.
4 Vgl. ebd., S. 15.
5 Freud: Briefe an Wilhelm Fließ, S. 405.
6 Vgl. Grubrich-Simitis: Zurück zu Freuds Texten, S. 114.
7 Freud an Martha Bernays, 17. Mai 1885. In: Freud: Briefe 1873–1939, S. 140.
8 Vgl. Hirschmüller: Einleitung. In: Freud: Schriften über Kokain, S. 35.
9 Freud an Martha Bernays, 17. Mai 1885. In: Freud: Briefe 1873–1939, S. 140.
10 Freud an Martha Bernays, 3. August 1885. In: Freud: Briefe 1873–1939, S. 118f.
11 Freud: Über Coca, in: Freud: Schriften über Kokain, S. 62.
12 Freud an Martha Bernays, 2. Juni 1884, zit. n. Jones: Sigmund Freud, Bd. 1, S. 109.
13 Freud an Martha Bernays, 18. Januar 1886. In: Freud: Briefe 1873–1939, S. 188.
14 Freud an Martha Bernays, 20. Januar 1886. In: Freud: Briefe 1873–1939, S. 189.
15 Ebd., S. 191.
16 Freud an Martha Bernays, 2. Februar 1886. In: Freud: Briefe 1873–1939, S. 195.
17 Ebd., S. 197.
18 Freud an Martha Bernays, 2. Februar 1886, S. 197f.
19 Zu den unterschiedlichen Positionen vgl. Hirschmüller: Einleitung. In: Freud: Schriften über Kokain, S. 10.
20 Vgl. Freud an Martha Bernays, 10. Februar 1886. In: Freud: Briefe 1873–1939, S. 204f.; Eissler: Mankind at its best, S. 196; vgl. dazu auch Hirschmüller: Einleitung, in: Sigmund Freud über Kokain, S. 34. Eissler erinnert in diesem Zusammenhang an die Familie von Freuds Onkel in Breslau, in der es zahlreiche psychopathologische Krankheiten gab, die offenbar als Belastung wirkten.
21 Freud: Über Cocain. In: Freud: Schriften über Kokain, S. 60.
22 Ebd.
23 Ebd., S. 62.
24 Ebd.
25 Ebd., S. 63.
26 Vgl. ebd., S. 82.
27 Vgl. ebd., S. 79.
28 Freud: Beitrag zur Kenntnis der Cocawirkung. In: ders.: Schriften über Kokain, S. 90.
29 Ebd.
30 Ebd., S. 92.
31 Ebd., S. 97.
32 Vgl. Freud: Über Coca, Nachträge. In: ders.: Schriften über Kokain, S. 85.
33 Vgl. Tschudi: Peru. Reiseskizzen aus den Jahren 1838–1842, S. 306.
34 Ebd., S. 303.
35 Ebd., S. 312f.
36 Vgl. Freud: Über Coca. In: ders.: Schriften über Kokain, S. 49.
37 Tschudi: Peru. Reiseskizzen aus den Jahren 1838–1842, S. 303.

38 Vgl. Hirschmüller: Einleitung. In: Freud: Schriften über Kokain, S. 14.
39 Freud: Über Coca. In: ders.: Schriften über Kokain, S. 49.
40 Ebd., S. 68.
41 Ebd.
42 Ebd.
43 Freud: Über die Allgemeinwirkung des Cocains. In: ders.: Schriften über Kokain, S. 105.
44 Freud: Über Coca, Nachträge. In: ders.: Schriften über Kokain, S. 84.
45 Ebd.
46 Freud: ›Selbstdarstellung‹. In: ders.: ›Selbstdarstellung‹. Schriften zur Geschichte der Psychoanalyse, S. 45.
47 Vgl. Hirschmüller: Einleitung. In: Freud: Schriften über Kokain, S. 36.
48 Vgl. Israëls: Der Fall Freud. Die Geburt der Psychoanalyse aus der Lüge. Hamburg 1999; Busse: »Ein großer wilder Mann mit Cocain im Leib, S. 52-57.
49 Vgl. [Freud, Sigmund:] Zur Psychoanalyse der Kriegsneurosen. Diskussion gehalten auf dem V. Internationalen Psychoanalytischen Kongreß in Budapest, 28. und 29. September 1918. Beiträge von: Sigmund Freud, Sándor Ferenczi, Karl Abraham, Ernst Simmel, Ernest Jones. (Internationale Psychoanalytische Bibliothek, Nr. 1). Leipzig u. Wien 1919.
50 Freud: ›Selbstdarstellung‹. In: ders.: ›Selbstdarstellung‹. Schriften zur Geschichte der Psychoanalyse, S. 82.
51 Ebd.
52 Freud: Einleitung. In: ders.: Zur Psychoanalyse der Kriegsneurosen, S. 5.
53 Freud: Über Coca. In: ders.: Schriften über Kokain, S. 62.

Frankensteins Erben

1 Vgl. Stoff: Ewige Jugend. Konzepte der Verjüngung vom späten 19. Jahrhundert bis ins Dritte Reich. Köln 2004.
2 Frick: Avantgarde und longue durée, S. 97.
3 Günter Figal zit. n. Frick: Avantgarde und longue durée, S. 97.
4 Gay: Die Moderne. Eine Geschichte des Aufbruchs, S. 24.
5 Virilio: Die Eroberung des Körpers, S. 126.
6 Ebd., S. 112f.
7 Vgl. dazu auch Stoff: Ewige Jugend, S. 28.
8 Vgl. Urbantschitsch: Die innere Sekretion, S. 20ff.
9 Vgl. ebd., S. 22f.
10 Vgl. Mühlleitner: Rudolf von Urbantschitsch (Urban). In: dies.: Biographisches Lexikon der Psychoanalyse, S. 348ff.
11 Urbantschitsch: Die innere Sekretion, S. 4.
12 Ebd., S. 33.
13 Ebd.

14 Ebd., S. 25.
15 Ebd., S. 34.
16 Ebd.
17 Ebd., S. 33.
18 Ebd., S. 34.
19 Ebd.
20 Ebd., S. 35.
21 Ebd.
22 Ebd., S. 37.
23 Vgl. ebd. S. 36.
24 Vgl. Gay: Freud. Eine Biographie für unsere Zeit, S. 470.
25 Freud an Ferenczi, 18. Juli 1923, zit. n. Gay: Freud. Eine Biographie für unsere Zeit, S. 474.
26 Freud: Interview mit Georg Sylvester Viereck, 28. Juli 1927, zit. n. Freud: Tagebuch 1929-1939. Kürzeste Chronik, S. 311. (Übers.: WM)
27 Vgl. Gay: Freud. Eine Biographie für unsere Zeit, S. 474.
28 Schur zit. n. Freud: Tagebuch 1929–1939. Kürzeste Chronik, S. 311.

Ernähre ich mich richtig?

1 Nietzsche: Ecce Homo: In: ders.: Werke, Bd. 2, S. 1082.
2 Vgl. Wirz: Die Moral auf dem Teller. Zürich 1993, S. 151ff.
3 Vgl. hierzu auch: Grotjahn: Soziale Pathologie, S. 468ff.
4 Vgl. Hermand: Konsequente Tierfreunde. Zur Entstehung der Vegetarierbewegung. In: ders.: Freundschaft. Zur Geschichte einer sozialen Bindung, S. 85–105.
5 Storch: Ein Ritter vom Zukunftsgeiste, S. 171.
6 Schulze-Delitzsch: Capitel zu einem deutschen Arbeiterkatechismus, S. 5.
7 Baltzer: Von der Arbeit, S. 3.
8 Ebd., S. 51ff.
9 Ebd., S. 20.
10 Ebd.
11 Ebd., S. 4.
12 Ebd.
13 Baltzer: Die natürliche Lebensweise, S. 5.
14 Ebd.
15 Ebd., S. 5.
16 Ebd., S. 64.
17 Ebd., S. 67.
18 Zimmermann: Der Weg zum Paradies. Eine Beleuchtung der Hauptursachen des physisch-moralischen Verfalls der Culturvölker, so wie naturgemäße Vorschläge, diesen Verfall zu sühnen. Ein zeitgemäßer Aufruf an Alle, denen eig-

nes Glück und Menschenwohl am Herzen liegt. Zweite, ganz veränderte und sehr stark vermehrte Ausgabe. Quedlinburg und Leipzig 1846.

19 Ebd., Vorrede S. V.

20 Ebd., S. 1.

21 Ebd.

22 Ebd., S. 3.

23 Ebd.

24 Ebd., S. 4.

25 Ebd., S. 6, Anm. **.

26 Ebd., S. 8.

27 Ebd., S. 22.

28 Ebd., S. 24.

29 Vgl. ebd., S. 25.

30 Ebd., S. 27.

31 Ebd., S. 28.

32 Ebd., S. 38.

33 Ebd., S. 13.

34 Ebd., S. 131.

35 Vgl. Hermand: Konsequente Tierfreunde, S. 95.

36 Schopenhauer: Parerga und Paralipomena, S. 14.

37 Carus: Vergleichende Psychologie oder Geschichte der Seele in der Reihenfolge der Thierwelt. Wien 1866.

38 Perty: Ueber das Seelenleben der Thiere, S. 1.

39 Ebd.

40 Vgl. Wundt: Vorlesungen über die Menschen- und Thierseele, S. 185.

41 Vgl. ebd., S. 188.

42 Vgl. ebd. S. 192.

43 Moleschott: Lehre der Nahrungsmittel, S. 1.

44 Ebd., S. 94.

45 Ebd., S. 96f.

46 Vgl. ebd., S. 186.

47 Liebig: Chemische Briefe, S. 240.

48 Ebd., S. 246.

49 Ebd.

50 Ebd., S. 247.

51 Ebd., S. 337.

52 Vgl. Moleschott: Lehre der Nahrungsmittel, S. 177ff.

53 Liebig: Chemische Briefe, S. 275.

54 Vgl. ebd., S. 312.

55 Ebd., S. 316.

56 Ebd.

57 Ebd., S. 344.

58 Vgl. ebd., S. 318.
59 Vgl. ebd., S. 337.
60 Vgl. Andries: Der Vegetarismus und die Einwände seiner Gegner, S. 41 ff.
61 Struve: Pflanzenkost, die Grundlage einer neuen Weltanschauung, S. 5.
62 Ebd., S. 6.
63 Vgl. ebd., S. 17.
64 Ebd., S. 23.
65 Ebd., S. 52.
66 Vgl. ebd., S. 54.
67 Vgl. ebd., S. 53.
68 Ebd., S. 55.
69 Vgl. ebd.
70 Vgl. ebd. 77.
71 Andries: Der Vegetarismus und die Einwände seiner Gegner, S. 84.
72 Ebd., S. 85.
73 Ebd., S. 69.
74 Ebd., S. 107.
75 Struve: Pflanzenkost, die Grundlage einer neuen Weltanschauung, S. 17.
76 Ebd., S. 52.
77 Vgl. Baltzer: Pythagoras, der Weise von Samos. Ein Lebensbild. Nordhausen 1868.
78 Vgl. ebd., S. 99.
79 Vgl. Mühsam: Ascona, S. 14.
80 Ebd., S. 40.
81 Ebd., S. 65.
82 Ebd., S. 46.
83 Ebd., S. 22.
84 Zimmermann: Der Weg zum Paradies, S. 128 ff.
85 Ebd., S. 199.

Heilmittel und Heilslehren

1 Bircher-Benner: Vom Werden des neuen Arztes, S. 64.
2 Ebd.
3 Ebd., S. 47.
4 Ebd., S. 84.
5 Rilke: Brief an Lou Andreas-Salomé, 10. Januar 1912, S. 252.
6 Vgl. Bircher-Benner: Vom Werden des neuen Arztes, S. 89.
7 Lahmann: Das Luftbad als Heil- und Abhärtungsmittel, S. 7.
8 Vgl. ebd., S. 12.
9 Ebd., S. 19.

10 Vgl. Lienert: Naturheilkundliches Dresden, S. 44.
11 Bircher-Benner: Vom Werden des neuen Arztes, S. 85.
12 Bircher-Benner: Der Menschenseele Not. Erkrankung und Gesundung. Zweiter Teil, S. 6.
13 Ebd., S. 7.
14 Ebd., S. 58.
15 Ebd., S. 42.
16 Bircher-Benner: Vom Werden des neuen Arztes, S. 83ff.
17 Ebd., S. 27.
18 Ebd.
19 Rilke zit. n. Heinz: Ausweitung der Kriegszone, S. 43.
20 Mann zit. n. Mendelssohn: Der Zauberer, 1. Teil, S. 1269.
21 Mann: Brief an Walter Opitz, Juni 1909, zit. n. Mendelssohn: Der Zauberer, 1. Teil, S. 1270.
22 Mann: Der Zauberberg, S. 289.
23 Bircher-Benner: Vom Werden des neuen Arztes, S. 25.
24 Vgl. Wirz: Die Moral auf dem Teller, S. 127.
25 Bircher-Benner: Der Menschenseele Not. Erkrankung und Gesundung, Erster Teil, S. 258.
26 Ebd.
27 Ebd.
28 Ebd., S. 266.
29 Ebd., S. 265.
30 Ebd., S. 264.
31 Bircher-Benner: Der Menschenseele Not. Erkrankung und Gesundung. Zweiter Teil, S. 44.
32 Ebd., S. 48.
33 So argumentiert Wirz: Die Moral auf den Teller, S. 142f.
34 Vgl. ebd., S. 143.
35 Fest: Hitler. Eine Biographie, Vorwort zur Neuausgabe 2002, S. 20.
36 Ebd., S. 19.

Rennpferde und neue Menschen

1 Musil: Der Mann ohne Eigenschaften, S. 44.
2 Ebd., S. 44f.
3 Fleig: Körperkultur und Moderne, S. 24ff.
4 Musil: Der Mann ohne Eigenschaften, S. 380.
5 Cowan/Sicks: Technik, Krieg und Medien. In: dies. (Hrsg.): Leibhaftige Moderne, S. 15.
6 Musil: Der Mann ohne Eigenschaften, S. 46.

7 Ebd.
8 Ebd., S. 44.
9 Ebd., S. 35.
10 Ebd., S. 45.
11 Ebd., S. 47.
12 Ebd.
13 Ebd., S. 150.
14 Hofmannsthal: Gabriele D'Annunzio, S. 145.
15 Vgl. Mach: Die Analyse der Empfindungen, S. 3f.
16 Musil spricht von einem »ideologischen Gespenst« (Der Mann ohne Eigenschaften, S. 45).
17 Musil: Durch die Brille des Sports. In: Musil: Klagenfurter Ausgabe (KA). Bd. 15: Fragmente aus dem Nachlass. Unzeitgemässes von 1929 bis 1932.
18 Ebd.
19 Musil: Der Mann ohne Eigenschaften, S. 45.
20 Ebd.
21 Vgl. Musil: Psychotechnik und ihre Anwendungsmöglichkeit im Bundesheere. In: Musil: KA. Bd. 10: Wissenschaftliche Veröffentlichungen.
22 Musil: Nachlass, Mappe V/5/84 Korr V 3/68.
23 Musil: Nachlass, Mappe VII/7/17 »Mg«.
24 Musil: Psychotechnik und ihre Anwendungsmöglichkeit im Bundesheere. In: Musil: KA. Bd. 10: Wissenschaftliche Veröffentlichungen.
25 Ebd.
26 Vgl. Borgard: Robert Musils früher Beitrag zur Wissenschaftsgeschichte, S. 285–312.
27 Vgl. Mehrtens: Schmidts Schaufel (9,5 kg). Frederick W. Taylors Techniken des »Scientific Management«, S. 85–106.
28 Taylor: Die Grundsätze wissenschaftlicher Betriebsführung, S. 13.
29 Ebd., S. 14.
30 Ebd.
31 Ebd.
32 Ebd., S. 19.
33 Stern: Angewandte Psychologie, S. 4–45.
34 Stern: Über Psychologie der individuellen Differenzen, Vorwort, S. V.
35 Ebd.
36 Ebd., S. 15.
37 Vgl. ebd.
38 Ebd., S. 1f.
39 Münsterberg: Grundzüge der Psychotechnik, S. 1.
40 Ebd., S. 10.
41 Ebd., S. 39.
42 Ebd., S. 4.

43 Ebd., S. 360.
44 Ebd., S. 35.
45 Vgl. ebd.
46 Ebd., S. 36.
47 Ebd., S, 42.
48 Ebd., S. 256.
49 Ebd.
50 Ebd.
51 Münsterberg: Grundzüge der Psychotechnik, S. 628.
52 Zur deutschen Diskussion vgl. Moede: Experimentelle Massenpsychologie. Beiträge zur Experimentalpsychologie der Gruppe. Leipzig 1920.
53 Giese: Psychoanalytische Psychotechnik, S. 39.
54 Ebd., S. 38.
55 Ebd., S. 39.
56 Ebd.
57 Freud an Ferenczi, 17. November 1911. In: Freud–Ferenzci: Briefwechsel, Bd. I/1, S. 423.

Eine neue Philosophie des Leibes

Bericht aus dem innersten Deutschland

1 Vgl. Wedemeyer: Der Körper des Reformers. Zwischen Leibesübung, Lebensstil und Religion, S. 399–401; Peckmann: Ausdruck und Innerlichkeit. Der Körper als Träger seelischer Stimmungen, S. 153f..
2 Gurlitt: Erziehung zur Mannhaftigkeit, S. 216.
3 Ebd., S. 101.
4 Gurlitt: Der Deutsche und sein Vaterland, S. 58.
5 Ebd., S. 67.
6 Ebd., S. 112.
7 Ebd., S. 63.
8 Gurlitt: Erziehungslehre, S. 322.
9 Paasche: Die Forschungsreise des Afrikaners Lukanga Mukara, S. 17.
10 Ebd., S. 23.
11 Ebd., S. 31.
12 Ebd., S. 36.
13 Klages: Mensch und Erde, S. 15.
14 Paasche: Die Forschungsreise des Afrikaners Lukanga Mukara, S. 80.
15 Ebd.

16 Weissbein: Die Bedeutung des Sports für Körperpflege im allgemeinen. In: ders.: Hygiene des Sports, Bd. 1, S. 44.
17 [Heberlin]: Körper-Kultur. In: Der Kunstwart, S. 412.
18 Ebd., S. 413.
19 Ebd., S. 410.
20 Wedekind: Karl Hetmann, S. 29.
21 Ebd., S. 30.
22 Wedekind: Mine-Haha, S. 21f.
23 Ebd., S. 23.
24 Ähnlich argumentiert Radkau: Die Verheißungen der Morgenfrühe, S. 59.
25 Mann: Der Untertan, S. 5.
26 Vgl. Mann: Der Schriftsteller, den der Ansager nannte, S. 338.
27 Vgl. Frecot: Die Schönheit, S. 298.
28 Zit. n. Frecot: Die Schönheit, S. 297.
29 Vgl. Wolbert: Das Erscheinen des reformerischen Körpertypus, S. 215.

Im falschen Körper

1 Vgl. dazu: Canetti: Der andere Prozeß (1984); Groß: Kafkas Krankheiten (2012).
2 Zum Begriff »Körper-Haben« vgl: Gumbrecht: Vorwort: Protokoll einer Rettung, S. 11; Sarasin: Reizbare Maschinen, S. 11ff.
3 Kafka: Tagebücher, Bd. 1: 1909–1912, S. 13.
4 Ebd.
5 Ebd., S. 17.
6 Kafka: Sämtliche Werke, S. 1293.
7 Ebd., S. 1317.
8 Ebd.
9 Kafka: Tagebücher, Bd. 2: 1912–1914, S. 178.
10 Ebd., S. 81.
11 Kafka: Sämtliche Werke, S. 1396.
12 Kafka: Tagebücher, Bd. 2: 1912–1914, S. 34.
13 Ebd., S. 32.
14 Ebd., S. 101.
15 Ebd., S. 125.
16 Kafka: Tagebücher, Bd. 1: 1909–1912, S. 260.
17 Ebd., S. 75.
18 Ebd., S. 42.
19 Ebd., S. 44.
20 Ebd., S. 35.
21 Ebd., S. 164.

22 Vgl. Sloterdijk: Du mußt dein Leben ändern, S. 116.
23 Kafka: Sämtliche Werke, S. 896.
24 Vgl. Kafka: Tagebücher, Bd. 1: 1909–1912, S. 22.
25 Ebd.
26 Ebd., S. 25.
27 Ebd., S. 205.
28 Kafka: Reisetagebücher, S. 99.
29 Ebd., S. 95.
30 Ebd., S. 98.
31 Ebd.
32 Ebd., S. 101.
33 Zu den Patienten des Sanatoriums Hartungen vgl. Willi Jasper: Zauberberg Riva, S. 21 und Seckelmann: Ein Tusculum für Dichter und Künstler, S. 383.
34 Kafka: Briefe an Felice, S. 484.
35 Kafka: Tagebücher, Bd. 2: 1912–1914, S. 194. – Wie man später herausgefunden hat, handelte es sich um Gertrud Wasner, die Tochter einer Lübecker Kaufmannsfamilie.
36 Ebd., S. 175.
37 Kafka: Briefe an Felice, S. 358.
38 Ebd., S. 362.
39 Ebd.
40 Ebd., S. 365.
41 Ebd., S. 387.
42 Kafka: Tagebücher, Bd. 2: 1912–1914, S. 412.
43 Ebd., S. 444.
44 Kafka: Briefe an Felice, S. 396.
45 Ebd., S. 397.
46 Ebd., S. 364.
47 Ebd., S. 434.

Der Aufbau eines neuen Ichs

1 Rilke – Lou Andreas-Salomé: Briefwechsel, S. 261.
2 Vgl. ebd., S. 359.
3 Ebd., S. 207.
4 Ebd., S. 208.
5 Rilke – Ellen Key, Fragebogenbrief, 14. Februar 1904: Briefwechsel, S. 55.
6 Vgl. King: Pilger und Prophet, S. 173.
7 Sabatier: Leben des heiligen Franz von Assisi, S. 137.
8 King beschreibt dies als »Platzwechsel« des Autors Rilke. In: Pilger und Prophet, S. 176.

9 Rilke – Lou Andreas-Salomé: Briefwechsel, S, 75.
10 Ebd., S. 352.
11 Ebd.
12 Ebd., S. 260.
13 Ebd., S. 249 – Die Furcht der zersetzenden Kraft der Psychoanalyse war damals unter Schriftstellern weit verbreitet: Man denke an den Begriff der »Seelenzergliederung« in Thomas Manns »Zauberberg«. Auch der Schriftsteller Oscar A. H. Schmitz äußert sich kritisch zum psychoanalytischen Verfahren: »Die Psycho-Analyse löst das Ich in seine Bestandteile auf und legt sie in das Scheidewasser ihrer Kritik, so wie der Uhrmacher die Räder einer Uhr auseinandernimmt und reinigt. Nur weiß er genau, wie er sie wieder zusammenlegen soll, während die Psycho-Analytiker hier noch keine volle Sicherheit gewonnen haben.« (Psychoanalyse und Yoga, S. 16)
14 Rilke – Lou Andreas-Salomé: Briefwechsel, S. 353.
15 Rilke – Ellen Key: Briefwechsel, S. 27.
16 Kassner: Die Mystik, die Künstler und das Leben, S. 126.
17 Kessler, 30. März 1920, Tagebücher 1918–1937, Kapitel 3, 1920, S. 86.
18 Ebd.
19 Hesse: Franz von Assisi, S. 625.
20 Ebd., S. 630.
21 Vgl. ebd., S. 636.
22 Sabatier: Leben des heiligen Franz von Assisi, Einleitung, S. IX.
23 Kassner: Der indische Gedanke, S. 36.
24 Freud: Das Ich und das Es, S. 292.
25 Ebd., S. 323.
26 Ebd.
27 Vgl. Ellenberger: Die Entdeckung des Unbewussten, Bd. 1, S. 186.
28 Kracauer: Von Caligari zu Hitler, S. 36.
29 Friedlaender: Schöpferische Indifferenz, S. 133.
30 Friedlaender an Kubin, 10. Juli 1915. In: Friedlaender – Alfred Kubin: Briefwechsel, S. 27.
31 Friedlaender: Schöpferische Indifferenz, S. 308.
32 Schmitz: Psychoanalyse und Yoga, S. 141.
33 Ebd., S. 142.
34 Ebd., S. 161.
35 Ebd., S. 24.
36 Lukács: Theorie des Romans, S. 32.
37 Kracauer: Die Wartenden, S. 106.
38 Ebd., S. 107.
39 Ebd.
40 Ebd., S. 109.
41 Dazu Klaus Heinrich: Exkurs über Buddhismus als Ausweg, S. 123.

42 Hierzu auch Gerhard Schaub: Nachwort. Schaub weist in seiner Darstellung auch auf Lukács und Kracauer hin, S. 712f. (Ball: Briefe, Bd. 3)
43 Ball: Notizen zum Versuch eines Vorwortes für das »Byzantinische Christentum«, S. 300.
44 Ball an Saager, Juni 1915. In: Briefe, Bd. 1, S. 318.
45 Ball: Notizen zum Versuch eines Vorwortes für das »Byzantische Christentum«, S. 300.
46 Ebd., S. 301.
47 Ebd.
48 Ball: Byzantinisches Christentum, S. 48.
49 Ball an Englert, 8. Juni 1921. In: Briefe, Bd. 1, S. 337.
50 Ball an Hesse, Juni 1921. In: Briefe, Bd. 1, S. 339.
51 Ball: Die religiöse Konversion, S. 370.
52 Ebd., S. 371.
53 Ebd., S. 370.
54 Ball: Die Flucht aus der Zeit, S. 207.
55 Ball an Englert, 21. März 1921. In: Briefe, Bd. 1, S. 335.
56 In einem Brief an Emmy Ball vom 11. Oktober 1923 heißt es: »Die Post ist jetzt meine einzige Verbindung mit der Welt.« (Briefe, Bd. 1, S. 422)
57 Ball an Hesse, 13. Juli 1922. In: Briefe, Bd. 1, S. 371.
58 Vgl. Schmitz: Psychoanalyse und Yoga, S. 16.
59 Vgl. Meyrink: Meine Erweckung zur Seherschaft, S. 13ff.
60 Kubin an Hedwig Kubin, zit. n. Binder: Gustav Meyrink, S. 387.
61 Wolfskehl: Gustav Meyrink aus meiner Erinnerung, S. 97.
62 Meyrink: Meine Erweckung zur Seherschaft, S. 14.
63 Ebd., S. 13.
64 Meyrink: Die Verwandlung des Blutes, S. 207.
65 Meyrink: An der Grenze des Jenseits, S. 403.
66 Ebd.
67 Vgl. Meyrink: Die Verwandlung des Blutes, S. 220.
68 Meyrink an Will Scheler, zit. n. Binder: Gustav Meyrink, S. 491.
69 Meyrink an Wolfskehl, zit. n. Binder: ebd., S. 491.
70 Vgl. Meyrink: Die Verwandlung des Blutes, S. 249.
71 Ebd., S. 250.
72 Vgl. ebd., S. 269; Binder: Gustav Meyrink, S. 490.
73 Meyrink: Die Verwandlung des Blutes, S. 267.
74 Ebd.
75 Ebd., S. 268.
76 Dazu auch Binder: Gustav Meyrink, S. 490.
77 Meyrink: Die Verwandlung des Blutes, S. 270.
78 Ebd., S. 274.
79 Ebd., S. 247.

80 Meyrink: Tagebuch, zit. n. Binder: Gustav Meyrink, S. 671.
81 Meyrink: Fakirpfade, S. 239.
82 Meyrink: An der Grenze des Jenseits, S. 441.
83 Meyrink: Die Verwandlung des Blutes, S. 208.
84 Ebd., S. 216.
85 Ebd., S. 249.
86 Ebd., S. 211 f.
87 Meyrink: An der Grenze des Jenseits, S. 403.

Zivilisation als Spannung

»Wenn wir jetzt nicht Europäer werden«

1 Kassner: Der indische Gedanke, S. 12.
2 Ebd., S. 11.
3 Ebd.
4 Ebd., S. 13.
5 Ebd., S. 12.
6 Zweig: Die Welt von Gestern, S. 213.
7 Marc: Das geheime Europa, S. 165.
8 Ebd., S. 167.
9 Gundolf: Tat und Wort im Krieg, in: Frankfurter Zeitung, 11. Oktober 1914.
10 Mann: Betrachtungen eines Unpolitischen, S. 17.
11 Ebd., S. 627.
12 Ebd., S. 31.
13 Ebd., S. 8.
14 Ebd., S. 627.
15 Ebd., S. 16.
16 Ebd., S. 497.
17 Lessing: Geschichte als Sinngebung des Sinnlosen, S. 244.
18 Lessing: Die verfluchte Kultur, S. 8.
19 Lessing: Geschichte als Sinngebung des Sinnlosen, S. 244.
20 Lessing: Europa und Asien, S. 20.
21 Lessing: Die verfluchte Kultur, S. 40.
22 Ebd., S. 44.
23 Hesse: Die Reden Buddhas (Rez., Karl Eugen Neumann). In: Sämtliche Werke, Bd. 18, S. 261 f.
24 Hofmannsthal: Über die europäische Idee. In: ders.: Sämtliche Werke. Kritische Ausgabe, Bd. 34, S. 326.

25 Ebd., S. 324.

26 Borchardt: Exposé: Gedanken über Schicksal und Aussicht des Europäischen Begriffs. In: Hofmannsthal.: Sämtliche Werke. Kritische Ausgabe, Bd. 34, S. 1275.

27 Ebd.

28 Hofmannsthal: Das alte Spiel vom Jedermann (1911). In: ders.: Sämtliche Werke. Kritische Ausgabe, Bd. 34, S. 55.

29 Hofmannsthal: Antwort auf eine Umfrage des ›Svenska Dagbladet‹. In: ders.: Sämtliche Werke. Kritische Ausgabe, Bd. 34, S. 161.

30 Ebd., vgl. S. 327.

31 Ebd.

32 Ebd.

33 Ku Hung-Ming: Der Geist des chinesischen Volkes und der Ausweg aus dem Krieg, S. 27.

34 Borchardt: Exposé: Gedanken über Schicksal und Aussicht des Europäischen Begriffs. In: Hofmannsthal.: Sämtliche Werke. Kritische Ausgabe, Bd. 34, S. 1276; vgl. hierzu auch Dieter Burdorf: Das metaphysische Italien, S. 201.

35 Hofmannsthal: Über die europäische Idee. In: ders.: Sämtliche Werke. Kritische Ausgabe, Bd. 34, S. 330.

36 Ebd.

37 Ebd.

38 Borchardt: Exposé: Gedanken über Schicksal und Aussicht des Europäischen Begriffs, S. 1274f.

39 Hofmannsthal: Über die europäische Idee. In: ders.: Sämtliche Werke. Kritische Ausgabe, Bd. 34, S. 329.

40 Ebd.

41 Pannwitz: Die Krisis der Europäischen Kultur, Vorwort, o. S.

42 Ebd., S. 201.

43 Ebd., S. 198.

44 Ebd., S. 48.

45 Ebd., S. 226.

46 Ebd., S. 87.

47 Ebd., S. 64.

48 Ebd., S. 255.

49 Ebd., S. 4.

50 Ebd., S. 18.

51 Ebd., S. 4.

52 Ebd., S. 53.

53 Ebd., S. 248.

54 Nietzsche: Werke Bd. 1, S. 1157.

55 Hofmannsthal zeigte zwar auch nach dem Krieg Sympathien für das »Hinstreben zu Asien«, so etwa in der positiven Beurteilung von Keyserlings »Reisetagebuch«, doch er ging zugleich in eine ganz andere Richtung, die das Bündnis mit

Rohan möglich machte. Deutlich wird das in einer Rede an die Mitglieder des Österreichischen Werkbundes am 25. November 1919. Hofmannsthal setzte sich bei dieser Gelegenheit mit der »Formel« der »erschöpften Kultur« (S. 240) auseinander. Hatte er sich noch im Krieg dieser »Formel« selbst bedient, so tadelte er sie jetzt als »Schlagwort«, das man nur »mit sehr großer Vorsicht« (S. 240) benutzen dürfe. In Wirklichkeit sei die deutsch-österreichische Kultur nicht erschöpft, sie besitze vielmehr unerschöpfliche Ressourcen zur Regeneration; Hofmannsthal verweist auf die »volkstümlichen Elemente«, die »Scholle« (S. 240) und den »Boden« (S. 241); aus dieser Tradition solle sich die Kultur erneuern. (Hofmannsthal: Die Bedeutung unseres Kunstgewerbes für den Wiederaufbau. In: ders.: Sämtliche Werke. Kritische Ausgabe, Bd. 34, S. 237–248)

56 Keyserling: Das Reisetagebuch eines Philosophen, S. 6.

57 Ebd., S. 615.

58 Ebd., S. 349.

59 Vgl. ebd., S. 627.

60 Ebd., S. 628.

61 Keyserling: Rabindranath Tagore und Deutschland. In: Der Tag, Nr. 117, 22. Mai 1921.

62 So beschreibt ihn Marie von Bunsen anlässlich eines Treffens in Berlin: Rabindranath Tagore unter märkischen Kiefern. In: Berliner Illustrierte Zeitung, Nr. 20401, 16. Juni 1921.

63 Vgl. Keyserling: Schöpferische Erkenntnis, S. 415.

64 Ebd.

65 Ebd.

66 Vgl. ebd., S. 402.

67 Otto Röhm »Rabindranath Tagore in Darmstadt« (unveröffentlichter Bericht), Keyserling-Archiv, Darmstadt.

68 Vgl. Tagore in Darmstadt. In: Darmstädter Tagblatt, Sonntag, den 12. Juni 1921, S. 3.

69 Zweig: Rabindranath Tagores »Sādhanā«, S. 185.

70 Ebd., S. 186.

71 Tagore: Sādhanā. Der Weg zur Vollendung, S. 57.

72 Vgl. dazu: Klaus Heinrich: Sprung ins Zentrum / Hausverlassen / Revolutionärer Quietismus (1979), S. 80 ff.

73 Herrigel: Zen in der Kunst des Bogenschießens, S. 65.

74 Ebd., S. 94.

75 Ebd., S. 14.

76 Ebd., S. 48.

77 Ebd.

78 Ebd., S. 91.

79 Herrigel: Die ritterliche Kunst des Bogenschießens, S. 211.

80 Ebd.

»Keine Wurzeln im Leben«

1 Hofmannsthal: Gabriele D'Annunzio, S. 148.
2 Bücher: Arbeit und Rhythmus, S. 419.
3 Ebd.
4 Rathenau: Zur Kritik der Zeit, S. 97.
5 Ebd., S. 135.
6 Rathenau: Zur Mechanik des Geistes, S. 56.
7 Ebd.
8 Ebd., S. 58.
9 Ebd., S. 304.
10 Ebd., S. 16.
11 Lukács: Die Seele und die Formen, S. 219.
12 Vgl. ebd., S. 233.
13 Schleich: Von der Seele, S. 9.
14 Ebd., S. 33.
15 Ebd., S. 26.
16 Vgl. Bücher: Arbeit und Rhythmus, S. 23.
17 Ebd., S. 405.
18 Vgl. Wedemeyer-Kolwe: »Der neue Mensch«, S. 65ff.; Huschka: Merce Cunningham und der moderne Tanz, S. 39ff.
19 Klages: Vom Wesen des Rhythmus, S. 32.
20 Freud: Totem und Tabu, S. 295.
21 Ebd., S. 444.
22 Ebd.
23 Jung: Erinnerungen, Träume, Gedanken, S. 209.
24 Ebd., S. 327.
25 Jung: Über das Unbewußte, S. 617.
26 Marc: »Der Blaue Reiter«. Text zum Subskriptionsprospekt des Almanachs. In: ders.: Schriften. Köln 1978, S. 150.
27 Einstein: Negerplastik, S. XV.
28 Kassner: Der magische Leib, S. 170.
29 Ebd., S. 171.
30 Ebd., S. 172.
31 Ebd.
32 Ebd.
33 Ebd., S. 210f.
34 Ebd., S. 183.
35 Sombart: Die Juden und das Wirtschaftsleben, S. 205.
36 Ebd.
37 Ebd., S. 429.
38 Ebd.

39 Ebd., S. 426.
40 Ebd., S. 326.
41 Sombart: Der proletarische Sozialismus, S. 154; vgl. hierzu auch: Bodemann: Von Berlin nach Chicago und weiter, S. 185–212.
42 Mann: Betrachtungen eines Unpolitischen, S. 122.
43 Mann: Rede zur Eröffnung der »Münchner Gesellschaft 1926«, S. 239.
44 Rosenberg: Der Mythus des 20. Jahrhunderts, S. 447.
45 Ebd.
46 Goll: Die Neger erobern Europa, S. 258.
47 Lessing: Josephine, S. 222.
48 Ebd., S. 221.

Der neue Nomade

1 Marinetti: Technisches Manifest der futuristischen Literatur, S. 27.
2 Vgl. ebd., S. 27.
3 Sennett: Der flexible Mensch – Die Kultur des neuen Kapitalismus. München 1998.
4 Spengler: Der Untergang des Abendlandes, S. 45.
5 Ebd., S. 660.
6 Ebd., S. 46.
7 Ebd., S. 563.
8 Ebd., S. 685.
9 Virilio: Fahren, fahren, fahren ..., S. 34.
10 Ebd., S. 32.
11 Ebd., S. 660.
12 Ebd., S. 674.
13 Ebd., S. 677.
14 Ebd., S. 679.
15 Ebd.
16 Ebd., S. 674.
17 Bei Adorno heißt es dazu: »Spengler sieht den Zusammenhang von Atomisierung und regressivem Menschentypus, wie er im Zeichen der totalitären Ausbrüche erst ganz sich enthüllt hat.« (Spengler nach dem Untergang, S. 55)
18 Vgl. Spengler: Der Untergang des Abendlandes, S. 678.
19 Ebd.
20 Ebd., S. 685.
21 Ebd., S. 579.
22 Sennett: Der flexible Mensch, S. 28.
23 Ebd.
24 Ebd., S. 182.

25 Vgl. Sennett: Stadt ohne Gesellschaft. Der flexible Mensch und die Uniformität der Städte. In: Le Monde diplomatique, deutsche Ausgabe, 16. Februar 2001.
26 Spengler: Der Untergang des Abendlandes, S. 674.
27 Vgl. Sennett: Der flexible Mensch, S. 155.
28 Vgl. Philipp Schwenke / Eva Weber-Guskar: Kein Leben jenseits der Arbeit. Interview mit Richard Sennett, Zeit Online, 14. Juli 2008. http://www.zeit.de/campus/2008/04/interview-richard-sennett.
29 Vgl. Sennett: Zusammenarbeit, S. 11.
30 Vgl. ebd., S. 9.
31 Ebd., S. 10.
32 Ebd., S. 11.

Innen ist immer schon außen!

1 Carr: Wer bin ich, wenn ich online bin ..., S. 21.
2 Schirrmacher: Payback, S. 20.
3 Ebd., S. 14, 15.
4 Carr: Wer bin ich, wenn ich online bin ..., S. 64 f.
5 Vgl. ebd., S. 67.
6 Ebd., S. 193.
7 Schirrmacher: Payback, S. 20.
8 Ebd., S. 81.
9 Ebd., S. 144.
10 Schirrmacher: Ego, S. 15.
11 Ebd., S. 11.
12 Tieck: Der blonde Eckbert, S. 169.
13 Rilke: Malte Laurids Brigge, S. 110 f.
14 Ebd., S. 151.
15 Ebd.
16 Ebd., S. 121.
17 Benn: Gehirne, S. 9.
18 Benn: Lebensweg eines Intellektualisten, S. 28.
19 Benn: Gehirne, S. 10.
20 Benn: Lebensweg eines Intellektualisten, S. 34.
21 Benn: Gehirne, S. 11.
22 Ebd., S. 9.
23 Günther: Maschine, Seele und Weltgeschichte, S. 235.
24 Virilio: Die Eroberung des Körpers, S. 138.

Weltlosigkeit
Nachwort

1 Arendt: Vita activa, S. 411.
2 Ebd., S. 410.
3 Ebd., S. 414.
4 Ebd., S. 412.
5 Ebd., S. 413.
6 Vgl. ebd., S. 208.
7 Ebd., S. 410.
8 Han: Müdigkeitsgesellschaft, S. 33.
9 Arendt: Vita activa, S. 408.
10 Ebd., S. 325.

Literaturverzeichnis

Adler, Alfred: Über den nervösen Charakter. Grundzüge einer vergleichenden Individualpsychologie und Psychotherapie. Wiesbaden 1912.

Adorno, Theodor W.: Spengler nach dem Untergang. In: Prismen. Kulturkritik und Gesellschaft. Frankfurt/M. 1976, S. 32–81.

–: Minima Moralia. Reflexionen aus dem beschädigten Leben (1951). Frankfurt/M. 1979.

–: Jargon der Eigentlichkeit. Zur deutschen Ideologie. In: ders.: Gesammelte Schriften. Bd. 6: Negative Dialektik; Jargon der Eigentlichkeit. Hrsg. von Rolf Tiedemann. Frankfurt/M. 1973, S. 413–524.

Allen, A. T.: »Das Recht des Kindes, seine Eltern zu wählen«. Eugenik und Frauenbewegung in Deutschland und Großbritannien 1900–1933. In: Meike Sophia Baader / Juliane Jacobi / Sabine Andresen (Hrsg.): Ellen Keys reformpädagogische Vision. »Das Jahrhundert des Kindes« und seine Wirkung. Weinheim u. Basel 2000, S. 105–124.

Andrian, Leopold: Der Garten der Erkenntnis. Mit einem Nachwort von Iris Paetzke. Zürich 1990.

Andries, Paul: Der Vegetarismus und die Einwände seiner Gegner. Leipzig 1893.

Arendt, Hannah: Vita activa oder Vom tätigen Leben (1958, dt. 1967). München 2013.

Asendorf, Christoph: Batterien der Lebenskraft. Zur Geschichte der Dinge und ihrer Wahrnehmung im 19. Jahrhundert. Gießen 1984.

Asholt, Wolfgang / Fähnders, Walter (Hrsg.): Manifeste und Proklamationen der europäischen Avantgarde (1909–1938). Stuttgart, Weimar 1995.

Bahr, Hermann: Kritik. In: ders.: Studien zur Kritik der Moderne. Frankfurt/M. 1894, S. 3–12.

–: Die Décadence. In: ders.: Studien zur Kritik der Moderne. Frankfurt/M.1894, S. 19–26.

–: Satanismus. In: ders.: Studien zur Kritik der Moderne. Frankfurt/M. 1894, S. 33–42.

Ball, Hugo: Kandinsky. Vortrag gehalten in der Galerie Dada (Zürich, 7. April 1917). In: ders.: Der Künstler und die Zeitkrankheit. Ausgewählte Schriften. Hrsg. und mit einem Nachwort versehen von Hans Burkhard Schlichting. Frankfurt/M. 1984, S. 41–53.
–: Die Flucht aus der Zeit. Luzern 1946.
–: Byzantinisches Christentum. Zürich, 2. Aufl. Köln 1958.
–: Notizen zum Versuch eines Vorwortes für das »Byzantinische Christentum«. In: ders.: Der Künstler und die Zeitkrankheit. Ausgewählte Schriften. Hrsg. und mit einem Nachwort versehen von Hans Burkhard Schlichting. Frankfurt/M. 1984, S. 299–302.
–: Die religiöse Konversion. In: ders.: Der Künstler und die Zeitkrankheit. Ausgewählte Schriften. Hrsg. und mit einem Nachwort versehen von Hans Burkhard Schlichting. Frankfurt/M. 1984, S. 336–376.
–: Briefe 1904–1927. Bd. 1: 1904–1923; Bd. 2: 1924–1927; Bd. 3: Kommentar. Hrsg. und kommentiert von Gerhard Schaub und Ernst Teubner. Göttingen 2003.
Baltzer, Eduard: Von der Arbeit oder die menschliche Arbeit in persönlicher und volkswirtschaftlicher Beziehung. Nordhausen 1864.
–: Die natürliche Lebensweise, der Weg zur Gesundheit und sozialem Heil. Mit 2 Tafeln Abbildungen. Nordhausen 1867.
–: Pythagoras, der Weise von Samos. Ein Lebensbild. Nordhausen 1868.
–: Das Menschenleben in seinen Hauptbeziehungen. Vorträge. 2. vermehrte Aufl. Nordhausen 1868.
Beard, George M.: American Nervousness. Its Causes and Consequences. A Supplement to Nervous Exhaustion (Neurasthenia). New York 1881.
–: Die Nervenschwäche (Neurasthenia). Ihre Symptome, Natur, Folgezustände und Behandlung. Mit einem Anhang: Die Seekrankheit und der Gebrauch der Brommittel. Übersetzt und bearbeitet von M. Neisser. 2. vermehrte deutsche Aufl. Leipzig 1883.
Benjamin, Walter: Charles Baudelaire. Ein Lyriker im Zeitalter des Hochkapitalismus. In: ders.: Gesammelte Schriften, I, 2. Hrsg. von Rolf Tiedemann und Hermann Schweppenhäuser. Werkausgabe Bd. 2. Frankfurt/M. 1980.
Benn, Gottfried: Gehirne. In: ders.: Prosa. Szenen. Das Hauptwerk. Dritter Band. Hrsg. von Marguerite Schlüter. Wiesbaden u. München 1980, S. 5–11.
–: Lebensweg eines Intellektualisten. In: ders.: Vermischte Schriften. Das Hauptwerk. Vierter Band. Wiesbaden u. München 1980, S. 17–66.
–: Genie und Gesundheit. In: Der Querschnitt. ›Das Magazin der aktuellen Ewigkeitswerte‹. 1924–1933. Zusammengestellt und hrsg. von Christian Ferber. Berlin 1981, S. 349–352.
–: Züchtung III. In: ders.: Gesammelte Werke in der Fassung der Erstdrucke. Bd. III. Hrsg. v. Bruno Hillebrand. Frankfurt/M. 1982-1990, S. 237–244.
Bernfeld, Siegfried: Freuds Kokain-Studien, 1884-1887. In: Siegfried Bernfeld / Suzanne Cassirer Bernfeld: Bausteine der Freud-Biographik. Eingeleitet, hrsg. und übersetzt von Ilse Grubrich-Simitis. Frankfurt/M. 1988, S. 198–236.

Binder, Hartmut: Gustav Meyrink. Ein Leben im Banne der Magie. Mit 303 Abbildungen und zwei Stadtplänen. Prag 2009.

Binswanger, Otto: Die Abgrenzung der progressiven Paralyse. In: Berliner Klinische Wochenschrift, 1894, 31, S. 1103–1105, 1137–1139, 1180–1186.

–: Die Pathologie und Therapie der Neurasthenie: Vorlesungen für Studierende und Aerzte (1896). Reprint USA, o. J.

Bircher-Benner, Max: Vom Werden des neuen Arztes. Erkenntnisse und Bekenntnisse (1938). 3. Aufl. mit einem Anhang hrsg. von Dr. Ralph Bircher im Einvernehmen mit den Ärzten der Klinik Bircher-Benner. Reutlingen 1949.

–: Der Menschenseele Not. Erkrankung und Gesundung. Teil I und Teil II. Zürich, Leipzig, Wien 1940.

Bodemann, Y. Michal: Von Berlin nach Chicago und weiter: Georg Simmel und die Reise seines »Fremden«. In: Mieg, Harald A. / Astrid O. Sundsboe, Majken Bieniok (Hrsg.): Georg Simmel und die aktuelle Stadtforschung. Wiesbaden 2011, S. 185–212.

Bolz, Norbert: Vorwort. In: Norbert Bolz / Willem van Reijen (Hrsg.): Heilsversprechen. München 1998, S. 7–9.

Borchardt, Rudolf: Exposé: Gedanken über Schicksal und Aussicht des Europäischen Begriffs am Ende des Weltkrieges. Schema. Abgedruckt in: Hugo von Hofmannsthal: Sämtliche Werke XXXIV. Reden und Aufsätze 3. Hrsg. von Klaus E. Bohnenkamp, Katja Kaluga u. Klaus-Dieter Krabiel. Frankfurt/M. 2011, S. 1271–1276 (Varianten und Erläuterungen).

Borgard, Thomas: Robert Musils früher Beitrag zur Wissenschaftsgeschichte im Einflußbereich Lotzes und Fechners. In: Lutz Danneberg (Hrsg.) et al.: Wissen in Literatur im 19. Jahrhundert. Tübingen 2002, S. 285–312.

Bresler, Johann: Wie beginnen Geisteskrankheiten? Halle 1905.

Breuer, Josef/Freud, Sigmund: Studien über Hysterie. Einleitung von Stavros Mentzos. Frankfurt/M. 1991.

Brömsel, Sven: »Wir leben unter sehr dummen Menschen.« Der Kontakt zwischen Houston Stewart Chamberlain und Maximilian Harden. In: Wagnerspektrum: Regietheater. Hrsg. v. Udo von Bermbach u. a.. H. 2, Würzburg 2005, S. 111–124.

Brown, John: System der Heilkunde. Nach der letzteren, vom Verfasser sehr vermehrten und mit Anmerkungen bereicherten Englischen Ausgabe übersetzt, und mit einer kritischen Abhandlung über die Brownischen Grundsätze begleitet von C. H. Pfaff. Nebst einer tabellarischen Uebersicht des Brownischen Systems von Samuel Lynch. Koppenhagen 1804.

Buchholz, Kai / Latocha, Rita / Peckmann, Hilke / Wolbert, Klaus (Hrsg.): Die Lebensreform. Entwürfe zur Neugestaltung von Leben und Kunst um 1900. Bd. I u. II. Darmstadt 2001.

Bücher, Karl : Arbeit und Rhythmus. Dritte, stark vermehrte Aufl. Leipzig 1902.

Bumke, Oswald: Über nervöse Entartung. Monographien aus dem Gesamtgebiete der Neurologie und Psychiatrie. Heft 1. Berlin 1912.

–: Kultur und Entartung. Berlin 1922.

Burdorf, Dieter: Das metaphysische Italien. Kultur, Geschichte und Dichtung bei Rudolf Borchardt und Benedetto Croce. In: Vietta, Silvio (Hrsg.) et al.: Das Europa-Projekt der Romantik und die Moderne. Tübingen 2005, S. 173–206.

Busse, Gert: »Ein großer wilder Mann mit Cocain im Leib«. In: Psychologie heute, 20 (1993), S. 52–57.

Canetti, Elias: Der andere Prozeß. Kafkas Briefe an Felice. München 1984.

Carr, Nicholas: Wer bin ich, wenn ich online bin … und was macht mein Gehirn solange? Wie das Internet unser Denken verändert. Aus dem amerikanischen Englisch von Henning Dedekind. München 2010.

Carus, Carl Gustav: Vergleichende Psychologie oder Geschichte der Seele in der Reihenfolge der Thierwelt. Wien 1866.

Conrad, Michael Georg: Zur Wiedergeburt der Kulturmenschheit! Zwei preisgekrönte Arbeiten. Heinrich Solger: Was ist zur Verbesserung unserer Rasse zu thun? / Max Seiling: Die Regeneration des Menschengeschlechts. Eingeleitet und hrsg. von G. M. Conrad. München 1893.

Cornaro, Luigi: Vorstellung von dem Nutzen eines nüchtern und mäßigen Lebens, aufs neue hrsg. von D. Christian Gotthold Schwenken. Dresden u. Leipzig 1755.

Cowan, Michael / Sicks, Kai Marcel: Technik, Krieg und Medien. Zur Imagination von Idealkörpern in den zwanziger Jahren. In: dies. (Hrsg.): Leibhaftige Moderne. Körper in Kunst und Massenmedien. 1918 bis 1933. Bielefeld 2005, S. 13–28.

Demm, Eberhard: Lernen durch das ›diskutative Prinzip‹. Zur Entwicklung der emanzipatorischen Lehrmethode in Heidelberg. In: Themenportal Europäische Geschichte (2007), URL: http://www.europa.clio-online.de/2007/Article=271. (21.02.13).

Derrida, Jacques: Von einem neuerdings erhobenen apokalyptischen Ton in der Philosophie. In: ders.: Apokalypse. Graz u. Wien 1985.

–: Marx' Gespenster. Der Staat der Schuld, die Trauerarbeit und die neue Internationale. Aus dem Französischen von Susanne Lüdemann. Frankfurt/M. 2004.

Dubois, Paul: Die Psychoneurosen und ihre psychische Behandlung. Vorlesungen gehalten an der Universität Bern. Übersetzt von Dr. med. Ringler. Vorwort von D. Déjerine. Bern 1905.

Du-Bois Reymond, Emil: Über die Übung. Rede gehalten zur Feier des Stiftungstages der Militär-Ärztlichen Bildungs-Anstalten. Berlin 1884.

Eckart, Wolfgang: »Die wachsende Nervosität unserer Zeit«. Medizin und Kultur um 1900 am Beispiel einer Modekrankheit. In: Hübinger, Gangolf / vom Bruch, Rüdiger / Graf, Friedrich Wilhelm (Hrsg.): Kultur und Kulturwissenschaften um 1900. II: Idealismus und Positivismus. Stuttgart 1997, S. 207–226.

Ehrenberg, Alain: Das erschöpfte Selbst. Depression und Gesellschaft in der Gegenwart. Übersetzung: Manuela Lenzen und Martin Klaus. Frankfurt / New York 2004.

Eissler, Kurt Robert: Mankind at its best: In: J. Amer. Psychoanal. Ass. 12 (1964), S. 187–222.
Ellenberger, Henry F.: Die Entdeckung des Unbewussten. Bd. I. Ins Deutsche übertragen von Gudrun Theusner-Stampa. Bern, Stuttgart, Wien 1973.
Erb, Wilhelm: Ueber die wachsende Nervosität unserer Zeit. Heidelberg 1893.

Fechner, Gustav Theodor: Elemente der Psychophysik. Erster und Zweiter Theil. Leipzig 1860.
Felsch, Philipp: Laborlandschaften. Physiologische Alpenreisen im 19. Jahrhundert. Göttingen 2007.
Fest, Joachim: Hitler. Eine Biographie. (Neuausgabe) Berlin 2002.
Fleig, Anne: Körperkultur und Moderne. Robert Musils Ästhetik des Sports. Berlin, New York 2008.
Forel, August: Briefe. Correspondance. 1864–1927. Hrsg. von H. Walser. Stuttgart 1968.
Foucault, Michel: Die Geburt der Klinik. Eine Archäologie des ärztlichen Blicks. Aus dem Französischen von Walter Seitter. Frankfurt/M. 1991.
Frecot, Janos: Die Schönheit. Mit Bildern geschmückte Zeitschrift für Kunst und Leben. In: Buchholz, Kai u.a. (Hrsg.): Die Lebensreform, Bd. II, Darmstadt 2001, S. 297–303.
Freedman, Ralph: Rainer Maria Rilke. Der junge Dichter: 1875 bis 1906. Bd. 1. Aus dem Amerikanischen von Curdin Ebneter. Frankfurt/M., Leipzig 2001.
Freud, Sigmund: Über Coca (1884). In: ders.: Schriften über Kokain. Hrsg. und eingeleitet von Albrecht Hirschmüller. Zweite, korrigierte Aufl. Frankfurt/M. 1999, S. 41–88.
–: Entwurf einer Psychologie (1895). In: ders.: Aus den Anfängen der Psychoanalyse. Briefe an Wilhelm Fließ. Abhandlungen und Notizen aus den Jahren 1887–1902. Hrsg. von Marie Bonaparte, Anna Freud und Ernst Kris. Korrigierter Nachdruck. Frankfurt/M. 1975, S. 297–384.
–: Über die Berechtigung, von der Neurasthenie einen bestimmten Symptomkomplex als ›Angstneurose‹ abzutrennen (1895). In: ders.: Schriften zur Krankheitslehre der Psychoanalyse. Einleitung von Clemens de Boor. Frankfurt/M. 1991, S. 27–52.
–: Die Sexualität in der Ätiologie der Neurosen (1898). In: ders.: Schriften zur Krankheitslehre der Psychoanalyse. Einleitung von Clemens de Boor. Frankfurt/M. 1991, S. 85–108.
–: Die Traumdeutung (1900). Studienausgabe, Bd. 11. Hrsg. von Alexander Mitscherlich, Angela Richards, James Strachey. Frankfurt/M. 1972.
–: Der Witz und seine Beziehung zum Unbewußten (1905). In: ders.: Der Witz und seine Beziehung zum Unbewußten. Der Humor. Einleitung von Peter Gay. Frankfurt/M. 1992.
–: Die ›kulturelle‹ Sexualmoral und die moderne Nervosität (1908). In: ders.: Drei Abhandlungen zur Sexualtheorie und verwandte Schriften. Auswahl und Nachwort von Alexander Mitscherlich. Frankfurt/M. 1977, S. 120–139.

–: Totem und Tabu. Einige Übereinstimmungen im Seelenleben der Wilden und der Neurotiker (1912). In: ders.: Fragen der Gesellschaft. Ursprünge der Religion. Studienausgabe Bd. IX. Hrsg. von Alexander Mitscherlich, Angela Richards, James Strachey. Frankfurt/M. 1975, S. 287–444.

–: Zur Geschichte der psychoanalytischen Bewegung (1914). In: ders.: ›Selbstdarstellung‹. Schriften zur Geschichte der Psychoanalyse. Hrsg. u. eingeleitet von Ilse Grubrich-Simitis. Frankfurt/M. 1971, S. 141–201.

–: Das Unheimliche (1919). In: ders.: Der Moses des Michelangelo. Schriften über Kunst und Künstler. Einleitung von Peter Gay. Frankfurt/M. 1993, S. 137–172.

–: Massenpsychologie und Ich-Analyse (1921). In: ders.: Fragen der Gesellschaft. Ursprünge der Religion. Studienausgabe Bd. IX. Hrsg. von Alexander Mitscherlich, Angela Richards, James Strachey. Frankfurt/M. 1974, S. 61–134.

–: Das Ich und das Es (1923): In: ders.: Psychologie des Unbewußten. Studienausgabe Bd. III. Hrsg. von Alexander Mitscherlich, Angela Richards, James Strachey. Frankfurt/M. 1975, S. 273–330.

–: ›Selbstdarstellung‹ (1925). In: ders.: ›Selbstdarstellung‹. Schriften zur Geschichte der Psychoanalyse. Hrsg. und eingeleitet von Ilse Grubrich-Simitis. Frankfurt/M. 1971, S. 37–96.

–: Briefe 1873–1939. Ausgewählt und hrsg. von Ernst L. Freud. Frankfurt/M. 1960.

–: Briefe an Wilhelm Fließ: 1887–1904. Hrsg. von Jeffrey Moussaieff Masson. Bearbeitung der deutschen Fassung von Michael Schröter. Transkription von Gerhard Fichtner. Frankfurt/M. 1986.

Freud, Sigmund / [Breuer, Josef]: Studien über Hysterie. Einleitung von Stavros Mentzos. Frankfurt/M. 1991.

Freud, Sigmund / Ferenczi, Sándor: Briefwechsel. Bd. I/1: 1908–1911. Hrsg. von Eva Brabant, Ernst Falzeder, Patrizia Giampieri-Deutsch. Unter der wissenschaftlichen Leitung von André Haynal. Transkription von Ingeborg Meyer-Palmedo. Wien, Köln, Weimar 1993.

–: Tagebuch 1929–1939. Kürzeste Chronik. Hrsg. und eingeleitet von Michael Molnar, Freud Museum London. Übersetzt ins Deutsche von Christfried Tögel. Frankfurt/M. 1996.

[–]: Zur Psychoanalyse der Kriegsneurosen. Diskussion gehalten auf dem V. Internationalen Psychoanalytischen Kongreß in Budapest, 28. und 29. September 1918. Beiträge von: Sigmund Freud, Sándor Ferenczi, Karl Abraham, Ernst Simmel, Ernest Jones. (Internationale Psychoanalytische Bibliothek, Nr. 1). Leipzig u. Wien 1919.

Frick, Werner: Avantgarde und longue durée. Überlegungen zum Traditionalismusverbrauch der klassischen Moderne. In: Sabina Becker / Helmuth Kiesel (Hrsg.): Zum Begriff und Phänomen der literarischen Moderne. Berlin 2006.

Friedlaender / Mynona, Salomo / Alfred Kubin: Briefwechsel. Hrsg. von Hartmut Geerken und Sigrid Hauff. Wien, Linz 1986.

Friedlaender, Salomo: Schöpferische Indifferenz. Hrsg. von Detlef Thiel. Salomo Friedlaender / Mynona: Gesammelte Schriften. Hrsg. von Hartmut Geerken &

Detlef Thiel. In Zusammenarbeit mit der Kant-Forschungsstelle der Universität Trier. Bd. 10. Norderstedt 2009.

Frommer, Jörg / Frommer, Sabine: Max Webers Krankheit – soziologische Aspekte der depressiven Struktur. In: Fortschritte der Neurologie und Psychiatrie 61 (1993), S. 161–171.

Frommer, Sabine: Naturalismus und Naturalismuskritik. Emil Kraepelins Arbeitspsychologie und ihre Rezeption durch Max Weber. In: Hübinger, Gangolf / vom Bruch, Rüdiger / Graf, Friedrich Wilhelm (Hrsg.): Kultur und Kulturwissenschaften um 1900. II: Idealismus und Positivismus. Stuttgart 1997, S. 190–208.

Galton, Francis: Fortpflanzungs-Hygiene (Eugenik). In: Archiv für Rassen- und Gesellschaftsbiologie, Bd. 2, Heft 5/6, S. 812–829.

–: Genie und Vererbung (Hereditary Genius). Übersetzung: Dr. Otto Neurath und Dr. Anna Schapire-Neurath. Leipzig 1910.

Gay, Peter: Freud. Eine Biographie für unsere Zeit. Aus dem Amerikanischen von Joachim A. Frank. Frankfurt/M. 1997.

–: Die Moderne. Eine Geschichte des Aufbruchs. Übersetzt von Michael Bischoff. Frankfurt/M. 2009.

Giese, Fritz: Psychoanalytische Psychotechnik (Sonderdruck aus »Imago. Zeitschrift für Anwendung der Psychoanalyse auf die Geisteswissenschaften (Hrsg. von Sigmund Freud) X. Bd. (1924) H. 1. Leipzig, Wien, Zürich 1924.

Gleïzès, Jean-Antoine: Thalysia, oder Das Heil der Menschheit. Aus dem Französischen übersetzt und überarbeitet von Robert Springer. Berlin 1872.

Goll, Yvan: Die Neger erobern Europa. In: Die literarische Welt 2 (15. Januar 1926) Nr. 3, S. 3–4. Abgedruckt in: Weimarer Republik: Manifeste und Dokumente zur deutschen Literatur 1918-1933, hrsg. von Anton Kaes. Stuttgart 1983, S. 256–259.

Griesinger, Wilhelm: Die Pathologie und Therapie der psychischen Krankheiten für Aerzte und Studierende. 3. Aufl. Braunschweig 1871.

Groß, Johannes: Kafkas Krankheiten. Marburg 2012.

Grotjahn, Alfred: Geburten-Rückgang und Geburten-Regelung. Im Lichte der individuellen und der sozialen Hygiene. Berlin 1914.

–: Soziale Pathologie. Versuch einer Lehre von den sozialen Beziehungen der Krankheiten als Grundlage der sozialen Hygiene. Mit Beiträgen von C. Hamburger, R. Lewinsohn, A. Peyser, W. Salomon und G. Wolff. 3. neubearbeitete Aufl. Berlin 1923.

Grubrich-Simitis, Ilse: Zurück zu Freuds Texten. Stumme Dokumente sprechen machen. Frankfurt/M. 1993.

Grünewald, Stephan: Die erschöpfte Gesellschaft. Warum Deutschland neu träumen muss. Frankfurt/M. 2013.

Gumbrecht; Hans Ulrich: Vorwort: Protokoll einer Rettung. In: Cowan, Michael / Sicks, Kai Marcel: Technik, Krieg und Medien. Zur Imagination von Idealkörpern in den zwanziger Jahren. In: dies. (Hrsg.): Leibhaftige Moderne. Körper in Kunst und Massenmedien. 1918 bis 1933. Bielefeld 2005, S. 9–12.

–: Lob des Sports. Aus dem Amerikanischen von Georg Deggerich. Frankfurt/M. 2005.
Günther, Gotthard: Maschine, Seele und Weltgeschichte. In: ders.: Beiträge zu einer operationsfähigen Dialektik. Bd. 3. Hamburg 1980, S. 211–235.
Gundolf, Friedrich: Tat und Wort im Krieg. In: Frankfurter Zeitung, 11. Oktober 1914.
Gurlitt, Ludwig: Der Deutsche und sein Vaterland. Politisch-pädagogische Betrachtungen eines Modernen (1902). 6. Aufl. Berlin 1903.
–: Erziehung zur Mannhaftigkeit. Berlin 1906.
–: Die Schule. Frankfurt/M. 1907.
–: Erziehungslehre. Berlin 1909.

Habermas, Jürgen: Die Zukunft der menschlichen Natur. Auf dem Wege zu einer liberalen Eugenik? Frankfurt/M. 2001.
Han, Byung-Chul: Müdigkeitsgesellschaft. Berlin 2010.
Handke, Peter: Versuch über die Müdigkeit. Frankfurt/M. 1989.
[Heberlin]: Körper-Kultur. In: Der Kunstwart. Hrsg. von Ferdinand Avenarius. 17. Jg., 2. Hälfte (April–September) 1904, S. 409–414.
Heinrich, Christian: Die unfassbare Schwäche. Ist das chronische Erschöpfungssyndrom eine ansteckende Krankheit. In: Die Zeit (2010), Ausg. 12, 19. März 2010.
Heinrich, Klaus: Sprung ins Zentrum / Hausverlassen / Revolutionärer Quietismus (1979). Zu aktuellen Formen der Faszination ›östlicher‹ Meditation und Askese. In: ders.: Vernunft und Mythos. Ausgewählte Texte. Frankfurt/M. 1983, S. 80–88.
–: Exkurs über Buddhismus als Ausweg. In: ders.: Versuch über die Schwierigkeit nein zu sagen. Verb. Neuaufl. Frankfurt/M. 1982, S. 121–129.
Heinz, Christian: Ausweitung der Kriegszone. Die Bircher-Zeitschrift ›Der Wendepunkt im Leben und im Leiden‹. In: Zauberberge. Die Schweiz als Kraftraum und Sanatorium. Hrsg. von Felix Graf und Eberhard Wolff im Auftrag des Schweizer Nationalmuseums. Baden 2010, S. 43–48.
Hellpach, Willy: Soziale Ursachen und Wirkungen der Nervosität. In: Politisch-anthropologische Revue. Monatsschrift für das soziale und geistige Leben der Völker (1902), Teil I, S 43–56 u. Teil II, S. 126–134.
Hermand, Jost: Konsequente Tierfreunde. Zur Entstehung der Vegetarierbewegung. In: ders.: Freundschaft. Zur Geschichte einer sozialen Bindung. Köln 2006, S. 85–105.
Herrigel, Eugen: Die ritterliche Kunst des Bogenschießens. In: Nippon. Zeitschrift für Japanologie, 2. Jg. (1936), H. 4, S. 193–212.
–: Zen in der Kunst des Bogenschießens (1951). 32. Aufl. Bern, München, Wien 1991.
Hesse, Hermann: Franz von Assisi. In: Jugendschriften. Sämtliche Schriften. Hrsg. von Volker Michels. Bd. 1. Frankfurt/M. 2001, S. 623–660.
–: Die Reden Buddhas. In: ders.: Sämtliche Werke, Bd. 18: Die Welt im Buch. Leseerfahrungen III. Rezensionen und Aufsätze aus den Jahren 1917–1925. In Zu-

sammenarbeit mit Heiner Hesse u. Marco Schickling hrsg. von Volker Michels. Frankfurt/M. 2002, S. 261–263.
Heyll, Uwe: Wasser, Fasten, Luft und Licht. Die Geschichte der Naturheilkunde in Deutschland. Frankfurt/M. 2006.
Hilmes, Oliver: Herrin des Hügels. Das Leben der Cosima Wagner. München 2007.
Hirschmüller, Albrecht: Einleitung. Sigmund Freud. Schriften über Kokain. Zweite, korrigierte Aufl. Frankfurt/M. 1999, S. 9–39.
Hösslin, Rudolph von: Symptomatologie. In: Müller, Franz Carl (Hrsg.): Handbuch der Neurasthenie. Leipzig 1893, S. 87–190.
Hofmannsthal, Hugo von: Das Tagebuch eines Willenskranken. Henri-Frédéric Amiel, »Fragments d'un journal intime« (1891). In: ders.: Gesammelte Werke in zehn Einzelbänden. Reden und Aufsätze 1–3, Bd. 1. Frankfurt/M. 1979, S.106–117.
–: Gabriele D'Annunzio (1897). In: ders.: Gesammelte Werke in Einzelausgaben. Prosa I. Hrsg. von Herbert Steiner. Frankfurt/M. 1950, S. 147.
–: »Antwort auf eine Umfrage des ›Svenska Dagbladet‹« (1915). In: ders.: Sämtliche Werke XXXIV. Reden und Aufsätze 3. Hrsg. von Klaus E. Bohnenkamp, Katja Kaluga und Klaus-Dieter Krabiel. Frankfurt/M. 2011, S. 159–161.
–: Über die europäische Idee (1917). In: ders.: Sämtliche Werke XXXIV. Reden und Aufsätze 3. Hrsg. von Klaus E. Bohnenkamp, Katja Kaluga und Klaus-Dieter Krabiel. Frankfurt/M. 2011, S. 324–335.
–: Die Bedeutung unseres Kunstgewerbes für den Wiederaufbau. Ansprache an die Mitglieder des Österreichischen Werkbundes (1919). In: ders.: Sämtliche Werke XXXIV. Reden und Aufsätze 3. Hrsg. von Klaus E. Bohnenkamp, Katja Kaluga und Klaus-Dieter Krabiel. Frankfurt/M. 2011, S. 237–248.
Hondrich, Karl Otto: Der Neue Mensch. Frankfurt/M. 2001.
Horkheimer, Max / Adorno, Theodor W.: Dialektik der Aufklärung. Philosophische Fragmente (1944). Amsterdam 1968.
Hübinger, Gangolf / vom Bruch, Rüdiger / Graf, Friedrich Wilhelm (Hrsg.): Kultur und Kulturwissenschaften um 1900. II: Idealismus und Positivismus. Stuttgart 1997.
Hufeland, Christoph Martin: Einige Ideen über die neuesten Modearzneyen und Charlatanerien. In: ders.: Gemeinnützige Aufsätze zur Beförderung der Gesundheit und des Wohlseyns. Wien 1797, S. 48–58.
–: Makrobiotik oder Die Kunst, das menschliche Leben zu verlängern (1797). 6. verbesserte Aufl. Stuttgart 1826.
Huschka, Sabine: Merce Cunningham und der moderne Tanz. Körperkonzepte, Choreographie und Tanzästhetik. Würzburg 2000.
Huysmans, Joris-Karl: Gegen den Strich (À Rebours, 1884). Aus dem Französischen von Brigitta Restorff. Mit einem Nachwort von Ulla Momm. München 2007.

Ideler, Carl Wilhelm: Die allgemeine Diätetik für Gebildete. Halle 1846.

Israëls, Han: Der Fall Freud. Die Geburt der Psychoanalyse aus der Lüge. Hamburg 1999.

Jasper, Willi: Zauberberg Riva. Berlin 2011.

Jaspers, Karl: Allgemeine Psychopathologie. 6. Aufl. Berlin, Göttingen, Heidelberg 1953.

Jens, Inge: Thomas Mann. Auszeichnung durch Krankheit. In: Sprecher, Thomas (Hrsg.): Literatur und Krankheit im Fin-de-Siècle (1890–1914). Thomas Mann im europäischen Kontext. Die Davoser Literaturtage 2000. In: Thomas-Mann-Studien. Hrsg. vom Thomas-Mann-Archiv der Eidgenössischen Technischen Hochschule. Frankfurt/M. 2002, S. 233–251.

Jones, Ernest: Das Leben und Werk von Sigmund Freud. 3 Bde. Bern-Stuttgart-Wien. 1960–62.

Jung, Carl Gustav: Erinnerungen, Träume, Gedanken von C. G. Jung. Aufgezeichnet und hrsg. von Aniela Jaffé. 12. Aufl. Olten u. Freiburg im Breisgau 1982.

–: Über das Unbewußte (1918). In: Gesammelte Werke. Bd. 10: Zivilisation im Übergang. Hrsg. von Lilly Jung-Merker und Elisabeth Rüf. Olten u. Freiburg im Breisgau 1974.

Kafka, Franz: Sämtliche Werke. Mit einem Nachwort von Peter Höfle. Frankfurt/M. 2008.

–: Tagebücher. Bd. 1: 1909–1912; Bd. 2: 1912–1914; Bd. 3: 1914–1923. In der Fassung der Handschrift. Hrsg. von Hans-Gerd Koch, Michael Müller und Malcolm Pasley. Frankfurt/M. 2008.

–: Reisetagebücher. In der Fassung der Handschrift. Mit parallel geführten Aufzeichnungen von Max Brod im Anhang. Frankfurt/M. 2008.

–: Briefe an Felice und andere Korrespondenz aus der Verlobungszeit. Hrsg. v. Erich Heller u. Jürgen Born. Frankfurt/M. 2009.

Kassner, Rudolf: Die Mystik, die Künstler und das Leben. Über englische Dichter und Maler im 19. Jahrhundert. Leipzig 1900.

–: Der indische Gedanke. Von den Elementen der menschlichen Größe. Leipzig 1921.

–: Der magische Leib. Erinnerung an Reisen in Nordafrika, den beiden Indien und Turkestan (1905–11). In: ders.: Buch der Erinnerung. Leipzig 1928, S. 170–258.

Kessler, Harry Graf: Tagebücher 1918–1937. Hrsg. von Wolfgang Pfeiffer-Belli. Frankfurt/M. 1995.

–: Das Tagebuch. Dritter Band: 1897–1905. Hrsg. v. Carina Schäfer u. Gabriele Biedermann. Harry Graf Kessler. Das Tagebuch 1880–1937. Hrsg. v. Roland S. Kamzelak u. Ulrich Ott. Stuttgart 2004.

Key, Ellen: Das Jahrhundert des Kindes. Studien. Autorisierte Uebertragung von Francis Maro. 8. Aufl. Berlin 1905.

–: Über Liebe und Ehe. Essays. Autorisierte Uebertragung von Francis Maro. 6. Aufl. Berlin 1906.

Keyserling, Hermann Graf: Das Reisetagebuch eines Philosophen. 2 Bde. München, Leipzig 1919.

Keyserling, Hermann Graf: Rabindranath Tagore und Deutschland. In: Der Tag, Nr. 117, 22. Mai 1921.

–: Schöpferische Erkenntnis. Darmstadt 1922.

Kilian, Conrad Joseph: Die Diätetik der weiblichen Schönheit. Eine Toiletten-Lektüre. Hamburg 1806.

King, Martina: Pilger und Prophet. Heilige Autorschaft bei Rainer Maria Rilke. Göttingen 2009.

Klages, Ludwig: Mensch und Erde (1913). In: ders., dass.: Zehn Abhandlungen. Stuttgart 1956, S. 1–25.

–: Vom Wesen des Rhythmus. Kampen auf Sylt 1934.

–: Rhythmen und Runen. Nachlass. Hrsg. von ihm selbst. Leipzig 1944.

Klemperer, Victor: Dekadenz. In: Joris-Karl Huysmans: Gegen Alle (À Rebours). Übersetzung: Caroline Vollmann. Frankfurt/M. 2007, S. 341–348.

Klostermann, Ralf: Volkskrankheit Burn-out! Bin ich erschöpft oder schon ausgebrannt? Die wichtigsten Fragen und Antworten. In: Bild.de, 24.09.2011 (http://www.bild.de/ratgeber/gesund-fit/burnout-syndrom/bin-ich-nur-erschöpft-oder-schon-ausgebrannt?

Klute, Hilmar: Wir Ausgebrannten. Vom neuen Trend, erschöpft zu sein. München 2012.

Kneipp, Sebastian: Meine Wasser-Kur, durch mehr als 30 Jahre erprobt und geschrieben zur Heilung der Krankheiten und Erhaltung der Gesundheit (1886). 10., berichtigte Aufl. Kempten 1889.

Koch, J. L. A.: Abnorme Charaktere. In: Grenzfragen des Nerven- und Seelenlebens. Hrsg. von L. Löwenfeld und H. Kurella. 1. Bd. (Heft 1–8). Wiesbaden 1900/1901, S. 161–200.

Koopmann, Helmut: Krankheiten der Jahrhundertwende im Frühwerk Thomas Manns. In: Sprecher, Thomas (Hrsg.): Literatur und Krankheit im Fin-de-Siècle (1890–1914). Thomas Mann im europäischen Kontext. Die Davoser Literaturtage 2000. In: Thomas-Mann-Studien. Hrsg. vom Thomas-Mann-Archiv der Eidgenössischen Technischen Hochschule. Frankfurt/M. 2002, S. 115–131.

Kopp, Michaela: Rilke und Rodin: Auf der Suche nach der wahren Art des Schreibens. Frankfurt/M., Berlin, Bern u. a. 1999.

Kracauer, Siegfried: Die Wartenden (1922). In: Das Ornament der Masse. Essays. Mit einem Nachwort von Karsten Witte. Frankfurt/M. 1977, S. 106–119.

–: Von Caligari zu Hitler. Eine psychologische Geschichte des deutschen Films (1947). Mit 64 Abbildungen. Übersetzt von Ruth Baumgarten und Karsten Witte. Frankfurt/M. 1979.

Kraepelin, Emil: Ueber die Beeinflussung einfacher psychischer Vorgänge durch einige Arzneimittel. Experimentelle Untersuchungen. Jena 1892.
–: Ueber geistige Arbeit. Jena 1894.
–: Der psychologische Versuch in der Psychiatrie. In: ders. (Hrsg.): Psychologische Arbeiten. 1. Bd. Leipzig 1895, S. 1–91.
–: Psychiatrie. Ein Lehrbuch für Studierende und Aerzte. Bd. I: Allgemeine Psychiatrie. 6. vollständig umgearbeitete Aufl.; Bd. II: Klinische Psychiatrie. 6. vollständig umgearbeitete Aufl. Leipzig 1899.
Krafft-Ebing, Richard von: Ueber gesunde und kranke Nerven. Tübingen 1885.
–: Psychopathia sexualis. Mit Beiträgen von Georges Bataille, Werner Brede, Albert Caraco, Salvador Dalí, Ernst Fuhrmann, Maurice Heine, Julia Kristeva, Paul Kruntorad und Elisabeth Lenk. München 1977.
Kronecker, Hugo: Über die Ermüdung und Erholung der quergestreiften Muskeln. Arbeiten aus der Physiologischen Anstalt zu Leipzig, S. 177–266.
Kruntorad, Paul: Krafft-Ebing. In: Krafft-Ebing, Richard von: Psychopathia-Sexualis. München 1977, S. 7–13.
Ku, Hung-Ming: Chinas Verteidigung gegen Europäische Ideen. Kritische Aufsätze. Hrsg. mit einem Vorwort von Alfons Paquet. Jena 1911.
–: Der Geist des chinesischen Volkes und der Ausweg aus dem Krieg. Jena 1917.
Kubin, Alfred: Die andere Seite. Ein phantastischer Roman (1909). Reinbek b. Hamburg 1998.

Ladendorf, Otto: Historisches Schlagwörterbuch. Ein Versuch. Straßburg u. Berlin 1906.
Lamprecht, Karl: Deutsche Geschichte. Erster Ergänzungsband: Zur jüngsten deutschen Vergangenheit. Erster Band: Tonkunst – Bildende Kunst – Dichtung – Weltanschauung. Berlin 1902.
Lassalle, Ferdinand: Das Arbeiter-Programm. Über den besonderen Zusammenhang der gegenwärtigen Geschichtsperiode mit der Idee des Arbeiterstandes (12. April 1862). In: ders.: Gesammelte Reden und Schriften. Hrsg. von Eduard Bernstein. Bd. 2. Berlin 1919, S. 147–202.
Lessing, Theodor: Europa und Asien. Berlin 1918.
–: Geschichte als Sinngebung des Sinnlosen. München 1919.
–: Die verfluchte Kultur. Gedanken über den Gegensatz von Leben und Geist (1921). Mit einem Essay von Elisabeth Lenk. München 1981.
–: Josephine (1928). In: ders.: »Ich warf eine Flaschenpost ins Eismeer der Geschichte«. Essays und Feuilletons (1923–1933). Hrsg. v. Rainer Marwedel. Darmstadt 1986, S. 219–223.
Lichtblau, Klaus: »Alles Vergängliche ist nur ein Gleichnis«. Zur Eigenart des Ästhetischen im kultursoziologischen Diskurs der Jahrhundertwende. In: Hübinger, Gangolf / vom Bruch, Rüdiger / Graf, Friedrich Wilhelm (Hrsg.): Kultur und Kulturwissenschaften um 1900. II: Idealismus und Positivismus. Stuttgart 1997, S. 86–121.

Liebig, Justus von: Chemische Briefe (1844). Leipzig u. Heidelberg 1865.
Lienert, Marina: Naturheilkundliches Dresden. Dresden 2002.
Lohmann-Haislah, Andrea: Fazit. In: Stressreport Deutschland 2012. Psychische Anforderungen, Ressourcen und Befinden. A. Lohmann-Haislah. Bundesanstalt für Arbeitsschutz und Arbeitsmedizin. Dortmund, Berlin, Dresden 2012.
Lombroso, Cesare: Der geniale Mensch. Übersetzung: M.O. Fränkel. Hamburg 1890.
Lukács, Georg: Die Seele und die Formen (1911). Neuwied u. Berlin 1971.
–: Die Theorie des Romans. Neuwied u. Berlin 1971.

Maas, Oscar: Die »Schweninger-Kur«. Diätetische und Entfettungs-Kuren von Prof. Dr. Oertel in München. Wesen und Ursachen der Fettsucht. Gemeinverständlich dargestellt von Dr. med. Oscar Maas. Berlin 1886.
Mach, Ernst: Die Analyse der Empfindungen und das Verhältnis des Physischen zum Psychischen. (4. Aufl.) Jena 1903.
Mack, Dietrich (Hrsg.): Cosima Wagner. Das zweite Leben. Briefe und Aufzeichnungen. 1883–1930. München, Zürich 1980.
Mann, Heinrich: Der Untertan. Leipzig-Wien 1918.
–: Der Schriftsteller, den der Ansager nannte. Gesprochen im Westdeutschen Rundfunk (27. März 1931). In: ders.: Essays und Publizistik. Bd. 5: 1930 bis Februar 1933. Hrsg. von Volker Riedel. Bielefeld 2009, S. 166–170..
Mann, Thomas: Buddenbrooks. Verfall einer Familie (1901). Berlin 1930.
–: ›Geist und Kunst‹ (1908–1913). In: Paul Scherrer / Hans Wysling (Hrsg.): Thomas-Mann-Sudien, Erster Bd. Quellenkritische Studien zum Werk Thomas Manns. Bern, München 1967.
–: Der Tod in Venedig (1912). In: ders.: Sämtliche Erzählungen. Frankfurt/M. 1963, S. 357–420.
–: Betrachtungen eines Unpolitischen (1918). In: ders.: Gesammelte Werke. Berlin 1922.
–: Der Zauberberg (1924). (Bibliothek des 20. Jahrhunderts, hrsg. von Walter Jens und Marcel Reich-Ranicki). Stuttgart, Hamburg, München o. J.
–: Rede zur Eröffnung der »Münchner Gesellschaft 1926«. In: ders: Von Deutscher Republik. Politische Schriften und Reden in Deutschland. Nachwort von Hanno Helbling. Thomas Mann. Gesammelte Werke in Einzelausgaben. Frankfurter Ausgabe. Hrsg. von Peter de Mendelssohn. Frankfurt/M. 1984, S. 236–240.
–: Einführung in den Zauberberg. Für Studenten der Universität Princeton (1939). In: ders.: Der Zauberberg. (Bibliothek des 20. Jahrhunderts, hrsg. von Walter Jens und Marcel Reich-Ranicki). Stuttgart, Hamburg, München o. J., S. 7–20.
–: Notizbücher. Edition in zwei Bänden. Bd. 1 Notizbücher 1–6 Hrsg. von Hans Wysling und Yvonne Schmidlin. Frankfurt/M. 1991.
Marc, Franz: Das geheime Europa. In: ders.: Schriften. Hrsg. von Klaus Lankheit. Köln 1978, S. 163–173.

Marinetti, Filippo Tommaso: Technisches Manifest der futuristischen Literatur. In: Asholt, Wolfgang / Fähnders, Walter (Hrsg.): Manifeste und Proklamationen der europäischen Avantgarde (1909–1938). Stuttgart, Weimar 1995, S. 24–27.

Marx, Karl: Das Kapital. Kritik der politischen Ökonomie. Erster Band. Buch I: Der Produktionsprozeß des Kapitals. Karl Marx / Friedrich Engels Werke, Bd. 23. Berlin 1962.

Max, Katrin: Niedergangsdiagnostik. Zur Funktion von Krankheitsmotiven in »Buddenbrooks«. Thomas-Mann-Studien. Hrsg. vom Thomas-Mann-Archiv der Eidgenössischen Technischen Hochschule in Zürich. Vierzigster Band. Frankfurt/M. 2008.

Mehring, Franz: Das Zeitalter der Reizsamkeit. In: ders.: Zur deutschen Geschichte. Gesammelte Schriften, Bd. 7. Berlin 1965, S. 511–515.

Mehrtens, Herbert: Schmidts Schaufel (9,5 kg). Frederick W. Taylors Techniken des »Scientific Management«. In: Werner Sohn und Herbert Mehrtens (Hrsg.): Normalität und Abweichung. Studien zur Theorie und Geschichte der Normalisierungsgesellschaft. Opladen, Wiesbaden 1999, S. 85–106.

Mendelssohn, Peter de: Der Zauberer. Das Leben des deutschen Schriftstellers Thomas Mann. Erster Teil: 1875 bis 1918. Überarbeitete und erweiterte Neuausgabe. Frankfurt/M. 1996.

Merta, Sabine: Wege und Irrwege zum modischen Schlankheitskult: Diätkost und Körperkultur als Suche nach neuen Lebensformen 1880-1930. Stuttgart 2003.

Meyrink, Gustav: Meine Erweckung zur Seherschaft. In: Merlin, Jg. 1949, H. 3, S. 12–15.

–: Die Verwandlung des Blutes. In: ders.: Fledermäuse. Erzählungen, Fragmente, Aufsätze. Hrsg. von Eduard Frank. München, Wien 1981, S. 203 – 290.

–: An der Grenze des Jenseits. In: ders.: Das Haus der letzten Latern. Frankfurt/M, Berlin 1993, S. 372–447.

Möbius, Paul Julius: Neurologische Beiträge. II. Heft: Zur Lehre von der Nervosität. Leipzig 1894, S. 62–97.

–: Ueber Entartung (1900). In: Grenzfragen des Nerven- und Seelenlebens. Hrsg. von L. Loewenfeld und H. Kurella. Erster Band, Heft 1-8, 1900/1901, S. 93–123.

–: Ueber das Pathologische bei Nietzsche. In: Grenzfragen des Nerven- und Seelenlebens. Hrsg. von L. Loewenfeld und H. Kurella. Wiesbaden 1902/1903.

Moede, Walther: Experimentelle Massenpsychologie. Beiträge zur Experimentalpsychologie der Gruppe. Leipzig 1920.

Moleschott, J. F. G.: Lehre der Nahrungsmittel. Für das Volk (1850). 3. Aufl. Erlangen 1858.

Monk, Ray: Wittgenstein. Das Handwerk des Genies. Aus dem Englischen übertragen von Hans Günter Holl und Eberhard Rathgeb. Stuttgart 1992.

Morschitzky, Hans: Somatoforme Störungen. Diagnostik, Konzepte und Therapie bei Körpersymptomen ohne Organbefund. Wien 2007.

Mosso, Angelo: Der Mensch auf den Hochalpen. Leipzig 1890.
–: Die Ermüdung. Aus dem Italienischen übersetzt von J. Glinzer. Deutsche Original-Ausgabe. Mit 30 Holzschnitten. Leipzig 1892.
Mühlleitner, Elke: Biographisches Lexikon der Psychoanalyse. Die Mitglieder der Psychologischen Mittwoch-Gesellschaft und der Wiener Psychoanalytischen Vereinigung 1902–1938. Unter Mitarbeit von Johannes Reichmayr. Tübingen 1992.
Mühsam, Erich: Ascona. Bericht über alternatives Leben 1905 auf dem Monte Verità. Berlin 1982.
Müller, Franz Carl (Hrsg.): Handbuch der Neurasthenie. Leipzig 1893.
Münsterberg, Hugo: Grundzüge der Psychotechnik. Leipzig 1914.
Musil, Robert: Der Mann ohne Eigenschaften. Reinbek bei Hamburg 1978.
–: Klagenfurter Ausgabe (KA). Kommentierte Edition sämtlicher Werke, Briefe und nachgelassener Schriften. Mit Transkriptionen und Faksimiles aller Handschriften. Hrsg. von Walter Fanta, Klaus Amann u. Karl Corino am Robert-Musil-Institut der Alpen-Adria-Universität Klagenfurt (DVD-Edition) Klagenfurt 2009.

Nietzsche, Friedrich: Gesammelte Briefe. 1. Bd. Hrsg. von Elisabeth Förster Nietzsche und Peter Gast. 4. Aufl. Berlin u. Leipzig 1902.
–: Gesammelte Briefe. 5. Bd., 2. Teil: Friedrich Nietzsches Briefe an Mutter und Schwester. Hrsg. von Elisabeth Förster-Nietzsche. Leipzig 1909.
–: Briefwechsel mit Franz Overbeck. Hrsg. von Richard Oehler und Carl Albrecht Bernoulli. Leipzig 1916.
–: Werke in drei Bänden. Hrsg. von Karl Schlechta. München 1982.
–: Nachgelassene Fragmente: 1887-1889. Kritische Studienausgabe, KSA 13. Hrsg. von Giorgio Colli und Mazzino Montinari. München 1988.
Nitzschke, Bernd: Herbert Silberer. Der Selbstmord eines Psychoanalytikers. In: ders.: Das Ich als Experiment. Essays über Sigmund Freud und die Psychoanalyse im 20. Jahrhundert. Göttingen 2000, S. 15–94.
Nordau, Max: Entartung. Bd. 1. Berlin 1892; Bd. 2. Berlin 1893.
Nunberg, Herman / Federn, Ernst (Hrsg.): Protokolle der Wiener Psychoanalytischen Vereinigung. Bd. I: 1906–1908. Übersetzung der Einleitung und Anmerkungen von Margarete Nunberg. Frankfurt/M. 1976.

Ostwald, Wilhelm: Die Energie. Leipzig 1908.

Paasche, Hans: Die Forschungsreise des Afrikaners Lukanga Mukara ins innerste Deutschland. Geschildert in Briefen Lukanga Mukaras an den König Ruoma von Kitara (1912/13). Hrsg. von Franziskus Hähnel. Werther bei Bielefeld 1925.
Pannwitz, Rudolf: Die Krisis der Europäischen Kultur. Nürnberg 1917.
Peckmann, Hilke: Ausdruck und Innerlichkeit. Der Körper als Träger seelischer Stimmungen. In: Kai Buchholz u. a. (Hrsg.): Die Lebensreform, Bd. II, S. 153–154.

Perty, Maximilian: Ueber das Seelenleben der Thiere. Thatsachen und Betrachtungen (1865). 2. umgearbeitete, sehr bereicherte Aufl. Leipzig u. Heidelberg 1876.
Pflanze, Otto: Bismarck. Der Reichsgründer. München 2008.
Pinner, Felix: Emil Rathenau und das elektrische Zeitalter. Leipzig 1918.
Platon: Politeia. Griechisch und Deutsch. Sämtliche Werke V. In: ders.: Sämtliche Werke in zehn Bänden. Griechisch und Deutsch. Nach der Übersetzung Friedrich Schleiermachers, ergänzt durch Übersetzungen von Franz Susemihl und anderen. Hrsg. v. Karlheinz Hülser. Frankfurt/M. u. Leipzig 1991.
Ploetz, Alfred: Die Tüchtigkeit unserer Rasse und der Schutz der Schwachen. Ein Versuch über Rassenhygiene und ihr Verhältnis zu den humanen Idealen, besonders zum Socialismus. Berlin 1895.
Poeppig, Eduard Friedrich: Reise in Chile, Peru und auf dem Amazonenstrome während der Jahre 1827–32. Bd. 1 u. 2. Leipzig 1835–36.
Poschinger, Heinrich von (Hrsg.): Fürst Bismarck. Neue Tischgespräche und Interviews. Stuttgart, Leipzig, Berlin, Wien 1895.

Rabinbach, Anson: Motor Mensch. Kraft, Ermüdung und die Ursprünge der Moderne. Aus dem Amerikanischen von Erik Michael Vogt. Wien 2001.
Radkau, Joachim: Das Zeitalter der Nervosität. Deutschland zwischen Bismarck und Hitler. München, Wien 1998.
–: Die Verheißungen der Morgenfrühe. Die Lebensreform in der neuen Moderne. In: Buchholz, Kai u.a. (Hrsg.): Die Lebensreform, Bd. I, Darmstadt 2001, S. 55–60.
–: Max Weber. Die Leidenschaft des Denkens. München, Wien 2005.
Reich, Wilhelm: Die Funktion des Orgasmus. Zur Psychopathologie und zur Soziologie des Geschlechtslebens. Leipzig, Wien, Zürich 1927.
Reyer, Jürgen: »Rassenhygiene« und »Eugenik« im Kaiserreich und der Weimarer Republik. Pflege der »Volksgesundheit« oder »Sozialrassismus«? In: U. Herrmann/J. Oelkers (Hrsg.): Pädagogik und Nationalsozialismus (22. Beiheft der Zeitschrift für Pädagogik). Weinheim u. Basel 1989, S. 113–145.
–: Die genetische Verbesserung des Menschen im »Jahrhundert des Kindes«. In: Jahrbuch für Pädagogik. Hrsg. v. K.-C. Lingelbach/H. Zimmer. Frankfurt/M. 2000, S. 115–132.
Ribot, Théodule: Der Wille. Pathologisch-psychologische Studien. Berlin 1893.
Rilke, Rainer Maria: Die Aufzeichnungen des Malte Laurids Brigge (1910). In: ders.: Werke, Bd. III, 1: Prosa. Hrsg. vom Rilke-Archiv. In Verbindung mit Ruth Sieber-Rilke, besorgt durch Ernst Zinn. Frankfurt/M. 1980, S. 107–346.
–: Lou Andreas-Salomé. Briefwechsel. Mit Erläuterungen und einem Nachwort hrsg. von Ernst Pfeiffer. Zürich 1952.
–: Briefe in zwei Bänden. 1. Bd. 1896 bis 1919. Hrsg. von Horst Nalewski. Frankfurt/M. 1991.
Rilke, Rainer Maria und Key, Ellen: Briefwechsel. Frankfurt/M., Leipzig 1993.

–: Briefe an die Mutter: 1896 bis 1926. Hrsg. von Hella Sieber-Rilke. Erster und Zweiter Band. Frankfurt/M. 2009.
–: August Rodin. Der Briefwechsel und andere Dokumente zu Rilkes Begegnung mit Rodin. Hrsg. von Rätus Luck. Frankfurt/M 2001.
Roelcke, Volker: Krankheit und Kulturkritik. Psychiatrische Gesellschaftsdeutungen im bürgerlichen Zeitalter (1790–1914). Frankfurt/M., New York 2001
Rosenberg, Alfred: Blut und Ehre. Ein Kampf für deutsche Wiedergeburt. Reden und Aufsätze 1919–1933. Hrsg. von Thilo von Trotha. 18. Aufl. München 1938.
–: Der Mythus des 20. Jahrhunderts. Eine Wertung der seelisch-geistigen Gestaltenkämpfe unserer Zeit. S. 153–156. Aufl. München 1939.

Sabatier, Paul: Leben des heiligen Franz von Assisi. Berlin 1895.
Sarasin, Philipp: Reizbare Maschinen. Eine Geschichte des Körpers 1765–1914. Frankfurt/M. 2001.
Schaub, Gerhard: Nachwort. In: Hugo Ball: Briefe 1904–1927. Hrsg. und kommentiert von Gerhard Schaub und Ernst Teubner. Bd. 3: Kommentar. Göttingen 2003, S. 701–745.
Schirrmacher, Frank: Payback. Warum wir im Informationszeitalter gezwungen sind zu tun, was wir nicht tun wollen, und wie wir die Kontrolle über unser Denken zurückgewinnen. München 2009.
–: Ego. Das Spiel des Lebens. München 2013.
Schivelbusch, Wolfgang: Geschichte der Eisenbahnreise. Zur Industrialisierung von Raum und Zeit im 19. Jahrhundert. Frankfurt/M., Berlin, Wien 1979.
Schleich, Carl Ludwig: Von der Seele. Essays. Berlin 1911.
–: Vom Schaltwerk der Gedanken. Neue Einsichten und Betrachtungen über die Seele (1916). Berlin 1926.
Schluchter, Wolfgang: Max und Alfred Weber – zwei ungleiche Brüder. In: UniSpiegel, Universität Heidelberg, 3/1994.
Schmitz, Oscar A. H.: Psychoanalyse und Yoga. Darmstadt 1923.
Schopenhauer, Arthur: Parerga und Paralipomena. Kleine philosophische Schriften. Hrsg. von Julius Frauenstädt. 1. Bd., Leipzig 1874; 2. Bd., Leipzig 1877.
–: Die Welt als Wille und Vorstellung. Köln o. J.
Schreber, Daniel Gottlob Moritz: Aerztliche Zimmer-Gymnastik oder Darstellung und Beschreibung der unmittelbaren, keiner Geräthschaft und Unterstützung bedürfenden, daher stets und überall ausführbaren heilgymnastischen Bewegungen. Leipzig 1855.
Schulze-Delitzsch, Hermann: Capitel zu einem deutschen Arbeiterkatechismus. Sechs Vorträge. Leipzig 1863.
Schwarz, Georg: Ernst Schweninger. Bismarcks Leibarzt. Leipzig 1941.
Schweninger, Ernst: Dem Andenken Bismarcks. Zum 1. April 1899. Leipzig 1899.
–: Der Arzt (1906). 2. Aufl. Dresden 1926.

Seckelmann, Klaus Dieter: Ein Tusculum für Dichter und Künstler. Aus der Geschichte des Sanatoriums Dr. med. Christoph Hartung von Hartungen. In: Deutsches Ärzteblatt (1969), Heft 5, S. 306–309; Heft 6, S. 382–385.

Sennett, Richard: Der flexible Mensch – Die Kultur des neuen Kapitalismus. Aus dem Amerikanischen von Martin Richter. Berlin 1998.

–: Stadt ohne Gesellschaft. Der flexible Mensch und die Uniformität der Städte. In: Le Monde diplomatique, deutsche Ausgabe, 16. Februar 2001.

–: Handwerk. Aus dem Amerikanischen von Michael Bischoff. Berlin 2008.

–: Zusammenarbeit: Was unsere Gesellschaft zusammenhält. Aus dem Amerikanischen von Michael Bischoff. Berlin 2012.

Silberer, Herbert: Bericht über eine Methode, gewisse symbolische Halluzinations-Erscheinungen hervorzurufen und zu beobachten. In: Jahrbuch für psychoanalytische und psychopathologische Forschungen, Bd. 1 (1909), S. 513–525.

–: Symbolik des Erwachens und Schwellensymbolik überhaupt. In: Jahrbuch für psychoanalytische und psychopathologische Forschungen, Bd. 3 (1911), S. 621–660.

Simchowitz, Sascha: Der kranke Nietzsche. In: Frankfurter Zeitung, 7. August 1900 http://www.thenietzschechannel.com/correspondence/ger/nilettersg.htm).

Simmel, Georg: Die Großstädte und das Geistesleben. In: Die Großstadt. Vorträge und Aufsätze zur Städteausstellung. Jahrbuch der Gehe-Stiftung zu Dresden, Bd. IX. Dresden 1903, S. 185–206.

–: Soziologische Ästhetik (1896). In: ders.: Das Werk (CD-Rom). Hrsg. von Martin Damken. Heptagon-Verlag.

Sloterdijk, Peter: Regeln für den Menschenpark. Ein Antwortschreiben zu Heideggers Brief über den Humanismus. Frankfurt/M. 1999.

–: Du mußt dein Leben ändern. Über Anthropothechnik. Frankfurt/M. 2009.

Sombart, Werner: Der moderne Kapitalismus. Zweiter Band: Die Theorie der kapitalistischen Entwicklung. Leipzig 1902.

–: Das europäische Wirtschaftsleben im Zeitalter des Frühkapitalismus. 2. Bd., Erster Halbband: Der moderne Kapitalismus. Historisch-systematische Darstellung des gesamteuropäischen Wirtschaftsleben von seinen Anfängen bis zur Gegenwart (1902). Berlin 1969.

–: Die Juden und das Wirtschaftsleben. Leipzig 1911.

–: Der Bourgeois. Zur Geistesgeschichte des modernen Wirtschaftsmenschen. München u. Leipzig 1923.

–: Der proletarische Sozialismus. (Marxismus) 10. neubearb. Aufl. der Schrift: »Sozialismus und soziale Bewegung« 2 Bde. Teil 1: Die Lehre; Teil 2: Die Bewegung. Jena 1924.

Sontag, Susan: Krankheit als Metapher (1977). Aus dem Amerikanischen von Karin Kersten und Caroline Neubaur; Aids und seine Metaphern (1988). Aus dem Amerikanischen von Holger Fliessbach. Frankfurt/M. 2005.

Spengler, Oswald: Pessimismus? Spengler-Reden und Aufsätze. In: ders.: Der Untergang des Abendlandes. Ausgewählte Schriften. Digitale Bibliothek.

–: Der Untergang des Abendlandes. Umrisse einer Morphologie der Weltgeschichte. Mannheim 2011.

Sprecher, Thomas: Davos im *Zauberberg*. Thomas Manns Roman und sein Schauplatz. Zürich 1996.

– (Hrsg.): Literatur und Krankheit im Fin-de-Siècle (1890–1914). Thomas Mann im europäischen Kontext. Die Davoser Literaturtage 2000. In: Thomas-Mann-Studien. Hrsg. vom Thomas-Mann-Archiv der Eidgenössischen Technischen Hochschule. Frankfurt/M. 2002.

Sprengel, Peter: Nacktkultur mit Püriermaschine. Literatur und Lebensreform. In: Kai Buchholz u.a. (Hrsg.): Die Lebensreform, Bd. I, S. 307–313.

Stach, Reiner: Kafka. Die Jahre der Entscheidungen. Frankfurt/M. 2002.

Steinberg, Jonathan: Bismarck. Magier der Macht. Übersetzung aus dem Amerikanischen von Klaus-Dieter Schmidt. Berlin 2012.

Stekel, Wilhelm: Nervöse Angstzustände und ihre Behandlung. Mit einem Vorwort von Sigmund Freud. Berlin, Wien 1908.

Stern, William L.: Über Psychologie der individuellen Differenzen. (Ideen zu einer »Differentiellen Psychologie«). Leipzig 1900.

–: Angewandte Psychologie. In: Beiträge zur Psychologie der Aussage 1, (1903), S. 4–45.

Sternberg, Dolf: Vivisektion. In: ders.: Panorama oder Ansichten vom 19. Jahrhundert. Frankfurt/M. 1974, S. 70–76.

Stoff, Heiko: Ewige Jugend. Konzepte der Verjüngung vom späten 19. Jahrhundert bis ins Dritte Reich. Köln 2004.

Storch, Ludwig: Ein Ritter vom Zukunftsgeiste. In: Die Gartenlaube (1866), H. 11, S. 171–173.

Strässle, Thomas: Gelassenheit. Über eine andere Haltung zur Welt. München u. Wien 2013.

Strindberg, August: Inferno. Legenden. Übersetzung: Emil Schering. 5. Aufl. München, Leipzig 1914.

Struve, Gustav: Pflanzenkost, die Grundlage einer neuen Weltanschauung. Stuttgart 1869.

Tagore, Rabindranath: Sādhanā. Der Weg zur Vollendung. Ins Deutsche übertragen von Helene Meyer-Franck. München 1921.

Taylor, Frederick W.: Die Grundsätze wissenschaftlicher Betriebsführung (The Principles of Scientific Management, 1911). Vorwort und Übersetzung von R. Roesler. München, Berlin 1913.

Tieck, Ludwig: Der blonde Eckbert (1796). In: ders.: Schriften. Bd. 4: Phantasus. Erster Theil. Berlin 1828, S. 158–169.

Tschudi, Johann Jakob von: Peru. Reiseskizzen aus den Jahren 1838–1842. 2. Bd. St. Gallen 1846.

Uerlings, Herbert: Das Europa der Romantik. Novalis, Friedrich und August Wilhelm Schlegel, Manzoni. In: Vietta, Silvio (Hrsg.) et al.: Das Europa-Projekt der Romantik und die Moderne. Tübingen 2005, S. 39–72.
Urbantschitsch, Rudolf: Die innere Sekretion und deren bestimmender Einfluß auf unser körperliches und seelisches Leben. Vortrag, gehalten am 20. Mai 1921 in der philosophischen Gesellschaft der Universität Wiens. Wien u. Leipzig 1922.

Virilio, Paul: Fahren, fahren, fahren ... Aus dem Französischen übersetzt von Ulrich Raulf. Berlin 1978.
–: Die Eroberung des Körpers. Vom Übermenschen zum überreizten Menschen. Aus dem Französischen von Bernd Wilczek. München, Wien 1994.

Wagner, Cosima und Houston Stewart Chamberlain im Briefwechsel 1888–1908. Hrsg. von Paul Pretsch. 2. Aufl. Mit 17 Bildern und Briefwiedergaben. Leipzig 1934.
Wagner, Richard: Deutsche Kunst und deutsche Politik. Leipzig 1868.
–: Religion und Kunst. In: ders.: Sämtliche Schriften und Dichtungen (Volks-Ausgabe). 6. Aufl. 9. u. 10. Bd. Leipzig o. J., S. 211–253.
–: Offenes Schreiben an Herrn Ernst von Weber, Verfasser der Schrift: »Die Folterkammern der Wissenschaft«. In: ders.: Auswahl seiner Schriften. Hrsg. v. Houston Stewart Chamberlain. Leipzig o. J., S. 248–264.
Weber, Ernst von: Die Folterkammern der Wissenschaft. Eine Sammlung von Tatsachen für das Laien-Publikum von Ernst von Weber, Verfasser von »Vier Jahre in Afrika«. Berlin u. Leipzig 1879.
Weber, Marianne: Max Weber. Ein Lebensbild. Tübingen 1926.
Weber, Max: Der Nationalstaat und die Volkswirtschaftspolitik (1895). In: ders.: Gesammelte Politische Schriften. Mit einem Geleitwort von Theodor Heuss. Hrsg. von Johannes Winckelmann. 4. Aufl. Tübingen 1980, S. 1–25.
–: Die protestantische Ethik und der Geist des Kapitalismus. In: ders.: Gesammelte Aufsätze zur Religionssoziologie. Bd. 1. Tübingen 1920, S. 1–206.
–: Die Wirtschaftsethik der Weltreligionen. In: ders.: Gesammelte Aufsätze zur Religionssoziologie. Bd. 1. Tübingen 1920, S. 237–573.
–: Wirtschaft und Gesellschaft. Grundriß der verstehenden Soziologie. 5. rev. Aufl. Besorgt von Johannes Winkelmann. (Studienausgabe, 9. bis 13. Tausend). Tübingen 1976.
Wedekind, Frank: Mine-Haha oder über die körperliche Erziehung der jungen Mädchen. München 1906.
–: Karl Hetmann, der Zwerg-Riese (Hidalla). Schauspiel in fünf Akten. München u. Leipzig 1911.
Wedemeyer, Bernd: Der Körper des Reformers. Zwischen Leibesübung, Lebensstil und Religion. In: Kai Buchholz u. a. (Hrsg.): Die Lebensreform, Bd. I, S. 399–401.
Wedemeyer-Kolwe, Bernd: »Ich-Kultur« und »Allerlei Sport«. Der Monte Verità als Initiator und Spiegelbild neuer Körperkonzepte. In: Schwab, Andreas/La-

franchi, Claudia: Sinnsuche und Sonnenbad. Experimente in Kunst und Leben auf dem Monte Verità. Zürich 2001. S. 90–103.
–: »Der neue Mensch«. Körperkultur im Kaiserreich und in der Weimarer Republik. Würzburg 2004.
Weininger, Otto: Geschlecht und Charakter. Eine prinzipielle Untersuchung (1903). Im Anhang Weiningers Tagebuch, Briefe August Strindbergs sowie Beiträge aus heutiger Sicht von Annegret Stopczyk, Gisela Dischner und Roberto Calasso. München 1980.
Weismann, August: Die Continuität des Keimplasma's als Grundlage einer Theorie der Vererbung. Jena 1885.
Weissbein, Siegfried (Hrsg.): Hygiene des Sports. Erster Band (Allgemeiner Teil). Mit einem Vorwort von Geh. Med.-Rat Prof. Dr. F. Kraus. Berlin 1910.
Wetscherek, Hugo (Hrsg.): Kafkas letzter Freund. Der Nachlaß Robert Klopstock (1988–1972). Mit kommentierter Erstveröffentlichung von 38 teils ungedruckten Briefen Franz Kafkas. Bearbeitet von Christoph Frey u. Martin Peche. Mit Beiträgen von Leonard M. Fiedler und Leo A. Lensing. Wien 2003.
Weygandt, Wilhelm: Abnorme Charaktere in der dramatischen Literatur. Shakespeare – Goethe – Ibsen – Gerhart Hauptmann. Hamburg und Leipzig 1910.
Wirz, Albert: Die Moral auf dem Teller. Dargestellt an Leben und Werk von Max Bircher-Benner und John Harvey Kellogg, zwei Pionieren der modernen Ernährung in der Tradition der moralischen Physiologie; mit Hinweisen auf die Grammatik des Essens und die Bedeutung von Birchermuesli und Cornflakes, Aufstieg und Fall des patriarchalen Fleischhungers und die Verführung der Pflanzenkost. Zürich 1993.
Wittgenstein, Ludwig: Geheime Tagebücher. 1914–1916. Hrsg. u. kommentiert von Wilhelm Baum. Vorwort von Hans Albert. Wien 1991.
Wolbert, Klaus: Das Erscheinen des reformerischen Körpertypus in der Malerei und Bildhauerei um 1900. In: Kai Buchholz u.a. (Hrsg.): Die Lebensreform, Bd. I, S. 215–220.
Wolfskehl, Karl: Gustav Meyrink aus meiner Erinnerung. In: ders.: Gedichte, Essays, Briefe. Hrsg. v. Cornelia Blasberg und Paul Hoffmann. Frankfurt/M. 1999, S. 95–98.
Wundt, Wilhelm: Vorlesungen über die Menschen- und Thierseele. Leipzig 1863.
–: Grundzüge der Physiologischen Psychologie. Leipzig 1874.

Zimmermann, Wilhelm: Der Weg zum Paradies. Eine Beleuchtung der Hauptursachen des physisch-moralischen Verfalls der Culturvölker, so wie naturgemäße Vorschläge, diesen Verfall zu sühnen. Einzeitgemäßer Aufruf an Alle, denen eignes Glück und Menschenwohl am Herzen liegt. Zweite, ganz veränderte und sehr stark vermehrte Ausgabe. Quedlinburg u. Leipzig 1846.
Zweig, Stefan: Rabindranath Tagores Sādhanā. In: ders.: Das Geheimnis künstlerischen Schaffens. Essays. Frankfurt/M. 1984, S. 179–187.
–: Die Welt von Gestern. Erinnerungen eines Europäers (1944). Frankfurt/M. 1970.

Dank

Zu den schönen und inspirierenden Phasen eines Buchprojekts gehört die Recherche. Ich hatte das Glück, in vielen Archiven Unterstützung zu finden. Mein Dank gilt den Mitarbeiterinnen und Mitarbeitern des Bundesarchivs Berlin-Lichterfelde, der Handschriftenabteilung des Deutschen Literaturarchivs in Marbach am Neckar, des Bircher-Benner-Archivs am Medizinhistorischen Institut und Museum der Universität Zürich. Ich danke Kristina Unger vom Richard-Wagner-Museum (Nationalarchiv der Richard-Wagner-Stiftung) und Nino Nodia von der Bayerischen Staatsbibliothek in München. Lena Grünberg hat mich bei der Bildrecherche unterstützt. Für ihre sorgfältige Lektüre, für viele Anregungen und Hinweise habe ich ganz besonders Christina Salmen zu danken. Unverzichtbar war die Unterstützung meiner Frau Monika, die auch dieses Projekt kritisch begleitet hat.

Personenregister

Bildnachweis

akg-images: 4
Archiv Klaus Wagenbach: 18
Aus: Angelo Mosso: Die Ermüdung, 1892, S. 70: 2
Bayerische Staatsbibliothek München/ Bildarchiv: 9, 22
Bildarchiv »1000 Meisterwerke der Kunst«: 3
bpk: 12, 14
Bundesarchiv Berlin N 2281/155, Bl. 113: 7
Deutsches Literaturarchiv Marbach: 19, 21, 23
Foto Wolf: 1
Freud Museum, London: 10
Haus der Geschichte Baden-Württemberg, Sammlung Leif Geiges: 8
IMAGNO/ Austrian Archives: 11
Klassik Stiftung Weimar, Goethe- und Schiller-Archiv, GSA 101/37: 5
Medizinhistorisches Institut und Museum der Universität Zürich, Archiv, PN 11.04.01.17: 13
Nationalarchiv der Richard-Wagner-Stiftung, Bayreuth: 6
ullstein bild: 15, 16, 17
ullstein bild – AISA: 20
ullstein bild – Polfoto: 24

Trotz sorgfältiger Nachforschungen ist es uns nicht gelungen, alle Rechteinhaber zu ermitteln. Berechtigte Forderungen bitten wir an den Verlag zu richten.

WOLFGANG MARTYNKEWICZ
Salon Deutschland
Geist und Macht 1900–1945
617 Seiten. Broschur
ISBN 978-3-7466-7091-1

Ein Salon schreibt Geschichte

Das Haus des Münchner Verlegerehepaars Hugo und Elsa Bruckmann war von 1899 bis 1941 Treffpunkt der großen Künstler, Literaten, Musiker und Gelehrten. Mit dem Auftritt Hitlers wurde der Salon zum Schauplatz, an dem das Unvereinbare zusammenkam: hochgeistige, kunstsinnige Elite und radikale Rechte.
Wolfgang Martynkewicz erzählt ein provokantes Kapitel deutscher Geschichte, das geradewegs in die Abgründe des 20. Jahrhunderts führt.

»Salon Deutschland zeigt, wie Geist und Macht sich in unheiliger Allianz vereinten.« SPIEGEL ONLINE

»Eine umfangreiche Monografie des Salons, zugleich ein Panorama deutscher Kultur- und Zeitgeschichte.« ORF

Mehr Informationen erhalten Sie unter www.aufbau-verlag.de oder in Ihrer Buchhandlung

atb aufbau taschenbuch

STÉPHANE HESSEL
An die Empörten dieser Erde!
Vom Protest zum Handeln
127 Seiten. Mit Abbildungen. Broschur
ISBN 978-3-351-02758-2
Auch als E-Book erhältlich

Vom Protest zum Handeln

Da hinter Hessels Appellen ein ganzes Leben an Erfahrung, an Empathie und tiefem Nachdenken steht, entfalten seine Thesen ihren Reichtum am deutlichsten im Dialog mit den Adressaten. Eine Grundsatzrede und dieser Dialog mit seinem Publikum sind im vorliegenden Buch zusammengeführt und erschließen sehr konkret das Denkgebäude des Stéphane Hessel. Und vor allem: Wie kann und muss im Sinne einer Erziehung zu Mitgefühl und globaler Verantwortung gehandelt werden? In einer Zeit der Sinnsuche und des Werteverlustes findet Hessel millionenfach Gehör – ganz besonders bei der Jugend.

»Seine Leichtfüßigkeit hat etwas vom Götterboten, vom Hermes mit den Flügeln. Sein Leben ist ein Kunstwerk.«
MANFRED FLÜGGE ÜBER STÉPHANE HESSEL

Mehr Informationen erhalten Sie unter www.aufbau-verlag.de oder in Ihrer Buchhandlung

aufbau

FRIEDRICH
SCHORLEMMER
Wohl dem, der
Heimat hat
atb